Sander · Personzentrierte Beratung

Klaus Sander

Personzentrierte Beratung

Ein Arbeitsbuch für Ausbildung und Praxis

GwG Verlag, Köln · Beltz Verlag, Weinheim und Basel

Klaus Sander, Prof. Dr. phil., Diplompsychologe, Jg. 1940, ist Professor für Klinische Psychologie und Beratungspsychologie am Fachbereich Sozialpädagogik der Fachhochschule Düsseldorf. Forschungsschwerpunkte: Gesprächsführung und Anwendung des Personzentrierten Konzeptes in Therapie, Beratung, Gruppenarbeit und Pädagogik. Langjährige Praxis in Klientenzentrierter Beratung und Psychotherapie. Ausbilder in der Gesellschaft für wissenschaftliche Gesprächspsychotherapie (GwG).

Besuchen Sie uns im Internet
http://www.beltz.de

Gesetzt nach den neuen Rechtschreibregeln
Lektorat: Thomas Reckzeh-Schubert, Richard Grübling

Herstellung: Lore Amann
Satz: Satz- und Reprotechnik GmbH, Hemsbach
Druck: Druckhaus Beltz, Hemsbach
Umschlaggestaltung: Federico Luci, Köln
Umschlagfoto: Mauritius, Mittenwald
Printed in Germany

ISBN 3-926842-25-3 (GwG Verlag)
ISBN 3-407-55828-7 (Beltz Verlag)

Inhaltsverzeichnis

Vorwort

Die folgenden Abhandlungen, Übungs- und Gesprächsbeispiele gehen im Wesentlichen auf die Vorarbeiten und Materialien der letzten drei Jahre im Rahmen des *Vertiefungsangebotes »Klientenzentrierte Gesprächsführung«* des Fachbereichs Sozialpädagogik der Fachhochschule Düsseldorf zurück. Im Rahmen dieses Vertiefungsangebotes werden Studierende mit theoretischen Grundlagen und Anwendungsmöglichkeiten des personzentrierten Vorgehens vertraut gemacht. Darüber hinaus sollen die Studierenden höherer Semester jedoch auch – exemplarisch – Praxiserfahrungen in Form eigener Beratungsgespräche machen. Als Abschlussarbeit gilt die Anfertigung und schriftliche Abgabe eines *kommentierten Beratungsgesprächs mit Klienten, die ein belastendes Lebensereignis aufweisen.* Die Kommentierung bezieht sich auf die selbstkritische, durch Selbsterfahrung unterstützte Bearbeitung des auf Kassette aufgenommenen Beratungsgespräches. In der Regel bieten die Studierenden ihren Klienten bei belastenden Lebensproblemen drei Gespräche an, die durch Supervision im Fachbereich begleitet werden, um nicht vorhergesehene Probleme auf Seiten des »Klienten« oder des Beraters bzw. der Beraterin besser zu kontrollieren. Die begleitende Supervision ist hier besonders wichtig, da die Studierenden – anders als Berufspraktiker – nur mit einem exemplarischen Ausschnitt ihrer Berufswirklichkeit konfrontiert werden, aus der heraus möglicherweise unvorhergesehene Prozesse für die Klienten eintreten können: Klienten merken, dass sie über die Bearbeitung eines Lebensproblems hinaus zusätzlich Psychotherapie oder andere Formen der Hilfe brauchen. Bei anderen Personen muss, zum Beispiel wegen einer Suchtproblematik, interveniert werden. Schließlich gibt es auch Klienten, die wegen der in den Beratungsgesprächen offenkundig gewordenen psychosozialen Notlage anderen Einrichtungen zugeführt werden, die über die entsprechenden Hilfsmöglichkeiten verfügen.

Damit wird deutlich, dass *exemplarisches Lernen,* das heißt Lernen an, in und mit einem begrenzten praktischen Ausschnitt beruflichen Handelns, nicht unproblematisch für den Alltag des Lernens in der Hochschule ist. Praxis ohne größere Praxisvorerfahrung kann zu Überforderungen führen, zu falschen Vorgehensweisen und zu übergroßen persönlichen Belastungen. Die an dem Vertiefungsgebiet beteiligten Studenten und Studentinnen stehen zwar in höheren Studienabschnitten, müssen aber einen beträchtlichen Teil an Zeit aufwenden, der nach den bisherigen Studiensystemen nicht Pflicht des Studienprogramms ist. Ich bin daher der Gesellschaft für wissenschaftliche Gesprächspsychotherapie (GwG) als dem Fachverband der Gesprächstherapeuten dafür dankbar, dass formale Bedingungen ausgehandelt wurden, durch die das erfolgreiche Bemühen der Studierenden dadurch belohnt wird, dass diese bei einer späteren Weiterbildung in dieser Gesellschaft die bereits im Hochschulbereich absolvierten Teile anerkannt bekommen.

Die Grundhaltung, in denen die Studierenden vor ihren Beratungsgesprächen ermutigt wurden, konzentrierten sich darin, Haltungen wie Partnerschaftlichkeit und Anteilnahme gegenüber dem Klienten zu entwickeln. Hinzu kommen die Orientierung an Problemen und Lösungen an Stelle der Orientierung an der Vergangenheit und Biografie. Nach unserem Selbstverständnis (auch nach dem Selbstverständnis des personzentrierten Ansatzes) sollten sie sich nicht als besser wissende »Supertherapeuten« darstellen, die sich – alles überschauend – auf der Suche nach Problemen und Defiziten sowie Patentlösungen des Gesprächspartners befinden, sondern ein Klima der Wertschätzung und partnerschaftlichen Anerkennung der Klienten verwirklichen, ganz im Sinne des klientenzentrierten Konzeptes. Der Ausgangspunkt im Gespräch mit Menschen in belastenden Lebenssituationen sollte wortwörtlich etwa der folgende sein:

> »Ich lerne im Studium, wie man anderen Menschen helfen kann, wie man mit anderen Menschen sprechen kann, die sich in einer schwierigen Lebenssituation befinden. Dabei bin ich besonders daran interessiert, wie Ihnen doch trotz dieser Probleme, vor denen Sie jetzt stehen, bestimmte Bereiche Ihres Lebens gelingen, sodass Sie doch oft die richtigen Wege wissen. Können wir über beides – die bisher gefundenen Lösungen und die noch nicht gefundenen – in unseren Gesprächen reden?«

Und – für das innere Zwiegespräch?

> »Wie kann ich mich im Gespräch mit diesen Menschen, die oft am Rande stehen, vom Schicksal geschlagen wurden, von Hoffnungslosigkeit umgeben sind, in eine Situation echter Anteilnahme versetzen? Wie bringe ich es fertig, für sie mitzuempfinden und mitzufühlen, mich von ihren manchmal schweren Belastungen anrühren zu lassen und echte Anteilnahme zu zeigen?«

Eine derartige Gesprächshaltung, zusammen mit dem Hinweis auf den eigenen Lernprozess der Berater und Beraterinnen sowie auf die Supervisionsbetreuung, signalisiert eine größere Gleichgewichtigkeit und Durchsichtigkeit für die Klienten. Sie ist fern davon, entweder eine fachliche und persönliche Überlegenheit auszudrücken, und vermeidet auch eine so genannte »Versuchspersonen-Situation«, bei der die lernenden Studierenden sich unterwürfig um eine Gelegenheit für ein Gespräch bemühen bzw. die Ratsuchenden kurzfristig für eigene Zwecke einspannen, um sie dann wieder zu entlassen.

Die Kassettenaufnahmen wurden grundsätzlich erst dann gemacht, wenn eine Zustimmung der Klienten und Klientinnen vorlag. Wichtig erschien auch der Hinweis, dass – bei Löschung aller Daten, die eine Identifizierung ermöglichen – die

Gespräche für Lernzwecke und keine anderen verwendet werden sollen. Am Rande sei erwähnt, dass nicht selten die größeren Widerstände gegen Kassettenaufnahmen von den lernenden Studierenden berichtet wurden und nicht von den eigentlich betroffenen Klienten. Widerstand konnte sich ergeben einerseits aus Gründen der Leistungskontrolle, der Angst vor eigenen Fehlern und wenig effektiver Gesprächsführung aufseiten der Berater und Beraterinnen oder wegen der eigenen Verwicklung in bestimmte Problemstellungen der Klienten, andererseits aber auch wegen des Fehlens einer berufstypischen professionellen Einstellung, bei der auch pragmatische Gesichtspunkte eine Rolle spielten.

Die Beispiele, Fallbeispiele, Kommentare, Gesprächssequenzen der Klienten stammten hauptsächlich aus drei Quellen:

- Gespräche, die die Studierenden mit Klienten aus ihrem jeweiligen Praktikum führten,
- Gespräche, die sich durch Vermittlung von anderen ergaben,
- Gespräche im Rahmen von projektähnlichen Ansätzen, z.B. einem Projekt für Studienanfänger zur besseren Bewältigung des Studienanfangs und den damit verbundenen psychosozialen Problemstellungen (Orientierungslosigkeit, Ablösung von den Eltern, Kontaktproblematik, Lernmotivation usw., s. Sander 1974).

Nach unseren Erfahrungen ist die Beratungsausbildung in Verbindung mit projektähnlicher Praxis außerordentlich sinnvoll, da hier der psychosoziale Problemhintergrund am besten erfasst werden kann und sich die Lerneffekte für die Studierenden wegen der ähnlichen Ausgangsbedingungen aller Beteiligten multiplizieren. Wegen des Aufwandes bei der Organisation von Projekten war die Anwerbung von Klienten und Klientinnen der ersten beiden Quellen am häufigsten vertreten.

Die in den folgenden Abhandlungen verwendeten Gesprächsbeispiele entstammen zum großen Teil den Arbeiten der letzten drei Jahre im *»Vertiefungsangebot klientenzentrierte Gesprächsführung« der Fachhochschule Düsseldorf, Fachbereich Sozialpädagogik.* Einige Beispiele kommen hinzu aus meinen eigenen Beratungsgesprächen, die ich in den vergangenen Jahren geführt habe. Andere Beispiele – besonders das Kapitel zu den formalen Vorgehensweisen in der Gesprächsführung – entstammen einem vor einigen Jahren an der FH durchgeführten *Trainingsprogramm mit Schauspielern.* Bei diesem von der Fachhochschule als Forschungsprojekt geförderten Programm (Sander 1983) ging es um die Ermittlung und filmische Darstellung typischer Gesprächsverläufe und typischer Fehler im Beratungsprozess.

Abschließend möchte ich sehr herzlich den etwa 50 in den letzten drei Jahren beteiligten Studenten und Studentinnen danken, ohne deren Mitwirkung eine so umfangreiche Dokumentation nicht zu Stande gekommen wäre! Entsprechend dem Curriculum des Vertiefungsangebotes haben all diese Studenten und Studentinnen die vier Ausbildungsteile erfolgreich absolviert:

- Theoretischer Grundkursus zu dem Konzept und den Anwendungsmöglichkeiten des personzentrierten Ansatzes (Hauptseminar, 60 Std.).
- Praktischer Trainingskursus, Blockveranstaltung (4-Tage-Block und Vorbereitung in der Bildungsstätte Malteserhof, Königswinter).
- Supervisionsveranstaltung in Kleingruppen (40 Std.).
- Durchführung und Abgabe eines kommentierten Beratungsgespräches (Kassette), ein von mindestens drei geführten Beratungsgesprächen.

Dank sagen möchte ich auch meinem Lehrer Reinhard Tausch, der mir nach Durchsicht des Manuskripts wertvolle Vorschläge machte. Dank aber auch meiner Ehefrau Elisabeth Sander, die die Fülle der Fallberichte und -Kommentare sichtete und begutachtete.

Schließlich noch einige Worte zur Verwendung männlicher und weiblicher Bezeichnungen: Auch wenn ich in folgendem Text nach einiger Zeit und unter dem Eindruck vieler Zitate, in denen die alte Schreibweise verwendet wird, in die männliche Schreibweise zurückfalle, ist dies doch immer auf beide Geschlechter bezogen!

Köln, im Dezember 1998 *Klaus Sander*

Einführung

Anteilnahme als Kraft?

Ich habe lange überlegt, welche der Grundbedingungen des personzentrierten Konzeptes von Carl Rogers besonders in diesem Projekt wirksam waren. In vielen Beratungsgesprächen zeigte sich in der Supervision, dass die Berater und Beraterinnen mit ihren Gesprächen nicht ganz zufrieden waren. Sie fühlten sich nicht immer fachlich genügend kompetent, ihnen schien die geringe Anwendung unterschiedlicher Methoden und Medien im Beratungsprozess unzureichend und die aktive Hilfestellung und Einleitung von Veränderungen zu bescheiden. Dennoch geht aus Protokollen, die die Berater und Beraterinnen führten, hervor, dass sie sich sehr intensiv mit den Klienten und Klientinnen beschäftigten, sich zuweilen – dies ergab sich aus der Ähnlichkeit von Alter, Geschlecht und der Bezugsgruppe – mit ihnen identifizierten. Auf jeden Fall erwies sich in fast allen Fällen ein hohes Interesse für den Klienten und die Klientin und eine starke Anteilnahme. Überraschend und gegen die Erwartung der Studenten und Studentinnen war es dann, dass ein großer Teil der Klienten und Klientinnen in Fragebögen als Rückmeldung gerade dies als förderlich für ihre Beratungsstunden und Problemlösungen ansahen: dass jemand nicht strikt die Richtung angab und scheinbar professionell Lösungsschritte ansteuerte, sondern dass sich jemand, dem anderen Platz und Zeit lassend , mitmenschlich ihnen zuwandte. Dies führte zu der Erfahrung, dass mitmenschliche Zuwendung und Anteilnahme die unverfälschteste Quelle einer Hilfestellung ist, vielleicht wirksamer als fachliches Wissen und ein reiches Methodenrepertoire. Man sollte die Fähigkeit zum Mitempfinden nicht gering schätzen, sondern – soweit der Berater dies bei sich entwickeln kann – als kostbares Gut anerkennen! Die Ermutigung für mich, das Konzept »*Anteilnahme*« stärker zu verwenden und herauszustellen, ergab sich auch in Diskussionen mit meiner Frau, Elisabeth Sander, Sonderschulpädagogin, die die praktischen Beratungsfälle des Ausbildungsprojektes gut kennt und einsehen konnte.

Ich habe mir weiter überlegt, dass das Merkmal »*Anteilnahme*« in der Literatur des personzentrierten Ansatzes zwar vorkommt, meist in Verbindung mit »Achten«, »Sorgen«, »Interesse« und »Wärme«, dass dieses Konzept aber in seiner Bedeutung nie den Platz erhalten hat, den es verdient! Ich halte es – in der Form, in der ich es weiter definieren will – in einer helfenden Beziehung für eine Grundbedingung, wichtiger als empathisches Verstehen, Akzeptanz und Echtheit des Beraters! Das heißt nicht unbedingt, dass dieses Merkmal in einer gleichrangigen Alltagsbeziehung die höchste Priorität hat. Wenn aber die Aufgabenstellungen in die des Helfers und die des belasteten Klienten geteilt sind, kann es keine wirksamere Grundbedingung geben.

Was also ist mit Anteilnahme gemeint? Anteilnahme an einem Klienten und dessen innerem Erleben ist eine Haltung, die den Berater mit dem Klienten zunächst einmal unmittelbar verbindet. Es ist nicht die Teilnahme an einem Menschen ausgedrückt: mit ihm sein, mitmachen, teilhaben, seine eigenen Interessen einfließen lassen, sich identifizieren usw. Vielmehr steckt in der Vorsilbe »an« das Bemühen, *vor* bzw. *bei* ihm zu sein, dessen Eigenständigkeit zu wahren, nicht sich in ihm zu vermischen. Anteilnahme drückt mehr noch als Teilnahme die für den Beratungsprozess wichtige Abgrenzung von Berater und Klient aus.

Welche Bedeutung hat Anteilnahme? Anteilnahme ist die Form einer Beziehung, die willentlich nicht hergestellt werden oder erzwungen werden kann. Sie ist – jenseits von Kognitionen, Techniken und Methoden in der Beziehungsgestaltung – ein ursprüngliches, unmittelbares Beziehungsverhältnis. Voraussetzung ist die Öffnung aller Sinneskanäle für den anderen Menschen und die Bereitschaft, unmittelbar mitzuempfinden und mitzuschwingen. Man könnte das Musikempfinden als analogen Übermittlungsvorgang heranziehen. Gerade aus dem akustisch-musikalischen Bereich stammen eine Reihe von Redewendungen, die diese besondere Art der Anteilnahme dokumentieren: genau hinhören, Stimmung erfassen, auch die leisen Töne hören, in jemanden hineinhorchen, von einer Saite berührt werden, anklingen lassen, Gleichklang, mitschwingen usw. So wie die durch ergreifende Musik und Gesang erzeugten Vibrationen in gleicher Weise das Sinnesphysiologische des Empfängers berühren und zum Schwingen bringen, wirkt Anteilnahme auf den Menschen. Es ist eine unmittelbare, körpernahe Verbundenheit mit einem anderen Menschen, die sich einstellen kann, wenn man die Empfangsorgane öffnet. Die Analogie mit musikalischen Vorgängen wird auch deutlich, wenn man sich der eigenen körperlichen Vorgänge bewusst wird. Das Anteilnehmen kann sich darin ausdrücken, dass jemand beim entsprechenden Gefühl des Klienten auch Tränen in die Augen bekommt, berührt ist, mit belegter Stimme spricht, Gänsehaut bekommt, Mimik und Gestik entsprechend übernimmt, generell: den beim Klienten wahrgenommenen inneren Gefühlszustand körperlich mitempfindet.[1]

In der Beratung und in der Therapie wird die Anteilnahme dann zu einer wirksamen Kraft, wenn sie dem Klienten deutlich wird, mitgeteilt wird oder kenntlich wird. Der Klient wird sich »erhört« finden, wertgeschätzt und anerkannt fühlen und als beachtenswert erleben. Vielleicht wird er dadurch lernen, sich selbst mehr wertzuschätzen, ernster zu nehmen und mehr anzuerkennen. Anteilnahme wird unter diesen Bedingungen zur Kraft! Wenn die Anteilnahme nur als subjektive Rührung des Beraters erlebt wird, ohne dass er dies dem Klienten mitteilt oder mitteilen kann, wird

1 Zusammen mit Wagner (Wagner/Sander 1990) habe ich empirisch die unmittelbare kommunikative Wirkung von Singstimmen auf den Empfänger untersucht, im Sinne der »Selbstoffenbarungs-Appell-Funktion« von Schulz von Thun (1981).

sich für den Klienten dieser Zuwachs an Kraft nicht ergeben können. Für den Berater wiederum ergibt sich ein Zuwachs an Kraft durch den geglückten Aufbau einer Beziehung, durch die größere Nähe und Verbundenheit und durch die größere Vielfalt an Erlebensweisen, an denen er nun unmittelbar Anteil nehmen kann.

Im personzentrierten Beziehungskonzept ist das Anteilnehmen die wichtigste wirklich unmittelbare Verbindungsvariable zwischen Klient und Berater. Das empathische Verstehen aktiviert das Vorstellungsvermögen des Beraters und steigert dessen Wahrnehmungsfähigkeit und sprachliches Ausdrucksvermögen. Seine Echtheit setzt ihn in die Lage, seine inneren Vorgänge kongruent zu erleben und nach außen darzustellen und deutlich zu machen. Seine Akzeptanz befähigt ihn zu Toleranz und Annahme des Klienten. Alle drei der klassischen Beziehungsvariablen stellen einen abgeschlossenen inneren Zustand des Beraters dar, nicht jedoch die unmittelbare Verbindung eines Wahrnehmungs- und Gefühlszustandes wie beim oben beschriebenen Konzept der Anteilnahme. Anteilnahme in diesem Sinne stellt damit erst die grundlegende Basis für gemeinsames Tun in der Beratung dar.

Wie erreicht man einen wie oben beschriebenen Zustand der Anteilnahme?

Anteilnahme ist nicht zu erzwingen, jedoch wahrscheinlicher, wenn bestimmte Erlebenszustände hervorgerufen werden, die Voraussetzungen für Anteilnahme im oben beschriebenen Sinne sind:

- weitgehende Öffnung aller Sinneskanäle für alle Äußerungsformen des für mich zunächst fremden Gegenübers,
- die mehr kontemplative Bereitschaft, allen auch scheinbar abweichenden und nicht dazu gehörenden inneren und äußeren Vorgängen des Klienten Annahme und Aufmerksamkeit zukommen zu lassen,
- die Beachtung und nicht bewertende Wahrnehmung eigener gefühlshaft-körperlicher Vorgänge,
- die Bereitschaft und Fähigkeit, die in mir mitschwingenden, Anteil nehmenden inneren Vorgänge auszudrücken und dem Klienten mitteilbar zu machen.

Fazit

Anteilnahme stellt – unter günstigen Bedingungen – die nahezu »physiologische, entsprechende Reaktion« auf inneres Erleben eines anderen Menschen dar. Nicht alle Erlebensweisen des Klienten sind jedoch in gleicher Weise »anteilnahmefähig« – entsprechend den eigenen Erfahrungen mit Leid, Krisen und Lebensproblemen. Auch hier sind Berater und Beraterinnen in ihrer Fähigkeit mitzuschwingen begrenzt. Der Berater und die Beraterin sollten sich nicht zu einer Anteilnahme zwingen, die nicht ihren Empfindungen entspricht. Sie sollten aber die Fähigkeit zu innerer Anteilnahme, in welchen Situationen und Erlebnissen sie sich auch immer zeigt, einbringen, sie nicht gering achten und sie auch nicht zurückstellen hinter scheinbar professionelles Vorgehen, Methodenzentriertheit und einseitiger Orientierung an Veränderung und Problemlösung. Die Lösung von Problemen und belastenden Lebensereignissen erfordert zumindest ein adäquates Maß menschlicher Anteilnahme als Grundvoraussetzung einer produktiven Beratungsarbeit.

1. Was ist Beratung?

1.1 Einige gesellschaftliche Rahmenbedingungen

Beraten wird in Sucht- und Drogeneinrichtungen, Erziehungsberatungsstellen, Jugend- und Familieneinrichtungen, in Berufsberatungsstellen, Schwangerschaftskonfliktberatungsstellen, bei der Gesundheitsberatung, im Rahmen von Schuldnerberatung, in der Heimerziehung, in Organisationen, die ihre internen Strukturen verändern möchten und ihre Beziehungen nach innen und außen verbessern möchten usw. In vielen Tätigkeitsfeldern in der sozialen und pädagogischen Arbeit wird auf Techniken und Vorgehensweisen der Beratung zurückgegriffen, die sich als praktikable Methoden durch die Erfahrung und Praxis in langen Jahren bewährt haben. Nach Alterhoff (1983, S. 121) stellt Beratung sogar den wichtigsten Bereich psychosozialer Arbeit dar. Dennoch sollte man unterscheiden, ob Beratung institutionalisiert (Beratungsstelle) oder ob sie zu den nichtinstitutionalisierten Hilfestellungen gehört, die überall angeboten werden, wo sich ein Problem und dessen Lösungsversuch aufdrängt. Die institutionalisierte Beratung ist dabei ungleich strukturierter, methodisch ausgefeilter und dabei auch mitteilbarer und lernbarer als informelle Beratungen, die im Verbund mit vielen anderen Hilfestellungen gegeben werden. Sie ist auch durch Theorien wie Kommunikationstheorie, Handlungstheorie, Verhaltenspsychologie und Theorien der sozialen Beeinflussung wesentlich besser theoretisch darstellbar als Beratungsprozesse in nicht institutionalisierten Praxisbezügen.

Wenn nun das institutionalisierte Beratungswesen in den letzten Jahren rapide zugenommen hat, um welche grundlegenden gesellschaftlich vorgegebene Problemstellungen geht es dabei? Der Klient erlebt zwar sein Leid als individuell und unvergleichbar. Dennoch häufen sich ähnliche Probleme, die mit veränderten gesellschaftlichen Rahmenbedingungen zusammenhängen.

Die Ursachen für einen zunehmenden Beratungsbedarf sehen Soziologen, Sozialpsychologen, Pädagogen, Psychologen und ganz allgemein Gesellschaftswissenschaftler vor allem in den rapiden Veränderungsprozessen der Gesellschaft, die viele Lebensbereiche komplizierter gemacht und die herkömmlichen verhaltensleitenden Bedingungen aufgehoben haben. Belardi (1996, S. 21) hebt vor allem folgende Bedingungen hervor:

- **Individualisierungs- und Modernisierungsprozesse:** Die Entwicklungsgeschwindigkeit dieser Prozesse und damit die Auflösung traditioneller Lebensbereiche hat sich in neuerer Zeit ungleich verändert.

- **Einschränkende Bedeutung traditioneller Bindungen:** Einfluss von Kirche, Gewerkschaften und anderen Institutionen ist geschwunden; die Sinnfrage wird oft neu gestellt (Suche nach Halt in Kulten und Sekten).
- **Wertewandel:** Manche Menschen möchten weg von ökonomischem Leistungsdenken zu mehr Lebensqualität.
- **Lebensentwürfe:** Durch die schnelle Änderung ökonomischer Lebensbedingungen und der Unplanbarkeit der Zukunft können nur sehr schwer persönliche Lebensentwürfe entwickelt werden, die einen sicheren Weg garantieren.
- **Zukunftsorientierung:** Zunehmend ungelöste Aufgaben (Ökologie und die damit verbundenen Probleme der Umweltzerstörung, zunehmendes Armutsgefälle).
- **Veränderung der Sichtweisen menschlichen Zusammenlebens:** Anerkennung menschlicher Unvollkommenheit, Problembeladenheit und personaler Probleme; man muss nicht unbedingt »perfekt« sein. Hilfe durch Beratung oder Therapie ist keine Schande mehr.
- **Migration, multikulturelle Wanderungsbewegungen:** Unterschiedliche Kulturkreise mit unterschiedlichen Wertvorstellungen und Normen, die den Werten der Mehrheit diametral entgegenstehen.

Belardi (1996, S. 20) hebt jedoch auch als Erklärung für zunehmenden Beratungsbedarf die ungleich angewachsenen Freiheitsgrade in der Lebensführung hervor sowie die damit einhergehenden ungleich größeren Wahl- und Entwicklungschancen. Hiermit kündigt sich die Möglichkeit an, Beratung nicht nur defizitär zu sehen als Mittel der Bewältigung von Notständen, sondern auch, sie als zukunftgerichtete Möglichkeit der Erweiterung anzusehen.

Ich selbst habe in einem Sammelband, der die gesellschaftlichen Rahmenbedingungen für Therapie und Beratung aufzählt, die Schwierigkeiten, die sich insbesondere für junge Menschen ergeben, wie folgt gekennzeichnet (Sander 1997, S. 211):

> »Es geht um neue und für den Einzelnen zum Teil unüberschaubare und bedrohliche Veränderungen und neue Rahmenbedingungen seines Lebens, die zu individuellem und kollektivem Leid führen und letztlich den Alltag der Hilfestellung von Therapeuten, Beratern, Gruppenhelfern und anderen in der Arbeit mit Klienten ausfüllen. Unüberschaubar sind für den heutigen Menschen globale wirtschaftliche Prozesse mit ihren Folgerungen, die Überfülle der in Medien und Informationstechnologien angebotenen Sichtweisen und Lebensentwürfe. Scheinbar alles ist dadurch erreichbar geworden: Was fern ist, ist nah, was global ist, ist zugleich lokal, und was weltweit passiert, tangiert zugleich die unmittelbare Umgebung. Einerseits wird der heutige (oft junge) Mensch mit einer Pluralität von Lebensformen, Formen des Familienlebens, der Möglichkeiten von Schule und Berufsausbildung, einer Vielzahl von Gestaltungsformen in Bezug auf Formen des Wohnens, des Arbeitens, der Freizeitgestaltung und der Verwendung von Informationstechnologien überfrachtet. Andererseits kann er oft diese – unter den früheren dominierenden Bedingungen von Tradition und Schichtzugehörig-

> keit nie geahnten – Möglichkeiten und Chancen zu einer individualisierten Lebensweise nicht nutzen, weil er keine besonderen individuellen Bedürfnisse entwickelt hat und angesichts eines Überangebotes nicht in der Lage ist, die für ihn geeigneten Perspektiven und Verhaltensweisen auszuwählen und zu praktizieren.«

So vielfältig die Problematik der Menschen ist, so vielfältig und differenziert sind auch die Kompetenzen, Beratungsstrategien und Fähigkeiten der Berater und Beraterinnen anzusetzen. So müssen für eine qualifizierte Beratung auch die jeweiligen Kenntnisse aus dem jeweiligen Arbeitsgebiet mit einfließen. Zur Schwangerschaftskonfliktberatung gehören – neben der Beachtung der speziellen Lebenssituation der schwangeren Frau – auch Kenntnisse aus dem medizinischen, soziologischen, rechtlichen und psychologischen Bereich. Darüber hinaus – und dies gilt für alle Beratungsfelder – müssen Berater nicht nur Wissen und Erfahrungen in Bezug auf das Entstehungsfeld von Problemen und Störungen aufweisen *(Feldkompetenz)*, sondern auch Erfahrungen und Kenntnisse im Hinblick auf die Vernetzung von Hilfsangeboten. Ein verhaltensauffälliges Schulkind muss unter Umständen nicht nur einem spieltherapeutischen Angebot einer Erziehungsberatungsstelle zugeführt werden, sondern braucht unter Umständen auch medizinische, pädagogische, psychologische, familientherapeutische und förderdiagnostische Formen der Betreuung. Angesichts der Multiproblemlagen stellt sich auch die Frage, wie spezialisiert Berater ausgebildet sein müssen. Der Spezialist, der unter Ausgrenzung der Lebenssituation des Klienten nur bestimmte Aspekte der Problemstellung bearbeitet, ist dabei vielleicht genauso wenig hilfreich wie der Generalist, der sich anmaßt, die Vielzahl der Problemaspekte in einer Person zusammenzufassen und Bewältigungshilfen in den unterschiedlichsten Formen anbieten zu können. Dem Trend, beraterische Hilfe in Form »neutraler« Informations- und Orientierungshilfen zu gestalten wie bei Formen der Computerunterstützten Beratung, steht doch eine Grunderfahrung gegenüber: Bei der Beratung handelt es sich grundlegend um einen Prozess der sozialen Beeinflussung im Rahmen einer in einer bestimmen Weise gearteten zwischenmenschlichen Beziehung. Die Kommunikationspsychologie und zum Beispiel auch die Humanistische Psychologie, der der Ansatz von Rogers zuzuordnen ist, geben der Beziehungsgestaltung im Hinblick auf Lernen, Problemlösen und Motivieren die Priorität vor den Verhandlungsinhalten in der Beratung. Beim Erlernen von Beratungsfähigkeiten ist daher wichtig, *wie* etwas vermittelt und *wie* die zwischenmenschliche Beziehung gestaltet wird, und nicht allein, *was* vermittelt wird. Dieser grundlegenden Erkenntnis trägt vor allem das personzentrierte Konzept von Rogers Rechnung mit seiner Betonung eines förderlichen Beziehungskonzeptes. Die Fähigkeit und Bereitschaft, am individuellen Schicksal des Klienten Anteilnahme zu entwickeln, bleibt als wichtiger Wirkungsfaktor bestehen. Empathisches Verstehen, Anteilnahme, Akzeptanz des Klienten und Echtheit des Beraters stellen die sichere Basis dar, aus der heraus die Vielzahl unterschiedlichster Anliegen, Erwartungen, Problemstellungen und Lösungsformen angegangen werden kann.

1.2 Allgemeine Definitionen von Beratung

Um dem Alltagssprachgebrauch näher zu kommen, beginnen wir mit den Definitionen aus dem Duden (1976, S. 352). Hier ist Beratung mit im Wesentlichen drei unterschiedlichen Bedeutungen wiedergegeben:

- Jemandem einen Rat geben, der auf Erfahrungen und größerem Wissen beruht.
- Gemeinsam überlegen und besprechen, über etwas Rat halten.
- Beratschlagen.

Schon in diesen Definitionen sind grundlegende Positionen enthalten, die später bei allen Konzepten eine Rolle spielen. Einmal wird Beratung mehr in die Nähe von Informationsvermittlung als eine mehr lenkende Form von Unterweisung gerückt. Zum anderen werden Hilfeleistungen angesprochen, die den Klienten gemeinsam mit dem Berater zu einer Lösung kommen lassen sollen. Die erste Position sieht den Berater mehr in der Rolle des Experten und fachlich überlegenen Teilnehmers, die andere Position geht von Partnerschaftlichkeit und Gleichberechtigung aus. Die Abgrenzbarkeit eines Problems in der ersten Position geht mit einem mehr direktiven Vorgehen zusammen, die größere Unklarheit eines Anliegens mit weniger direktivem Lösungsverhalten in Position 2.

Der Große Brockhaus (1978, Bd. 2) definiert Beratung als einen Prozess der »Informationsvermittlung zwischen zwei Kommunikationspartnern … zum Zwecke gemeinsamer Lösung meist eng abgrenzbarer, überschaubarer Einzelprobleme« (1978, S. 38). Hier wird deutlich, dass Beratungsanliegen vorwiegend auf Informationsdefiziten beruhen und dass das Problem durch Informationsgabe gelöst werden kann. Die Bedeutung der Beziehungsgestaltung wird nicht einmal erwähnt.

Schließlich Meyers Enzyklopädisches Lexikon, Bd. III (1971) hebt als Ziele der Beratung hervor: »ein auf der Grundlage psychologischer Untersuchungen basierendes Aufzeigen von Fehlverhaltensweisen in der Vergangenheit und das Erteilen von Richtlinien für eine optimale Ausnutzung der vorhandenen gegenwärtigen Möglichkeiten des Ratsuchenden« (1971, S. 803).

Am deutlichsten ist hier wieder die Expertenrolle des Beraters angesprochen, der Klient wird in seinen Möglichkeiten gar nicht einbezogen und anerkannt, die zwischenmenschliche Situation wird nicht weiter thematisiert.

Die Rationalität und Zweckmäßigkeit des Beraters wird auch in neueren Definitionen beibehalten, so z. B. von Claus (1986), der Beratung als eine Art zwischenmenschlicher Hilfe beschreibt, die charakterisiert sei durch »die Ableitung von Handlungsempfehlungen aus dem Bezug der Problemlage eines Klienten auf ein psychologisch-wissenschaftlich und gesellschaftlich reflektiertes Konzept.« (1986, S. 82). Claus spricht einmal dem Klienten die alleinige Kompetenz für die Relevanz (seines!!) Problems ab und führt die Psychologie als eigentlich relevante Disziplin für die Richtung und die Ziele des Beratungsprozesses ein.

Beratungsdefinitionen, die davon ausgehen, den Klienten dazu zu befähigen, seine eigenen Entscheidungen zu treffen, drücken sich in Begriffen wie »Hilfe zur Selbsthilfe«, »gemeinsames Beratschlagen« oder »gemeinsames Überlegen« aus. Dieser Position lässt sich z.B. Fröhlich (1987, S. 72) zuordnen, der Folgendes definiert: »zusammenfassende Bezeichnung für die Erteilung von Entscheidungs- und Orientierungshilfen durch ausgebildete Psychologen in Einzel- und Gruppengesprächen«. Ähnlich definiert Seidenstücker (1977, S. 41): »Kommunikationsvorgang zwischen Berater und Klient, in dem der Berater bestrebt ist, die Probleme des Klienten zu verstehen und ihm Anregungen und Hilfe zur Selbsthilfe zu vermitteln.« Gerbis (1977, S. 31) hebt hervor: »Von Seiten des Beraters bedeutet der Verzicht auf das Erteilen von Ratschlägen, dass er die Aktivität beim Suchen von Lösungen mehr in die Hand des Klienten legt, und verlangt das Eingeständnis, dass er die Situation des Klienten nicht voll beurteilen kann.«

Die zuletzt genannten Definitionen zeigen ein Verständnis von Beratung, das über Hinweise und Ratschläge hinausgeht und das gemeinsame Lösen von Problemen nahe legt, wobei die persönlichen Bedingungen und der Beziehungsaspekt von Berater und Klient eine weit größere Bedeutung erhalten als bei den zweckrationalen, direktiven Definitionsformen. Der Berater wird nicht mehr als Experte und Fachmann gesehen, der aus der größeren Erfahrung heraus und dem größeren Fachwissen berät, sondern mehr als einfühlsamer Partner, der teilnehmend und zuverlässig dem Beratungsprozess beiwohnt.

Die geschlossenste und umfassendste Definition kommt von Dietrich (1983, S. 2). Sie ist aber wieder schon so umfassend, dass sie notwendigerweise sehr abstrakt und wenig praxisbezogen erscheint: »Beratung ist in ihrem Kern jene Form einer interventiven und präventiven helfenden Beziehung, in der ein Berater mittels sprachlicher Kommunikation und auf der Grundlage anregender und stützender Methoden innerhalb eines vergleichsweise kurzen Zeitraumes versucht, einem desorientierten, inadäquat belasteten oder entlasteten Klienten[1] einen auf kognitiv-emotionale Einsicht fundierten aktiven Lernprozess in Gang zu bringen, in dessen Verlauf seine Selbsthilfebereitschaft, seine Selbststeuerungsfähigkeit und seine Handlungskompetenz verbessert werden können.«

Diese Definition beinhaltet fast alles, was oben angesprochen wurde, geht allerdings mit keinem Wort auf die Bedeutung der Beratungsbeziehung als einem wesentlichen Faktor der Veränderungen von Klienten und Klientinnen ein.

Ganz allgemein spiegeln sich in diesen wenigen Definitionen die unterschiedlichen Standpunkte wider, die aus unterschiedlichen theoretischen Ansätzen und Praxiserfahrungen bekundet werden. Dennoch möchte ich davor warnen, einen

1 Bei Dietrich stehen inadäquate Belastung oder Entlastung für zwei Arten von Störungen, die ein Klient aufweisen kann: Das Leiden durch zu *erdrückende* Umweltforderungen und das Leiden durch *fehlende* Forderungen und Inanspruchnahmen durch die Umwelt (s. Konzepte »Härte« und »Verwöhnung«).

direktiven Beratungsansatz als weniger wichtig und wertvoll anzusehen als einen nichtdirektiven Ansatz. Abgesehen davon, dass sich die Direktivität eines Vorgehens auch von der Problemstellung ableitet, muss ein direktives Vorgehen nicht von vornherein lenkender und beeinflussender sein als ein nichtdirektives Vorgehen. Klare Handlungsvorschläge, Informationen und Vermittlung von Kenntnissen können unter Umständen weniger einengende Wirkungen auf den Klienten entfalten, soweit sie in ihrer Absicht überschaubar sind und der Klient diese auch abwehren kann und sich anders orientieren kann (s. Sander 1975). Für den Klienten kann unter Umständen der dirigierende Einfluss, gewissermaßen der »Verstärkungsplan« des Beraters, viel besser erkannt werden als bei einem nichtdirektiven Berater, der subtile Einflüsse, Zielsetzungen und Verstärkungsprozesse einsetzt, die ihm selbst nur sehr unklar sein können. Da Menschen nach der neueren Kommunikationstheorie (Watzlawick 1968; 1982) nicht »Nicht-Kommunizieren« können, ergibt sich das Lenkungsproblem nicht aus der Zahl der Lenkungsakte, z. B. Aufforderungen und Hinweise, sondern mehr noch aus der Art und dem Beziehungsrahmen, aus dem heraus gefordert, verstanden, akzeptiert, interveniert oder geplant wird: Zeige ich bei all diesen Äußerungsformen eine unbedingte Akzeptanz für den Klienten und dessen Wege oder dienen diese als Mittel zu einem Ziel.

Abschließend soll noch der Begriff psychologische von dem der psychosozialen Beratung unterschieden werden. Während sich bei der psychologischen und auch psychotherapeutischen Beratung der Fokus auf der innerpsychischen Konflikt- und Erlebenslage befindet, ist bei der psychosozialen Beratung der Schwerpunkt mehr in der Betrachtung der gesamten Lebenssituation sowie den sozialen Komponenten dieser Situation. Richter (1978, S. 179) formuliert diesen Anspruch wie folgt: »Psychosoziale Beratung sieht den Menschen in seinem gesamten psychosozialen Zusammenhang, verstrickt in innere Konflikte wie in soziale Schwierigkeiten mit Partnern und Bezugsgruppen im privaten Bereich und in der Arbeitswelt.«

Als Psychoanalytiker entfernt er sich damit weit von einigen seiner orthodoxen Fachkollegen, die sich einer klassisch-individualistischen Perspektive verschreiben und die wesentlichen Verursachungsbedingungen ausschließlich der individuell-historischen und biografischen Perspektive zuordnen.

1.3 Beratung und Therapie

Viele Autoren stimmen dem zu, dass es keine klare Trennung zwischen Beratung und Therapie gibt. Autoren, die mehr den Prozessverlauf, die zwischenmenschliche Beziehung, und nicht so sehr das Ziel betonen, neigen dazu, eine scharfe Trennung zu vermeiden, sondern von einem »mehr oder weniger« zu sprechen.

In der folgenden Tabelle ist eine Gegenüberstellung von Psychotherapie und Beratung aufgeführt. Autoren: Biermann-Ratjen, Eckert/Schwarz (1979, S. 145):

Psychotherapie	Beratung
dauert länger	erstreckt sich oft nur auf kurze Zeit
setzt starke Motivation des Klienten voraus	muss oft ohne hinreichende Motivation des Klienten auskommen
findet regelmäßig statt	findet oft nur sporadisch, bei Bedarf, statt
arbeitet wesentlich mit unbewusstem Material	verzichtet auf die Einbeziehung unbewusster Elemente
ist eher nicht lenkend	beinhaltet eher lenkende Vorgehensweisen
basiert auf freier Übereinkunft	wird oft in institutionellem Auftrag vollzogen
arbeitet mit enger Beziehung unter Einbeziehung von Übertragung und Gegenübertragung*	hält die Beziehung distanzierter; Übertragung und Gegenübertragung werden nicht angegangen
* Mit Übertragung und Gegenübertragung werden die auf kindlichen Beziehungsprozessen beruhenden Haltungen des Klienten bzw. Beraters auf den anderen angesprochen. Haltungen, deren Herkunft nach psychoanalytischer Auffassung dem Betreffenden nicht klar bewusst sind.	

Bei Biermann-Ratjen u.a. umfasst der Begriff »Beratung« »alle nicht-psychotherapeutischen Maßnahmen berufsmäßig vollzogener Hilfe bei der Lösung menschlicher Probleme. Zur so verstandenen Beratung gehören eine Vielzahl von Maßnahmen, zum Beispiel pädagogische, übende Verfahren ebenso wie Pflege, stützende oder tröstende Hilfen usw.« (Biermann-Ratjen u.a. 1979, S. 146). Psychotherapie – und ganz speziell Gesprächspsychotherapie – hat dagegen zum Ziel: »den Umgang des Klienten mit dem Beziehungsangebot des Therapeuten (und damit auch die Beziehung des Klienten zu sich selbst) zu bearbeiten, mit dem Ziel einer Änderung dieser therapeutischen Beziehung und der Beziehung des Klienten zu sich selbst« (Biermann-Ratjen 1979, S. 146). Man könnte demnach zusammenfassen: Psychotherapie ist mehr *Selbstklärung und Beziehungsklärung*, Beratung mehr *Problemklärung*. Das eine ist nach innen, das andere mehr nach außen gerichtet.

Auch Pörtner/Monstein (1985, S. 70) weisen auf die Unterschiede der Beratungssituation von der Therapiesituation hin, wobei sie auch auf die jeweils von der Berufssituation abhängige Beziehung zwischen Berater und Klient aufmerksam machen. Im Einzelnen:

- Die Beziehung ist nicht nur an den zeitlichen und räumlichen Rahmen des Beratungsgespräches gebunden, sondern kann auch außerhalb davon stattfinden.
- Die Beziehung übernimmt eine Institution, nicht der Beratende selbst.
- Die Dauer der Beratung ist kürzer.
- Nicht einseitig die Bedürfnisse des Ratsuchenden, sondern auch die Interessen der Institution sind das, worauf die Beratung ausgerichtet ist.
- Fehlende Thematisierung der Berater-Klient-Beziehung.
- Nicht der Wachstumsprozess des Klienten, sondern klar umschriebene Problemstellungen stehen im Mittelpunkt der Beratung.

Pörtner/Monstein sagen, dass es bei den zuletzt genannten Fragen fließende Übergänge gibt. Ebenso kann auch in der Beratung die Beziehung zwischen Berater und Klient thematisiert werden (1985, S. 69). Ähnlich Jaeggi unterscheiden die oben genannten Autoren zwischen Beratung im engeren Sinn und anderen hilfreichen Interventionen, wie zum Beispiel Information, Anweisungen, Überzeugen usw. Die Letzteren treffen zu, wenn dem Klienten nur *ein* Weg offen steht. Von eigentlicher Beratung sprechen die Autoren dann, »wenn der Klient zwischen verschiedenen Möglichkeiten wählen kann und der Berater ihm hilft, dies auf den ihm (dem Klienten) gemäßen Weg zu tun« (Pörtner/Monstein 1985, S. 69).

Die meisten Autoren, die sich für eine Unterscheidung von Therapie und Beratung aussprechen, machen dies hauptsächlich an den Kriterien: Dauer der helfenden Maßnahme und Qualität der Beziehung fest. So sehen z.B. Bommert/Plessen (1979) in der Dauer der beratenden bzw. behandelnden Maßnahme das sinnvollste Unterscheidungsmerkmal. Maßnahmen, die in kürzerer Zeit abgeschlossen sind, werden als Beratung bezeichnet, während länger dauernde Maßnahmen Psychotherapie genannt werden (Bommert/Plessen 1979, S. 11). Ähnlich argumentieren auch Breuer (1979), Biermann-Ratjen (1979) und Dietrich (1983).

Für Breuer ist die Qualität der Beziehung zwischen Therapeut und Klient ein wesentliches Unterscheidungsmerkmal. Dies wird an verschiedenen Punkten deutlich, wie z. B. durch die längere Gesamtdauer der Therapie, durch die stärkere Konzentration auf das individuelle Verhalten und das Erleben in der Therapie. Außerdem durch die häufigeren Thematisierungen der Beziehung in der Therapie (s. auch Biermann-Ratjen 1979, S. 146). Ein weiterer Punkt ist die Reduzierung therapeutischer Konzepte in der Beratung: Die Thematisierung der Beziehung sowie eine Reihe von Interventionen können in einer beraterischen Situation und einem Setting nicht stattfinden, in dem ein Partner (der Berater) Kontroll- und Sanktionsmöglichkeiten aufweist. Beispiel für eine solche Beziehungsform im Sinne eines *»doppelten Mandats«* ist die Rolle des Beraters in der Bewährungshilfe (Strafvollzug). Er ist gleichzeitig Vertrauter und Kontrolleur.

Junker (1973) hält bei der Unterscheidung von Beratung und Psychotherapie dagegen die Beziehungsstruktur und die davon abhängigen unterschiedlichen Persönlichkeitsstrukturen (entsprechend der psychoanalytischen Charakterlehre) für wichtig. Bei der Beratung wird demnach – unabhängig von der Problemstruktur des Klienten – die Steuerung der Beziehungsverhältnisse als wichtigste Aufgabe der Beratung angesehen. So erfordert die Beratung z. B. eines depressiven Klienten auf Grund dessen Tendenz einer ständigen »depressiven Entwertung« (auch aller Anstrengungen des Beraters) ein anderes Umgehen als bei Klienten mit anderen Persönlichkeitsstrukturen.

Einen anderen gesellschaftlich bedingten Gesichtspunkt zur Frage der Trennung bzw. Unterscheidung von Therapie und Beratung führt Esser (1986, S. 7) ein. Nur die naturwissenschaftliche Tradition mit ihrem Selbstverständnis des elementenhaften, kausalen Verständnisses von Lebensvorgängen habe diese künstliche Unterscheidung verursacht. Die Trennung von menschlichem Leid in Beratung aktueller Konflikte und Heilkunde und die darauf folgende Aufsplitterung der Beratungsdienste sei ein Ergebnis dieser Auffassung. Sie hat für diese Dienste, für die Versorgungsinstitutionen und für die helfend Tätigen verhängnisvolle Konsequenzen. Vertreter ganzheitlich konzipierter Beratungs- und Therapieansätze müssen sich künstlich von ihren bewährten theoretischen Grundlagen trennen und entfernen, um in einer bestimmten Organisationsform arbeiten zu können.

Unter welchem Dilemma ein Sozialarbeiter in der täglichen Praxis steht, wenn er ein ganzheitliches therapeutisches Konzept verfolgt sowie einem theoretischen Konzept anhängt, das in besonderer Weise die Beziehung als wesentlichen Wirkmechanismus in Beratung und Therapie ansieht (wie z.B. der klientenzentrierte Ansatz), zeigt das Beispiel, das Esser gibt: Der Berater, der zum Beispiel neben der Arbeit mit einer Familie auch über Begutachtungsfragen (z.B. Sorgerecht nach der Scheidung) zu befinden hat, muss unter Umständen sein Beziehungsangebot reduzieren. Er kann z. B. nicht mehr unbegrenzt Akzeptanz und Wertschätzung vermitteln, da er eventuell Schlussfolgerungen zieht, die für den Klienten, falls dieser sich öffnet, nachteilig sein können. Damit ist die Einschränkung der unbedingten Wertschätzung in der Beratung durch die Rahmenbedingungen gegeben und nicht durch menschlich notwendige Parameter. Die in der Organisation vorgegebene Spaltung (ein Problem behandeln und nicht mehr ganzheitlich einen Menschen) führt zu einer inneren Spaltung des Beraters, mit der er fertig werden muss. Die sinnvollste Art, mit dieser Spaltung umzugehen, ist nach Esser immer noch, diese aufgabenbedingte Spaltung dem Klienten mitzuteilen, um ihn entscheiden zu lassen, wie weit er sich öffnen und äußern kann (Esser 1986, S. 12).

Reinhard Tausch grenzt in einer neueren Veröffentlichung (1997, S. 243) die Unterschiede von Therapie und Beratung im Rahmen des personzentrierten Konzepts wie folgt ab:

Bedeutsame Vorgänge in der Psychotherapie (Gesprächspsychotherapie) sind:

- Positive persönliche Beziehung, emotionale Sicherheit, Geborgenheit, Öffnung, Erfahrung des Geachtet-Werdens.
- Das Selbst und die Bewertungen der eigenen Person stehen im Vordergrund der Selbstexploration.
- Erfahrung tiefen Verstanden-Werdens ohne jede Bewertung. Hierdurch größere Selbstakzeptierung, Entspannung.
- Desensibilisierung, Angstminderung.
- Klärung von Kognitionen und Emotionen, Änderung wahrgenommener Bedeutungen, überwiegend durch Selbstexploration des Klienten.

Für die Beratungssituation hebt Tausch (1997, S. 244) als besonders wichtig hervor die Information über unangemessene Bewältigungsformen in Belastungssituationen, die Verminderung unangenehmer belastender Gefühle und generell Informationen über angemessene Bewältigung sowie Angebote von Übungen. Eng verbunden sieht

Tausch personzentrierte Beratung mit Methoden der *Stressminderung*. Bei Letzterer ergibt sich eine gezieltere Bearbeitung störender Bewertungen und Gedanken – der damit einhergehenden körperlichen Spannungsvorgänge (sympathisches Nervensystem, hormonelles Gleichgewicht, Muskelsystem). Auf der Basis eines empathischen, akzeptierenden und echten Beziehungsverhältnisses werden gezielt Übungen und Hilfsangebote erstellt, die eine bessere Stressbewältigung nach sich ziehen können.

1.4 Beratung als Problemklärung und -lösung

Dauer einer Behandlung sowie die Form der Beziehung sind nicht unbedingt ein schlüssiges Abgrenzungsmerkmal der Beratung gegenüber der Psychotherapie wie oben aufgeführt, da einmal die Dauer einer Beratung auch viele Stunden umfassen kann, und die Beziehung sich nach Intensität und Differenziertheit in nichts unterscheiden muss im Vergleich zu einer psychotherapeutischen Beziehung. Vielmehr suchen Klienten mit anderen Anliegen Berater auf und erfahren auch andere Angebote als Therapie-Klienten. Dabei ist die Ausbildung von Beratern nicht als geringerwertig anzusehen, sondern – ebenbürtig neben der Ausbildung von Psychotherapeuten – steht sie vor anderen Fragestellungen, die eine gleiche differenzierte Ausbildung erfordern. Wir gehen eindeutig von einer berufsrechtlichen, organisatorischen und lernpsychologisch unterschiedlichen Situation bei der Beratung aus. Dadurch, dass die Beratung bisher als Anhängsel der Therapie gesehen wurde, fehlen auch viele Forschungsansätze in diesem Feld. Es gibt zwar viel Literatur, in der die Praxis von Beratung zu den unterschiedlichsten Anlässen, mit den unterschiedlichsten Problemen und Klienten beschrieben wird. Es gibt jedoch bisher keine wissenschaftlich abgesicherte Klassifikation der Problemlagen von Menschen, von Bewältigungsstrategien in schwierigen Lebenssituationen, von differenziellen Interventionsformen in der Beratung und von Wirkmechanismen in der Laien-Beratung usw. Empirische Untersuchungen zu diesen Feldern sind – im Unterschied zur empirischen Psychotherapie-Forschung – rar, obwohl in diesem Feld ein reiches Praxiswissen vorhanden ist.

Im Jahre 1982 habe ich versucht, Beratungsgespräche in vier unterschiedliche Formen zu unterteilen. Ausgangspunkt war dabei die *Art des Problems und der angestrebten Lösung* (Sander 1982).

- **Informatorische Beratung.**
  Das Problem besteht vor allem in mangelhafter Information, in mangelndem Wissen und in mangelnden Orientierungshilfen angesichts einer Entscheidungssituation oder einer kritischen Lebenssituation. Die Entscheidungskompetenz, Handlungsfähigkeit und die Persönlichkeit selbst sind nicht grundlegend beeinträchtigt oder gestört (Berufs-, Arbeitsvermittlung- und Beratung, schulische, soziale und gesundheitliche Beratung usw.).

- **Beratung mit Eingriffsmöglichkeit.**
  Die Persönlichkeit des Ratsuchenden und dessen Handlungsmöglichkeiten sind eingeschränkt und beruhen nicht auf einem Mangel an sachlicher Information und Orientierungshilfen. Im Vordergrund der Problematik stehen äußere Bedingungen (z.B. einengende Umweltbedingungen, schwierige Lebensereignisse, schwierige zwischenmenschliche Bedingungen), die – zusammen mit der inneren, gefühlsmäßigen Verunsicherung – in ihrer subjektiven und objektiven Bedeutung geklärt werden müssen, um zu einer Lösung zu kommen. Es besteht eine *Eingriffsmöglichkeit* in die äußeren zusammenhängenden Bedingungen. (Partner-, Familien- und Trennungsprobleme, Berufsfindungsprobleme, berufliche Krisen, soziale Isolierung usw.).
- **Beratung ohne Eingriffsmöglichkeit.**
  Die Persönlichkeit des Ratsuchenden ist durch äußere Ereignisse und Prozesse stark verunsichert, ohne dass sie auf diese Ereignisse und Prozesse direkt einwirken kann. Die Lösung besteht in der Erarbeitung neuer Sichtweisen, neuer Einstellungen, neuer Wertvorstellungen, um mit diesen Problemen fertig zu werden (z.B. Verlust von Angehörigen, seelsorgerische Gespräche, Trennung, Krankheit, Alter, kritische Lebensereignisse, Sterbebegleitung).
- **Beratung im Sinne psychotherapeutischer Hilfestellung.**
  Das Problem liegt mehr in der Störung der Person selbst (massives Inkongruenzerleben, innere Konflikte und Abwehrhaltungen) als in äußeren zusammenhängenden Bedingungen.[1]

Diese 1982 von mir aufgestellte Typologie von Beratungsgesprächen (Sander 1982) teilt die Probleme, die Klienten in die Beratung führen, etwas künstlich in äußere und innere Probleme ein. Hinzu kommt, dass die Eingriffsmöglichkeiten unterschiedlich bewertet werden, wobei die Notwendigkeit für Eingriffe in die Umgebung bei inneren Problemstellungen geringer zu sein scheinen (unterschiedliche Lösungsstrategien). Diese Unterscheidung nach »innen und außen« und »Einstellungsveränderung – Handlung« ist im Lichte der Psychotherapie-Forschung nicht aufrechtzuhalten, da innere Veränderungen wechselseitig mit Konsequenzen im äußeren Verhalten einhergehen. In empirischen Untersuchungen zu Veränderungen durch Beratung und Therapie von Einzel- und Gruppenklienten gingen »innere« Änderungen (Änderungen der Gefühle, Einstellungen und Haltungen) immer einher mit »äußeren« Veränderungen wie anderes Verhalten, zielgerichteteres Handeln usw. (Sander 1973, 1974, 1975). Das Gefühl innerer Beeinträchtigungen – gemessen mit herkömmlichen Tests und Fragebögen – korrespondiert fast immer mit Formen der Handlungsbeeinträchtigung und effektiven Problemlösung – wie empirische Untersuchungen zeigen.

1 Als Inkongruenz wird nach dem personzentrierten Konzept die fehlende Übereinstimmung von Erfahrung und Selbstkonzept verstanden. Man weiß nicht, »was mit einem los« ist. Das Erleben innerer Spannungen und negativer Erfahrung herrscht vor.

Eine für die Beratungssituation wichtige Vorentscheidung liegt aber bereits darin, von wem die Problemdefinition stammt und wer die Richtung der Lösung und Veränderung anzeigt. Außer in den Fällen einer *erzwungenen Beratung*[1] (s. Belardi 1996, S. 55ff.) suchen Klienten Beratungsstellen auf, sobald sie ein Problem für sich als beratungsbedürftig erkannt haben. Viele Beratungsstellen – und dies hängt auch mit der großen Spezialisierung der Beratungseinrichtungen ab – nehmen jedoch die Beratungsdefinition vorweg, indem sie von den Aufgabenstellungen der Institution ausgehen. Wie Problemdefinitionen erfolgen, ist außerdem von der konkreten Vorgehensweise des jeweiligen Beraters abhängig. So wird ein verhaltenstheoretisch geschulter Berater mehr das Verhaltensdefizit als das eigentliche Problem ansehen, während ein Gesprächstherapeut die Verhaltensprobleme als Folgen eines negativen Selbstkonzepts einordnet. Eine streng kirchliche Einrichtung wird die dort beratenen Probleme von Ehepaaren vielleicht weniger als sexuelle Probleme, Kommunikationsprobleme oder Verhaltensprobleme einordnen, sondern mehr als Folgen falscher Orientierungen und fehlender Glaubensüberzeugungen. Probleme in der Zusammenarbeit und in der Bearbeitung von Problemen ergeben sich auch, wenn Koppelungen von Beratungs- und Kontrollfunktionen vorliegen (in der sozialen Arbeit spricht man vom »doppelten Mandat«); als Beispiel der Bewährungshelfer, der zugleich per Auftrag Vertrauter und Überwacher ist. Er ist nicht nur in der Art, wie er Probleme angeht, von seiner Institution eingeengt und festgelegt, sondern zur gleichen Zeit praktisch zwei Auftraggebern verpflichtet: dem Wohl des Klienten und dem Wohl der überwachenden Institution (Gerichtshilfe, Bewährungshilfe). Die Fragen, inwieweit Freiwilligkeit bei dem Aufsuchen einer Einrichtung besteht, wie der Berater mit Machtstrukturen umgeht und ob die berufliche Position des Vertrauten und des Kontrollierenden in Personalunion sinnvoll sind, werden seit vielen Jahren diskutiert und stellen sich immer wieder von neuem (s. Hornstein 1977, S. 21ff.).

Abschließend soll ein Schema mit einer Gegenüberstellung verschiedene Arten von Beratung und Problemlösung deutlich machen. Es soll *der Zweckorientierung in der Beratung* und Problemlösung die *Personorientierung* gegenübergestellt werden. Zweckorientierung bedeutet die vom Ziel und Zweck abgeleitete Herstellung einer bestimmten Handlungsfähigkeit durch Mittel wie Information, Orientierungshilfen, Verhaltensübung und Kompetenztraining. Personorientierung in der Beratung und Problemlösung beinhaltet die Orientierung an den Zielen der Person, der ganzheitliche Bezug auf verschiedene Personbereiche, wie z. B. Wertvorstellungen der Person, Handlungsmöglichkeiten, Wünsche, Bedürfnisse, Kognitionen usw. Auch dieses Schema soll nicht wertend oder Partei nehmend aufgefasst werden, sondern zwei Pole darstellen, die zwischen Beratungsstellen und Beratungsanliegen, aber auch innerhalb eines Beratungsprozesses tragend sein können.

1 Formen erzwungener Beratung sind Beratungsprozesse, die zwangsweise zu Stande kommen, z.B. gerichtlich angeordnete Beratungen, Beratungen in der Bewährungshilfe, Schwangerschaftsberatung usw.

	Zweckorientierung	Personorientierung
Ziele	Ziele und Lösungen vorher festgelegt	Ziele und Lösungen ergeben sich im Beratungsprozess
Vorgehen	Informationsvermittlung, Übung, Orientierungshilfen, Kompetenztraining	Auseinandersetzung mit inneren und äußeren Aspekten der Problemsituation
Beziehung	nicht von ausschlaggebender Bedeutung	förderliche Beratungsbeziehung von ausschlaggebender Bedeutung
Anwendbarkeit	Problemlösungsverhalten nur geeignet für die betreffende Situation	größere Generalisierbarkeit durch stärkere Selbststeuerung
Verinnerlichung	instrumentelles Lösungsverhalten	Verhalten steht mehr im Einklang mit Wertvorstellungen
Entscheidungs-fähigkeit	kurzzeitig gut, langfristig wegen geringerer Selbstständigkeit evtl. weniger effektiv	langfristig selbstständig entscheidungsfähig

Für ideale Formen der Beratung ist es sicher sinnvoll, die Zweckorientierung mit der Personorientierung zu verbinden, wie z. B. aus dem Lehrbuch von Weinberger (1988) ersichtlich wird. Die schematische Gegenüberstellung erlaubt es aber sicher besser, bestimmte Beratungsansätze einem dieser Pole zuzuordnen. So stehen – um nur ein Beispiel zu nennen – klassisch verhaltensmodifizierende Ansätze (z.B. Hoffmann/Freese 1979) oder Ansätze der klassischen so genannten »Problemlösenden Sozialen Einzelfallhilfe« (s. Perlman 1974; Bang 1968) der zweckorientierten Beratung näher als der personorientierten. Beratung, die sich aus Ansätzen der so genannten Humanistischen Therapietradition entwickelt hat wie der klientenzentrierte Ansatz (Rogers 1972; Perls 1980; Rahm, Gestaltberatung 1995), steht der personorientierten Beratung näher. Vor einer Zweiteilung mit eventuell entsprechenden Wertzuordnungen muss – wie oben gesagt – gewarnt werden. In der praktischen Beratungsarbeit kann in bestimmten Phasen der Beratung der Erwerb eines instrumentellen Lösungsverhaltens ganz wichtig sein (z.B. regelmäßig die Termine wahrnehmen, pünktlich sein, bestimmte Aufgaben erledigen), in anderen Phasen der Erwerb geeigneter Haltungen und Einstellungen, einschließlich derer zu sich selbst als Gegenstand personorientierten Vorgehens. Die meisten praktischen Beratungsprozesse bewegen sich zwischen diesen beiden Polen, abhängig auch vom Verlauf und dem jeweils wichtigen Problemaspekt.

Im Mittelpunkt aller Beratungsansätze – unabhängig von der theoretischen Ausrichtung und dem dahinter stehenden Menschenbild – stehen für die Beratung – im Unterschied zur Psychotherapie ganz eindeutig zwei grundlegende Ansatzpunkte:

- Das *Problem,* wie der Klient es wahrnimmt mit seinen subjektiven Bedeutungsaspekten.
- Die *Mittel* und *Ressourcen* , die ihm bei der Lösung zur Verfügung stehen.

Diese beiden Parameter »*Problem in einem bestimmten Problemfeld, Ressourcen und Bewältigungsmittel*« unterscheiden den Prozess der Beratung ganz eindeutig von dem Prozess der Psychotherapie. Für Letzteren ist weniger das von außen drängende Problem und die Bewältigung dieses Problems wichtig, sondern mehr die Veränderung der Person.

Bisher gibt es in der Literatur zur Beratung zwar zahlreiche Praxisanleitungen, Darstellungen von Techniken, Gesprächs- und Verhaltensübungen sowie Lösungsangebote von Detailfragen (von der Frage, wie ein Gespräch zu beginnen ist, wie man sich bei Pausen verhält, wie man mit Fragen nach Ratschlägen umgeht usw.). Es fehlt aber eine integrative Theorie des Beratungsgeschehens.

Man kann nur vorschlagen, woher und auf welchen Fundamenten eine solche Theorie des Beratungsgeschehens aufgebaut werden könnte: Als Ausgangspunkt für eine wissenschaftliche Beratungslehre bieten sich im Hinblick auf die Erörterung des *»Problems« und »Problemfeldes«* folgende Forschungsrichtungen der neueren Psychologie an:

- Die psychoökologische Sichtweise mit der Herausarbeitung der zentralen Lebensräume und ihrer Bedeutung für den Menschen (s. Bronffenbrenner 1981).
- Die Erforschung kritischer Lebensereignisse des Menschen und der »life events« in ihrer biografischen Bedeutung (z.B. Filipp 1990, Faltermaier, in Keupp/Rerrich 1982).
- Die Erforschung von Stress-Faktoren und ihrer Bedeutung (z.B. Lazarus 1984; Tausch 1996).

Ausgangspunkt für die Erforschung von Ressourcen und Lösungsstrategien könnten für eine wissenschaftliche Beratungslehre die folgenden Forschungsrichtungen sein:

- Die Erforschung von Bewältigungs- und Coping-Strategien (z.B. Lazarus 1984; Brenner 1984).
- Die Forschungen zum Selbstwert als wichtiger Steuerungsinstanz (z.B. Schwarzer 1993).
- Die mit dem Paradigma des »Empowerment« aufgekommenen Sichtweisen und neueren Auffassungen von Individuen und Gruppen: der eigenaktive, zielgerichtete, sich bemächtigende und an gesellschaftlicher Macht teilhabende Mensch (z.B. Herriger 1995, 1997).

Gerade die neueren Forschungen zum Selbst machen deutlich, welche entwicklungspsychologischen Voraussetzungen eine gesunde Selbst-Entwicklung fördern. So hebt Jaede (1996, S. 80) noch einmal hervor, welche Rolle das Selbst in der ganzheitlichen Organisation des Menschen einnimmt. Wenn Beratungsbedürftigkeit ein Korrelat eines geschwächten Selbst ist, so sind diese Ausführungen auch unmittelbar relevant für die Erziehung, für den Beratungsprozess und für eine wissenschaftliche Konzeption von Beratung:

»Dem Selbst als Regisseur der eigenen Lebensbewältigung und Entwicklung kommt somit eine bedeutsame Rolle zu, im Wechselspiel von Aufgaben, Anforderungen und Belastungen einerseits und der Wahrnehmung und Aktualisierung von Ressourcen und Bewältigungsmöglichkeiten andererseits.« (Jaede 1996, S. 80).

Die Wahrnehmung von Problemlagen und die individuell gegebenen Bewältigungsformen sind das Thema von »Beratung«. Beratung kann in Theorie und Praxis nicht ohne Rückgriff auf Steuerungsinstanzen, wie es das Selbst darstellt, auskommen. Besonders wichtig ist dabei die Erforschung des Selbst im Erziehungs- und Entwicklungsprozess sowie der Einflüsse, die eine gesunde Selbst-Entwicklung fördern oder hemmen.

1.5 Beratung und ihre Funktion im Rahmen von Prävention

Beratungsbedürftige Ereignisse treffen fast jeden Menschen, besonders in allgemein schwierigen Lebensphasen oder Lebenssituationen. Krankheit, Tod von Angehörigen, Arbeitsplatzwechsel, Arbeitsplatzverlust, Scheidung – all dies sind Ereignisse, die manche Menschen mühelos zu überwinden scheinen, andere dagegen nicht. Die Folge einer Kette solcher belastender Lebensereignisse kann dann sein, dass die betreffenden Personen körperliche Krankheiten entwickeln, seelische Beeinträchtigungen erwerben, Suizid begehen oder Süchte und kriminelle Entgleisungen aufweisen. Für die Life-Event-Forschung (LE-Forschung) ist vor allem relevant, welche Langzeitfolgen derartige Ereignisse bei den Betroffenen zeitigen. Treffen sie wiederholt bestimmte Menschen oder Risikogruppen oder verteilen sie sich rein zufällig (s. Faltermaier 1979; Katschnigg 1980)? Neben der Frage der Erfassbarkeit solcher beratungsbedürftiger Ereignisse einschließlich der subjektiven Bedeutung steht für die LE-Forschung vor allem die Frage im Vordergrund, ob derartige Ereignisse zu späteren Folgen wie psychopathologischen Auffälligkeiten, Angststörungen, vermehrten Selbstmorden oder Depressionen führen, und zwar bei Personen, die Beratungen erhalten hatten, im Vergleich zu weitgehend unberatenen und unbehandelten Personen. Beratung bzw. gelungene Beratung wird hier also zu einem wichtigen Faktor der Prävention. Faltermaier (in Keupp/Rerrich 1982) fasst die gesamten Befunde in folgenden Statements zusammen: »Lebensereignisse und darüber hinaus lang dauernde Schwierigkeiten spielen bei der Entstehung der meisten bisher untersuchten Störungsbilder eine teils ganz beträchtliche Rolle, können aber die Verursachung allein nicht erklären.« Die *Vulnerabilität* von Menschen mit belastenden Lebensereignissen erhöht sich auch, wenn vertrauensvolle Beziehungen fehlen, wenn hohe Belastungen vorliegen wie z. B. viele Kinder im Haushalt und schlechte materielle Bedingungen, sowie Frauen, die auf eine erfüllende Berufstätigkeit verzichten müssen (Faltermaier 1982, S. 36). Neben den Faktoren erhöhter Vulnerabilität zeichnen aber auch unterschiedliche *Coping-Strategien* verantwortlich, ob ein Mensch nach belastenden Lebensereignissen dekompensiert oder psychisch stabil bleibt. Pearlin und Schooler (1978, zit. nach Faltermaier 1982, in Keupp/Rerrich 1982, S. 36) unterscheiden in ihrem *Coping-Konzept* drei Dimensionen, von denen zwei recht gut den oben dargestellten *zweckorientierten und personorientierten* Beratungsstrategien entsprechen:

- Spezifische Bewältigungsreaktionen, die lebenspraktischen Verhaltensweisen und Denkweisen von Personen, die sie dann üblicherweise anwenden, wenn sie vor Lebensproblemen stehen.
- Psychologische Ressourcen, und zwar »die Persönlichkeitseigenschaften, auf die sich Personen stützen, wenn sie Bedrohungen durch Ereignisse und Objekte ihrer Umgebung standhalten wollen«, z.B. Selbstachtung, das Fehlen einer selbstabwertenden Einstellung und das Gefühl, das eigene Leben meistern zu können.
- Nutzung der sozialen Ressourcen: die interpersonalen Netzwerke, in denen Menschen involviert sind und die eine entscheidende Unterstützung in Krisensituationen darstellen können, z. B. Familie, Freunde, Arbeitskollegen, Nachbarn und andere Gemeinschaften.

Für eine sinnvolle gemeindepsychologische Arbeit über die individuelle Beratung hinaus ergibt sich demnach ein Arbeitsansatz, der auf der individuellen Ebene ansiedelt: Untersuchung der individuellen Coping-Strategien, Aufbau von Selbstsicherheit, Wahrnehmungs- und Bewertungsänderungen etc. Die soziale und kollektive Ebene sucht nach speziellen Risikofaktoren und Risikogruppen auf Grund bestimmter Lebensverhältnisse. Hierbei ist die Prävention des Einzelfalles genauso wichtig wie die Prävention und Abwendung sozialstruktureller Bedingungen im Hinblick auf das Entstehen körperlicher und seelischer Belastungen.

Zusammenfassend: Die Befunde der LE-Forschung machen ganz deutlich, dass Beratungsprozesse mehr sind und mehr bewirken können als die mildtätige Minderung persönlicher Probleme. Sie stellen im Rahmen der Gesundheitsförderung und der Abwendung körperlicher und seelischer Dauerschäden ein wichtiges präventives Instrumentarium dar. Sie können Mittel und Techniken der praktischen Bewältigung von Problemsituationen anbieten, aber auch die inneren Ressourcen und Einstellungen zu sich und anderen stärken, sodass eine geringere Vulnerabilität resultiert. Schließlich kann die Kenntnis sozial stützender Faktoren verwendet werden, von denen man weiß, dass sie in der Lage sind, Krisen zu vermindern und Leid abzubauen.

1.6 Ein integratives Modell von Beratung

Die Literatur zum Beratungsgeschehen ist außerordentlich unübersichtlich. Ursache ist die Vielfalt der Ansätze, die unterschiedlichen Fragestellungen und die unterschiedlichen Faktoren, die auf den Beratungsprozess einwirken. Er wird – bis hin zu den einzelnen Methoden und Interventionen – beeinflusst von der theoretischen und methodischen Einstellung des Beraters und der Beraterin, von der Aufgabenstellung der Institution, von Art und Problemstruktur des Klientels sowie von den Erwartungen der Klienten. In der Beratungswissenschaft mangelt es an Theorien und Modellen, die das konkrete Beratungsgeschehen so beschreiben, dass unterschiedliche Formen von Beratung abgebildet und voneinander unterschieden werden können. Die bisherige Literatur zur Beratung erfasst – vereinfacht ausgedrückt – das *konkrete* Beratungsgeschehen aus im Wesentlichen drei Perspektiven, die für sich zwar einleuchtend, aber als Vergleichsmöglichkeiten doch unbefriedigend sind. Sie werden hier wie folgt benannt:

- die praxeologische Perspektive,
- die theoretisch-methodische Perspektive,
- die institutionelle Perspektive.

Bei der *praxeologischen Perspektive* werden Vorgehensregeln abgeleitet, die sich – aus einer so und so gearteten Praxis – als sinnvoll ergeben haben und vernünftigerweise auch so angewendet werden sollten. So gibt es für »tausend« mögliche Vorkommnisse in der Beratung »tausend« mögliche Hinweise für eine angemessene Handhabung: angefangen von der Sitzordnung bis zu Hinweisen in der Gesprächsführung bei unterschiedlichen Anliegen, Verhalten unter verschiedenen Rahmenbedingungen und bei den zahlreichen Problemstellungen unterschiedlichster Klienten. Durch die vielen Möglichkeiten können keine verallgemeinernden Abstraktionen hergestellt werden, sodass sich die Erkenntnis einstellt, alles sei unter bestimmten Bedingungen möglich oder nötig.[1] Letzten Endes wird nur noch die Praxis beschrieben, und es wird kein überschaubares Konzept angegeben, aus dem heraus die Praxistätigkeit deutlich wird.

Bei der *theoretisch-methodischen Perspektive* wird das Beratungsgeschehen aus der zu Grunde liegenden Theorie erklärt. Der Berater kann lerntheoretisch vorgehen, von tiefenpsychologischen Konzepten ausgehen, er kann systemisch intervenieren, kommunikationspsychologisch vorgehen, verhaltensmodifizierende Ansätze bevorzugen. Zumeist wird eine Theorie, die ursprünglich für die Psychotherapie entwickelt wurde, für die Erklärung des Beratungsgeschehens herangezogen[2]. Die theoretisch-methodische Perspektive wirkt zwar sehr geschlossen und einleuchtend, umfasst aber die Besonderheiten der Beratungsinstitution, die besondere Orientierung am Problem

1 Als Beispiel einer praxeologischen Perspektive seien die Bücher der »Problemlösenden Sozialen Einzelhilfe«, z.B. von Perlman und Bang (1969; 1977) genannt, die Hinweise für eine Fülle von Fragestellungen geben, die für den speziellen Fall plausibel, insgesamt aber wenig generalisierungsfähig sind, da alles möglich sein kann. Ähnlich auch die Übungsbücher, die »kochbuchartig« entsprechende Gesprächsformeln, Lösungen, Interventionen in schwierigen Situationen anbieten (z.B. Jaeggi 1983; Köllner 1996).

2 Als Beispiel sei hier das beinahe als klassisch zu bezeichnende amerikanische Buch von Stefflre/Grant zu nennen: Theories of Counseling 1972.

des Klienten und an dessen Ressourcen und Bewältigungsmöglichkeiten in nur geringer Weise. Beratung wird wie eine Art »Mini-Psychotherapie« dargestellt, die sich abseits der institutionellen und psychosozialen Wirklichkeit abspielt. Was Berater jedoch bei dieser Perspektive lernen können: die vertieften Erkenntnisse über die Bedingungen der Beziehungsgestaltung von Therapeut und Klient, die für die Psychotherapie und für die Beratung gleicherweise wichtig sind, egal ob aus der Perspektive kommunikationstheoretischer, tiefenpsychologischer, gestalttheoretischer oder personzentrierter Ansätze und Erkenntnisse.

Die *institutionelle Perspektive* beschreibt das Beratungsgeschehen auf der Ebene der Institution und Trägereinrichtung. Hier steht die Aufgabe im Vordergrund, wie z. B. Erziehungsberatung, Schwangerschafts-Konfliktberatung, Schuldnerberatung, Lebensberatung, Familienberatung, Ausländerberatung, Berufsberatung. Bei der institutionellen Perspektive wird von der Aufgabenstellung auf ein ähnliches Beratungsgeschehen geschlossen, wobei die Unterschiede der Methoden und die Berater mit ihren unterschiedlichen Persönlichkeiten und Ausbildungsgängen negiert werden. Die Aufgabenstellung aus der Sicht der Institution betont dann auch weniger die individuelle Sicht des Klienten und seine persönlichen Erwartungen und Erfahrungen. Im Vordergrund steht die von außen vorgegebene Aufgabe und die zum Teil begrenzte Art, diese Aufgabe zu lösen. Am deutlichsten wird dies, wenn man die vom Gesetzgeber vorgeschriebenen und rechtlich festgelegten Aufgaben der Schwangerschaftskonfliktberatung heranzieht. Der Konflikt zwischen den individuellen Ansprüchen der mündigen Frau und übergeordneten Aufgaben steht hier im Vordergrund. Eine rein personzentrierte Beratung erscheint hier auf Grund gesetzlicher Vorschriften (»Anwalt des ungeborenen Kindes sein müssen«) nahezu unmöglich.

Gegenüber diesen drei Ansätzen soll hier versuchsweise ein *integratives Modell* unterschiedlicher Beratungstypen dargestellt werden, das auf Grund der Inhalte von Problemen und der Beratungsmethoden in allgemeinster Form, die Besonderheiten von Beratung und ihre Abgrenzung z. B. gegenüber der Psychotherapie deutlich macht. Es sind dies:

- Das »Feld«, in dem das *Problem* erfahren wird, z. B. das Feld der:
  - Lebenswelterfahrung,
  - Beziehungserfahrung,
  - Selbsterfahrung.
- Die in der Beratung angebotenen Lösungs- und Bewältigungsformen sowie deren Mittel zur Umsetzung:
  - Angebote der Information und Orientierung,
  - Angebote der Klärung und Deutung,
  - Angebote der Handlung und Bewältigung.

Bei der Ebene des Problems gehen wir von der phänomenologischen Vorstellung Lewins aus, der von einem Konstrukt des »Lebensraumes« und des »Psychologischen Feldes« gesprochen hat (1951). Bronfenbrenner umschreibt die Lewinsche Position damit, dass nicht »die Realität, wie sie in der so genannten objektiven Umwelt existiere, ... von größter Bedeutung für das wissenschaftliche Verständnis von Verhalten und Entwicklung (sei), sondern die Realität, wie sie in der psychischen Organisation der Person erscheine. Mit anderen Worten: Sein Interesse gilt vor allem der Art und Weise, wie die Umwelt von den Menschen wahrgenommen wird, die in ihr und mit ihr interagieren.« (Bronfenbrenner 1981, S. 39)

Die Unterscheidung in drei Erfahrungsfelder, in denen Probleme erlebt werden können, lässt sich auch aus anderen psychologischen Konzepten ableiten. So weist es Ähnlichkeiten mit dem *Mikrosystem* und dem *Mesosystem* von Bronfenbrenner auf, wenngleich dieser noch mehr den unterschiedlich aktiven Prozess der Einwirkung der Person in den verschiedenen weiteren Systemen (Exosystem, Makrosystem) unterscheidet. Der Bereich des Selbst als Erfahrungsraum wird von Bronfenbrenner dagegen nicht ausdrücklich hervorgehoben. Als eingefrorener Niederschlag von Erfahrungen im Austausch mit der Umwelt und anderen Personen, als Ort der Selbstreflexion, der Selbstwahrnehmung, der Fähigkeit der Distanzierung von der eigenen Person gilt er jedoch für phänomenologisch orientierte Psychologen als wichtiger Erfahrungsbereich, ohne den sich Konflikt- und Krisenerfahrungen gar nicht beschreiben ließen. Entsprechend ist das Selbst, die Erfahrung der eigenen Person, auch das Erfahrungsfeld, mit dem man sich in der Psychotherapie am meisten beschäftigt.

Die Einteilung in drei Problemerfahrungsfelder lässt sich auch aus entwicklungspsychologischen Prozessen ableiten: Der primären Einheit des Selbst mit der Umgebung (und den daraus möglichen Störungsbedingungen) folgt die Auseinandersetzung mit der personalen (familiären) Umwelt und schließlich die Teilhabe an übergeordneten »Lebenswelten« (Gesellschaft, Berufswelt, Verwaltung, Bildung, Kultur).

Die in unser Modell einbezogenen Methoden »Information und Orientierung«, »Deutung und Klärung«, »Handlung und Bewältigung« stellen zum einen *anthropologische Grunddimensionen* menschlicher Fähigkeiten dar (s. Schilling 1993, S. 184). Zum anderen stellen sie die bei der Problemlösung auf der Basis der Informationsverarbeitung verwendeten Verarbeitungsprozesse dar: Informieren, Einordnen und Klären, Lösungen vorwegnehmen und durchführen (Bourne/Ekstrand 1992, S. 219). Sie sind damit notwendige Ausrüstung eines jeden Prozesses der Problemlösung und Handlungsoptimierung, bei der die Wahrnehmung der äußeren Situation in eine klärende Konzeptbildung und Sinngebung überführt wird, um daraus Regeln für ein sinnvolles Problemlösungsverhalten zu entwickeln. Die daraus resultierende Handlung (auf Grund eines Bedürfniszustandes) verändert schließlich die auslösende Problemstruktur und führt zur Abwehr eines defizitären Zustandes.

Die oben genannten drei methodischen Lösungsangebote »Information«, »Klärung« und »Bewältigung« sind nicht nur wichtige Bestandteile in einem Problem-Lösungsprozess, sondern stellen, zusammen mit der Art der *Beziehung*, die konstituierenden Elemente eines jeglichen *Kommunikationsprozesses* dar (Watzlawick 1968). Schulz von Thun (1981; 1988) hat – unter Hinzuziehung des Beziehungsaspektes – ein Vier-Seiten-Modell mit den Grundfunktionen »Inhalt«, »Selbstoffenbarung«,

»Appell« und »Beziehung« erstellt, die sich in den obigen Lösungsangeboten mühelos wieder finden. Die drei Aspekte der »Problemerfahrungsfelder« und die der »Lösungsangebote« könnte man als die *Didaktik (das was) und Methodik (das wie) des Beratungsgespräches ansehen* (Sander 1998a und 1998b).

Es soll hier noch einmal betont werden, dass die Zusammenfassung der Vielzahl von Beratungsmethoden in drei zu Grunde liegende Ansätze eine starke Vereinfachung darstellt. In einem solchen typologischen Modell wird naturgemäß auch nicht berücksichtigt, dass z. B. Klärungsprozesse und Handlungsprozesse sowie Informationsaufnahme unmittelbar miteinander verbunden sind. Ergänzt sei außerdem, dass die Methoden nicht ausschließlich *verbale Mittel* sein müssen, sondern dass auch andere *symbolische Ausdrucksformen* einbezogen sein können: Information und Orientierung kann auch computergestützt vermittelt werden, Deutung und Klärung vermitteln auch die Anwendung kreativer Medien wie Malen, Bewegen oder Tanzen, Handlung und Bewältigung kann auch durch symbolische Darstellungen wie Rollenspiel, Übung oder Anleitung erfolgen.

Aus der Kombination der Probleminhalte (»Erfahrungsfelder«) mit den Beratungsmethoden (»Lösungsangebote«) ergeben sich nun neun Felder, die eine Typologie von Beratungsvorgängen aufweisen. Die folgende Tabelle (s. S. 37) stellt diese Felder dar.

	Problem-Erfahrungsfelder		
Lösungsangebote	**Lebenswelterfahrung**	**Beziehungserfahrung**	**Selbsterfahrung**
Information und Orientierung	**Typ 1** Sachberatung in den Gebieten Beruf, Arbeit, Recht, Verwaltung, Institutionen, Gesundheit usw.	**Typ 2** Ehevorbereitungsberatung, Sexualberatung, klassische Erziehungsberatung usw.	**Typ 3** Berufsberatung, Begabungsberatung, diagnostische Beratung, Gesundheitsberatung, Eignungsberatung
Deutung und Klärung	**Typ 4** Klärende und überschaubar machende Beratung in Verwaltung, Politik, Gemeinwesen, Wirtschaft usw.	**Typ 5** Paarberatung, Familienberatung, Personalberatung, Organisationsberatung, Institutionsberatung usw.	**Typ 6** Psychotherapeutische Beratung, Krisenberatung, Sterbeberatung, Selbstklärung, existenzielle Beratung usw.
Handlung und Bewältigung	**Typ 7** Schuldnerberatung, Beratung über effektiven Umgang mit Institutionen, Behörden, Verwaltungen usw.	**Typ 8** Mediationsberatung, Trennungsberatung, lösungsorientierte Familienberatung, Verhaltensmodifikation bei Paaren und Familien	**Typ 9** Gesundheitsberatung, Stressberatung, Meditationstechniken, Verhaltensmodifikation bei seelischen und körperlichen Störungen usw.

Die Beratungsbeziehung ist als *unabhängig* von diesen Typen zu sehen und z. B. als personzentrierte Beziehung in allen Feldern möglich. Dies erhellt folgende Untersuchung:

1988 habe ich (Sander 1988, S. 76) bei 120 Video-Stichproben von Beratungssituationen (dargestellt durch Berater und Schauspieler) anhand eines Beurteilungsprofils von Polaritäten durch *Faktorenanalyse* drei Faktoren ermittelt:

1. *Rogers-Beziehungskonzept*	(Items: einfühlsam, warm, verständnisvoll, akzeptierend)
2. *zielgerichtet-aktiv versus gehemmt-unentschlossen*	(spontan, zielstrebig versus passiv, gehemmt, planlos)
3. *Interesse an äußeren Problemen*	(Zuwendung zu äußeren Fragen, Problemstellungen usw.)

Das Ergebnis macht – wie die Praxiserfahrung dies eigentlich immer wieder bestätigt – deutlich, dass *zielorientiertes, aktives Vorgehen und Interesse an den äußeren Aspekten eines Problems* durchaus kompatibel mit dem *personzentrierten Beziehungskonzept* sind. Es bestätigt empirisch die obige Aussage!

1.7 Konkretisierung des Typenschemas

Problemerfahrungsfelder

Lebenswelterfahrung
Die Erfahrung der sachlich-materiellen Aspekte der Umgebung, Erfahrung der sachlichen Aspekte des Berufs- und Arbeitslebens, der sachlichen Tatbestände von Institutionen, Organisationen und Verwaltungen, der physischen Umgebung, wirtschaftliche und technische Prozesse, Gesellschaft und Kulturerfahrung.

Beziehungserfahrung
Erfahrung der Beziehung zu wichtigen Bezugspersonen wie Familie, Partnerschaft, Freundschaft, Peergroups, Nachbarschaft, Arbeitsgruppen; alle Personen, mit denen der Mensch in einer für ihn bedeutsamen Weise verbunden ist oder war.

Selbsterfahrung
Die Erfahrung der eigenen Person, wie sie sich selbst oder im Spiegel der anderen erfährt, das Erleben von Selbstreflexion und Distanzierung, die Erfahrung neuer Aspekte der eigenen Person durch das Feedback oder Verhalten anderer Menschen, Erfahrung des körperlichen, sozialen und psychologischen Selbst.

Lösungsangebote (Beratungsmethoden)

Information und Orientierung
Das Anbieten von Wissen und Fakten zur besseren Durchschaubarkeit, Vorschlagen von Vorgehensweisen und Plänen, Information über bestimmte Sachverhalte, das entsprechende Grundwissen vermitteln.

Deutung und Klärung[1]
Das Zusammenfassen und sinnvolle Ordnen verschiedener Erfahrungaspekte, sinnvolle Einordnung von Wahrnehmungsinhalten, überschaubar ordnen, Zusammenhänge sehen, bisher unbekannte Dinge erkunden, Gefühle und Einstellungen klären, Fragestellungen verarbeiten, neue Sichtweisen erarbeiten, Sinngebungen finden.

Handlung und Bewältigung
Erwerb eines Handlungsrepertoires, Aneignung von Verhaltenstechniken, Erwerb von Kompetenzen, Anwendung von Übungen, z. B. der Durchsetzung im Sozialverhalten und soziale Geschicklichkeit; Stressminderungstechniken, Entspannungsübungen, Training eines effektiveren Umgangs mit Behörden, allgemeine und spezielle Situationsbemächtigung.

Beispiele für die verschiedenen Beratungstypen

Beratungstyp 1
Der überwiegende Teil besteht aus Sachberatungen, die den Alltag betreffen. Die Bewältigung wichtiger sachlicher Umweltgegebenheiten (Beruf, Arbeit, Umgang mit Verwaltungen und Organisationen, rechtliche Fragen) soll dadurch verbessert werden, dass wichtige Informationen und Orientierungshilfen angeboten werden.
Beispiele: Sozialberatung, Gesundheits- und Pflegeberatung, Mietberatung, Verbraucherberatung, Ausländerberatung über Rechte und Hilfestellungen, Schuldnerberatung.

Beratungstyp 2
Hierhin gehören Beratungsvorgänge, die darauf ausgerichtet sind, durch Vermittlung von Informationen auf die Verbesserung von Beziehungen einzuwirken.

1 Unter »Deuten« wird nicht das klassische psychoanalytische Deuten verstanden, sondern Angebote, die Anstöße für eine Sinngebung darstellen. In diesem Sinne ist auch *weiterführendes* empathisches Verstehen (empathetic inference) ein Deutungsangebot, das zu einer veränderten Sinngebung führt. Nicht aber: das »reine« Verstehen, sich innerlich hineinversetzen (empathetic understanding). Bei diesem Teil der Empathie handelt es sich meines Erachtens mehr um ein *beziehungsschaffendes Verstehen,* beim obigen weiterführenden Verstehen um ein *methodisches Verstehen* (als methodisches Angebot der Klärung und Sinngebung).

Beispiele: Ehevorbereitungsberatung zum angemessenen ehelichen Verhalten beider Partner; klassische Erziehungsberatung im Sinne der Informationsvermittlung von psychologischen und entwicklungspsychologischen Fakten. Vermittlung von Ergebnissen eines richtigen erzieherischen Verhaltens; sexuelle Aufklärung, Bibliotherapie: u.a. Hinweise über Literatur und Medien zur Verbesserung zwischenmenschlicher Beziehungen.

Beratungstyp 3
Die Vermittlung von Kenntnissen und Informationen soll der verbesserten Selbstkenntnis und -erfahrung dienen.
Beispiele: Begabungs- und Eignungsberatung – das Zur-Verfügung-Stellen von Testdaten in Begabungsbereichen, in intellektuellen, sozialen und emotionalen Gebieten soll die Erfahrung des Selbst verändern; klassische testdiagnostische Beratung; medizinische und Gesundheitsberatung.

Beratungstyp 4
Deutungs- und Klärungsangebote sollen dazu beitragen, einen wenig durchschaubaren Bereich der Umwelt besser zu erfassen und einzuordnen.
Beispiele: Beratung von nicht überschaubaren Prozessen in Wirtschaft, Verwaltung, Markt, Politik, Gesellschaft; Zusammenhänge in diesen Gebieten vermitteln, klären und interpretieren; Betriebsberatung, Wirtschaftsberatung, Finanzberatung.

Beratungstyp 5
Die Deutungs- und Klärungsangebote der Beratung beziehen sich unmittelbar auf die Veränderung der zwischenmenschlichen Situation.
Beispiele: Partnerberatung, Paarberatung, Familienberatung, (neuere) Erziehungsberatung, Gruppenberatung zur Klärung zwischenmenschlicher Probleme und Defizite; gruppendynamische Beratungsarbeit, Institutionsberatung, Organisationsentwicklung.

Beratungstyp 6
Die Klärungs-, Deutungs- und Explorationsarbeit geschieht mit der Absicht, dem Klienten zu einer veränderten Erfahrung des Selbst zu verhelfen. Weiterführendes einfühlendes Verstehen, Konfrontation, Hinterfragung und Erklärungsangebote, Fantasieangebote und -spiele usw.
Beispiele: Psychotherapeutische Beratung, existenzielle Beratung, Krisenberatung, Sterbeberatung, pastoral counseling, Lebensberatung.

Beratungstyp 7
Die Handlungs- und Bewältigungsangebote dienen der besseren Bewältigung der Umwelt.
Beispiele: Schuldnerberatung (durch bessere Einsparungs- und Ausgabetechniken die finanzielle Situation im Griff haben); Sozialberatung; allgemeine Beratungen, die

Verfahrensweisen zum effektiveren Umgang mit Behörden, Institutionen und dem Arbeits- und Berufsbereich vermitteln; Rechtsberatung.

Beratungstyp 8
Beratungsangebote im Sinne von Übungen, Techniken und Verfahrensweisen, die verbesserte Beziehungsverhältnisse hervorbringen sollen.
Beispiele: Mediations-Beratung – geschiedene Partner lernen durch Einsatz bestimmter Verfahrensweisen und Regelungen (z.B. beim gemeinsamen Sorgerecht) sich besser und sachlicher zu verständigen; Paar- und Familienberatung (Kommunikationsübungen zur Verbesserung des gegenseitigen Verstehens); Medienberatung (Verwendung von Medien wie Spiel, Tanz, Zeichnung usw.) zwecks Verbesserung der Beziehungen; systemisches Intervenieren in der Familienberatung.

Beratungstyp 9
Handlungs- und Übungsangebote zur Veränderung der Selbsterfahrung.
Beispiele: Gesundheitsberatung (Entspannungstechniken); Stressberatung (körperliche Übungen, Atmen zur Verbesserung der Selbsterfahrung); Meditationsübungen; Selbstkontrolltechniken; Anleitungen zur Bewältigung unangenehmer seelischer und körperlicher Zustände: Angst, Panikattacken, Verspannung, vegetative Dysfunktionen, depressive Zustände usw.

Vorteil eines solchen Einordnungssystems

Die oben beschriebenen neun Beratungstypen sind zunächst einmal unabhängig von den verschiedenen Beratungsinstitutionen: Man kann ein mehr informierendes, klärend-exploratives oder übungsbezogenes Vorgehen in fast jeder Beratungsinstitution mit ihren spezifischen Beratungsproblemen vorfinden. Die so genannte Sterbeberatung eines sehr schwer kranken Menschen in einer Klinik kann sich auf Vermittlung wichtiger Informationen beziehen (Umgang mit der Krankheit, Sinn einer Maßnahme, mögliche Folgewirkungen); sie kann sich auf die Klärung und Exploration wichtiger Aspekte beziehen (Sinn dieser schweren Lebensphase, Beziehung zu wichtigen Partnern); und sie kann sich auf nötige Maßnahmen und Bewältigungsmöglichkeiten konzentrieren (Mitwirkung des Patienten bei der Behandlung, Unterstützung durch Angehörige).

Bei Angehörigen so genannter »unterer Schichten« kann im Rahmen einer Sozialberatung zunächst Hilfestellung zur Wohn- und Arbeitssituation gegeben werden (Information=Typ 1; Vermittlungshilfe=Typ 7). Wenn sich dadurch eine tragfähige Beziehung zwischen Klient und Berater entwickelt hat, können Klärungs- und selbstexplorative Prozesse in Bezug auf die Erziehung der Kinder initiiert werden (Typ 5); oder die am meisten betroffene Person kann in einem selbstexplorativen Beratungsgespräch Gefühle der Wertlosigkeit, Hilflosigkeit, Angst und Depression ansprechen (Typ 6).

Unabhängigkeit des inhaltlichen Beratungstyps von der theoretisch-methodischen Orientierung

Meiner Meinung nach lässt sich personzentriertes Beziehungsverhalten mit jedem der neun Beratungstypen verbinden. Wenn Berater sinnvoll informieren und Orientierungsdaten vermitteln, sollten sie dies dadurch machen, dass sie die Person und deren Ausdrucks- und Fassungsvermögen einbeziehen, nach ihren Wünschen und Interessen fragen und nur die Informationen geben, die auch wirklich für eine Problemlösung und deren Anliegen wichtig sind. Handlungs- und Bewältigungsmethoden können personzentriert eingebracht werden, wenn dies vom Klienten gewünscht wird, wenn er auch andere Handlungsalternativen zur Verfügung gestellt bekommt und wenn für ihn ein schnelles, unmittelbares Handeln nötig ist. In der Gesprächsführung können die personzentrierten aktivierenden, lösungsbezogenen Interventionen eingebracht werden, wie sie z.B. Weinberger (1988, S. 118ff.) vorschlägt.

Die Beratungstypen sind also zum großen Teil unabhängig von bestimmten theoretisch-methodischen Ansatzpunkten. So kann man meines Erachtens personzentrierte Grundhaltungen mit den unterschiedlichen Vorgehensweisen verbinden, so weit man diese in personzentrierter Haltung einbringt.

Dennoch ergeben sich für die Praxis ganz deutlich einige Schwerpunktbildungen in den Typologien: Beratungsstellen der sozialen Arbeit haben es zu einem großen Teil mit Problemen zu tun, die sich (zunächst einmal) auf widrige und krisenhafte Umgebungserfahrungen beziehen. Dementsprechend werden zunächst Klärungs- und Orientierungshilfen für die bessere Bewältigung der für den Klienten wichtigen Lebenswelt vorherrschen (Typ 1 und Typ 7). Psychosoziale Beratungseinrichtungen und Familienberatungsstellen beziehen stärker auch die eigene Person und die Beziehungsbedingungen zu Partner und Familie ein (Typ 2, Typ 5 und Typ 8). Therapeutisch arbeitende Beratungsstellen sind dagegen oft am meisten mit der Veränderung der Einzelperson und ihres Selbsterlebens befasst und schließen erst einmal die anderen wichtigen Lebensbedingungen aus (Typ 6).

Im Hinblick auf die *theoretisch-methodische Zuordnung* gibt es naturgemäß überzufällig häufige Bezüge: Vertreter einer *lerntheoretisch-verhaltensmodifizierend* vorgehenden Richtung bevorzugen sicher die Typen 7 und 8, Vertreter *klientenzentrierter* Ausrichtung die Typen 5 und 6. *Psychodiagnostisch sowie sozialdiagnostisch* eingestellte Berater wiederum werden häufiger die Typologien 1, 2 und 3 verwenden. *Systemisch ausgebildete Berater* schließlich werden entsprechend ihrer Fixierung auf die Sozialbeziehungen der Klienten bevorzugt Typologie 2, 5 und 8 in ihr Vorgehensrepertoire aufnehmen.

Das oben dargestellte *Integrative Modell von Beratung* soll mehr einer Zusammenschau und Verständigung dienen, um bei der Beratung das Gemeinsame und Trennende auseinander halten zu können. Erste Versuche, dieses Modell in der Lehre, Ausbildung und Praxis einzusetzen, haben für mich ermutigende Ergebnisse erbracht:

- Man kann das Modell zur *Beschreibung* (Protokollierung) inhaltlicher Abläufe einer oder mehrerer Beratungsstunden heranziehen.
- Bei vernetzten Beratungsangeboten (verschiedene Berater bei unterschiedlichen Anliegen) können Beratungsverläufe übersichtlicher verfolgt werden.
- Bei der Supervision kann die »Passung« der Klientenerwartung mit dem Beratungsangebot des Beraters verglichen werden, und eventuelle Störungen und Fehlerwartungen können erkundet werden; z. B. der Klient/die Klientin erwartet klare Informationen über einen Sachverhalt (z.B. Gesundheitsversorgung) und erhält daraufhin selbstexplorative Angebote (Typ 6 statt Typ 1).
- Das Modell dient sehr gut Trainings- und Ausbildungszwecken: Bei der Beraterausbildung können im Zusammenhang mit einer Problemstellung eines Klienten, die ausführlicher dargestellt sein müsste, die verschiedenen Typen im Rollenspiel gespielt werden: Jeweils eine Dreiergruppe konzipiert den zu spielenden Beratungstyp und stellt das Gespräch im Rollenspiel dar. Das Ergebnis ist im Allgemeinen eine größere Flexibilität des Beraters, darüber hinaus lernen Berater, personzentrierte Haltungen und Vorgehensweisen auch in gerade nicht allzu typischen Situationen zu praktizieren und anzuwenden.

2. Was ist personzentrierte Beratung?

2.1 Zum Begründer Carl Rogers

Der Lebenslauf von Carl Rogers ist eng mit seinen biografischen Erfahrungen verbunden. Da manche seiner Wertvorstellungen, theoretischen und praktischen Erkenntnisse besser verständlich werden, wenn man seinen Lebensweg betrachtet, sei hier ein kurzer Überblick gegeben. Die einzelnen Hinweise zu seinem Lebensweg wurden Rogers/Rosenberg (1980) und Zundel (1987) entnommen.

Er wurde 1902 in Oak Park im mittleren Westen der USA geboren. Mit vier Brüdern und einer Schwester wuchs er in einem Erziehungsklima auf, das man als »autoritär-pietistisch« bezeichnen kann und das von einer protestantischen Arbeitsethik gekennzeichnet war. Er selbst beschreibt es wie folgt: »Sie waren gekennzeichnet durch das völlige Fehlen dessen, was ich heute als enge und kommunikative interpersonelle Beziehung mit anderen bezeichnen würde. Meine Haltung anderen gegenüber zeichnete sich durch Distanz und Zurückhaltung aus, eine Haltung, die ich von meinen Eltern übernommen hatte.« (Rogers/Rosenberg 1980, S. 185f.) Tief beeindruckt zeigte sich Rogers, als er während seiner ersten Studienjahre als Delegierter der YMCA für ein halbes Jahr nach China fuhr und die dortige Lebensweise der Asiaten kennen lernte. Dieser Besuch führte ihn zu einer deutlichen Distanz von den religiösen Vorstellungen seiner Eltern.

Sein Studium widmete er zunächst der Agrarwissenschaft, studierte danach Theologie und darauf Psychologie und Erziehungswissenschaft. Die Agrarwissenschaft nahm sein schon von dem Vater gewecktes Interesse für exakte Beobachtung und Forschung auf, ein Interesse, das später in der empirischen Forschungsausrichtung der Therapieforschung seine Fortsetzung nahm. In der Psychologie glaubte Carl Rogers, viel besser seine seelsorgerischen Neigungen verwirklichen zu können als in der Theologie. Er begründete dies so: »Es schien mir eine furchtbare Vorstellung, sich zu einem Gefüge von Glaubenswissenschaften bekennen zu müssen, um im eigenen Beruf bleiben zu können. Deshalb wollte ich einen Arbeitsbereich finden, der mir die Freiheit der Gedanken beließ.« (Rogers 1991, S. 24)

Mit 22 Jahren heiratete Rogers seine Frau Helen, mit der er viele Jahre verbunden blieb und zwei Kinder hatte. Er bezeichnete seine Ehe als »glücklich«.

Seine beruflichen Stationen umfassten: zunächst eine Stelle als Erziehungsberater in einem Provinzort, dann in einer Erziehungsberatungsstelle in New York, wohin das junge Paar trotz der Ermahnungen der Eltern vor dem »Bösen« übersiedelte. Dort lernte er die damals vorherrschende Ideologie, eine Art »eklektischen Freudianismus«, kennen. In dieser »Child Guidance Clinic« (Erziehungsberatungsstelle) entwickelte er auch seine Doktorarbeit sowie erste Ansichten über sinnvolle Erziehung des »Problem-Kindes«. Ab 1928 war Rogers mehr als 12 Jahre in Rochester tätig, nach einem Jahr als Direktor der Psychologischen Abteilung der dortigen Erziehungsberatungsstelle. Für zahlreiche Kinder musste Carl Rogers Diagnosen und vom Gericht benutzte Gutachten erstellen, sozusagen die Funktion eines Jugendgerichtshelfers ausführen. Daneben entwarf er Behandlungspläne und setzte sich für die soziale Vorsorge und Kontrolle der Problemfamilien ein. Auf diese Zeit zurückblickend, sagt Rogers, »dass er in den Anfängen seines Berufslebens einen theoretischen Standpunkt vertrat, der fast in jeder Hinsicht dem widerspricht, den er nach und nach als Folge klinischer Erfahrung und klinisch orientierter Forschung eingenommen hat« (Rogers 1991, S. 418).

Über ein Schlüsselerlebnis wird berichtet, das eine umfassende Änderung seiner therapeutischen Ansichten bewirkte. Nachdem er vergeblich in mehreren Gesprächen einer hochintelligenten Mutter beizubringen versucht hatte, die Verhaltensstörungen des Jungen hätten ihren Ursprung in der von ihr gezeigten frühen Ablehnung, wurde die Behandlung des Problemfalles zunächst abgeschlossen. Hierauf fragte die Mutter nach eigener Therapie an. In der Therapie berichtete sie über ihre schlechte Ehe und die stark gestörte Beziehung zu ihrem Ehemann. Die sehr fruchtbar verlaufende Beratung war der Beginn des »non-directive counseling«, gewissermaßen der Gesprächs-Therapie.

In diese Zeit fällt auch die Bekanntschaft von Rogers mit der »Beziehungstherapie« des Freud-Schülers Otto Rank. »Dessen Methode, sich bei der Beratung nicht allzu massiv einzumischen und stattdessen sich auf die eigenen Entwicklungskräfte des Kindes zu verlassen, sowie Ranks Definition der therapeutischen Beziehung als wachstumsfördernde Umgebung sprach ihn sehr an.« (Baumgartner 1990, S. 429)

Von 1940 bis 1963 war Rogers Professor an den Universitäten von Ohio, Chicago und Wisconsin. In dieser Zeit entwickelt er – ausgehend von seinen therapeutischen Erfahrungen – die Grundlage des klientzentrierten Ansatzes. 1942 erschien ein grundlegendes Werk: »Counseling and Psychotherapy« (deutsch: die nicht-direktive Beratung). Er beschreibt in diesem Buch, wie im Mittelpunkt der therapeutischen Arbeit der Klient stehe und wie wenig sich der Therapeut auf Interpretationen einlassen soll. Seine damalige Definition von Counseling lautet: »Wirksame Beratung besteht aus einer eindeutig strukturierten, gewährenden Beziehung, die es dem Klienten ermöglicht, zu einem Verständnis seiner selbst in einem Ausmaß zu gelangen, das ihn befähigt, auf Grund dieser neuen Orientierung positive Schritte zu unternehmen. (Rogers 1991, S. 28)
Weitere wichtige Werke: 1951, »Client-Centered Therapy« (deutsch: Die klientbezogene Gesprächspsychotherapie). In diesem Werk verdeutlicht er das Wesen des nondirektiven Vorgehens und legt den Schwerpunkt auf die innere Gefühlswelt

des Klienten. Als theoretisches Konstrukt entwickelt er seine Lehre vom Selbstkonzept und den Abwehrformen. In seiner Chicagoer Zeit kam er auch mit existenzphilosophischem Denken in Berührung und entdeckte in dem Gedankengut von Buber und Kierkegaard große Ähnlichkeiten mit seinen eigenen Ideen. Wesentliche Verdienste erwarb sich Rogers auch durch erste umfangreiche empirische Untersuchungen von Beratungsprozessen mittels Tonbandaufnahmen und Transkripten. Als empirisch nachgewiesene Bedingungen für eine konstruktive Veränderung in der Therapie traten in den Vordergrund: die Echtheit des Therapeuten, seine unbedingte Annahme und Wertschätzung für den Klienten und das empathische Verstehen der inneren Welt des Klienten. Er förderte zahlreiche empirische Untersuchungen, die ein Erfassen der wichtigen Prozessbedingungen der Gespräche sowie ein Erfassen der konstruktiven Veränderungen erstmalig möglich machten (Rogers 1957). Hervorzuheben sind auch die Ansätze, das klientenzentrierte Vorgehen (Rogers wendet sich aus theoretischen und praktischen Gründen von dem Wort »Nicht-direktiv« ab) auf andere Bereiche der klinischen Psychologie zu übertragen, zum Beispiel in die Anwendbarkeit bei schizophrenen Patienten (Rogers 1962).

1963 verlässt Rogers die Universität und wirkt seitdem in La Jolla, Californien, wo er das »Center for Studies of the Person« mit anderen Institutsmitarbeitern gründet. In den Mittelpunkt seines Interesses tritt immer mehr die Beschäftigung mit Gruppen, mit so genannten normalen Menschen, die sich durch die Gruppenerfahrung ein Wachstum ihrer Persönlichkeit wünschen. Die vielfältigen Gruppenerfahrungen in den Encounter-Gruppen sowie die Erfahrungen, die er als Lehrer, Erzieher, Gruppentrainer, Organisationsberater und auch andere Settings machte, führen zu seiner Erkenntnis, dass Echtheit, bedingungslose Wertschätzung und einfühlendes Verständnis in allen zwischenmenschlichen Beziehungen von entscheidender Bedeutung sind. In seinen Veröffentlichungen spricht er daher von dem personzentrierten oder personbezogenen Ansatz. Dieser Ansatz sei nicht nur in Erziehung, Therapie, Beratung, Partnerschaft und Politik wichtig, sondern auch im Bereich interkultureller Spannungen und Auseinandersetzungen. Gerade hier hat er durch Großgruppen-Workshops, Beratung von Institutionen, durch Gruppenarbeit mit interkulturell verfeindeten Gruppen in seinen letzten Lebensjahren Pionierarbeit geleistet und Modelle einer modernen Gemeinwesenarbeit erprobt.

Als kennzeichnend für sein gesamtes Werk kann gelten, dass Rogers nie einem Dogmatismus theoretischer Gedankensysteme verfallen ist, sondern durch die vielfältige Praxis in den unterschiedlichsten Anwendungsfeldern immer wieder Konzepte und Erklärungen verändert hat. Sicher ist diese Art des Wissenschaftsverständnisses, das sich positiv von einem streng psychoanalytischen oder behavioristischen Modell abhebt, mit eine Ursache gewesen, ihn schon relativ früh mit dem höchsten Preis der APA (American Psychological Association) auszuzeichnen. Die Verbindung seines Wirkens mit der deutschen Psychologie wird u.a. darin deutlich, dass er im Jahre 1984 am Psychologischen Institut der Hamburger Universität (Leiter: Reinhard Tausch) mit der Doktorwürde ausgezeichnet wurde – eine Auszeichnung neben vielen, die er am Abschluss seines Lebens erhielt.

Heute wird Carl Rogers zwar auch aus der Perspektive seines Werkes gesehen, vielmehr aber aus der Perspektive von Wertvorstellungen, wie sie die *Humanistische Psychologie* entwickelt und gesammelt hat. Dieser Zweig der Psychologie, der von Bühler, Maslow, Bugenthal und vielen anderen getragen wird, gibt einem Menschenbild Vorrang, das sich – entgegen klassisch behavioristischem und klassisch psychoanalytischem Denken – vor allem an den folgenden Werten orientiert:

- Autonomie und soziale Interdependenz,
- Selbstverwirklichung,
- Ziel- und Sinnorientierung allen menschlichen Strebens,
- Ganzheit des Leib-Seelisch-Körperlichen.

Völker (1980, S. 14) skizziert die Aufgaben einer Humanistischen Psychologie, so wie sie auf die in dem vorigen Kapitel schon dargestellten gesellschaftlichen und kulturellen Bedingungen einwirken soll, wie folgt:

> »In unserer heutigen Gesellschaft, die aus humanistischer Sicht durch eine tief greifende Kulturkrise (Entfremdung des Menschen von der Natur, von seiner Arbeit, seinen Mitmenschen und sich selbst, Verlust traditioneller Werte, Gefühl der Sinnlosigkeit trotz materiellen Wohlstands, Identitätsgefährdung vieler Menschen, psychosoziale Probleme usw.) gekennzeichnet ist, will die Humanistische Psychologie sich an der Aufgabe beteiligen, neue Antworten auf die Frage nach dem Sinn und der Daseinserfüllung des menschlichen Lebens in einer technologisch bestimmten Umwelt zu suchen.« (Völker,1980, S. 14).

2.2 Wertvorstellungen und Grundannahmen von Rogers

Rogers hat sich sehr viel mit der Praxis von Therapie und Beratung beschäftigt. Wichtig war für ihn herauszufinden, wodurch Veränderungen beim Klienten erreichbar sind. Dennoch hat er sich auch theoretisch damit beschäftigt, wie man die Störung der Persönlichkeit und des Selbst erklären kann, und welche Grundqualitäten der therapeutischen Beziehung zu einer Veränderung beitragen können.

In seinem Spätwerk »Die Kraft des Guten« (1978, S. 26 f.) stellt er eine Grundüberzeugung dar:

»Der personenbezogene Ansatz beruht auf der Prämisse, dass der Mensch im Grunde ein vertrauenswürdiger Organismus sei, der fähig ist, die äußere und innere Situation abzuschätzen, und der sich auch selbst so versteht, dass er konstruktive Entscheidungen in Bezug auf die nächsten Schritte im Leben treffen und nach diesen Entscheidungen handeln kann.« Es wird deutlich, wie sehr Rogers auf die Entwicklungsfähigkeit vertraut. Durch jahrelange klinische Erfahrung hat er Klienten erlebt, die alle Tarnungen abgelegt haben, die ihrer Natur näher gekommen sind, ihrem »inneren Kern der menschlichen Natur, *sozial, vorwärts gerichtet, rational und realistisch«* (Rogers 1991, S. 99). Obwohl Rogers die vielen Tendenzen der Zerstörung und Gewalt in der gegenwärtigen Zivilisation kennt, hält er an der These der positiven Natur des Menschen fest. Er zeigt sich überzeugt, dass »Menschen, denen die Möglichkeit gegeben wird, wahrhaft zu werden, was sie zutiefst sind, wenn sie die Freiheit haben, ihre eigentliche Natur zu entfalten, immer eine deutliche Entwicklung auf Ganzheit und Integration durchmachen« (Rogers 1990, S. 136). Wie kommt es aber dann, dass viele Menschen sich so weit von ihrer inneren Natur entfernen. Dass Gewalt und Chaos vorherrschen, dass Menschen unbeeindruckt die unglaublichsten Taten hervorbringen können? Rogers hält diese Abspaltung für einen Lernprozess. Menschen, die nie geliebt wurden, die nie in ihrer Kindheit ein förderliches Beziehungsklima erfahren haben, sind in der Tat zu allem fähig. Oft trägt dazu eine Art Erziehung bei, »in der von außen her dem Individuum Überzeugungen auferlegt werden, ohne dass es auf Grund eigener Erfahrung deren Nützlichkeit und tieferen Sinn bewerten kann« (Baumgartner 1990, S. 434; vgl. Rogers 1977, S. 276).

Dennoch kann das Streben nach Selbstentfaltung nicht dauerhaft zurückgedrängt werden. Wenn ein Individuum in seiner Umgebung einfühlendes Verstehen, echte Beziehungen und persönliche Wertschätzung erfährt, kann es sich in Richtung sozialer Integration und Ganzheitlichkeit entwickeln. Es wird nicht bruchstückhaft Verhaltensäußerungen von sich geben, die mit seinem eigentlichen Inneren inkongruent sind.

Konkret beschreibt er diese Tendenz als *Aktualisierungstendenz.* Sie ist die mächtigste Antriebskraft des Menschen, die »der Erhaltung und dem Wachstum des Organismus« dient (Rogers 1978, S. 35). »Wenn diese Tendenz nicht behindert wird, bewirkt sie zuverlässig beim Individuum Wachstum, Reife und eine Bereicherung des Lebens« (Rogers 1991, S. 35). Bei ihr handelt es sich um die »Haupttriebfeder des Lebens« (Rogers 1991, S. 49).

Die Aktualisierungstendenz ist gerichtet auf Ziele wie *Autonomie* (Rogers 1973, S. 422; 1978, S. 117; 1991, S. 22), *Reifung und Selbststeigerung* (Rogers 1978, S. 117), auf *Kreativität* (Rogers 1991, S. 22), *Selbstverantwortlichkeit und Sozialisierung* (Rogers 1973, S. 422), schließlich auch generell auf *Selbstverwirklichung* (Rogers 1973, S. 422).

Diese fast biologische Grundannahme der Aktualisierungstendenz wird auch in dem folgenden Zitat deutlich: »Der Organismus tendiert nicht dazu, seine Fähigkeit zum Sich-schlecht-Fühlen zu entwickeln, ... noch neigt er dazu, sein Selbstzerstörungspotenzial zu verwirklichen oder seine Fähigkeit, Schmerzen zu ertragen.« (Rogers 1978, S. 270) Selbstverständlich ist dieser Prozess zur Verwirklichung kein Prozess, der ohne Reibungen und Widerstände abläuft. Vielmehr sagt alle praktische Erfahrung, »dass der Organismus sich durch Kampf und Schmerz zur Erhöhung und zum Wachstum bewegt« (Rogers 1991, S.424). Er gibt ein Beispiel: Für ein Kind, das laufen lernt, bedeuten gewöhnlich die ersten Schritte Kampf und Schmerz. Die paar

Schritte des Kindes stehen in keinem Verhältnis zu dem Schmerz des Fallens und Sich-Stoßens. Trotz der schmerzhaften Erfahrung will sich das Kind aber weiter entwickeln und wird schließlich laufen lernen. Entsprechend schlussfolgert Rogers: »Auf die gleiche Weise wird es einmal unabhängig werden, verantwortlich, selbstbeherrschend und sozialisiert – trotz des Schmerzes, der häufig mit diesen Schritten verbunden ist«. (Rogers 1991, S. 424)

Eine der weiteren Grundannahmen von Carl Rogers besteht in der Annahme einer grundsätzlich subjektiven Realität des Individuums. Für ihn gibt es zwar so etwas wie eine »objektive Realität«, der Mensch sei aber außer Stande, diese zu erfassen. Selbst die Naturwissenschaften seien in ihren Voraussetzungen ihrer Erkenntnisse und Methoden, in der Wahl der Forschungsobjekte diesen subjektiven Prozessen unterworfen. Für den Menschen bedeutet dies, dass er die Erfahrungen, die ihm die Sinnesorgane oder sein Urteilsvermögen vermitteln, zwar wie objektive Gegebenheiten auffasst, dennoch sind diese Gegebenheiten Teil seiner subjektiven Erfahrungen. Niemand kann ihm von außen her sagen, wie seine persönliche Erfahrungswelt wirklich beschaffen ist. Aus dieser Grundannahme wird deutlich, wie wenig von außen kommende Erklärungen, Diagnosen, Beschreibungen und scheinbar objektive wissenschaftliche Erkenntnisse sich eignen, im Beratungs- und Therapieprozess sinnvoll eingesetzt zu werden.

2.3 Spezielle Bestandteile der Persönlichkeitstheorie von Rogers

2.3.1 Selbstkonzept und organismisches Wertungssystem

Das Selbstkonzept ist die dem Bewusstsein zugängliche Sicht der eigenen Person mit ihren unterschiedlichen Charakteristika. Dieses Konstrukt spielt eine entscheidende Rolle in der Persönlichkeitstheorie von Rogers. Er selbst definiert es wie folgt:

»Das Selbst-Konzept oder die Selbst-Struktur lässt sich umschreiben als eine organisierte Konfiguration von Wahrnehmungen des Selbst, die dem Bewusstsein zugänglich sind. Es setzt sich zusammen aus Elementen wie den Wahrnehmungen der Charakteristika und den Fähigkeiten der Person; den Wahrnehmungen und Vorstellungen vom Selbst in Bezug zu anderen und zur Umgebung; den Wertgehalten, die als verbunden mit Erfahrungen und Objekten wahrgenommen werden; und den Zielen und Idealen, die als positiv oder negativ wahrgenommen werden.« (Rogers 1991, S. 27) Das Selbstkonzept ist zwar eine im biografischen Prozess erworbene mehr oder weniger fest organisierte Gestalt, sie ist aber auch veränderlich und als in stetigem Prozess zu sehen. Da es sich beim Selbstkonzept um eine Gestalt handelt und nicht um ein Phänomen, kann die Veränderung eines Aspektes zum Wandel des gesamten Konzepts führen (Rogers 1991, S. 27). Ähnlich wie 150 in der Gestaltpsychologie – Figur und Grund eine wechselhafte Einheit bilden, kann das Selbstkonzept auf Grund überraschender neuer und umwerfender Wahrnehmungen ein anderes Aussehen bekommen.

Im Entwicklungsprozess strebt das Kind nach Erfahrungen, die es positiv bewertet und vermeidet Erfahrungen, die es als negativ erlebt hat. Das Kind macht Erfahrungen, die für die eigene Person und die eigenen Bedürfnisse bedeutsam sind. Es lernt z. B., dass es angenehm ist, seinen Körper und seine Kräfte zu benutzen, dass es angenehm ist, mit den Eltern in Körperkontakt zu treten, dass bestimmte Ausschnitte der Umgebung für es reizvoll sind. Aus der Summe derartiger Erfahrungen und ihrer unverfälschten *organismischen Bewertung* reift in dem Kinde allmählich ein Konzept über sich selbst in Beziehung zur Umgebung. Dabei gibt es zunächst einmal die unverfälschte Eigenbewertung, gewissermaßen der ursprüngliche Messfühler, der jemandem sagt, dies gehöre zu ihm, sei wichtig für ihn usw. Rogers nennt diesen Messfühler *Organismisches Wertungssystem.* Aus der Alltagserfahrung wissen wir, dass es Menschen gibt, die ein besonders untrügliches, fast instinkthaftes Bewertungsorgan zu haben scheinen, das ihnen sagt, was für sie gut ist, sie vor »falschen« Einflüssen schützt und sie so und nicht anders handeln lässt. Dieses untrügliche Organ, das organismische Wertungssystem, erhält in der Kindheitsentwicklung besonders dadurch eine Einschränkung, dass es auch Erfahrungen aufnehmen muss, die von außen kommen. Diese Erfahrungen können sein: Bewertungen, Urteile der Eltern, erzwungene Verhaltensweisen, von außen übergestülpte Gedanken, Gefühle und Vorstellungen.

2.3.2 Selbstverwirklichungstendenz und Bedürfnis nach positiver Beachtung

Warum Menschen derart von außen vermittelten Erfahrungen abhängig sind, beschreibt und begründet er mit dem Begriff des *Bedürfnisses nach positiver Beachtung.* Dieses Bedürfnis ist gewissermaßen ein Wesenszug des Menschen, eine Konstante, die dem schutzlosen und biologisch lange Zeit hilflosen Menschen quasi schon biologisch eingegeben ist. Das Bedürfnis nach positiver Beachtung wird auch sozial ausgeformt durch Verinnerlichung solcher Werte wie »Liebe«, »Respekt«, »Anerkennung«, »Sympathie« usw. Da der Mensch notwendigerweise beachtet sein möchte, nimmt er auch Fremdbewertungen, fremde Erfahrungen, von außen kommende Urteile und Wahrnehmungen mit in sein *Selbstkonzept* auf. Ja, er tendiert sogar dazu, sie so zu behandeln, als seien es seine eigenen Erfahrungen. Es muss nicht noch erwähnt werden, dass ein Übermaß an fremden Erfahrungen gegenüber den organismisch bewerteten eigenen Erfahrungen den Menschen verunsichert, ihn sich selbst entfremdet und zu einer Quelle der Destabilisierung der Persönlichkeit wird. Ein solcher, gleichsam *übersozialisierter* Mensch reagiert auf die Wünsche anderer mehr, als seinen eigenen Wünschen und Erfahrungen zu trauen. Für das Kind besteht oft die Notwendigkeit, das eigene organismische Bewerten einzustellen und sich den Wertungen anderer zu unterstellen: Erlebt es z. B. das Schlagen der eigenen Geschwister als belohnend, wichtig für sich und positiv bewertet, so wird es diese Erfahrungen schnell dann abwehren müssen, wenn die Eltern es strafen, es als »böse« bewerten oder dem Kinde die Zuwendung entziehen. Das *Bedürfnis nach positiver Beachtung* macht es möglich, dass organismische Wertungsprozesse außer Kraft gesetzt werden können. Das impliziert, dass immer wieder Verhaltensweisen, die ursprünglich als befriedigend erlebt wurden, abgelehnt werden, weil sie mit den Fremdbewertungen nicht im Einklang stehen. Rogers: »So werden elterliche Einstellungen offenbar nicht nur introjiziert, sondern, was noch viel wichtiger ist, nicht als Einstellungen anderer, sondern in verzerrter Form als anscheinend auf eigenen Sinnes- und Körperwahrnehmungen beruhend erfahren.« (Rogers 1973, S. 432)

Entsprechend dem grundlegenden Bedürfnis nach positiver Beachtung entwickelt sich beim Kinde auch das *Bedürfnis nach positiver Selbstbeachtung*. Das Kind tendiert dazu, sich so zu sehen, wie die Eltern es gerne sehen. Es tendiert dazu, sich nicht zu mögen, wenn es Verhaltensweisen zeigt, die die Eltern nicht mögen.

Die Bildung eines wie auch immer gearteten Selbstkonzepts hat nun noch weitere Konsequenzen. Auf der Basis des Selbstkonzepts werden nicht nur Wahrnehmungen und Kognitionen getätigt (wie ich etwas sehe und einschätze), sondern es beeinflusst auch das Verhalten: So kann ein zuversichtlicher und erfolgreicher Student einer Prüfung mit Zuversicht entgegengehen. Er sieht sie als Gelegenheit, sein Können unter Beweis zu stellen. Ein unsicherer Student wird der gleichen Situation mit Angst entgegensehen – als einen Beweis seiner Unzulänglichkeit (Rogers 1977, S. 121). »Die Person reagiert auf ihre Realität so, wie sie diese auf Grund ihres Selbstkonzeptes wahrnimmt und definiert.« (Rogers 1977, S. 121)

Der Begriff der *Selbstaktualisierung* ist von Rogers eingeführt worden, um die Erhöhung und Erweiterung des Selbst zu beschreiben. Sie ist damit ein Teil der Aktualisierungstendenz des Organismus und bezieht sich darauf, dass der Mensch z. B. Selbst- erfahrungen macht, dass er bedeutsame Erfahrungen angemessen symbolisiert und in die Persönlichkeit integriert. In der Regel bleibt dieser Teil des Organismus mit dem Gesamtorganismus und dessen Aktualisierungsprozessen in Einklang.

Der Prozess der Verarbeitung von Erfahrungen kann in drei Formen beschrieben werden (s. Rogers 1973, S. 434):

- Erfahrungen, die als bedeutsam für das Selbst wahrgenommen werden, werden in die Selbststruktur übernommen.
- Erfahrungen, die in keiner Beziehung zum Selbst stehen, werden ignoriert.
- Erfahrungen, die mit der Struktur des Selbst nicht übereinstimmen, werden verleugnet oder verzerrt.

In diesem dritten Fall wird die Spaltung der Aktualisierungstendenz von der Selbstaktualisierung deutlich: Während Erfahrungen für die »Aufrechterhaltung und Entwicklung des Organismus als Ganzem förderlich bewertet werden, … können diese Erfahrungen zugleich als bedrohlich für die Aufrechterhaltung des Selbstkonzeptes bewertet werden und als das Bedürfnis nach positiver Selbstachtung nicht befriedigend« (Biermann-Ratjen, in Eckert/Höger/Linster 1993, S. 81).

Inkongruenzerfahrungen

Inkongruenz ist für Rogers »die unter Umständen vorhandene Diskrepanz zwischen dem Erleben des Organismus und dem bewussten Selbstkonzept« (Rogers 1990, S. 43). Rogers hat diesen Begriff früher – etwas unschärfer – als »psychische Fehlanpassung« bezeichnet. Sie liegt vor, »wenn der Organismus vor dem Bewusstsein wichtige Körper- und Sinneserfahrungen leugnet« (Rogers 1991, S. 440). Individuen nehmen mit Unsicherheit und Verwirrung Erfahrungen auf, die nicht *dekkungsgleich* mit dem Bewusstsein sind. Hierfür ein Beispiel: Wenn ein Mensch Anerkennung und Liebe früher immer nur in Abhängigkeit von seinen Leistungen erfahren hat, hält er sich eigentlich nur dann für liebenswert, wenn er etwas leistet. In seinem Selbstkonzept sind Geliebt-Werden und Leistungserbringung eng aneinander gekoppelt. Liebe ohne Leistung ist für ihn nicht vorstellbar. Macht er nun die gegenteilige Erfahrung, wird er dies zunächst überhaupt nicht glauben können. Er wird auch diese ihm entgegengebrachte bedingungslose Zuneigung nicht als solche erleben können, sondern sie als abhängig von Leistungserwartungen sehen. Er wird anfangs alles daran setzen, dass sein altes Selbstkonzept erhalten bleibt. Wenn es gar nicht mehr anders geht und die Inkongruenz zwischen Erfahrung und Selbstkonzept zu offensichtlich wird, kann sich ein schmerzhafter Prozess zur Reorganisation des vormals starren in ein flexibles Selbstkonzept entwickeln. Dieses würde den Aspekt beinhalten: »Ich werde auch geliebt, ohne dass ich etwas geben muss.« Es stellt sich dann eine stärkere Kongruenz ein: Selbstkonzept und Erleben sind wieder stärker im Einklang.

Der oben dargestellte Fall zeigt den Konflikt zwischen *Aktualisierungstendenz* (differenzierter Erleben, Spannungs- und Schmerzzustände abbauen usw.) und *Selbstaktualisierungstendenz* (das Selbst schützen und erhalten, Ideal-Selbst aufrechterhalten – Leistungsideal). Im Allgemeinen haben mildere Formen der Inkongruenzerfahrungen einen eher stabilisierenden Charakter, indem das Selbst vor massiven Umstrukturierungen geschützt wird. Erst dann gewinnen die Inkongruenzen an Bedeutung, wenn der Betroffene diese spürt, sei es, dass er leidet, auf Schwierigkeiten in seiner Umwelt stößt oder einer Situation ausgesetzt ist, die die Immunisierung des Selbstkonzepts nicht mehr möglich macht. In unserem obigen Beispiel: Jemand hat sich verliebt und muss völlig neue Anstrengungen unternehmen, auch Liebe bedingungsfrei annehmen zu können.

Diese zunehmenden Spannungen, die bis zur Desorganisation führen können, drückt Rogers so aus: »Die Persönlichkeit ist fortan geteilt, begleitet von all den Spannungen und unangepassten Verhaltensweisen, die mit einem solchen Mangel an Uneinheitlichkeit einhergehen.« (Rogers 1991, S. 52) Weiter: »Wenn das Individuum sich bis zu einem gewissen Grad dieser Spannung oder Diskrepanz bewusst wird, empfindet es Angst, spürt es, dass es nicht integriert ist.« (Rogers 1973, S. 440) Für die Therapie setzt Rogers voraus, dass das Individuum sich dieser inneren Spannung wenigstens in einem gewissen Maße bewusst ist. Bei einer rigide organisierten Selbststruktur sind die Spannungen minimal, derartige Menschen sehen sich oft als psychisch gesund an und erleben keinen Leidensdruck und keine Widersprüchlichkeiten (s. Pfeiffer 1987, S. 56).

Bei der Desorganisation bricht die Selbststruktur völlig zusammen. Voraussetzung ist, dass der Klient bzw. die Klientin mit mehr verleugneter Erfahrung konfrontiert wird, als er/sie zurzeit bewältigen kann (Rogers 1991, S. 54). Ursache kann ein zu konfrontierendes Verhalten des Therapeuten/der Therapeutin in der Therapie sein, das den Abwehrprozess des Klienten/der Klientin überfordert. Möglich sind aber auch Lebensereignisse, die die bisher verleugneten Erfahrungen massiv ins Bewusstsein rücken.

Rogers hat den Zusammenhang zur tiefenpsychologischen Lehre der *Abwehrmechanismen* (Freud, A. 1964) nicht absichtlich erwähnt und gesucht. Dennoch spricht er von »Leugnungsprozessen«, von »Abwehr«, von »Verzerrungen« und von falschen oder verzerrten »Symbolisierungen«. Auf Grund seiner phänomenologischen Ausrichtung hält er sich jedoch strikt an den Erlebensprozess und weist spekulative Schlussfolgerungen von sich. Vor allem enthält er sich jeglicher diagnostizierenden Ausweitung des Abwehr- und Bewältigungsverhaltens von Individuen.

In neuerer Zeit hat Speierer – im Zusammenhang mit der Ausarbeitung eines Störungsmodells des Klientenzentrierten Konzepts in Bezug auf Krankheitsentstehung – die Inkongruenzkonzeption erheblich erweitert. Während die Konzeption von Rogers doch im Wesentlichen sozialkommunikativer Art ist (gestörte kommunikative Bedingungen Eltern–Kind), führt er auch andere Inkongruenzformen an: z. B. dispositionelle Inkongruenzen und lebensereignisbedingte Inkongruenzen (z. B. Traumata) (Speierer 1994, S. 49ff.).

2.3.3 Neuere wissenschaftliche Befunde zu den Persönlichkeitsannahmen von Rogers

Streng genommen stellt die Persönlichkeitslehre von Rogers keine monistische sondern eine *dualistische Motivationslehre* vor. Die Aktualisierungstendenz als leitendes Organisationsprinzip der menschlichen Entwicklung wäre unvollständig, fände sie nicht ihre Begrenzung in dem Bedürfnis nach positiver Annahme. Während das erste Prinzip die »egozentrische« Seite der Entwicklung beschreibt (Autonomie, Entfaltung, Verwirklichung), umfasst das zweite Prinzip die »sozialzentrische« Seite (Angenommen-Werden, Geachtet-Werden, Beachtung-Finden usw.). Beide Prinzipien sind dialektisch aufeinander bezogen und erklären einen großen Teil menschlicher Antriebe, menschlicher Konflikte und gesellschaftlicher Prozesse. Die Bedeutung dieser beiden Konzepte hat auch dazu geführt, dass die Gesellschaft für wissenschaftliche Gesprächspsychotherapie (GwG) ihren Internationalen Kongress der Gesprächspsychotherapeuten in Aachen 1995 unter das Leitthema stellte: »Konkurrenz und Solidarität«.

Schon Rogers hat – besonders in seinen letzten Lebensjahren – das Aktualisierungsprinzip als weitaus umfassender gesehen als nur auf den therapeutischen Prozess bezogen. Er hat die durchgehende Tendenz von Organismen, sich zu erhalten und zu erhöhen, auch in anderen Wissensgebieten bestätigt gesehen, besonders in den Ergebnissen der vergleichenden Verhaltensforschung, der Biologie, der Ethnologie und der Organisationslehre. Höger (1993, S. 27 in Eckert/Höger/Linster) fasst die Sichtweise dieser Wissenschaften zusammen: »(Sie) sehen das gesamte Verhalten eines Organismus in einer integrierten Vielzahl von Verhaltenssystemen organisiert, die in koordinierter Weise den übergeordneten Zweck der Erhaltung und Entfaltung des Individuums erfüllen. Motive erhalten als Teilkomponenten des Organismus erst in ihrem Zusammenwirken ihren übergeordneten Sinn. Aktualisierungstendenz ist somit kein Motiv, sondern ein übergeordnetes Sinnprinzip.«

Wenn der Organismus sich bei bestimmten Umweltbedingungen um eine bessere Bewältigung bemüht, so geschieht das durch eine aktive, den Strukturbedingungen des Systems entnommene Veränderung der Selbstorganisation. Diese ist nicht von außen her (wie zum Beispiel die Lerntheorie behauptet) vorhersagbar, sondern ergibt sich aus der inneren Logik des Systems (aus der »Eigenart«). Die Naturwissenschaften bieten – wie auch Rogers schon nachweist – eine große Reihe von experimentellen Beispielen hierfür.

Die Bedeutung der *Beziehung als Grundlage menschlicher Entwicklung* wird – so führt Höger aus (Höger 1993, S. 33ff., in Eckert/Höger/Linster) – besonders deutlich in den neueren Forschungen zum Bindungsverhalten des Menschen (Ainsworth 1978; Grossmann 1990). Die durch die Kleinkindforschung erzielten Befunde des frühkindlichen Bindungsverhaltens – ausgehend aus früheren Forschungen (Bowlby 1976) – bestätigen die Bedeutung störungsfreier sozialkommunikativer Interaktionsformen, u.a. die Bedeutung der für Rogers so wichtigen Beziehungsmerkmale der Therapie: einfühlendes Verstehen, bedingungsfreies Akzeptieren und Echtheit und Durchschaubarkeit einer Beziehung. Letzten Endes vollzieht sich in der Therapie eine Art *Wiederholung und Neustrukturierung defizitärer Kindheitserfahrungen* (s. Sander, in GwG 1975, S. 42ff.). Im Ideal gesehen: Die Beziehungserfahrungen werden durch das therapeutische Angebot dem Klienten angetragen. Dieser verinnerlicht diese und geht in ähnlicher Weise mit seiner eigenen Person um – mit mehr Selbstempathie, mehr Selbstakzeptanz und mehr Transparenz.

2.4 Das klientenzentrierte Beziehungskonzept

Die klientenzentrierte Therapie ist nicht auf Grund theoretischer Annahmen konzipiert worden. Vielmehr hat Rogers durch vielstündige Analysen von Gesprächsausschnitten erfolgreicher und wenig erfolgreicher Bandausschnitte die ihnen innewohnenden Regelmäßigkeiten und Wirkungszusammenhänge postuliert, um sie dann systematisch an größeren Stichproben auf ihre Haltbarkeit und Generalisierbarkeit zu prüfen. Er sagt z.B.: »... ich begann, eine der therapeutischen Erfahrung innewohnende Ordnung zu spüren: eine Ordnung, die dieser Erfahrung innewohnte und ihr nicht auferlegt werden musste ...« (Rogers 1991, S. 12). Um die gefundenen Charakteristika und Wirkungszusammenhänge der Therapie anschaulich darzustellen und sie vor allem auch einer wissenschaftlichen Überprüfung zugänglich zu machen, wurde »das therapeutische Angebot einer Beziehung aufgebrochen in isolierte Therapievariablen« (Schwartz 1983, S.93), die dann anhand von Skalen beobachtbar und messbar gemacht wurden.

Die klientenzentrierte Beratung und Therapie mit ihren wichtigen Therapiebedingungen Empathie, Akzeptanz und Kongruenz lässt sich als Umkehrbild des oben beschriebenen Prozesses der Entstehung von seelischen Störungen beschreiben: Das nicht ausreichend verstandene Kind erfährt empathisches Verstehen, der nicht mit ausreichender positiver Beachtung bedachte Mensch erfährt unbedingte Achtung und Annahme seiner Person, und eine nicht offene, transparente Beziehungssituation in der Kindheit wird durch eine durchschaubare therapeutische Beziehung nachgeholt (s. Sander 1975, S. 50). Dabei entscheidet nicht die technische Verwirklichung des Beziehungskonzeptes, sondern die reale Qualität der Beziehung. Rogers sagt dazu, es handele sich »um eine echte Beziehung zweier Personen, in der beide nach besten Kräften bemüht sind, in der Interaktion sie selbst zu sein« (Rogers 1991, S. 41). Und weiter für den Berater/Therapeuten: »Allein entscheidend ist, dass er exakt ›er selbst‹ in der Beziehung ist, was immer das Selbst in diesem Moment auch sein mag.« (Rogers 1987, S. 41) Nach Rogers ist »ein Berater, der versucht, eine Methode anzuwenden, zum Misserfolg verurteilt, solange diese Methode nicht mit seinen Grundeinstellungen übereinstimmt« (Rogers 1973, S. 34). In einigen Untersuchungen, die ich vor mehreren Jahren gemacht habe, erwies sich dementsprechend das »technisch-formale Gesprächsverhalten« etwa in Form der Variablen »Verbalisierung von Erlebnisinhalten« wiederholt als nur von geringer Bedeutung im Hinblick auf das Ergebnis der Therapie (Sander 1975, S. 50; s. auch Sander 1971).

2.4.1 Empathisches Verstehen

Verstehen heißt bei Rogers, sich gedanklich und gefühlsmäßig zu öffnen und sich ganz auf den Klienten einzustellen, sich also gedanklich und gefühlsmäßig in den inneren Bezugsrahmen des Klienten zu versetzen. Er tritt in die persönliche Empfindungswelt des Klienten ein und versucht, diese in ihrer Struktur mit allen persönlichen Wertungen und Implikationen zu verstehen. Mehr und mehr kommt er dann in die Situation, »das innere Bezugssystem des Klienten zu übernehmen, die Welt so zu sehen, wie der Klient sie sieht, den Klienten so zu sehen, wie er sich selbst sieht, dabei alle Vorstellungen vom äußeren Bezugssystem abzulegen und dem Klienten etwas von diesem einfühlenden Verstehen mitzuteilen« (Rogers 1972, S.42). Gewissermaßen beschließt der Berater: »Um Ihnen behilflich zu sein, stelle ich mich selbst – das Selbst der gewöhnlichen Interaktion – beiseite und dringe so vollständig wie möglich in Ihre Wahrnehmungswelt ein. Ich werde in gewisser Weise ein zweites Selbst für Sie – ein Alter Ego Ihrer eigenen Einstellungen und Gefühle – eine ungefährliche Gelegenheit für Sie, sich selbst genauer zu erkennen, sich selbst wahrer und tiefer zu erfahren und signifikanter zu wählen.« (Rogers 1972, S. 47) Dabei verliert sich der Berater jedoch nicht identifizierend in der Person des Klienten. Vielmehr bleibt die »Als-ob-Situation«, die Trennung zweier Personen erhalten. Es ist immer die spezifische Art des Beraters, dessen spezifische Wortwahl oder Ausdruckswahl, in dem dieses Verständnis symbolisiert wird.

Rogers unterscheidet zwischen einem äußeren Verstehen und einem inneren Verstehen. Das Verstehen »von außen« behandelt den Menschen als Objekt, das Verstehen »mit«, das von innen herrührt, begegnet dem Menschen als Mitsubjekt. Hier kündigt sich schon das existenzialistische Begegnungskonzept von Rogers an, das Swildens anhand des Beziehungskonzepts von Rogers ausführlicher darstellt (Swildens 1991, S. 36ff.).

Kanal des Verstehens in heutigem kommunikationstheoretischem Sinn ist in der Beratungs- und Therapiesituation die Sprache des Klienten. Darüber hinaus greift er jedoch auch nonverbale Mitteilungen auf, achtet auf Mimik, Ausdruck und Stimmklang, um die spezielle Bedeutung des Gesprochenen aufzunehmen. Oft verrät dieser Bezug zur Totalität menschlicher Ausdrucksweise gerade erst Inkongruenzen, Widersprüche und Hinweise des Klienten, die dann verbalisiert werden können und dem Erleben des Klienten zugängiger werden. Diese Art des Hinein-Versetzens als wesentliches Element des Verstehens setzt die Fähigkeit und Bereitschaft voraus, auf konventionelle Formen der Aufmerksamkeit, wie z. B. intellektuelles Interesse, zu verzichten. Rogers charakterisiert sie so: »Ich habe gelernt, dass das Gefühl, mit dem mein ganzer Organismus eine Situation wahrnimmt, verlässlicher ist als mein Intellekt.« (Rogers 1973, S. 38) Und weiter: »Die Gruppe der Sinnes- und Körper-Erfahrungen, die offenbar am Eindringen ins Bewusstsein gehindert werden, verlangen die größte Aufmerksamkeit, denn in diesem Bereich liegen viele Phänomene des menschlichen Verhaltens, die Psychologen zu erklären versucht haben.« (Rogers 1972, S. 435)

Um in einen derartigen Aufmerksamkeits- und Versenkungszustand zu kommen, sind nach meiner Erfahrung für den Berater/Therapeuten bzw. die Beraterin/Therapeutin drei Aspekte zu beachten:

- Das Freisein von eigenen »aufmerksamkeits-heischenden« Erinnerungen, Gedanken, Gefühlen und Wünschen, das Offensein für Außenerfahrungen.
- Das Lösen von konventionellen Bezugssystemen der Wahrnehmung und gedanklichen Einordnung, die Beachtung scheinbar unwesentlicher Ausdruckserscheinungen und scheinbar irrelevanter Details.
- Die relative »Neutralität« und Bindungslosigkeit dem Klienten gegenüber, das heißt das Fehlen von einengenden Gefühlen gegenüber dem Klienten, wie z. B. dem Gefühl von Verpflichtung, Aufopferung, Leistungsdruck, identifizierendem Mitleid, aber auch negativen Gefühlen wie Bedrohung, Antipathie, Kritik, Vorbehalte usw.

Gerade der Punkt 3 scheint dem Wertkonzept des Beziehungsansatzes geradezu zu widersprechen, enthält er doch hochbewertete Merkmale, die scheinbar förderlich für den therapeutischen Prozess sind. Vielleicht ist der Widerspruch so zu erklären, dass Verstehensprozesse dann eingeengt sind, wenn der Berater zu sehr von »egozentrischen« Maximen und Wertvorstellungen, Zielsetzungen und »altruistischen« Bedürfnissen besetzt ist, dass er nicht mehr die nötige Neutralität für eine unvoreingenommene Wahrnehmung des Klienten oder der Klientin aufbringt. Es ist sicher auch ein Wertprinzip höherer Ordnung, sich durch Übung und Praxis eine in diesem Sinne »neutrale« Verstehensposition anzueignen.

Bei einer derartigen auf die Totalität der Ausdruckserscheinungen des Klienten/der Klientin gerichteten Verstehenshaltung ergibt es sich von selbst, sich auf Inhalte und Erlebensformen des Klienten/der Klientin zu beziehen, die ihm undeutlich sind oder deren Bedeutung er noch nicht erkennt. Es gibt also die ganze Spannweite, sich beim Prozess des Verstehens auf die geäußerte Verbalisierung zu begrenzen oder sich auf die als Hintergrund dazu stehenden Gefühle bis hin zu Inhalten und Bedeutungen zu beziehen, die dem Klienten bisher nicht bewusst waren. Ein Klient etwa, der über die Anstrengungen spricht, seine Krankheit in den Griff zu bekommen, und über die große Hoffnung, die er hat, der aber gleichzeitig durch Mimik und Stimmklang resignative Gefühle anklingen lässt, könnte in diesen drei Stufen etwa drei verschiedene verstehende Reaktionen seines Beraters erfahren:

- »Sie sind voller Hoffnung, dies alles in den Griff zu bekommen.«
- »Sie sind voller Hoffnung, dies in den Griff zu bekommen, zugleich können aber auch ganz andere Gefühle da sein.«
- »Es fällt Ihnen schwer, mit diesen Widersprüchen zu leben und deren Sinn zu sehen.«

Rogers betont nicht so sehr das oben angesprochene Dilemma, Verstehen auch unterschiedlich ausdrücken zu können. Für ihn stehen Lösungen im Vordergrund: »das durch die Augen des Klienten sehen« (Rogers 1972, S. 47), das völlige Hineingehen in den inneren Bezugsrahmen des Klienten, gewissermaßen die Einnahme der Rolle des Alter Ego. Daher stellt er auch keine differenziell-therapeutischen Überlegungen an, welche Art des Verstehens der Berater/Therapeut bzw. die Beraterin/Therapeutin wann realisiert. Da der therapeutische Prozess jedoch ein dialogischer Prozess zweier unterschiedlicher Personen ist, stellt sich für mich immer die Frage, für welche Verstehensweise ich mich entscheide. Dieser Prozess der Wahl einer Verstehensebene ist kein planungstechnischer Vorgang, und auch kein rationaler Entscheidungsprozess, sondern meines Erachtens an die Problemsituation des Klienten und die Beziehungssituation Klient/Therapeut bzw. Klientin/Therapeutin gebunden. So sind Verstehensprozesse der ersten Stufe im Sinne eines empathetic understanding bzw. restating, eines identifizierenden Verstehens, sinnvoll in den früheren Phasen des Problemausdrucks von Klienten. Hier ergibt sich aus dem Beziehungszusammenhang (sich noch nicht lange kennen), dass die Sicherung des Verständnisses, die Bestätigung des Gesagten überwiegt und nicht die Ausweitung und vertiefte Problembearbeitung. In späteren Phasen der Problembearbeitung wird die differenzierte Erlebensbearbeitung wichtig. Hier ist die Tendenz stärker darauf gerichtet, Gefühle und Erlebensweisen auf Unterschiede, Schattierungen, kontradiktorische Gefühle und andere Nuancen zu richten. Typ 2 der Verstehensäußerungen kann man hier sehr viel öfter antreffen. Schließlich – in einer Phase der Lösung, Zielfindung, Generalisierung – kommen mehr Verstehensäußerungen im Sinne von *Bedeutungsausweitung, Sinngebung, Lösung und Zielorientierung* in Frage; Bedeutungsausweitung und Sinngebung bei Problemgesprächen *ohne* Einwirkungsmöglichkeiten in die Umgebung (s. frühere Kapitel zur Definition von Beratung), Lösung und Zielorientierung bei Problemgesprächen *mit* Einwirkungsmöglichkeiten in die Umgebung. Hier wäre Beispiel 3 der obigen Auflistung häufiger anzutreffen.

Die Funktion von Berater/Therapeut bzw. Beraterin/Therapeutin in diesen drei Stufen wäre etwa:

- Stabilisator (der Klientenwahrnehmung und der Beziehung)
- Fascilitator (der Bearbeitung des Erlebens und der Probleme)
- Promoter (Anreger für erweitertes Sinnverständnis und Problemverhalten)

Rogers versteht eine Therapie- und Beratungssituation als existenzielle Entscheidungssituation. Dem wäre entgegengesetzt, wollte man Verständnisäußerungen nach schematischen Gesichtspunkten ansetzen oder nach lerntheoretischen, systemischen und anderen von »außen« kommenden Überlegungen die Art des Verstehens planen. Die These der *Unplanbarkeit, mit der sich Organismen an ihre Umwelt anpassen* (s. Höger in Eckert/Höger/Linster 1993, S. 24ff.), das heißt des Verständnisses nur aus den ihnen eigenen System- und Organisationsprinzipien, macht es zum Grundsatz, sich aus der jeweils einzigartigen Beziehungs- und Prozesssituation heraus zu entscheiden, welche Art des Verständnisses aus der Sicht des Beraters und Therapeuten »richtig« ist.

Die mit dem Verlauf eines Beratungs- und Therapieprozesses zunehmende Ungewissheit und die Ablehnung jeglicher schematisierender Techniken im Verstehensprozess scheint Rogers auszudrücken, wenn er sagt: »Bei den ersten Interviews … passiert es leichter, dass die Reflexion der Einstellungen mehr eine Technik als ein Ausdruck der gesamten Persönlichkeit des Beraters ist. Aber wenn die Interviews in das unklare und einigermaßen unzusammenhängende Denken vorgedrungen sind, wenn der Klient also wirklich das Unbekannte erforscht, … kann man nicht länger von einer Technik sprechen, sondern es ist die Durchführung einer absorbierenden persönlichen Absicht. Bei diesem Versuch … ist es absolut möglich, dass das simple Konzept einer genauen Reflektierung von Gefühlen nicht mehr zum Verhalten des Therapeuten passt. Der Therapeut dient nicht mehr als Spiegel, sondern wird zu einem Gefährten, der den Klienten bei seiner Suche in einem tiefdunklen und dicht verwachsenen Wald begleitet.« (Rogers 1972, S. 114) Das Aussprechen gefühlsbezogener Erlebnisinhalte wird ersetzt durch eine realere Ich-Du-Beziehung zum Klienten

(s. Pfeiffer in Behr u.a.,1992, S. 184ff.). Der Berater/Therapeut setzt sich der vollen existenziellen Stärke und Nähe aus.

Abschließend soll noch einmal anhand einer Übersichtstabelle von Tausch/Tausch (1979, S. 35) eine Zusammenfassung der wesentlichen Merkmale des empathischen Verstehens aufgezeigt werden:

Eine helfende Person versteht einfühlend und nichtwertend die innere Welt eines anderen und lässt ihn das erfahren	
Kein einfühlendes Verstehen	**Vollständiges einfühlendes Verstehen**
Eine Person geht auf die Äußerungen des anderen nicht ein	Eine Person erfasst vollständig die vom anderen geäußerten gefühlsmäßigen Erlebnisinhalte und gefühlten Bedeutungen
Sie geht nicht auf die vom anderen ausgedrückten oder hinter seinem Verhalten stehenden gefühlsmäßigen Erlebnisinhalte ein	Sie wird gewahr, was die Äußerungen oder das Verhalten für das Selbst des anderen bedeuten
Sie versteht den anderen deutlich anders, als dieser sich selbst sieht	Sie versteht den anderen so, wie dieser sich im Augenblick selbst sieht
Sie geht von einem vorgefassten Bezugspunkt aus, der den des anderen völlig ausschließt	Sie teilt dem anderen das mit, was sie von seiner inneren Welt verstanden hat
Sie zeigt nicht einmal, dass ihr die vom anderen offen ausgedrückten Oberflächengefühle bewusst sind	Sie hilft dem anderen, die von ihm gefühlte Bedeutung dessen zu sehen, was er geäußert hat
Sie ist entfernt von dem, was der andere fühlt, denkt und sagt; sie bemüht sich nicht, die Welt mit den Augen des anderen zu sehen	Sie ist dem anderen in dem nahe, was dieser fühlt, denkt und sagt; sie zeigt in ihren Äußerungen und ihrem Verhalten das Ausmaß an, inwieweit sie die Welt des anderen mit seinen Augen sieht
Sie befasst sich nicht mit den vom anderen geäußerten gefühlsmäßigen Erlebnissen oder schmälert diese, indem sie bedeutsam geringere gefühlsmäßige Erlebnisinhalte des anderen anspricht	Sie drückt die vom anderen gefühlten Inhalte und Bedeutungen in tiefgreifenderer Weise aus, als dieser es selbst konnte
Ihre Handlungen und Maßnahmen sind nicht der inneren Welt des anderen angemessen, sie gehen an dem Fühlen und den inneren Bedürfnissen des anderen vorbei	Ihre Handlungen und Maßnahmen sind dem persönlichen Erleben des anderen angemessen

2.4.2 Bedingungsfreies Akzeptieren

Rogers führt als zweites wesentliches Merkmal das »vollständige und bedingungsfreie Akzeptieren« an. R. Tausch benennt dieses Merkmal in seinem klassischen Buch »Gesprächspsychotherapie« als »Positive Wertschätzung und emotionale Wärme« (Tausch/Tausch 1979). Es bedeutet, dass Therapeuten und Berater ihre Zuwendung zum Klienten nicht an Bedingungen knüpfen sollen. Der Klient kann so sein, wie er ist, und kann es wagen, seine eigentliche Person zu sein, ohne Einschränkung, Ablehnung oder Zweifel auf Seiten des Beraters zu erfahren. Rogers: »Je mehr ich den Einzelnen zu akzeptieren vermag, je mehr Zuneigung ich für ihn empfinde, desto leichter kann ich eine für ihn nützliche Beziehung schaffen. Akzeptieren heißt hier ein warmherziges Anerkennen dieses Individuums als Person von bedingungslosem Selbstwert – wertvoll, was auch immer seine Lage, sein Verhalten oder seine Gefühle sind. Das bedeutet Respekt und Zuneigung, eine Bereitschaft, ihn seine Gefühle auf seine Art haben zu lassen. Es bedeutet ein Annehmen seiner Gefühle, Rücksicht auf seine momentanen Einstellungen, gleichgültig wie negativ oder positiv sie sind, wie sehr sie Einstellungen, die er in der Vergangenheit gehabt hat, widersprechen. Das Akzeptieren jeden schillernden Aspekts dieses anderen Menschen lässt die Beziehung für ihn zu einer Beziehung der Wärme und Sicherheit werden. Die Sicherheit, als Mensch gemocht und geschätzt zu werden, ist anscheinend ein höchst wichtiges Element einer hilfreichen Beziehung.« (Rogers 1973, S. 47) Wie der Berater/Therapeut dies im konkreten Prozess verwirklicht und welche Folgen es hat, beschreibt Rogers so: »Es ist einer Veränderung förderlich, wenn der Therapeut eine warme, positive und akzeptierende Einstellung gegenüber dem, was im Klienten *ist,* einnimmt. Das schließt die echte Bereitwilligkeit des Therapeuten mit ein, es dem Klienten zu erlauben, jegliches Gefühl, das sich augenblicklich in ihm ereignet – Furcht, Verwirrung, Schmerz, Stolz, Zorn, Hass, Liebe, Wut oder Bewunderung – ganz zu sein. Das heißt, dass der Therapeut auf nichtpossessive Art und Weise am Klienten Anteil nimmt und bedeutet, dass er den Klienten auf eine totale, statt nur auf eine bedingte Art schätzt. Will sagen, dass er den Klienten nicht einfach dann akzeptiert, wenn dieser sich in bestimmter Weise benimmt, und ihn ablehnt, wenn er sich anders verhält. Es bedeutet ein entgegenkommendes, positives Gefühl, ohne Vorbehalte, ohne Bewertungen. Der Begriff, den wir dafür gefunden haben, ist »bedingungslose positive Zuwendung« (Rogers 1973, S. 75).

Entsprechend der umgekehrten therapeutischen Funktion, dass die therapeutischen Beziehungsmerkmale ein den schädigenden Beziehungsmerkmalen, die das Kind von den Eltern oder Bezugspersonen bekommen hat, umgekehrtes Verhältnis aufweisen, wird auch das Wort »unbedingt«, »bedingungslos« (unconditional) einsichtig: Eltern haben vielleicht ihr Kind nur angenommen, soweit es bestimmte Leistungen erbrachte, es nur geliebt, wenn sie zurückgeliebt wurden, oder es nur unterstützt, sofern es bestimmte erwünschte Verhaltensweisen zeigte. Der so frustrierte Wunsch des Kindes nach positiver Beachtung und die so gelernte Haltung einer verminderten Selbstachtung soll so – im besten Falle – aufgehoben und umgekehrt werden. Manchmal kann die Selbstachtung eines Menschen (zum Beispiel bei feindselig-autokratischem Erziehungsverhalten der Eltern) so weit herabgesetzt sein und einer rigiden negativen Selbstbeurteilung gewichen sein, dass eine klientenzentrierte Beratung oder Therapie diesen nicht mehr erreicht. Empirische Erhebungen scheinen dafür zu sprechen (s. Rogers 1973, S. 55 f.).

Aus den oben aufgeführten Zitaten von Carl Rogers geht hervor, dass »bedingungsfreies Akzeptieren« nicht nur das Tolerieren, Hinnehmen oder das Aushalten eines anderen Menschen meint, sondern vielmehr nach Rogers: eine Art »von Liebe für den Klienten, wie er ist, wobei wir für das Wort Liebe als Äqivalent zum theologischen Begriff ›agape‹ (Menschenliebe, Nächstenliebe, d.Verf.) verstehen wollen und nicht in seinem üblichen vermeintlichen und besitzergreifenden Sinne. Was ich hier beschreibe, ist ein Gefühl, welches nicht paternalistisch, noch sentimental, noch oberflächlich, sozial und angenehm ist. Es respektiert die andere Person als eigenes Individuum, und es will sie nicht besitzen. Es ist eine Art von Liebe, die Kraft in sich hat und die nicht verurteilend ist. Wir haben sie positive Wertschätzung genannt.« (Rogers in Tausch/Tausch 1979, S. 112)

Mehr noch als das Merkmal »Empathisches Verstehen« ist dieses Merkmal weniger von Sensibilisierungsprozessen, Übungen und Aufmerksamkeitstraining abhängig, sondern von der Summe aller Einstellungen, die ein Berater/Therapeut von anderen erfahren hat und die er sich selbst gegenüber hegt. Wenn jemand selbst diese Qualitäten nie von anderen Personen kennen gelernt hat, wird er nur schwer in der Lage sein, diese vorbehaltlose Einstellung in seinen Beratungsgesprächen aufzubringen. Wenn jemand mit sich selbst hadert, hadert er auch mit seiner Umgebung und ihrer scheinbaren Unzulänglichkeit. Wie soll ein Berater diese Grundeinstellung also aufbringen und in seiner Beratung verwirklichen?

Zunächst ist einmal wichtig, dass für Rogers selbst dieses Merkmal, das ihm wohl in seiner Biografie als »Nächstenliebe« in einem starren protestantischen Erziehungsmilieu nahe gebracht wurde, ein ideales und selten erreichtes Maß einnimmt. Er selbst sagt: »Diese Phrase mag unglücklich sein, weil sie so absolut klingt, wie ein Alles-oder-Nichts. Es ist wahrscheinlich aus der Beschreibung klar, dass vollkommene bedingungslose positive Achtung nie – außer in der Theorie – existieren würde.« Es ist wohl so, » dass der wirkungsvolle Therapeut bedingungslose positive Achtung für den Klienten während vieler Momente seines Kontaktes mit ihm spürt, doch von Zeit zu Zeit spürt er nur bedingte positive Achtung – und vielleicht zuzeiten negative Einschätzungen, obwohl das in effektiver Therapie nicht wahrscheinlich ist. In diesem Sinne existiert positive Achtung stufenweise in jeder Beziehung.« (Rogers, in Tausch/Tausch 1979, S. 113)

Es ist wohl einmal wichtig zu wissen, dass es sich bei dieser Einstellung um ein Ideal handelt und dass ein ausreichendes Maß an Toleranz und Wertschätzung immer noch therapeutische Veränderungen möglich macht. Oft erlebe ich lernende Therapeuten und Berater, die diese Wertschätzung durch eine erzwungene Freundlichkeit herstellen oder die unter ständigem Druck stehen, alles was der Klient macht, hinzunehmen und entgegenstehende Gefühle bei sich ausblenden. Wie kann man aber in den Zustand gelangen, dem Klienten eine mindestens ausreichende Wertschätzung seiner Person zukommen zu lassen?

Ich meine, dass das Merkmal »bedingungsfreies Akzeptieren« konstitutionelle und prozessuale Aspekte aufweist. Die konstitutionellen Aspekte sind eng mit der Biografie des Beraters verbunden: Mit seiner Art, anerkannt zu sein und mit der Befriedigung seines Bedürfnisses nach Selbstannahme. Große Störbarkeit ist dann – soweit dies sich in negativen Erfahrungen als Therapeut und Berater zeigt – entweder durch eine eigene Therapie, durch eigentherapeutische Erfahrungen oder durch eine länger währende begleitende Supervision zu beheben.

Die prozessualen Aspekte, das heißt die Haltungen von Nicht-Akzeptanz, die sich aus dem Prozess der Zusammenarbeit ergeben, können durch folgende Vorrichtungen beeinflusst werden:

- Eine Vielzahl ablehnender und kritisierender Einstellungen ergibt sich aus mangelhafter Kenntnis der Bedingungen und Hintergründe der Probleme des Klienten. Hinter Trotz, Auflehnung, Skepsis und Arroganz stecken sehr oft eine tiefe Verwundbarkeit und Hilflosigkeit des Klienten. Mehr Wissen und mehr empathisches Verstehen führt dann auch zu mehr Akzeptieren von Aspekten, die vom Berater vorschnell abgewertet wurden.
- Klienten werden oft wegen bestimmter Taten (z.B. Misshandlung, Gewalttätigkeit, arrogantes Verhalten) vom Berater abgelehnt. Taten, die dieser aber allzu oft bei sich selbst ablehnt, als fremd und nicht zu ihm gehörig wahrnimmt und als veränderungsbedürftig beurteilt. Oft verursachen derartige Verhaltensweisen für ihn selbst ein erhebliches Maß an Leidensdruck. Diese Sichtweise befähigt den Berater sicher eher zu einem »Bündnis mit der eigentlichen Person« und macht es ihm leichter, den Klienten zu akzeptieren.
- Zu den prozessualen Aspekten mangelnder Akzeptanz gehören aber auch unterlassene Beziehungsklärungen von Berater und Klient. Wenn sich beide, Klient und Therapeut, fassadenfreier und verletzbarer öffnen konnten und diese Bedingungen auch austragen konnten, ergeben sich viele Chancen, den jeweils anderen in anderem »Licht« zu sehen, ihn anders annehmen zu können und mit ihm anders umgehen zu können.

Schließlich gibt es auch einen – unabhängig von der eigenen Selbstwert-Entwicklung – zwingenden äußeren Grund, der die Fähigkeit zum Verständnis und zu einem Mindestmaß an Wertschätzung einengen kann. Klienten kommen oft aus unterschiedlichsten »Welten« (s. Pluralisierung von Wertvorstellungen, Jugendkulte und Sekten, unterschiedliches Milieu, interkulturelle Verschiedenheiten). Die Akzeptanz so unterschiedlicher Lebensperspektiven und Lebensentwürfe, die Wahrnehmung so vieler entscheidender Details aus der Lebenssituation des Klienten kann in Konflikt mit der Begrenztheit der Perspektiven und der wertbestimmten Ausrichtung des Beraters kommen. Die *Feldkompetenz* (Wissen und Erfahrung von den Bedingungen und Entstehungsursachen im sozialen Feld einer bestimmten Gruppe, s. Belardi 1996, S. 57) kann beim Berater bei einer bestimmten Gruppe von Klienten so gering sein, dass von vornherein möglicherweise eine Beratung wegen Unvereinbarkeit nicht sinnvoll wird. Um ein möglichst hinreichendes Maß an Akzeptanz zu garantieren, kann eventuell die Arbeit mit einem auf diesem Gebiet besser spezialisierten Mitarbeiter oder Kollegen angeraten werden.

Abschließend soll noch einmal anhand einer Übersichtstabelle von Tausch/Tausch (1979, S. 68) auf die Einzelmerkmale dieses Konzepts »Wertschätzung« eingegangen werden:

Achten – Wärme – Sorgen einer helfenden Person gegenüber einem anderen	
Missachtung – Kälte – Härte	**Achten – Wärme – Sorgen**
Eine Person empfindet Geringschätzung und Missachtung für den anderen, sie missbilligt seine Art des Fühlens und Erlebens, sie urteilt ihn nach ihren eigenen Wertmaßstäben ab	Eine Person empfindet Achtung und Wertschätzung für den anderen, sie akzeptiert seine Art des Fühlens und Erlebens, auch wenn diese gegensätzlich zu ihren eigenen Wertmaßstäben sind
Sie ist gegenüber dem anderen abweisend, sie lehnt ihn ab, wertet ihn ab, sie missbraucht ihn, nutzt ihn aus	Sie nimmt Anteil an ihm, sie beachtet ihn, lässt ihn gelten, anerkennt ihn, sie lässt ihn erfahren, dass er willkommen ist, sie ist ihm zugeneigt
Sie geht mit ihm unfreundlich, herzlos um, sie ist ihm gegenüber unnachsichtig, sie demütigt ihn	Sie geht mit ihm freundlich, herzlich um, sie ist nachsichtig ihm gegenüber
Sie behandelt ihn grob, verächtlich, lieblos, sie geht mit ihm sorglos um	Sie behandelt ihn rücksichtsvoll, liebevoll, sie ist sorgend um ihn bemüht
Sie entmutigt ihn	Sie ermutigt ihn, sie behandelt ihn wohlwollend
Sie misstraut ihm	Sie vertraut ihm
Sie ist passiv und gleichgültig, reagiert mechnanisch, lässt den anderen fallen, flößt ihm Angst ein, verletzt ihn, droht ihm	Sie hält zu ihm, sie steht ihm bei, sie beschützt ihn, sie umsorgt ihn, sie hilft ihm, sie tröstet ihn, sie sorgt dafür, dass er sich wohl fühlt
Sie ist ihm gegenüber distanziert, sie verschließt sich ihm, gibt nichts Persönliches von sich preis	Sie ist ihm nahe, sie öffnet sich ihm gegenüber, gibt Persönliches von sich preis

2.4.3 Echtheit (Kongruenz)

Diese Bedingung ist von eigentlicher Bedeutung für eine effektive Beratung und Therapie, da diese auch festschreibt, inwieweit einfühlendes Verstehen oder Akzeptanz auch wirklich so gemeint waren oder ob sie mehr oder weniger »technisch« hergestellt wurden. Die Bedingung »Echtheit, Transparenz, Kongruenz« hat in der klientenzentrierten Therapie eine zunehmende Bedeutung erfahren – nicht zuletzt im Zusammenhang mit den Erfahrungen, die Carl Rogers mit Gruppen, Großgruppen und Organisationen machte (Rogers 1977; s. auch Pavels »Phaseneinteilung« der Entwicklung des klientenzentrierten Konzepts, 1978, S. 15ff.).

Dabei beschreibt der Begriff »Kongruenz« im Sinne von Übereinstimmung, Deckungsgleichheit die wirkliche Bedeutung: Das Innere des Beraters soll mit dem übereinstimmen und deckungsgleich sein, was er äußerlich sagt, tut oder ausdrückt.

Rogers formuliert es so, dass »der Therapeut in der Beziehung zu seinem Klienten er selbst ist, ohne sich hinter einer Fassade oder Maske zu verstecken, ... dass der Therapeut sich dessen, was er erlebt oder leibhaft empfindet, deutlich gewahr wird und dass ihm diese Empfindungen verfügbar sind, sodass er sie dem Klienten mitzuteilen vermag, wenn es angemessen ist« (Rogers 1977, S. 30f.). Das heißt, der Therapeut/Berater bringt »seine Gefühle und Erfahrungen ... durch sein Erleben in die Beziehung zum Klienten ein« (Rogers 1977, S. 31). Die Beziehung wird zu einer direkten Begegnung von Person zu Person.

Die Echtheit des Therapeuten/Beraters setzt Folgendes voraus:
- Der Berater ist *selbstkongruent:* Er nimmt sein inneres Erleben, seine Gefühle und Empfindungen, die im Prozess der Therapie aufkommen, vollständig wahr.
- Er ist in der Lage, diese inneren Erlebensinhalte wahrzunehmen und unverzerrt auszudrücken. Er spielt nicht etwa die Rolle des kompetenten, wissenden Fachmannes, wenn er es nicht ist und wenn er auch im Moment nicht so fühlt. Er gibt kein falsches Interesse vor und spielt auch nicht den verständnisvollen Helfer.
- Er ist zu einer bedingten Selbstöffnung bereit und auch in der Lage. Er kann seine innere Welt ausdrücken und damit auch zum Vorbild für den Klienten werden. Die abgrenzende Bedingung liegt aber auch darin, dass nicht »der Therapeut den Klienten mit all seinen Problemen oder Empfindungen belasten soll« (Rogers 1977, S. 32). Seine Selbstmitteilungen sollen in erster Linie dem Selbstentfaltungsprozess des Klienten dienen.

Es wäre falsch, hier nur von einer *selektiven Authentizität* im Sinne von Ruth Cohn zu sprechen (Portele in Völker 1980, S. 76f.). Der Berater spaltet nicht etwa wichtige Erlebensinhalte gegenüber dem Klienten ab, sondern ist in dem Merkmal, das für ihn höchste Priorität hat (der Hilfe für den Klienten), unbedingt authentisch.

Wie kommt man dahin, dem Klienten Bedingungen zu bieten, die von ihm als echt und offen erlebt werden? Schon diese Fragestellung verbietet sich, da Echtheit nicht im Schein definiert werden kann und auch nicht (auf die vielleicht fehlerhafte Annahme) durch den Klienten bestimmt werden kann. Echtheit *ist* etwas und kann nicht erst künstlich hergestellt werden. Sie basiert auf einem Wunsch und einer Risikobereitschaft des Beraters und ist keine plan- und machbare Technik. Besser ist also die Frage, durch welche Bedingungen es wahrscheinlicher ist, dass ein Berater/Therapeut kongruent ist. Hierzu versuchsweise einige Antworten:

- **Risikobereitschaft:** Der Berater/Therapeut kann so berührt sein, dass er seinen Tränen freien Lauf lässt angesichts einer bestimmten Lebenssituation seines Klienten. Er könnte damit viel riskieren: die (möglicherweise verzerrte) Wahrnehmung von Inkompetenz und Hilflosigkeit seitens des Klienten, das Sich-Verlieren in eigene emotionale Problembereiche, jede Art von Missdeutung auf Seiten des Klienten. Oft ist in einem solchen Fall die Intuition und das gesamtkörperliche Gefühl »weiser« als Verstand und noch so ausgefeilte Überlegungen. Auf jeden Fall gehört ein großes Maß an Risikobereitschaft dazu, sich einer solch unberechenbaren Situation auszusetzen.

- **Anteilnahme und Interesse am Klienten:** Der Klient gewinnt eine auch für die Bewältigung der eigenen Erlebenssituation große Bedeutung. Er ist nicht hilfsbedürftiger Partner in einer helfenden Rollensituation, sondern lebenswichtiger, gleichrangiger Interaktionspartner. So kann auch Echtheit in Form von negativen oder positiven Äußerungen zumindest die Position des Klienten als die eines wichtigen Partners sein.
- **Fähigkeit und Bereitschaft zur Erfahrung von Hilflosigkeit:** Neben der Bereitschaft zu einem risikoreichen, aktiven Verhalten ist gleichzeitig die Bereitschaft und Fähigkeit zur Erfahrung von Hilflosigkeit vonnöten. Die Möglichkeit der Erfahrung von tiefem Schmerz, aber auch inniger Freude seitens des Beraters ist offensichtlich Voraussetzung für eine tiefe Selbsteinbringung des Beraters im Sinne von Echtheit, wobei in der Regel das Paradox eintritt, dass diese Bereitschaft, wenn sie wirklich da ist, sich in Stärke verwandelt, da sie von innerer Anteilnahme getragen ist. Hierfür lassen sich viele Beispiele finden.
- **Das Gefühl des Getrennt-Seins, des Abgesondert- und Allein-Seins:** Rogers beschreibt dies so: »Kann ich als Mensch stark genug sein, um mich neben dem anderen zu behaupten? Kann ich meine eigenen Gefühle, meine eigenen Bedürfnisse genauso wie seine voll respektieren? Und kann ich unterscheiden: Das sind seine Gefühle, das meine – kann ich meine Gefühle richtig artikulieren? Bin ich stark genug, in meinem eigenen Gesondert-Sein, um mich nicht von seiner Depression niederschlagen, von seiner Furcht beängstigen, noch von seiner Abhängigkeit verschlingen zu lassen? … Wenn ich diese Stärke, ein besonderer Mensch zu sein, ungeniert empfinden kann, dann, so glaube ich, kann ich es mir erlauben, viel weiter … ihm gegenüberzugehen. Dann habe ich keine Angst, mich selbst zu verlieren.« (Rogers 1973, S. 66f.)

Abschließend sind noch einmal anhand einer Übersichtstabelle (s. S. 65) von Tausch/Tausch (1979, S. 88) wichtige Einzelmerkmale des Konzeptes »Echtheit« dargestellt.

2.5 Zusammenhang der Beziehungsmerkmale Empathie, Akzeptanz und Echtheit

2.5.1 Empathie und Akzeptanz

Der Zusammenhang dieser Beziehungsmerkmale ist – aus der Praxis heraus – eindeutig: Man kann nur jemanden verstehen, wenn man ihn auch akzeptiert, das heißt, unvoreingenommen wahrnimmt. Wiederum kann sich die Wirkung einfühlenden Verstehens und wertschätzenden Akzeptierens nur dann erweisen, wenn der Berater dies auch wirklich so meint, das heißt, wenn er wirklich echt dabei ist. Der Zusam-

Echtsein einer helfenden Person gegenüber einem anderen	
Unechtsein – Fassadenhaftigkeit	**Echtsein – Ohne-Fassade-Sein**
Eine Person drückt Gegensätzliches zu dem aus, was sie fühlt und denkt	Die Äußerungen einer Person entsprechen ihrem Fühlen und Denken
Sie gibt sich anders, als sie wirklich ist	Sie gibt sich so, wie sie wirklich ist
Sie verhält sich gekünstelt, mechanisch, spielt eine Rolle	Sie verhält sich ungekünstelt, natürlich, spielt keine Rolle
Sie gibt sich amtlich, professionell, routinemäßig	Sie ist ohne professionelles, routinemäßiges Gehabe
Sie lebt hinter einer Fassade, hinter einem Panzer	Sie ist sie selbst, sie lebt ohne Fassade und Panzer
Sie zeigt häufig ein stereotypes Verhalten in Gesten und Worten	Sie verhält sich in individueller, origineller, vielfältiger Weise
Ihr ist nicht vertraut, was in ihr vorgeht, und sie setzt sich nicht damit auseinander	Sie ist vertraut mit dem, was in ihr vorgeht, und setzt sich damit auseinander
Sie täuscht andere, sie heuchelt	Sie ist aufrichtig und heuchelt nicht
Sie ist unehrlich sich selbst gegenüber, macht sich etwas vor, vermeidet sie selbst zu sein	Sie ist ehrlich sich selbst gegenüber, macht sich nichts vor, ist bereit, das zu sein, was sie ist
Äußerungen, Handlungen, Mimik und Gestik dienen der Verteidigung, der Fassade, damit der andere ihr wirkliches Ich nicht kennen lernt	Sie offenbart sich anderen und gibt sich mit ihrem Ich zu erkennen, sie verleugnet sich nicht
Sie ist undurchschaubar	Sie ist durchschaubar
Sie drückt keine tiefen gefühlsmäßigen Erlebnisse aus	Sie drückt tiefe gefühlsmäßige Erlebnisse aus

menhang dieser Merkmale wurde verschiedentlich auch auf dem Wege von Korrelationen empirisch untersucht. Dabei wurden die drei Merkmale durch Skalen erfasst, die die verschiedenen Abstufungen und Ausprägungen sprachlich beschreiben. Die Skalenkonzepte sind in der einschlägigen Literatur hinreichend beschrieben (z.B. Tausch/Tausch 1991, S. 96ff.). Nach eigenen Untersuchungen und empirischen Befunden (Sander 1971/1973/1974) stehen die Merkmale in einem signifikant positiven Zusammenhang. Dies gilt sowohl für die Skalen, die von verschiedenen objektiven Beurteilern als unbeeinflusste Personen vom Tonband her beurteilt werden, aber auch für die Merkmale, wenn sie in Fragebogenform vom Klienten selbst beurteilt werden: Hier sind die Zusammenhänge noch dichter. Dabei kann hier nur entschieden werden, dass ein Zusammenhang besteht, nicht aber, welche mögliche Kausalität vorliegt. Also bewirkt bedingungsfreies Akzeptieren ein besseres Verstehen oder versetzt mich ein besseres Verstehen auch in die Lage, den Klienten besser annehmen zu können – etwa dadurch, dass durch mehr Information und Kenntnisse der Person meine Vorurteile und Vorbehalte ihr gegenüber verschwinden. Rogers beschreibt den Zusammenhang ähnlich: »Akzeptieren bedeutet wenig, solange es nicht Verstehen enthält. Erst wenn ich die Gefühle und Gedanken verstehe, die ihnen so furchtbar oder so schwach ... erscheinen – erst wenn ich sie mit ihren Augen sehe und die Gefühle und sie akzeptiere, fühlen sie sich wirklich frei, all die verborgenen Winkel und ängstlich gemiedenen Nischen ihrer inneren und oft begrabenen Erfahrung zu erforschen. Diese Freiheit ist eine wichtige Bedingung der Beziehung.« (Rogers 1979, S. 49)

Auch Biermann-Ratjen u.a. betonen, dass die unbedingte Wertschätzung davon abhängig ist, wie weit er (der Therapeut) seinen Klienten versteht, und dass sie nur dann therapeutisch wirksam ist, wenn sie von Verstehen begleitet ist (Biermann-Ratjen u.a. 1979, S. 21). Der Zusammenhang zwischen diesen beiden Variablen liegt daher *in* dem Therapeuten. Oft kommt es allerdings dazu, dass Klienten Gefühle oder Werthaltungen äußern, die wiederum im Therapeuten Gefühle auslösen, z.B. Angst oder Ablehnung, mit der Folge, dass der Therapeut das Ausmaß seiner Wertschätzung und Akzeptanz nicht aufrechterhalten kann. Er ist eingeengt in den Möglichkeiten, den Klienten zu verstehen. Biermann-Ratjen u.a. sprechen dem Merkmal der »unbedingten Wertschätzung« eine Art Kontrollbedingung zu: Die Verminderung stellt eine Art Signal dar, den Klienten nicht richtig verstanden zu haben. Oder aber: Der Klient spricht über Themen und Fragestellungen, innerhalb derer der Therapeut sie nicht verstanden hat. Verminderte Wertschätzung und Akzeptanz heißt für sie immer auch »getrübtes« Verständnis. Dennoch scheint es meines Erachtens etwas rigoros, vermindertes Verstehen immer als Anzeichen eines verminderten Selbstverstehens zu interpretieren: Vermindertes Verstehen kann auch – ohne dass der Berater/Therapeut persönliche »Trübungen« aufweisen muss – Ausdruck der Fremdheit, Vielfältigkeit und Unterschiedlichkeit von Lebenswelten der Klienten sein, die ihn überfordern und für ihn nicht ausreichend vorstellbar sind. Positiv ausgedrückt liegt für Biermann-Ratjen im Schwanken oder teilweisen Rückgang von »unbedingter Wertschätzung« seitens des Therapeuten die Chance, die Beziehung neu in Frage zu stellen und die persönlichen Anteile zu klären. Zum Beispiel identifiziere ich mich zu viel mit dem Klienten, werden eigene unklare Problemthemen berührt, setze ich mich zu wenig mit diesen auseinander usw. (s. Biermann-Ratjen u.a. 1979, S. 25).

Auch einen anderen Aspekt spricht Biermann-Ratjen u.a. an: Ein hohes Maß an »unbedingter Wertschätzung« in den Anfangskontakten kann beim Klienten zur Verwirrung führen, wenn sie sich nicht nur auf das bezieht, was der Klient gerade sagt. Da der Klient eine derartige Würdigung mit seinem (noch) negativen Selbstbild nicht in Einklang bringen kann, kommt es bei ihm eher zu Verwirrung und Rückzug und nicht unbedingt zu einer Korrektur seines negativen Selbstbildes. Der Therapeut soll gewissermaßen eine »engere« Form von Wertschätzung praktizieren. Er soll sich an das halten, »was er auf dem Wege der Empathie über den inneren Bezugsrahmen des Klienten versteht ... nicht das, was er selbst fühlt. Das wäre auch eine Ablenkung des Klienten von seinem Selbstempathieprozess, der den eigentlichen therapeutischen Prozess ausmacht.« (Biermann-Ratjen u.a. 1979, S. 27)

Zusammengefasst kann man sagen, dass das absolute Niveau an Wertschätzung gar nicht unbedingt immer therapeutisch nützlich sein muss, sondern dass die Verwirklichung von Wertschätzung an die Aufnahmefähigkeit des Klienten gebunden ist. Biermann-Ratjen: »Es ist wichtiger, dass der Therapeut wertschätzend verdeutlichen kann, wie viel geäußerte Wertschätzung ein Klient aushalten kann, als sich unabhängig vom Klienten dauernd um die Äußerung unbedingter Wertschätzung zu bemühen.« (Biermann-Ratjen u.a. 1979, S. 27) Die unbedingte Wertschätzung ist für obige Autoren keine dauerhafte Haltung des Therapeuten, sondern eine »anzustrebende Haltung gegenüber konkreten selbstexplorativen Äußerungen eines Klienten in einer konkreten Therapiesituation innerhalb einer therapeutischen Beziehung« (Biermann-Ratjen 1979, S. 27).

2.5.2 Kongruenz und bedingungslose Akzeptanz/Empathie

Biermann-Ratjen hebt zunächst einmal hervor, Kongruenz nicht als eine »Input-Variable« zu sehen, als eine Bedingung, die der Therapeut willkürlich einführt, um dann – nach dem Muster der Lerntheorien – beim Klienten entsprechende Effekte zu erzielen (s. Definition von Tausch in den früheren Auflagen seiner »Gesprächspsychotherapie«, wo lerntheoretische Begriffe wie »Konditionierungsprozesse« oder »reziproke Effekte« zur Erklärung des Beziehungsgeschehens herangezogen werden). Die Beseitigung von inkongruentem Erleben des Therapeuten ist jedoch für diese Autoren die Voraussetzung, um unbedingte Wertschätzung zeigen zu können. Sie kommen jedoch zu einer engeren Fassung des Kongruenzerlebens: Es liegt dann vor, wenn der Therapeut sich aller Gefühle, die der Klient in ihm auslöst bewusst werden kann, *ohne* durch diese Gefühle in der Förderung des Selbstempathieprozesses (der Selbstexploration) gestört zu werden. Kritisch muss hier angemerkt werden, dass sich der Echtheitsbegriff in seiner Wirkung zeigt (ob Selbstexploration weiter ungestört verläuft) und nicht in den Erlebenskomponenten des Therapeuten. Ein Therapeut kann demnach als echt bezeichnet werden, obwohl er in seinem Erleben unstimmig ist und fassadenhaftes Verhalten an den Tag legt, solange der Klient nur nichts von dem merkt und in seinem Selbstexplorationsprozess ungestört fortfährt. Mit anderen Worten »muss ein kongruenter Therapeut seinen Klienten nicht mit dem beschäftigen, was er, der Therapeut, wirklich über ihn denkt, sondern er kann sich seine emotionalen Reaktionen auf den Klienten jederzeit bewusst machen und sie damit zum Verstehen des Klienten benutzen, mit dem Effekt, dass der Klient sich weiterhin mit seinen eigenen Gefühlen und deren Bedeutungen befassen kann« (Biermann-Ratjen 1979, S. 30).

Lietar (1988, S. 54) sieht eine große Nähe von Akzeptanz und Kongruenz. Beides sind nämlich Korrelate der »Offenheit«. Offenheit auf mich selbst bezogen bedeutet Echtheit und Offenheit nach außen und mündet in bedingungsloses Akzeptieren des anderen. »In dem Maße, indem ich mich selbst akzeptiere, bei allem, was in mir aufsteigt, ruhig anwesend sein kann, ohne Angst oder Abwehr, kann ich auch für alles, was in meinem Klienten lebt, umso mehr empfänglich sein.« (Lietar 1988, S. 54) Lerntheoretiker und Verhaltenstherapeuten zweifeln das Merkmal »Bedingungslosigkeit« an, da Menschen nicht chaotisch, sondern zielgerichtet und selektiv sich aufeinander beziehen. Zwischen der klassisch klientenzentrierten Position und der Lerntheorie will Lietar nun vermitteln. Er unterscheidet »Erleben« von »Verhalten« als Unterschied zwischen Fantasien, Gefühlen, Gedanken und Wünschen des Klienten und dessen tatsächlichen Handlungen. Da der klientenzentrierte Therapeut alle Gedanken und Erlebensvorgänge in der Therapie annimmt – er kann z. B. offen sein, ohne verurteilt zu werden –, lässt sich nach Lietar hier beschreiben, dass es sich um eine Art unsystematischer Desensibilisierung in klientenzentriertem Sinne handelt. Der Therapeut verstärkt unbedingt den Ausdruck problematischen inneren Erlebens. Er akzeptiert auch das Verhalten des Klienten, kann dies jedoch nur unter der Bedingung, dass er mit dem Verhalten (als in der Therapie befindlich) nicht direkt konfrontiert und verwickelt ist. Das bedingungsfreie Annehmen samt der von Klienten oft idealisierten Beziehung ist nach Lietar nur eine Folge der Begrenzung der Therapiesituation. Das Erleben einer therapeutischen Beziehung ist ihm zufolge minder schwer wie das Erleben einer Lebensbeziehung. Der Therapeut soll – nach derartigen Idealisierungen – nicht versäumen, dem Klienten diesen Unterschied klarzumachen (Lietar 1988, S. 56). Das Merkmal »unbedingte Akzeptanz« wird demnach als Haltung reduziert, die nicht allein nur eine Einstellungsvariable des Therapeuten ist, sondern die durch die Besonderheit des therapeutischen Settings zu Stande kommt. Das Gleiche gilt demnach für das Merkmal Kongruenz.

2.6 Der personzentrierte Prozess

Die im vorigen Kapitel beschriebenen Beziehungsmerkmale des Therapeuten Empathie, Akzeptanz und Kongruenz können nur dann wirksam werden, wenn sie ausgedrückt und wahrnehmbar verwirklicht werden. Sachse (1992, S. 32ff.) stellt die Variablen zu Recht unter den Begriff der Handlung. Der Berater muss nicht für sich Einstellungen wie »Wertschätzung« oder »Offenheit« entwickeln, sondern er muss sie auch mitteilen können, damit sie von den Klienten wahrgenommen werden. Die neuere Kommunikationstheorie hat die Grundsätze und Bedingungen von Kommunikation und ihrer Wirkungsweise hinreichend dargestellt (Watzlawick 1968; Schulz von Thun 1989). Eine Mitteilung muss zunächst angemessen verschlüsselt werden und vom Empfänger auch wieder sinnvoll entschlüsselt werden, damit eine Mitteilung (und dies kann auch Handeln sein) den Empfänger auch entsprechend erreicht. Damit der Klient das therapeutische Beziehungsangebot auch wahrnehmen und annehmen kann, ist es nötig, dass der Therapeut seine Einstellung von Akzeptanz, Empathie und Echtheit deutlich und eindeutig vermittelt. Abstrakte, umständliche Erklärungen, unpersönliche Formulierungen in der »man«-Form, unklare Blickrichtung und fehlende Eindeutigkeit der Mimik, Gestik und Bewegung machen es für den Klienten schwer, dessen Verhalten und Einstellungen richtig zu deuten. Gerade die analog kodierten Zeichen im nichtverbalen Bereich signalisieren dem Klienten am ehesten, was der Berater auf der *Beziehungsebene* ausdrückt, mehr als hundert entgegenstehende *inhaltliche Äußerungen.* Auch wenn der Berater seine Haltungen und Einstellungen, sein Bemühen um Verstehen angemessen deutlich macht, kann es doch sein, dass der Klient diese Botschaften so nicht wahrnimmt, weil sie zu seinem gewohnten Bild seiner Person so nicht passen. Er hat unter Umständen Schwierigkeiten, das hohe Maß an Wertschätzung anzunehmen, das ihm der Therapeut entgegenbringt, weil es nicht zu seiner Selbstsicht passt. Jugendliche Klienten zum Beispiel, die einer aggressionsgeladenen Umgebung und fehlenden elterlichen Zuwendungen in der Erziehung entstammen, werden möglicherweise Zuwendung als besonders raffinierten Trick einordnen, sich jemanden für seine Zwecke zu unterwerfen. Psychotiker mit paranoiden Wahrnehmungsverzerrungen werden das positive Beziehungsangebot im Sinne ihres Wahnsystems umdeuten und als gefährlich und gegen sie gerichtet einordnen.

Ganz allgemein gilt immer, dass sich zwei Menschen mit sehr unterschiedlichen biografischen Merkmalen besonders um Verständnis bemühen müssen. Alterhoff (1994, S. 153) weist besonders auf Verständnisstörungen hin, die sich auf Grund der unterschiedlichen »individuellen Sozialgeschichte, ihrem sprachlichen Verständnis und Ausdruck, ihrem Alter, ihrem Geschlecht und anderen Merkmalen« ergeben.

Die wichtigsten Prozessbedingungen des Klienten werden in dessen Selbstöffnung, seiner Selbstexploration und einem konstruktiven Verlauf eines Prozesskontinuums gesehen. Mit allen drei Begriffen und Bedingungen hat sich der personzentrierte Ansatz in Theorie, empirischer Erhebung und Praxis ausführlich beschäftigt. Daher einige wichtige Erläuterungen.

Selbstöffnung ist die Voraussetzung zur Selbstexploration. Tausch/Tausch beschreiben es so (1990, S. 119): »Eine Person offenbart einer anderen wesentliche Teile ihres Selbst. Sie sagt Wesentliches davon, was sie fühlt und empfindet ... sie gibt dem anderen Einblick in ihre innere Erlebenswelt.« Während bei der Selbstöffnung das Kommunizieren über sich und die persönlichen Mitteilungen an andere im Vordergrund stehen, geht es bei der *Selbstexploration* mehr darum, sich mit den Bedeutungen der Gefühle und der inneren und äußeren Vorgänge aktiv auseinander zu setzen. Auch hier eine Definition von Tausch/Tausch (1990, S. 138):

»Der Klient setzt sich mit seinen bedeutsamen, gefühlsmäßigen Erfahrungen und Erlebnissen, mit seinem gegenwärtigen Fühlen, mit seinem Selbst, mit den Wahrnehmungen, wie er sich sieht, wie andere ihn sehen, wie er sein will, mit seinen Wünschen und Vorstellungen auseinander.« Hinzu kommt auch, dass sich die Person mit negativen Anteilen ihres Selbst auseinander setzt und nach neuen Erfahrungen und Perspektiven im inneren Erleben sucht. Bei hoher Selbstexploration versucht der Klient, Erfahrungen und Gefühle zu klären, er versucht offen zu sein für das, was er selbst erlebt, und prüft dies an eigenen Erfahrungen. Von außen kommende Bewertungen und Urteile treten zurück, und der Klient geht von seinem Selbst als wichtigster Bewertungsinstanz aus.

Voraussetzung für einen solchen Prozess in Richtung höherer Selbstexploration ist einmal die Verwirklichung eines positiven Beziehungsangebotes mit den drei Grundhaltungen. Vorsichtige, in Akzeptanz und Empathie eingebettete Fragen, aber auch das behutsame Anbieten von Gefühlsbedeutungen können weitere Möglichkeiten sein, die Selbstexploration des Klienten zu fördern. Auch das Anbieten der eigenen Wahrnehmung und eigener Gefühle kann förderlich sein, weil der Klient durch die Wahrnehmung anderer die Möglichkeit hat, sich mit diesen zu vergleichen und zu differenzieren sowie abzuwägen.

Truax/Carkhuff (1967, S. 327) haben zu Beginn der Ära empirischer Therapieforschung dieses Konzept »Selbstexploration« in einer Skala erfasst. Eine Kurzfassung dieser Skala veranschaulichen Biermann-Ratjen u.a. (1979, S. 19):

Skala »Selbstexploration«	
Stufe 1	Der Klient sagt nichts über sich selbst, weder über sein Verhalten noch über sein inneres Erleben. Er spricht ausschließlich über Tatbestände, die unabhängig von seiner Person sind
Stufe 2	Der Klient berichtet nichts über sich selbst, weder über sein Verhalten noch über sein Erleben. Er erzählt jedoch von Personen und Sachen, die zu ihm in einer Beziehung stehen
Stufe 3	Der Klient berichtet von äußeren Vorgängen *und* auch von seinem eigenen Verhalten, jedoch ohne von seinen spezifisch persönlichen inneren Erlebnissen zu sprechen, die dazu in Verbindung stehen
Stufe 4	Der Klient berichtet von äußeren Vorgängen und auch von seinem eigenen Verhalten, jedoch ohne von spezifisch persönlichen inneren Erlebnissen zu sprechen, die im Zusammenhang damit stehen. Man kann jedoch annehmen, dass das Berichtete für ihn mit Gefühlen verbunden oder für ihn von ziemlicher Bedeutung ist
Stufe 5	Der Klient berichtet über sein eigenes Verhalten oder äußere Vorgänge und über die spezifisch inneren Erlebnisse, die dazu in Beziehung stehen. Der überwiegende Teil der Aussage besteht in der Schilderung seines Verhaltens oder äußerer Ereignisse. Seine spezifisch persönlichen inneren Erlebnisse werden nur kurz erwähnt
Stufe 6	Der Klient berichtet über sein eigenes Verhalten oder äußere Vorgänge *und* über seine spezifisch persönlichen inneren Erlebnisse, die dazu in Beziehung stehen. Der Inhalt der Aussage besteht überwiegend aus der Schilderung seiner inneren Erlebnisse
Stufe 7	Der Klient berichtet überwiegend von seinen spezifisch persönlichen inneren Erlebnissen. Zusätzlich ist ein Ansatz zu erkennen, seine inneren Erlebnisse weiter zu klären: etwa sie in neuen Zusammenhängen zu sehen, zu fragen, woher etwas kommt, Widersprüche zu sehen
Stufe 8	Der Klient schildert ausführlich seine spezifisch persönlichen inneren Erlebnisse. Das Suchen nach neuen Aspekten und Zusammenhängen in seinem inneren Erleben kommt sehr deutlich zum Ausdruck
Stufe 9	Der Klient schildert ausführlich seine spezifisch inneren Erlebnisse. Es wird deutlich, dass er neue Aspekte und Zusammenhänge in seinem Erleben findet
(Truax/Carkhuff 1967)	

Man kann die Stufen dieser Skala so zusammenfassen: 1 und 2 betreffen den Bericht über andere Personen und Dinge; 3 und 4 bezieht sich auf eigenes äußeres Verhalten. 5 und 6 wiederum beschreiben eigenes Verhalten und Gefühle 150 in ansteigendem Verhältnis. 7, 8 und 9 sind Stufen, in denen – über den Gefühlsausdruck hinweg – neue Zusammenhänge und Klärungsansätze berichtet werden.

Beispiel (Tausch 1989, S. 244ff.) für **Stufe 2:**
Also, meine Tochter, die hat zum Beispiel ein ganz wunderbares Verhältnis zu meiner Frau. Es gibt da also Dinge, die sie nicht weiß oder was sie nicht wissen soll oder so. Also, sie plaudert da wie mit einer Freundin, nicht? Wenn sie mal irgendwo gewesen ist, dann geht sie in die Küche, macht die Küchentür zu. Und dann wird also da geplauscht wie zu einer größeren Schwester. Viele Mütter haben nicht einen solchen Kontakt mit ihrer 19-jährigen Tochter.

Beispiel (Tausch, s.o.) für **Stufe 7, 6:**
Es wäre viel schöner, wenn es so irgendwie harmonischer ginge. Das liegt natürlich an mir. Wenn ich nicht so kritisch wäre, wenn ich mein Gefühl geben würde und würde nicht so viel erwarten. Dann wäre ich auch nicht enttäuscht und würde mir Gedanken machen. Und würde nicht alles so genau unter die Lupe nehmen. Und dann ginge es vielleicht. Und vielleicht geht es bei vielen anderen Leuten auch so. Nur sprechen sie nicht darüber. Ich nehme an, vielleicht haben die auch ihre Sorgen – oder sie kommen leichter drüber weg.

In dem ersten Beispiel sind zwar durchaus Gefühle anzunehmen (z.B. möglicherweise das Gefühl des Vaters, ausgeschlossen zu sein), dennoch zählt bei dieser Version der Skala von Truax/Carkhuff, inwieweit Gefühle und innere Vorgänge geäußert werden. Durch die rein schriftliche Fassung entfallen natürlich alle Hinweise auf nonverbale Verhaltensweisen.

Diese Skala, die früher viel verwendet wurde, hat in vielen *empirischen Untersuchungen,* bei denen Beurteiler unwissentlich Tonbänder einschätzten, hauptsächlich folgende Ergebnisse erbracht:

- Das Ausmaß der Selbstexploration ist durch die Höhe des empathischen Verstehens bedingt. Mehr Empathie führt zu mehr Selbstexploration (s. auch quasiexperimentelle Studie von Sander/Tausch/Bastine/Nagel 1969).
- Das Ausmaß an Selbstexploration hängt auch vom Klienten ab, z. B. dessen Abwehrverhalten, dessen Sprachverhalten, Öffnungsbereitschaft.
- Selbstexploration steigt im Verlauf der Therapie an.
- Die Selbstexploration hängt mit dem Erfolg der Therapie/Beratung zusammen.

Derartige Ergebnisse wurden u.a. von mir schon vor einigen Jahren ermittelt (Sander 1971, 1973a, 1973b, 1974), wurden danach auch in vielen Untersuchungen, insbesondere aus dem Forscherkreis um Reinhard Tausch (1991) vielfach bestätigt.

Die Einflüsse, die beim Klienten liegen und dessen Selbstexploration möglicherweise verhindern, hat R. Tausch aufgezählt (Tausch/Tausch 1991, S. 193ff.). Hier ein Auszug:

- Gefühlsmäßige Einengung, Verarmung, Verödung, Distanz zu sich selbst.
- Verleugnung des Selbst, Bedrohung des Selbst und der Selbstachtung.
- Probleme werden nicht ernst genommen, nicht als wichtig angesehen.
- Angst davor, von anderen abgelehnt zu werden.
- Angst, sich nicht richtig ausdrücken zu können, dass andere einem nicht gut zuhören.

Es muss hier noch einmal festgehalten werden, dass die Selbstexploration mehr die Form der Operationalisierung eines Konzeptes darstellt, das Rogers viel differenzierter beschrieben hat. Er hat ein verlaufstypisches Prozesskontinuum erstellt, indem er die typischen inneren Prozesse von Klienten aufführt. Dieses Kontinuum gibt einen besseren Überblick über den Verlauf der inneren Prozesse als die Begriffe der Selbstexplorationsskala. Das Prozesskontinuum soll im Folgenden beschrieben werden (nach Rogers 1973, S. 135–162; Rogers 1977, 33–40; Rogers 1973b, S. 486–491):

Prozesskontinuum

Phase 1
Die Vorstellungen des Klienten über sich und die Umwelt sind starr und rigid. Er ist von seinem gegenwärtigen Erleben abgespalten. Gefühle und persönliche Bedeutungen werden weder wahrgenommen noch eingestanden. Der betreffende Mensch lebt »in einer Welt starrer Konstrukte, die sämtlich außerhalb des Selbst liegen« (Rogers 1977, S. 34). Eine Person, die sich auf dieser Stufe befindet, wird wahrscheinlich freiwillig nicht in Therapie gehen.

Phase 2
Der Klient kann über Themen sprechen, die ihn nicht unmittelbar selbst betreffen, und über Probleme, die er als außerhalb des Selbst liegend wahrnimmt. Gefühle werden beschrieben, als wären sie vergangene Objekte. Zum Beispiel sagt eine Klientin: »Das Symptom war eine ziemlich starke Depression«, anstatt zu sagen: »Ich bin sehr deprimiert«. Die persönlichen Konstrukte sind starr und werden als Realität angesehen. Beispiel: »Ich kann nie etwas richtig machen.«

Phase 3
Der Klient beginnt sich freier über sein Selbst zu äußern, was er aber noch immer als ein Objekt ansieht. Gefühle und Bedeutungen werden aus rückschauender Sicht mitgeteilt. Beispiel: »Und das Gefühl, was mich da beschlich, war genau wie das Gefühl, das ich als Kind hatte.« (Rogers 1977, S. 34) Diese Gefühlsreaktionen werden aber nicht angenommen, sondern als negativ bewertet.

Das vom Klienten beschriebene Erleben gehört der Vergangenheit an und liegt fernab vom Selbst. Die persönlichen Konstrukte werden allmählich erkannt und nicht mehr als Realität angesehen. Beispiel: »Das ist die Rolle, die ich lange gespielt habe.« (Rogers 1977, S. 35) Nach Rogers suchen Klienten häufig in einer solchen Phase die Therapie auf.

Phase 4
Der Klient beschreibt Gefühle als Objekte der Gegenwart. So sagt er z. B.: »Es bedrückt mich, wenn ich mich abhängig fühle, denn das bedeutet, dass ich wenig Hoffnung für mich habe.« (Rogers 1973, S. 35) Gelegentlich brechen gegenwärtige Gefühle aus, aber oft gegen den Willen des Klienten. Sein Erleben ist weniger fern und kann manchmal »aus geringer zeitlicher Distanz wahrgenommen werden« (Rogers 1977, S. 35). Die Art der Erfahrungsbildung wird lockerer, und die Gültigkeit persönlicher Konstrukte wird eher hinterfragt. Beispiel: »Ich habe meine Unsicherheiten und Ängste immer hinter der Maske des lieben, braven und netten Jungen versteckt. Ob ich auch einmal anders damit umgehen kann?« Der Klient bekommt in dieser Phase ein stärkeres Gefühl der Eigenverantwortung für seine Probleme. Ein großer Teil der therapeutischen Gespräche bewegt sich in dieser Stufe.

Phase 5
Der Klient drückt jetzt Gefühle als unmittelbar gegenwärtig aus. Beispiel: »Ich fühle mich unsicher, auch jetzt gegenüber Ihnen in der Therapie.« Bisher vom Gewahrwerden ausgeschlossene persönliche Bedeutungen oder Empfindungen werden jetzt annähernd voll erlebt, zuweilen »mit Angst, Misstrauen oder Erstaunen« (Rogers 1977, S. 36). Beispiel: »Irgendwie spüre ich Angst. Das überrascht mich, denn ich sehe keinen Grund dafür. Ich will verstehen, was diese Angst zu bedeuten hat.«
Im Klienten wächst die »Einsicht in die Diskrepanzen zwischen dem aufgebauten Selbstbild und dem tatsächlichen Erleben. Häufig geschieht dies in Form eines inneren Dialogs: Mein Verstand sagt mir, dass ich so oder so bin oder dass ich das oder das Gefühl habe, aber ich glaube es nicht.« (Rogers 1977, S. 37)

Phase 6
Diese Phase ist geprägt von entscheidenden Veränderungen, die oft dramatischen Charakter annehmen. Am wichtigsten und auffallendsten ist, dass Gefühle, die bisher dem Bewusstsein nicht zugängig waren, voll akzeptiert und unmittelbar gegenwärtig erlebt werden. Dies drückt sich oft in Seufzer, Tränen, Entspannung der Muskeln oder anderen physiologischen Begleiterscheinungen aus. »Das Selbst wird nicht mehr als Objekt wahrgenommen. Es ist gleichbedeutend mit dem fortdauernden Prozess des Erlebens, der sich von Augenblick zu Augenblick wandelt. Die Konstrukte, die für das Leben des Individuums die Funktionen von festen Leitlinien hatten, lösen sich in der Unmittelbarkeit des Erlebens auf und werden als das erkannt, was sie tatsächlich sind, nämlich als eigene Schöpfungen.

Als Folge davon fühlt sich die Person zuweilen »wackelig« oder »abgetrennt« von ihrem »Fundament« (Rogers 1977, S. 37).

Phase 7
Rogers bezeichnet diese Phase als Leitvorstellung, Ziel oder Richtung. Sie steht für den »voll sich entfaltenden Menschen« (Rogers 1977, S. 39). Der Mensch hat in diesem Stadium keine Angst mehr davor, »Gefühle unmittelbar gegenwärtig und nuancenreich zu erleben« (Rogers 1977, S. 39). Für ihn bildet das im Augenblick hervorquellende Erleben den Bezugspunkt, an dem er sich »orientiert und erfährt, was er ist, was er will und welche Einstellungen er hat – positive wie negative. Er akzeptiert sich selbst und vertraut auf seinen organismischen Prozess, der weiser ist als sein Verstand allein.« (Rogers 1977, S. 39) Das subjektive Bewusstsein seines Erlebens und das Selbst des Menschen bilden eine Einheit. Der Mensch erfährt sich als kongruent.

Rogers will das Prozesskontinuum nicht schematisch als Richtlinie für den therapeutischen Prozess sehen. Die Phasen können wechseln und sich überschneiden oder auch zurückgehen. Dennoch ist im gesamten therapeutischen Prozess eine Fortentwicklung charakteristisch, wenn auch die erreichte Stufe von vielen Aspekten abhängt: von der Problematik, von der Symbolisierungsfähigkeit, von der dispositionellen Kongruenzfähigkeit (s. Speierer 1994, S. 54). Immer wieder entscheidend wird sein, in welchem Ausmaß der Therapeut dem Klienten durch Empathie und durch günstige zwischenmenschliche Bedingungen die Chance gibt, neue Erfahrungen seines Erlebens und seines Selbst zu machen. Bestenfalls verändert sich der Klient in folgenden Bereichen (Rogers 1973, S. 160–162):

- In der Beziehung zu seinen Gefühlen
- In der Art seines Erlebens
- In seinem Selbstkonzept
- In der Art der Selbstmitteilungen
- In der Art der Wahrnehmung eigener Probleme
- In den zwischenmenschlichen Beziehungen

In den höheren Stufen der Phasenentwicklung kommt der Mensch dem idealen Prozess der *»fully functioning person«*, der voll sich entfaltenden Persönlichkeit, nahe. Verschiedentlich hat Rogers versucht, das Wesen der voll funktionierenden Persönlichkeit zu beschreiben (Rogers 1973, S. 18f.). Er kommt zu einer begrifflichen Fassung, die er immer wieder verwendet:

- Vermehrte Offenheit bzw. Aufgeschlossenheit gegenüber der eigenen Erfahrung
- Existenziell bedeutsameres Erleben
- Wachsendes Vertrauen in den eigenen Organismus

Paulus (1994, S. 180f.) fasst die Charakteristika der Selbstverwirklichungsidee von Rogers noch einmal zusammen. In der Zusammenfassung wird deutlich, dass die

Merkmale von Rogers dem Konzept einer *biopsychosozialen Gesundheit* recht nahe kommen. Die *WHO* hat schon 1958 (WHO 1958, S. 459) die Kriterien für Gesundheit definiert und sie als Wohlbefinden auf der biologischen, psychologischen und sozialen Ebene definiert. Die folgenden Kriterien von Rogers sind jeweils eingerahmt durch ein P (Psychologisch), B (biologisch-körperlich) und S (Sozial):

P Offenheit gegenüber neuen Erfahrungen (Veränderungsbereitschaft, Fehlen von Abwehrverhalten)
P Akzeptierung der eigenen Person (Selbstachtung, Selbstvertrauen)
B Freisein von innerer Spannung und Angst (emotionale Stabilität, wenig Frustration durch belastende Erlebnisse, Stressfreiheit)
P Existenzielles Erleben (Prozesshaftigkeit und Unmittelbarkeit des Erlebens, veränderte Selbststruktur)
P Kongruenz (angemessene Symbolisierung von Erfahrungen, hohe Übereinstimmung von realem und idealem Selbst-Konzept, Ich-Identitätserleben
S Realistische Anpassung, effektive Problemlösung
B Differenzierung von Organen und Ausweitung von Funktionen (Gebrauch aller Fähigkeiten, Einzigartigkeit und Komplexität der Person)
S Lokalisation der Bewertungs- und Entscheidungsinstanz in der Person (individualisiertes Wertsystem, Autonomie, Selbstverantwortlichkeit)
S Beziehungsfähigkeit (reife und befriedigende soziale Interaktion)

Paulus (1994, S. 181) weist darauf hin, dass das Verhalten einer solchen Person nicht vorhersagbar ist, weil es individuell kreativ ist. Prognostizierbar ist seiner Meinung nur das Verhalten eines neurotisch gestörten Menschen, der in seiner Rigidität verhaftet ist. Die selbst verwirklichte Person passt sich vielmehr neuen Umweltsituationen in schöpferischer Weise an und befindet sich in einem kontinuierlichen Prozess der Verwirklichung. Sie ist nicht an Zielen und an einem endgültigem Status interessiert, sondern sie »befindet sich gleichsam auf einer Reise, deren Ziel nicht festgelegt ist« (Pfeiffer 1977, S. 1030).

Zusammenfassung der Therapiebedingungen, des Therapieprozesses und der Persönlichkeits- und Verhaltensänderung, wie es Rogers in »Die notwendigen und hinreichenden Therapiebedingungen« (1957) beschreibt:

- Der Klient erlebt zumindest eine vage Inkongruenz, die ihn ängstlich werden lässt.
- In der Beziehung zum Klienten ist der Therapeut kongruent (echt oder wirklich); das Bild, das er von sich hat, und die Art und Weise, in der er sich mitteilt, passen zu seinem unmittelbaren Erleben.
- In seiner Haltung gegenüber dem Klienten erlebt sich der Therapeut als wertschätzend, Anteil nehmend und akzeptierend.
- Der Therapeut erlebt, wie er den inneren Bezugsrahmen des Klienten, die innere und äußere Wirklichkeit, so wie sie vom Klienten wahrgenommen wird, genau und einfühlend versteht.

- In einem bestimmten, minimalen Ausmaß nimmt der Klient die Echtheit, die Anteilnahme und das Verstehen des Therapeuten wahr. Seine Wahrnehmungen dieser Haltungen beruhen nur zum Teil auf sprachlichen Mitteilungen des Therapeuten, häufig in größerem Ausmaß auf anderen Reizen und Informationen.

Der Therapieprozess

- Im Ausdruck seiner Gefühle und persönlichen Bedeutungen wird der Klient immer freier, das gilt für den verbalen wie für den motorischen Ausdruck.
- Äußerungen stehen in immer stärkerem Zusammenhang mit dem Selbst, sind immer weniger von einem Inhalt, der nichts mit dem Selbst zu tun hat.
- Der Klient ist im Stande, Gefühle und Wahrnehmungen und ihre Gegenstände genauer zu differenzieren, gleichgültig, ob sie zum Selbst oder zu anderen gehören. Sein Erleben ist genauer im Bewusstsein symbolisiert.
- Er beginnt, sich immer stärker mit der Inkongruenz zwischen dem unmittelbar im Erleben Gegebenen und dem Konzept, das er von sich selbst hat, auseinander zu setzen.
- Einige dieser Diskrepanzen werden vom Klienten im Bewusstsein vollständig erlebt. Er erlebt Gefühle und Bedeutungen, denen bislang der Eintritt ins Bewusstsein verweigert worden ist.
- Das Selbstbild wird ständig verändert und umorganisiert, um bislang geleugnete Erfahrungen zu assimilieren.
- Damit einhergehend setzt sich die Erkenntnis durch, dass die Strukturen, die dem Leben des Klienten Orientierung waren, Produkte seines eigenen Schaffens sind, und nicht Strukturen, die außerhalb seiner selbst existieren.
- Als Folge der bisher vollzogenen Schritte ergibt sich eine stärkere Kongruenz zwischen dem Selbstkonzept und dem, was unmittelbar erlebt wird; als Ergebnis lässt sich auch ein stärkeres Im-Fluss-Sein und Sich-Verändern des Selbstkonzepts feststellen. Wachsende Kongruenz zwischen Selbst und Erleben sind gleichbedeutend mit verbesserter psychischer Anpassung.
- Weil der Klient kongruenter ist und damit weniger innere Bedrohungen erlebt, kann er in seiner Beziehung zum Therapeuten und zu anderen freier und offener sein.
- Der Klient sieht sich selbst immer stärker als Bewertungsinstanz, als Ausgangsort des Bewertungsprozesses.

Theorie der Persönlichkeits- und Verhaltensänderung

- Indem der Klient kongruenter ist und sich weniger zu verteidigen braucht, ist er Erfahrungen gegenüber offener, nimmt er mehr Informationen genauer auf.
- Infolgedessen ist der Klient effektiver in der Begegnung und Bewältigung von Lebensproblemen und in der Handhabung von Beziehungen.

- Spannung jeder Art ist vermindert – Angst, physiologische und psychische Spannungen.
- Insofern die Instanz, die Wahlen trifft, in seinem Inneren liegt, gewinnt der Klient größeres Vertrauen und steuert sich stärker selbst.
- Zu welchen Werten sich ein Klient entschließt, hängt von seinem organismischen Wertungsprinzip ab, zwischen dem, was befriedigend ist, die Erfahrung erweitert, und dem, was unbefriedigend ist, diskriminiert. Dem Erleben wird als Orientierung stiftende Instanz eine positive, konstruktive und nützliche Rolle zuerkannt.
- Das eigene Verhalten ist stärker der Kontrolle des Klienten unterworfen, ist reifer und besser auf andere abgestimmt.

2.6.1 Veränderung des Selbst

Praxisbeispiel zum therapeutischen Prozesskontinuum

Das folgende Praxisbeispiel soll anhand eines authentischen Therapieverlaufs deutlich machen, in welcher Weise sich Klienten in ihrer Selbstwahrnehmung verändern. Die Therapie, die ich vor einigen Jahren in einer Therapiepraxis durchführte, dauerte etwa eineinhalb Jahre. Die Beispiele sind dem 3. und dem 51. Kontakt entnommen. Viele Umstände, die eine Identifizierung ermöglichen könnten, sind verändert und umgestellt worden, ohne dass der Gehalt der Gespräche tangiert wurde. Der Klient gab damals seine Zustimmung, unter diesen Bedingungen die Gesprächsausschnitte für Übungszwecke zur Verfügung zu stellen.

Problemstellung: Der Klient ist etwa Mitte zwanzig und bereitet sich auf das Abschlussexamen in einer Fachhochschule einer süddeutschen Kleinstadt vor. Er studiert Ingenieurwissenschaften und will nach seinem Examen in einem Entwicklungsland eine Stelle antreten, die sein Professor ihm vermittelt hat. Sein Hauptproblem besteht für ihn in einer Agoraphobie, einer Angst vor offenen Plätzen, die mit Panik- und Angstattacken einhergeht und ihn fast ohnmächtig macht, wobei er glaubt, sein Herz könnte fast zerspringen (zur Pathologie und zum Hintergrund derartiger Störungen: s. Davison/Neale 1996, S. 143f.). Neben dem Druck des Examens, der schon abgemachten Auslandsreise belastet ihn auch, dass seine Freundin einen Umzug nach Norddeutschland wünscht, um mit ihm mehr zusammen zu sein. Er selbst fühle sich aber noch nicht »reif« genug, um sich für sie zu entscheiden. Die Folge der Belastungen für ihn bestehe darin, dass er nicht mehr studierfähig sei, wieder bei den Eltern zu Hause wohne und auch nicht mehr allein nach draußen gehen könne. Immer müsste jemand, zumeist die Mutter, ihn begleiten, wenn er wichtige Erledigungen machen müsse, die keiner ihm abnehmen könne.

Die Mutter spiele für ihn eine entscheidende Rolle, sie sei gewissermaßen »die Nabelschnur« für ihn und bringe ihn zu verschiedenen Ärzten, die aber keine organische Ursache seines Leidens feststellen könnten. Der Vater des Klienten sei die

Woche über weitgehend als Handelsvertreter außer Haus. Der Klient ist der einzige Junge neben zwei Schwestern, die aber auch schon außer Haus seien. Früher sei die Mutter immer besonders stolz auf seine Leistungen in der Schule und am Anfang auch im Studium gewesen. Auch dort habe er Anerkennung genossen, wobei er sich aber lieber in seine Studierstube zurückgezogen habe, als in geselliger Runde zu verweilen.

Nachdem die Ärzte für die zahlreichen vegetativen Beschwerden (Herzrasen, Kreislaufbeschwerden, Schwitzen, Zittern, Missempfindungen von Körpervorgängen) keine körperlichen Ursachen gefunden hatten, wurde er in die Psychologische Praxis überwiesen, in der ich damals stundenweise arbeitete. Mindestens zehn Stunden hintereinander musste er von seiner Mutter gebracht werden, um überhaupt den Weg von seiner Wohnung in die Praxis zurücklegen zu können. Er selbst steht seinen Beschwerden völlig ratlos gegenüber, wünscht sich aber eine schnelle »Radikalkur«, um die vor ihm stehenden drängenden Aufgaben bald anpacken zu können. Ein Teilausschnitt aus dem dritten Kontakt (zwei Gespräche waren vergangen, um seine Situation zu besprechen und um formale Dinge zu regeln) macht deutlich, wie der Klient seine Problematik wahrnimmt:

Der Klient kommt zur dritten Therapiestunde, gebracht von seiner Mutter, die draußen im Wartezimmer auf ihn wartet, um ihn wieder heimbringen zu können. Er ergeht sich ausführlich in der Schilderung der Paniksituationen, die er erlebt, seiner Todesängste, die am Ende eines solchen Erlebenskreislaufes stehen. Am Schluss sei er den Dingen überhaupt nicht mehr gewachsen. Es entsteht eine längere Pause:

T Denken Sie jetzt daran, wie sich das alles bei Ihnen abspielt?
K Ja, ich hab keine Ruhe mehr, keine Gelassenheit, die ganzen Eigenschaften sind weg. (T hm, hm)
T Als ob immer etwas passieren kann. (K hm)
K Sone körperliche Sicherheit ist ganz verschwunden.
T So als könnte es jederzeit zuschlagen, wenn Sie weg sind, wenn Sie allein sind. (K hm)
– längere Pause –
K Das hat auch körperliche Symptome. Ich fühle mich dann taub und gehetzt – so flach wie ne Scheibe. Ich hab kein Körpergefühl in diesem Moment. Ich fühl mich so richtig leer und hohl. (T hm)
T Als ob das alles gar nicht mehr zu Ihnen gehört. (K hm)
K Ja, ich fühl mich selbst fremd an. Ich merke, wie es warm wird im Kopf, wie Angst entsteht. Ich merke es richtig, mein Kopf wird heiß – und ich hab kalte Hände.
T Als ob der Körper anders reagiert als sonst. (K ja)
K Man hat ja auch körperliche Gefühle, son Ich-Gefühl, son Schema. Das ist gestört.

T Früher konnten Sie es alles einordnen. (K ja, ja)

K Man hatte so ein Gefühl von sich selbst und empfand einfach die Sachen so, wie sie waren.

T Und jetzt passt das nicht mehr zusammen. (K hm)

K Ja, ich fühle nichts anderes, objektiv. Aber die Empfindungen sind gestört. Sie sind fern, weit weg. Es ist nicht mehr das Ich, das das fühlt.

T Sie stehen so fast hinter sich, neben sich. (K ja, ja)

K Manchmal komme ich mir vor wie sone Kamera, wissen Sie, die optische Eindrücke aufnimmt, aber lustlos ist, irgendwie. So komme ich mir vor.

T Wie ein anderer, der für Sie handelt, der dazwischen geschaltet ist.

K Ich erlebe nicht mehr unmittelbar alles. (T hm, hm)

T Nichts mehr so von Ihnen kommend …

K Ja, ich bin nicht mehr spontan, das ist weg.

– wieder eine längere Pause –

K Der ganze Tag, es war schlimm, bis heute Abend zum Termin.

T Schlimm von dem Gedanken her, es nicht mehr hierher zu schaffen.

K Ja, dass ichs nicht schaffe zu dem Termin und dadurch die Möglichkeit verpasse, wieder gesund zu werden. Dass ich durch einen dummen Zufall von hier abgekapselt werde, allein bin. Solche Ideen habe ich ständig.

T Sie haben so die Vorstellung, die Gesundheit kommt allein durch mich? So, als könnten Sie von sich aus nichts beitragen?

K Ja, ja. Ich bin im Moment so wie ein offenes Fass, in das man was reinschütten muss, weil – von mir ist im Moment nichts zu erwarten.

T Wie jemand, der irgendwie so auf ein Wundermittel wartet (K ja, ja), der selber gar nichts mehr bewerkstelligen kann an Veränderung.

K Ja, weil – ich sehe keinen Weg im Moment. Ich bin nicht in der Lage, was Neues zu denken. Was ich denke, habe ich hundertmal bedacht, das trägt nur noch zu meiner Angst bei.

T Es gibt – so sieht es aus – überhaupt keinen Weg von Ihnen her, wie damit fertig werden. Es sieht jetzt wie ein Fass aus, das ist für Sie so. Aber irgendwie wissen Sie auch, dass es anders ist und sein kann?

K Nein, es ist so, ich bin wirklich wie son Fass. Natürlich bin ich wahnsinnig gespannt, was Sie alles sagen. Daraus hoffe ich, weil ich mir daraus Besserungen erhoffe. Aber ich weiß nicht: Aus mir heraus kommt im Moment nichts, was meine Besserung betreibt. Ich komme immer so hierher, als gäbe es etwas, was es schlagartig besser macht. So hole ich mir auch meine Medikamente beim Arzt ab. Meistens kommt dann aber nichts.

T Ich merke, wie Sie gespannt sind gerade auf meine Hilfe. Ich denke, ich kann Ihnen helfen, aber vielleicht ganz anders, als Sie das im Moment erwarten. Im Moment sehe ich bei Ihnen nur: Sich-Aufgeben, Sich-fallen-Lassen, die Augen schließen. (K ja, ja)

K Ja, ich habe mich wirklich fallen gelassen. Jetzt bin ich am Boden. Ich kann nicht mehr tiefer hinunterfallen.

T Sodass Sie sich auch gar nichts mehr zutrauen, alles ist wie weggewischt.
K Ich komm mir dann auch vor, als ob ich viel älter wäre, einer, der mit seinem Leben schon abgeschlossen hat, der völlig resigniert hat.
T Einer, der von den Umständen und von anderen ganz abhängig geworden ist. (K ja, ja). Ein alter Mann, der sich nicht mehr bewegen kann.
K Ja, wie ein Todkranker, der nur noch im Bett liegt. Obwohl ich alles machen kann – eh … könnte. Ich begreifs nicht. Ich hab auch alles abgeschlossen, so fühl ich mich.

Kommentar: Der Klient erlebt seine Erfahrungen wie etwas von außen Gemachtes. Diese – zumeist negativen – Erfahrungen drängen sich ihm immer wieder auf, wobei er wenig zwischen den Gefühlen und Wahrnehmungen differenziert. Seine Gedanken kreisen um das eine Thema: Hilflos-Sein und Verlassen-Werden und sind nicht in der Lage, neue Bedeutungen zu erkennen. Die zumeist körperlichen Gefühle erlebt er als abgespalten von seinem Selbst und erwartet demnach Änderungen nicht durch die Integration dieser Erfahrungen, sondern durch ein Medikament oder einen Kunstgriff von außen. Nicht nur in den Wahrnehmungen seiner Gefühle und Erfahrungen zeigt sich ein wenig autonomes Ich, sondern auch in seinem Verhalten mir, dem Therapeuten gegenüber. Er erwartet alles von mir. Den Termin der Stunde zu verpassen, wäre eine Katastrophe. In dem von Rogers beschriebenen Prozesskontinuum wäre der Klient in Phase 2 und Phase 3 anzusiedeln: Konstrukte über seine Situation werden als unveränderbar beschrieben, neue Erfahrungen werden nicht zugelassen, auch keine neuen Bedeutungen erlebt. Das Beziehungsmuster, das er anderen Menschen gegenüber einnimmt, ist durch eine rigide Anklammerungstendenz und Hilflosigkeit gekennzeichnet.

Fortgang der Therapie: Der Klient bringt es nach etwa zehn Stunden fertig, wieder allein auf die Straße zu gehen, und kommt auch ohne seine Mutter in die Therapiestunde. In der Therapie setzt sich ein langer Prozess der Auseinandersetzung mit seinen Eltern, speziell seiner Mutter, fort. Er möchte seinen von außen bestimmten Lebensweg ändern und selbst gestalten. Ausdruck dafür ist, dass er sich zunächst von seinem Studium in der süddeutschen Stadt abmeldet und sich gegen die drei wichtigen Anforderungen des Lebens stellt: Examen machen, Auslandsaufenthalt aufnehmen, mit der Freundin zusammenziehen. Er zieht wieder aus dem Elternhaus aus und besorgt sich eine kleine Wohnung, wobei er den Unterhalt durch Gelegenheitsarbeiten selber aufbringt. Auf psychologischer Ebene wird er entscheidungsfähiger und unabhängiger. Sein Weg (sich vom Studium abmelden usw.) scheint diametral einer bisher vorgezeichneten Ordnung. Er riskiert in zwischenmenschlichen Situationen mehr Auseinandersetzungen, wobei er merkt, dass Auseinandersetzungen auch das Interesse an anderen erhöhen können.

Eine der Therapiestunden, in denen für ihn so etwas wie ein Durchbruch geschehen ist, ist die 51. Stunde (es folgen noch einige weitere bis zum Abschluss der Therapie). In dieser Stunde wird nicht nur die Veränderung inhaltlich deutlich, sondern sehr beeindruckend auch durch die Sprache. Sie ist lebendiger, fantasievoller und aktiver – wie übrigens das gesamte Ausdrucksverhalten des Klienten:

K Ja, es geht mir ausgezeichnet (lacht). Ich bin stolz auf mich und fühl mich auch sehr gut. Zwar hab ich Kopfschmerzen – ich glaub, ich hab gestern zu viel Wein getrunken. Ich bin das wohl nicht mehr gewohnt, seit ich die Pillen, die Medikamente nicht mehr nehme. Ich hab ja die Pillen alle abgesetzt. Ich nehm sie nicht mehr, von mir aus, ohne jemanden danach zu fragen.

T Sie tun etwas anderes, weil es *Ihnen* selbst richtig erscheint. (K ja)

K Diese Woche war toll (K lacht). Es fing mit dem Besuch von Bernd an, wir haben uns gut unterhalten. Und dann bin ich entschlossen nach G. (süddeutsche Stadt, wo er studiert) gefahren, um mich vom Diplom abzumelden. Auf der Fahrt nach G. – das war das Beste – da hab ich mir das Buch mitgenommen von der Alice Miller (»Das Drama des begabten Kindes«) und hab das gelesen, großer Teil (lacht). Und da hatte ich besonders auf der Rückfahrt, ein totales Aha-Erlebnis.

T Sie hatten sich da gut wieder erkannt in vielen Punkten und fühlten sich da gut bestätigt. (K ja)

K Vor allen Dingen: Nicht intellektuell, ich hab das noch mal so *gefühlt*. Ich hab geheult, im Zug schon fast liefen mir die Tränen herunter. Ich erinnerte mich plötzlich an eine Szene aus meiner Kindheit. Und es war eine ganz einfache Sache: Ich wollte spielen – das ist tausendmal passiert – im 3. Schuljahr, glaub ich. Wir mussten Wörter mit dem Griffel an die Tafel schreiben, schön schreiben, mehrmals. Ich hab es meiner Mutter gezeigt – war natürlich nicht gut genug. Und da hat sies wieder ausgewischt – und ich wollte raus. Ich durfte nicht und so. Ich war so wütend, auch jetzt: Ich habs wieder erlebt. Und dann kam ich am Bahnhof an, bin nach Hause in mein Zimmer gegangen (lacht). Und dann ging es los: Ich hab eineinhalb Stunden durch die Wohnung getobt, ne (T ja), voller Wut und unheimlichem Hass, und ich habe gespürt …

T Ihre Gefühle und Spannungen wollten richtig rausplatzen …

K Und ich habe gebrüllt – ich hab (lacht) mit den Fäusten gegen die Tür geschlagen, richtig knallhart dagegengeschlagen. Ich habe eine Tüte mit dem Schlafsack genommen, richtig reingetreten, und (lacht) dann hab ich massenweise Papier zerrissen, alles durch die ganze Wohnung gestreut, durch die Wohnung das Papier. Ich hab diese Scheißordnung in meiner Wohnung zerstört, Stühle umgeschmissen. Ich hab da, so zum Schluss, meine Hunderter-Pa- ckung Medikamente rausgeholt und die alle noch hinterhergeknallt (lacht).

T Das muss für Sie wie ein Befreiungsschlag gewesen sein.

K Ich hab gebrüllt, ich hab alle beschimpft, ne. Der Schlafsack war meine Mutter, »Das bist du, ich tret dich jetzt«, mein Vater weniger, aber auch. Und das war ich selbst, dies verdammte, die Medaille, dieses Vorzeigestück, dieses Aushängeschild, was ich überhaupt nicht bin, ne – oder was ich nur zum Teil bin, aber nicht ich. Und ich hab diese Ordnung, diese Moral und auch Gott – ich hab sie alle zur Sau gemacht.

T Und Sie fühlten sich richtig befreit und auch sehr wohl.

K Ich fühle mich fantastisch. Ich hab die ganze Zeit mich dafür gelobt, mir gesagt, jetzt mach ich das, ja. Du hast vollkommen Recht, alles ist dein Recht, was du jetzt machst. Du machst das richtig, und das ist gut so. Niemand kann dir was vorwerfen. Und das hab ich mit Wut verteidigt.

T Das war wie eine Abreibung, die schon immer auf der Rechnung stand.

K Ja, es war absolut fantastisch.
Und dann habe ich mich auf mein Bett gelegt, so einfach mit Schuhen, obwohl es staubig war, was ich sonst nicht mache. Aber es war mir scheißegal, ob es staubig war, weil ich so wütend war. (lacht)

T Und Sie fühlten sich richtig leicht oder …

K Ich fühlte mich unheimlich befreit und entspannt. Zuerst war ich wütend und voller Hass, danach voller Zorn. Ich hab auch dabei geheult, so voller Wut. Nach einer dreiviertel Stunde war das mehr so ein lachendes Heulen, ich hab mich drüber gefreut, hab extra geheult, ne. War sone Befreiung. Ich war nicht mehr wütend, sondern richtig stark.

T Ich merk richtig auch jetzt, wenn Sie darüber erzählen, wie Sie richtig stolz auf sich sind (K ja, ja).

K Und es passiert mir jetzt oft – ich bin so geladen wie ein Vulkan. Wenn einer mir jetzt was sagt, ich platze sofort. Wenn einer mir dann kommt, knalle ich richtig los, werde auch unheimlich pampig.
Ich bin eben mit dem Rad gefahren hierher und plötzlich hab ich wieder Tränen in den Augen gehabt, einfach so. Es waren keine wütenden Tränen, sondern mehr Mitleid oder so. Es war auch ein tolles Gefühl. Und es war dann plötzlich da. Also, ich bin unheimlich an meine Adern gestoßen. Es ist total alles stark im Moment.

T Es ist ein ganz anderes Empfinden in Ihnen jetzt da, so viel intensiveres Empfinden zu sich. Alles, … so ein Zustand, den Sie so aufbewahren möchten.

K Ja, unbedingt.

T So bleiben möchten.

K Ja, ich bin jetzt im Moment nicht so, ich erleb das jetzt so nicht als Gefühl. Ich erzähl das jetzt mehr. Ich heul jetzt nicht, ne. Vielleicht kann ich das noch nicht gut, wenn jemand dabei ist. Ich kann das noch nicht so gut, diese Unmittelbarkeit fehlt mir noch, wenn ich allein bin, geht das besser, aber …

T Sie möchten das, was Sie so erleben, in Ihren Alltag noch mehr hineintragen.

K Ja, und ich bin schon dabei. Gestern Abend …

Kommentar: Der Klient erlebt Gefühle, die vorher dem Bewusstsein vorenthalten waren, in voller Stärke und Intensität (Hass, Wut, Trauer, Mitleid usw.). Die physiologischen Ausdruckserscheinungen spiegeln dies bei ihm deutlich wider. In sein Erleben ist mehr Unmittelbarkeit getreten, wobei er selbst der Urheber dieser neuen

Erfahrungen und Wahrnehmungen ist. Sein Selbst hat sich verändert: Es ist nicht mehr das Produkt einer repressiven Leistungserziehung, sondern mehr, wie er es haben möchte, wobei der Klient keineswegs unkritisch ein entgegengesetztes Selbst hinstellt, sondern die Bedeutung von Leistungsstreben auch für ihn anerkennt. Die Beziehungen, die er eingeht, sind direkter, farbiger und offener. Er drückt seine (auch negativen) Gefühle aus und gibt damit eine höfliche Anpassungsweise auf, die ihn immer sehr gehemmt hatte. Insgesamt könnte man ihn im Rahmen des Prozesskontinuums von Rogers auf Stufe 6 ansiedeln.

Während die äußere Entwicklung viele Änderungen aufweist, zum Teil negativ erscheinende wie die Abmeldung vom Studium (Jahre später erfuhr ich, dass er das Studium doch noch erfolgreich aufgenommen und abgeschlossen hatte), hat sich innerlich ein Prozess von mehr Autonomie vollzogen. Im Unterschied zu dem obigen Gespräch ist *er* Zentrum seiner Erfahrungen und seines Verhaltens. Wenn für psychische Gesundheit ein bio-psycho-soziales Wohlbefinden anzunehmen ist (s. WHO-Definition), so sind diese drei Ebenen und ihre Veränderungen auch bei ihm deutlich zu spüren. Das körperlich spürbare Anwachsen von Vitalität, größerer Aktivität, größerer Variabilität physiologischer und motorischer Ausdruckserscheinungen steht im Zusammenhang mit den Veränderungen des Selbst und des Selbstwertgefühls sowie auf der sozialen Ebene mit einem deutlich emanzipativeren, unabhängigeren Sozialverhalten.

Abschluss: Die Therapie wurde noch mehrere Wochen fortgeführt. Wichtig war in diesen Stunden (die weniger kathartisch verliefen als die oben abgedruckte Stunde) für den Klienten, die neuen Erfahrungen, die er mit sich machte, sinnvoll in den Alltag einzubringen und ein anderes Verhältnis zu seinen Eltern zu finden und zu leben.

Therapeutische Beziehung: Die Erwartungshaltung, die dieser Klient in den ersten Stunden unserer Therapie an mich hatte, bestand ganz eindeutig darin, aus passiver Hilflosigkeit von jemandem aktiv gestärkt zu werden. Ich bin nicht sicher, ob er zunächst in meiner »Zurückhaltung« auch eine Art Hilfe erblicken konnte. Durch das Interesse, was ich ihm entgegenbrachte, konnte er – zumindest auf der »Symptomebene« der phobischen Störung – einige Fortschritte erzielen und bald mit Hilfe einiger Verhaltenstechniken (an den Häusern entlanggehen; nur so weit gehen, wie er es sich zutraut; nach einigen Schritten setzen oder anlehnen und entspanntes Atmen usw.) die dringendsten Forderungen des Alltags bewältigen. Die eigentliche Störung für ihn, die eindeutig sozial-kommunikative Bedingungen hat (Abhängigkeit von der Mutter, die ihn in Besitz ergreifender Weise für ihren Leistungsehrgeiz als »Vorzeigemedaille« erzog), konnte er erst allmählich durch Auseinandersetzungen mit anderen Menschen und in der Therapie bewältigen. Die Beziehung in den Stunden gegen Ende der Therapie erlebte ich wie ein aufmerksamer Begleiter des Klienten. Dabei hatte ich phasenweise eine große Besorgnis darüber, dass er seinen Studienweg völlig abbrechen könnte und mit »nichts in den Händen plötzlich dastünde«. Die Tendenz zur Stellungnahme in Hinblick auf ein äußeres Ziel (Studium zu Ende bringen) hinderte mich bisweilen, die Bedeutung der »inneren Ziele« ausreichend wahrzunehmen, die für ihn den Vorrang hatten. Er wollte unter allen Umständen unabhängig sein von Eltern, Studienumgebung, vielleicht auch Therapie, und sei es auf Kosten einer »normalbürgerlichen Anpassung«. Erst das Finden eines unabhängigen inneren Standortes machte ihn frei dafür, sich für etwas zu entscheiden: Zufällig war es ein Jahr später die Entscheidung für das Studierende, es hätte aber auch ein ganz anderer Weg sein können.

Das Beispiel machte mir klar, dass äußere Entscheidungen erst sinnvoll und möglich sind, wenn das Selbst eine gewisse Reorganisation durchlaufen hat, nach der der Klient grundsätzlich mehr im Einklang mit seinen inneren Strebungen steht. Die Fixierung der therapeutischen Arbeit auf ein äußeres Ziel oder auf ein bestimmtes Verhalten bremst diesen inneren Entwicklungsprozess und führt letzten Endes zu unvollkommenen Lösungen, die nicht im Einklang mit dem Klienten und dessen »organismischem Wertungsprozess« stehen. Oft verläuft die Entwicklung nach Art eines »*Rösselsprungs*«: Die innere Entfaltung läuft weiter unbeirrt in eine mehr oder weniger angelegte Richtung, während die äußere Entwicklung rückwärts, vorwärts oder seitwärts sich Bahn bricht.

2.7 Die Frage der theoretischen Kompatibilität des Rogers-Konzeptes

Bei der Frage nach der theoretischen Einbindung des humanistisch-psychologischen Konzepts von Carl Rogers sind verschiedene Versuche gemacht worden, dieses Konzept mit gängigen allgemein-psychologischen Konzepten zu verbinden. Solche Versuche der Zuordnung kommen eher von Theoretikern, denen die Wirksamkeit des Konzeptes deutlich ist, die aber eine schlüssige und logische Ableitung haben möchten (für den Praktiker ist diese Frage nicht so dringend, weil er den Veränderungsprozess und die Bedingungen als subjektiv evident erlebt hat und deshalb keine »äußere, wissenschaftslogische Bestätigung« braucht).

Klassische Lerntheorie

Die ältesten Modelle entstammen der klassischen Lerntheorie. Beispiele für lerntheoretische Erklärungen sind in den früheren Auflagen der Bücher von Tausch/Tausch sowie dem Buch von Bommert (1977) zu nennen. Lerntheoretische Modelle betrachten besonders die Rolle des instrumentellen verbalen Konditionierens, das heißt der unterschiedlichen Zuwendung des Therapeuten zu verschiedenen verbalen Response-Klassen des Klienten. Das Modell der Gegenkonditionierung und reziproker Affekte wird bei Inhalten herangezogen, die sich als negativ und angstbesetzt erweisen. Hier wird gewissermaßen eine unsystematische Desensibilisierung postuliert. Die Akzeptanz und Ruhe vermittelnde Haltung des Therapeuten schwächt gewissermaßen die Gefühle Angst, Unruhe, Schuld usw. ab. Modell-Verhalten des Therapeuten zeigt sich in der Ruhe und Entspannung gegenüber dem Klienten und Furcht erregenden Themen und Konflikten, die dieser zur Sprache bringt, außerdem in der grundsätzlichen Akzeptanz aller Äußerungsformen. So, wie der Therapeut damit umgeht, lernt der Klient entsprechend damit umzugehen und sich selbst gegenüber zu verhalten.

Die lerntheoretische Beschreibung des personzentrierten Veränderungsprozesses ist meines Erachtens nur begrenzt anwendbar, weil sie auf Seiten des Therapeuten ein Steuerungs- und Interventionsverhalten einschließlich einer Verhaltensdiagnostik voraussetzt, das mit dem personzentrierten Beziehungskonzept nur schwer in Einklang zu bringen ist.

Damit ähnlich und von einem Verhaltensparadigma ausgehend ist auch das auf Dollard/Miller (1950) zurückgehende Konfliktmodell, das von Martin (1975) ausgearbeitet wurde. Das Feldtheorie-Modell spricht von einem Annäherungs-Vermeidungskonflikt, der dann eintritt, wenn angstbesetzte Inhalte (und Verhaltensweisen) dadurch gemieden werden, dass man die entsprechenden inneren Reize (wie Verdrängen) und äußeren Reize (z.B. Angstsituationen) vermeidet. Die Gesprächspsychotherapie bietet dabei durch die im Zusammenhang mit Wärme vorgenommene schrittweise Annäherung an bedrohliche innere und äußere Reize ein optimales Verfahren, die Konflikte zu reduzieren.

Die Enge dieses Konfliktmodelles liegt meines Erachtens u.a. auch darin, dass sie nur Störungen im Sinne von Hemmung und Vermeidung kennt (»Übersozialisierung«), nicht also Störungen des Ausagierens, der Verhaltensexzesse, der Dissozialität, Sucht usw. Schon gar nicht Störungen, die mit Orientierungssuche, Entwickeln von Lebensperspektiven, existenziellen Problemstellungen usw. zu tun haben.

Handlungsorientierte Positionen der Gesprächspsychotherapie

Sie werden u.a. von Sachse (1992) vertreten. In seiner »zielorientierten Gesprächspsychotherapie«, einer empirisch-naturwissenschaftlichen Konzeption von Gesprächspsychotherapie, werden die Haltungen des Beziehungskonzeptes von Rogers als konkrete, beobachtbare und beschreibbare Handlungsprozesse beschrieben und philosophisch-anthropologische Grundannahmen, wie sie die humanistisch-existenzialistischen Vertreter für wichtig halten, abgewiesen (z.B. das Konzept der Aktualisierung, der positiven Natur des Menschen usw.). Das Beziehungskonzept von Rogers, die Wertbedingungen, die gesellschaftlichen Implikationen und die wertbestimmten Aussagen zur Natur des Menschen werden nach Art der Verhaltenstherapie und der empirischen Verhaltenswissenschaften abgewiesen oder auf das Erfassbare reduziert. »In dieser Konzeption wird versucht, Handeln des Therapeuten und des Klienten, Prozesse und Veränderungen zu operationalisieren und zu erfassen. Innerhalb dieser Orientierungen ist die Forschung bemüht um einen empirischen Nachweis der Effektivität von Therapie und, durch Optimierung therapeutischen Handelns, um eine Steigerung der therapeutischen Effektivität. Sie versucht, die Therapeut-Klienten-Interaktionen und die darin wirksamen Bedingungen aufzuklären. Hierbei wird sowohl die Abhängigkeit des Klienten vom Handeln des Therapeuten als auch die Abhängigkeit des Therapeuten vom Handeln des Klienten konzeptuell erfasst und empirisch untersucht.« (Sachse 1992, S. 24)

Die Enge dieses Ansatzes, der ja nach generalisierbaren Handlungsprinzipien und Veränderungsprinzipien sucht, liegt meiner Meinung nach darin, dass das übergeordnete Sinnprinzip des Organismus mit seinen unterschiedlichen Teilkomponenten mit seiner nur ihm eigentümlichen Art der Umweltanpassung und Veränderung aus dem Blickfeld gerät (s. Höger 1993, S. 27). Was oft individuelle Lebensverläufe, therapeutische Veränderungen, Prozessverläufe in der Therapiestunde ausmachen, ist, dass sie nach allgemeingesetzlichen Bedingungen unvorhersehbar, unplanbar zu sein scheinen, aus den individuellen Systembedingungen heraus aber durchaus sinnvoll verlaufen (s. das Entwicklungsprinzip des »*Rösselsprungs*«). Das Bemühen, über den Einzelfall hinweg, empirisch begründbare Verallgemeinerungen zu erschließen und diese dann kausal einzusetzen, erweist sich daher als nicht weit reichend genug.

Kognitive bzw. Informationsverarbeitende Erklärungsmodelle

Als Hauptvertreter gelten hier Wexler und Rice (1974) mit ihrem Konzept des »Informationsverarbeitenden Prozesses« der Therapiesituation. Der Therapeut und speziell der klientenzentrierte Therapeut gilt als »surrogate information processor«, der durch seine Art des empathischen Verstehens dem Klienten neue Bedeutungsstrukturen vermittelt. Die empathische Reaktion hat einmal eine aufmerksamkeitslenkende Funktion (Inhalte, die besonders hervorgehoben werden oder zur Seite gestellt werden). Zum anderen eine organisierende Funktion: Angebote, die präziser beschreiben, ein passenderes Bild anbieten – und schließlich eine evokative Funktion: das Antreiben der Qualität der Informationsverarbeitung, so z. B. das Experiencing-Konzept von Gendlin (1981), der durch spezielle Übungsschritte eine bessere Symbolisierung des vorher unklar gefühlten »felt sense« vorantreibt.

Während die kognitiven Erklärungsansätze gut die phänomenale Innensicht und den aktualisierenden Charakter von Wahrnehmungen, Konzeptbildungen und Gedanken beschreiben, tun sie sich schwer darin, Beziehungsverhalten und Beziehungskonzepte einzubeziehen. Sie bieten auch mehr die Darstellung des Ergebnisses von Störungen (Wahrnehmungsverzerrungen, Einengungen, fehlende oder unvollständige Symbolisierung), als dass sie in der Lage sind, ein Störungskonzept zu entwickeln, d.h., Aussagen zu machen, unter welchen Bedingungen diese Störungen entstehen.

Kommunikationstheoretische Konzepte

Diese Konzepte (Watzlawick 1971; Schulz von Thun 1985, 1989) liefern eine gute Beschreibung von Kommunikationsprozessen und Kommunikationsstörungen zwischen Menschen, die in einer engen Beziehung stehen. Sie liefern viele Beispiele für ein offenes oder gestörtes Therapeut-Klient-Verhalten, für Paradoxien, Doppelbindungen und andere Formen der Vermeidung oder Störung der Beziehungsdefinition. Mit ihren Begriffen kann man Teile des Beziehungskonzeptes von Rogers gut beschreiben, z. B. Echtheit als Übereinstimmung von *Beziehungs- und Inhaltsaspekt*, die von Rogers betonte Ganzheitlichkeit des Interaktionsgeschehens als *Systemeigenheit* oder – enger – als *Aspekt der Interpunktion von Ereignisfolgen*. Bei Schulz von Thun kann der Selbstoffenbarungsaspekt problemlos auf die Selbstexploration reduziert werden, Empathie wäre die bevorzugte Wahrnehmung der Selbstoffenbarungsseite des Klienten. Was mit dem Rogers-Konzept allerdings schwer zu vereinbaren wäre, sind die Realität der kommunizierten Inhalte und die in der philosophischen Weiterentwicklung über Kommunikationsinhalte gemachten ontologischen Aussagen. Während der *radikale Konstruktivismus*, eine Weiterentwicklung der Kommunikations- und Systemtheorie, die kommunizierten Inhalte als beliebige, für das Überleben wichtige Vereinbarungen ansieht, gibt es für Rogers den Begriff der *Wahrheit und Authentizität* von Erlebensinhalten. In seinen Darstellungen gibt es keinerlei Zweifel, dass der Mensch in existenziellen Situationen, wenn er seine inneren Erlebensvorgänge deutlich spürt und seinem »inneren Kern« nahe kommt, zu einem höheren Grad an Unverfälschtheit gelangt. Die neuere konstruktivistisch orientierte Kommunikationstheorie würde hier bei der »Unsicherheit unserer Wirklichkeit« (s. gleichnamiges Buch von Watzlawick 1988) verharren und Wahrnehmungsinhalte und Gedankeninhalte immer als vorläufig und nicht verlässlich genug annehmen. Diese Position des ständigen Zweifelns wäre für den nach subjektiver Wahrheit (Echtheit) suchenden Therapeuten und Klienten im personzentrierten Konzept nicht haltbar.

Phänomenologische Ansätze

Pervin (1993, S. 191–217) schließlich ordnet die Rogers-Theorie eindeutig diesem Ansatz zu. »Der phänomenologische Ansatz zeigt sich in der Betonung der phänomenologischen Welt des Individuums – wie es sein Selbst und die Außenwelt erfährt.« (Pervin 1993, S. 36) Auch die Forschung ist seiner Meinung nach zum großen Teil auf den Selbstbericht und die persönliche Erfahrung des Klienten und Therapeuten ausgerichtet. »Für Rogers hat die phänomenologische Welt des Individuums, wie sie erlebt wird, primär in bewusster Form, genügend Informationsgehalt, um Verhalten zu verstehen und vorherzusagen. Der … Therapeut … kann diese private Welt verstehen lernen, wenn er eine unterstützende Atmosphäre schafft.« (Pervin 1993, S. 37) Der Therapeut bedarf keiner Zusatzerklärungen, um Erleben zu verstehen und einzuordnen, es versteht sich aus den Bedingungen des Klienten heraus. Dessen Erleben überschreitende Erklärungen, Diagnosen, Verallgemeinerungen, Gesetzmäßigkeiten und Grundprinzipien sind nicht nötig, um zu einer umfassenden Sicht der Innenwelt eines anderen zu kommen.

Viele der Äußerungen von Rogers scheinen dessen phänomenologische Sicht zu bestätigen, besonders die anschaulichen Beschreibungen der Fälle. Der phänomenologische Zugang ist auch in höchsten Maße *differenziell-therapeutisch*: Er kennt kein uniformes Eingehen auf ein Individuum, sondern so viele unterschiedliche Verstehenszugänge, wie es Individuen gibt.

Die Enge dieses Ansatzes liegt in der geringen Generalisierbarkeit, Abstraktionsfähigkeit und vor allem in dem Verzicht auf eine allgemeine Störungstheorie sowie dem Verzicht auf ein differenziell-therapeutisches Handeln bei unterschiedlichen Klienten-Kategorien.

Schließlich sei noch ein Autor erwähnt, der sich dem phänomenologischem Ansatz anschließt, aber hierbei besonders die Prozessorientierung hervorhebt. Swildens (1991) behauptet, nicht Homeostase (Gleichgewicht herstellen), Triebreduktion oder Anpassung charakterisieren die menschliche Entwicklung, sondern ein nach vorne offener Prozess. Therapeuten haben die Aufgabe, sich beim stagnierenden Klienten zu engagieren. »Unser Gespräch muss Prozesscharakter tragen, wenn es wirksam sein soll. Auch da wieder ein Entwicklungsgang, in welchem Klient und Therapeut in einer durchgehend fließenden Bewegung miteinander beschäftigt sind, mit dem Ziel, den Klienten wiederum in einen Prozess zu bringen. ... Bei einer Phasenänderung bricht der Prozess jedoch nicht ab, sondern fließt unter Erhaltung seiner Kontinuität und seiner Identität hinüber in eine folgende Phase, welche die vorausgegangene in sich trägt und auf die kommende hinweist.« (Swildens 1991, S. 14) Swildens verbindet den phänomenologisch-prozessorientierten Ansatz mit einem *existenzialistischen Ansatz:* Er legt besonderen Wert auf die Herausarbeitung der Freiheit und Verantwortlichkeit, auf die Aufdeckung wahlverhindernder Mechanismen. Ganz im Einklang mit Rogers ist sein Ziel die Erfahrbarmachung von Autonomie und Entscheidungsfähigkeit. Hierbei gelangt der Klient immer wieder über das Bedeutungserleben des *Symptoms*, dem Erkennen von Alibis und Mechanismen der Wahlverhinderung zu einem klareren Bild seines Selbst und schließlich zur Wahrnehmung neuer Möglichkeiten und neuer Entscheidungen.

Ich kann mich den Gedanken von Swildens, dessen Konzept von dem prozesshaft-phänomenologischen Herangehen und den existenzialistisch begründeten Entscheidungsvorgehen gut anschließen, weil sie in besonderer Weise auch die Verantwortung (und Schuld) sich selbst gegenüber verdeutlichen: Der Mensch lebt möglicherweise an sich und seinen Möglichkeiten vorbei.

Die oben dargestellten theoretischen Erklärungen des Rogers-Konzeptes, Sichtweisen, Anschauungen und Weiterentwicklungen stellen eine mehr oder weniger beliebige Auswahl dar. *Die humanistische Position* ist nicht noch einmal dargestellt worden, da sie von Rogers ausführlich beschrieben wurde (s.o.). Da Rogers auch die Entwicklung der klientenzentrierten Theorie nie als etwas Abgeschlossenes betrachtet und wahrgenommen hat, werden sicher auch in Zukunft immer wieder neue Leitvorstellungen herangezogen werden, um diesen Ansatz ein Stück näher zu erklären.

2.8 Exkurs: Weiterentwicklung des personzentrierten Konzeptes außerhalb des klinischen Bereichs

Das klientenzentrierte Konzept hat sich in den letzten Jahrzehnten besonders ausgeweitet. Der jeweils neueste Stand der Arbeiten zum personzentrierten Konzept wird in den GwG-internen Publikationsorganen »GwG-Zeitschrift«, »Jahrbuch für personzentrierte Psychologie und Psychotherapie« (JPP) sowie in den Schriften des Eigenverlages der GwG veröffentlicht.

In den letzten Jahrzehnten hat sich der Ansatz – über die Anwendung im klinisch-psychologischen Bereich – vor allem in den folgenden drei Feldern besonders entwickelt:

- Pädagogik und Erziehung
- Beratung in den verschiedensten Anwendungsfeldern
- Gruppen und Institutionen

Die meisten Arbeiten zur Pädagogik und Erziehung beziehen sich auf die personzentrierte Gestaltung von Unterrichtsprozessen und Erziehungsprozessen in der Familie und außerhalb sowie auf angemessene Formen der Lösung von erzieherischen Konflikten. Zugleich wird der an der Person orientierten Ausbildung von Erziehern, Lehrern, Pädagogen, Sozialarbeitern und anderen Berufsgruppen besondere Beachtung geschenkt. Standardwerke sind hier die Bücher von A. und R. Tausch (Erziehungspsychologie, neueste Auflage 1991), C. Rogers »Lernen in Freiheit« (1974), die Bücher von Gordon (1992) und zur pädagogisch-therapeutischen Arbeit mit Kindern die Bücher von Schmidtchen (1974, 1989), Götze (1974, 1981) und Boeck-Singelmann/Ehlers/Hensel/Kemper/Monden-Engelhard (1996).

Über die Fülle der Anwendungsgebiete in den unterschiedlichsten Beratungsgebieten (interkulturelle Beratung, Sucht, Hospizdienst-Sterbebegleitung, Trennungs-, Scheidungs-, Familienberatung, Alten- und Pflegeberatung, Supervision und Coaching usw.) informiert ein Sammelband zum Internationalen Kongress der GwG »Konkurrenz und Solidarität« 1995 in Aachen, Hrsg. Deter/Sander/Terjung (1997). Zu den Anwendungsgebieten, in denen Beratung einen mehr indirekten Bezug hat, gehören auch zunehmend Arbeiten zur so genannten Lebenshilfe und Verbesserung der psychischen Gesundheit (Tausch 1983, 1985, 1993), Paulus »Selbstverwirklichung und psychische Gesundheit« (1994).

Über Arbeiten zu personzentrierten Ansätzen bei Gruppen und Institutionen informiert ein sehr umfangreiches Handbuch von Schmidt (1996), außerdem die von Esser/Sander herausgegebenen Sammelbände (1988). Über die klassischen Bücher von Rogers über Encounter-Gruppen (1974) und im deutschen Sprachraum zur Gruppenpsychotherapie von Franke (1978) und Mente/Spittler (1980) finden sich zunehmend Verbindungen von Gruppe mit Institutionen und Organisationen (Terjung 1997).

3. Personzentrierte Beratung: Mehr Autonomie und Selbststeuerung im Verhalten und Erleben

Gibt es eine personzentrierte Beratungstheorie?

In den vorigen Kapiteln war schon deutlich geworden, dass Rogers und viele andere Autoren des klientenzentrierten Ansatzes keine prinzipiellen Unterschiede zwischen »counseling« und »therapy« machen. Ähnliche Ursachen sind für Therapie- und Beratungsbedürftigkeit heranzuziehen, und ähnliche Methoden und Beziehungsbedingungen sind wirksam, vielleicht mit unterschiedlichem Gewicht. *Beratung, Therapie und Erziehung* scheinen für Rogers jeweils nur eine *Spezialform hilfreichen Verhaltens* zu sein. Das Setting und auch unterschiedliche Vorgehensweisen treten hinter das eigentliche Ziel der Persönlichkeitsentfaltung zurück. Er drückt dies so aus: »dass die Techniken … relativ unwichtig sind, außer in dem Ausmaß, in dem sie als Kanäle für die Erfüllung der genannten Bedingungen dienen« (Rogers 1991, dt. Übersetzung, S. 182).

Viele Bedingungen, wie oben aufgezeigt, sprechen nun dafür, Beratung als eine andere Form der Hilfestellung abzugrenzen: die Probleme des Klienten, das Setting mit seinem unterschiedlichen Aufgabencharakter, institutionelle und juristische Unterscheidungen der Arbeit usw. Im Wesentlichen geht es Beratungsklienten ja darum, die durch ihre spezifische Lebenswelt bedingten Schädigungen zu beheben und ihre Handlungsfähigkeit (wieder) zu erlangen. Die Probleme bestehen in übergroßen Stressbedingungen, in Benachteiligung, Einschränkung und Überforderung und den damit einhergehenden fehlenden Handlungs- und Lösungskompetenzen. Dadurch hervorgerufene Ängste, Gefühle der Wertlosigkeit und Hemmung sind nicht primär ein Ergebnis der *negativen Selbstentwicklung* wie beim Psychotherapieklienten, sondern stärker ein Ergebnis aktueller Belastungssituationen.

Natürlich gibt es eine Fülle von Überschneidungen zwischen den Anliegen von Psychotherapieklienten und denen von Beratungsklienten: Auch in der Therapie stehen Alltagsprobleme und konkrete Alltagsbelastungen manchmal oder oft im Vordergrund. Ebenso können in einem einstündigen Beratungsgespräch, wie es Carl Rogers am Beispiel des Falles »Gloria« zeigte, wesentliche Veränderungen des Selbst und der Beziehung zu wichtigen Bezugspersonen gelöst werden – Veränderungen, die man als »therapeutisch« kennzeichnen muss.

Im Folgenden soll anhand des klassischen Erklärungsmodells des personzentrierten Ansatzes für psychische Störungen geklärt werden, was Beratungsklienten im

Namen dieses Störungskonzeptes im Hinblick auf die *Inkongruenzproblematik*[1] *von Therapieklienten unterscheidet.*

Ursachen von Störungen bei Beratungsklienten:

Erleben von Inkongruenz
Das Erleben von Inkongruenz reicht von inneren Spannungen und Ängsten bis zur Nicht-Übereinstimmung wichtiger subjektiver Erfahrungen mit dem Selbstkonzept. Ursachen für das Erleben von massiven Inkongruenzerfahrungen sind nicht 150 wie beim Therapieklienten – die biografische Entwicklung eines »falschen Selbst« einschließlich eines fehlenden organismischen Wertungssystems auf Grund defizitärer sozialkommunikativer Bedingungen, z. B. in der Elternbeziehung. Beim Beratungsklienten sollte man mehr von *lebensereignisbedingten Inkongruenzen* sprechen. Der Beratungsklient kann die Anforderungen der für ihn wichtigen Aspekte seiner Lebenswelt nicht in Einklang mit seinen (vielleicht bisher bewährten und brauchbaren) Einordnungs- und Bewältigungskompetenzen bringen.

Angstentwicklung
Wie beim Therapieklienten führen starke Emotionen wie Angst, körperlich erlebte Spannung usw. zu vereinfachten Kognitionen und Einordnungsschemata von Umgebung und Personen. Er findet sich nicht mehr zurecht und greift auf unbrauchbare und einfache Erklärungsmuster und Handlungsmuster zurück. Dies ist jedoch nicht Folge eines »falsch entwickelten Selbst«, sondern beruht auf der mangelnden Durchschaubarkeit der Umgebung und der chronischen Überforderung.

Schlechte und fehlangepasste Handlungs- und Lösungskompetenzen
Im klassischen personzentrierten Theoriekonzept wird menschliches Verhalten weitgehend als von »innen« angeregt verstanden. Es wird als der zielgerichtete Versuch angesehen, die wahrgenommenen Bedürfnisse zu befriedigen (Rogers 1959). Das Individuum sucht also das Verhalten auf, das seinem Selbst, seinen Bedürfnissen und seinem Wertungssystem entspricht. Wenn ein Klient nun einer Gesellschaft und Lebensbedingungen ausgeliefert ist, die in schnellem Wandel neue Orientierungsmuster und Handlungskompetenzen verlangen, ist die Ursache für sein Versagen und für massive Verhaltensdefizite und Handlungskompetenzen nicht eine falsche Selbstentwicklung. Sondern sie liegt in den Anforderungen, die dem Selbst fremd erscheinen und von ihm nicht integriert werden können. Kennzeichnend ist hier z. B. die Problematik, die sich aus der Zugehörigkeit zu unterschiedlichen Kulturen ergibt. Die Komplexität der Lebenswelt macht es schwer, neue angemessene Reaktionen auf

1 Ich würde der Unterscheidung von Speierer (1994, S. 52) zustimmen, dass Inkongruenzen erhebliche und andauernde Erfahrungen von Unstimmigkeit sind. Demgegenüber lassen sich auch Inkongruenzerfahrungen denken, die konfliktfrei sind, wenngleich sie einen Teil der Alltagserfahrungen ausmachen: Immer erleben wir Grenzen unserer Möglichkeiten; Sichtweisen und Wünsche stoßen sich an der Realität, Erfahrungen des Ungenügens und nicht veränderbare Ereignisse und daraus resultierende unangenehme Gefühle begleiten uns.

ständig neue Umweltforderungen zu erwerben. Das entsprechende ineffektive Problem- und Lösungsverhalten wird weitaus mehr von außen als durch biografische innere Entwicklungen und Prozesse beeinflusst.

Welche Wirkungsprozesse spielen bei der Beratung eine wesentliche Rolle?

Tausch hält die folgenden drei Wirkungsbereiche für relevant bei der Wirkung von Problemgesprächen im Alltag:

- Reziproke Gefühle
- Angstminderung (unsystematische Desensibilisierung)
- Klärung von Kognitionen-Emotionen des Belasteten

Die Vermittlung positiver Gefühle (im Sinne von Echtheit, Empathie, Anteilnahme usw.) führt zu mehr Selbstachtung, zu Verminderung von Ängsten und zu mehr Sicherheit. Eine unsystematische Desensibilisierung liegt in dem Sinne vor, dass Angst erregenden Belastungen und Gedanken mit Verständnis begegnet wird, sodass diese schrittweise wahrgenommen und integriert werden können und in ihrer Bedrohlichkeit abnehmen. Schließlich führt die körperliche Entspannung und die nicht-bewertende Haltung des Beraters zur Möglichkeit, Dinge auch anders zu sehen, andere Bedeutungen wahrzunehmen usw. (s. Tausch 1996).

Meiner Meinung nach passt die Darstellung von Tausch mehr zu dem stressbelasteten und verängstigten Menschen, weniger gut zu dem Menschen, der umweltverursachte Orientierungs- und Informationsdefizite aufweist und dem es an einem geeigneten Handlungsrepertoire mangelt. Gerade die zuletzt genannten Defizite (fehlende Handlungs- und Orientierungskompetenzen) stellen einen wichtigen Aspekt der Beratungsarbeit dar. Informationsvermittlung und Übungsanweisungen, Rollenspiel und die Aneignung eines effektiveren Sozialverhaltens sind wichtige Arbeitsinhalte bei der Beratung.

3.1 Praxisbeispiel

Die in dem folgenden praktischen Teil enthaltenen zahlreichen Beratungsgespräche erstrecken sich auf die unterschiedlichsten Problemsituationen sozialpädagogischer Beratung. Dabei ist es wichtig, das bereits oben ausführlich dargestellte Typenschema der Beratung heranzuziehen (s. S. 28ff.). Es handelt sich zwar überwiegend um Probleme, die sich auf eine verbesserte *Beziehungsklärung und Selbstklärung* beziehen, also die Beratungstypologien 5 und 6 besetzen. Selbstklärung und Beziehungsklärung im Rahmen eines klärenden *explorativen Beratungsangebots* wird im Vordergrund stehen. Bei den weiteren Beispielen werden aber auch gelegentlich andere Beratungstypologien berührt.

Zur Erinnerung noch einmal das Typenmodell von Beratungen:

	Lebenswelt-Erfahrung	**Beziehungs-Erfahrung**	**Selbst-Erfahrung**
Information und Orientierung	Typ 1	Typ 2	Typ 3
Deutung und Klärung	Typ 4	Typ 5	Typ 6
Handlung und Bewältigung	Typ 7	Typ 8	Typ 9

Beispiele

Typ 1: Ein ausländischer Mitbürger wird mit der für ihn ungewohnten Situation nicht fertig und sucht in Bezug auf Arbeit, Beruf und Wohnung nach Hilfestellung.

Typ 2: Ein Ehepaar erhält in einer Beratungsstelle für Behinderte Hinweise über den Umgang mit der Behinderung.

Typ 3: Zur Klärung seiner persönlichen Interessen, Neigungen und Begabungen gibt der schulpsychologische Berater dem Klienten Auskunft über die Testergebnisse.

Typ 4: Der Berufsberater erläutert dem Klienten ausführlich die Voraussetzungen eines bestimmten Berufsweges und klärt diese im Hinblick auf seine Eignung ab.

Typ 5: Der Familienberater hilft den einzelnen Mitgliedern der Familie, sich ihre Erwartungen, Wünsche und Ziele klarer zu machen.

Typ 6: Der Berater fördert die Selbstexploration des Klienten und verhilft ihm zu einem besseren Verständnis seiner Person.

Typ 7: Zur Bewältigung seiner finanziellen und materiellen Situation zeigt der Schuldnerberater Wege auf, um schneller zu einer Entsorgung der Belastungen zu gelangen.

Typ 8: Zur Unterstützung des Verständnisses ihrer Partnerprobleme setzt der Berater Kommunikationsübungen ein, um die Beziehungsklärung zu verbessern.

Typ 9: Zur Verminderung von Spannungen und Stressbelastungen setzt der Berater bestimmte meditative Übungen ein, die den Klienten in der Alltagssituation entlasten sollen.

Die oben aufgeführten Beispiele zeigen, wie unterschiedlich Problemstellungen von Beratungsklienten im Hinblick auf Störungen in der Bewältigung seiner Lebenswelt, im Hinblick auf Beziehungen und das Selbsterleben sein können.

Unbenommen bleibt die Art der Beziehungen, die bei der Beratung gegenüber dem Klienten eingenommen wird. Hier gilt: Eine personbezogene Beziehung ist unabhängig von den Beratungsinhalten und den Beratungsanliegen!

Das folgende Beispiel einer psychotherapeutisch orientierten Beratung habe ich selbst vor einigen Jahren in einer Beratungsstelle durchgeführt. Das Beratungsgespräch bewegt sich im Wesentlichen in den Typen 5 und 6 (Beziehungsklärung, Personklärung). Der Hauptanteil der Arbeit besteht in der Förderung der Selbstexploration zur besseren Selbst- und Fremdwahrnehmung. Klärungsangebote kamen (es handelte sich um eine Studentin mit Studierproblemen) nur einmal vor im Sinne einer Studienberatung.

Zur Problematik der Klientin Helene D.

Helene D., 33 Jahre, Lehrerin, suchte die Beratungsstelle wegen erheblicher Unsicherheit im Sozialkontakt, gravierender Probleme in der Partnerschaft und starker Errötungserscheinungen und Errötungsängste auf. Das Erröten hindere sie besonders in ihrem Beruf als Lehrerin. Nach ihren Angaben tritt es auch besonders auf, wenn sie sich beobachtet fühlt und wenn sie mit Männern spricht, die sie eigentlich ganz gern kennen lernen möchte.

Zurzeit macht sie ein Zusatzstudium, kommt sich aber den anderen Studenten gegenüber schon sehr viel älter vor, so wie eine »typisch verkalkte Lehrerin«. Andererseits glaube sie, im Auftreten und in bestimmten Denkweisen am Stereotyp der Lehrerin festzuhalten. Sie ist vor mehreren Monaten von ihrem Mann geschieden worden und möchte – wie sie sagt – nochmals jung sein und dies auch genießen. Sie könne sich jedoch schwer so ausleben, wie ihre Gefühle eigentlich sind, da sie dann auch ein für sie verbindliches Normensystem aufgeben und revidieren müsste. Beruflich schildert sie sich als sehr tüchtig und gründlich, immer bemüht, allen Anforderungen auch perfekt nachzukommen.

Als Ziel der Beratung sieht sie, im Sozialkontakt sicherer auftreten zu können, gegenüber Männern sicherer zu sein und eine Entscheidung im Hinblick auf eine mögliche Trennung von einem wesentlich älteren Freund fällen zu können.

Frau D. entstammt einer Familienumgebung mit einer ausgesprochen bürgerlich-konservativen Lebensgestaltung. Die Suche nach Anlehnung an Wertvorstellungen der Umgebung, nach Billigung und Wohlwollen von Seiten anderer sind deutlich, als sie die Beratung beginnt.

Ihre erste Ehe habe nur kurz gedauert. Sie kann selbst schwer sagen, warum sie einen Mann geheiratet hatte, zu dem sich offensichtlich innerlich nie eine enge Beziehung eingestellt hatte. Die Ehe sei ihrer Meinung nach gescheitert, weil sie von ihrem beruflichen Status her ihrem Mann überlegen gewesen sei, was er nicht habe verwinden können. Die sexuellen Beziehungen seien unbefriedigend gewesen. In dieser Hinsicht habe sie aber nie große Erwartungen gehabt, da dies für sie nicht so wichtig sei und auch wohl in der Ehe der Eltern eine ganz untergeordnete Rolle gespielt habe. Inzwischen sei sie überzeugt, dass sie frigide sei.

Nach der Scheidung hatte Helene D. zwei kurzzeitige Beziehungen mit zwei Männern, dann eine Beziehung zu einem wesentlich älteren Mann, dem sie sich aber mehr freundschaftlich verbunden fühle. Sie möchte die für sie alles in allem unbefriedigende Beziehung zu diesem älteren Mann möglicherweise beenden, schreckt jedoch davor zurück, dann einem anderen Menschen wehtun zu müssen.

Hinweis auf die folgenden Gesprächsausschnitte

Helene D. war insgesamt fünf Stunden in klientenzentrierter Beratung. Im Folgenden sind die Klientenäußerungen mit »K« gekennzeichnet, die Berater-Äußerungen mit »B«. Zunächst wird der mit Tonband aufgenommene Beratungsabgeschnitt wiedergegeben. Diese Sequenzen sind mit dem Buchstaben A überschrieben und werden fortlaufend durchnummeriert (A 1, A 2 usw.). Diesen Abschnitten schließen sich jeweils Kommentare zum Beratungsgeschehen an, die mit B 1, B 2 usw. gekennzeichnet sind. Es sind Ausschnitte aus einem 2. und 5. Kontakt enthalten. Kurze Zwischentexte sind der Übersicht halber ergänzend hinzugefügt.

Klientenzentriertes Beraterverhalten ist nicht uniform und austauschbar, sondern aus dem Zusammenhang des Standes der Selbstexploration des Klienten, der Beziehung zwischen Klient und Berater und aus dem Stand des gesamten Beratungsablaufs zu verstehen. Daher wurde eine ganzheitliche, zusammenhängende Form der Darstellung gewählt und nicht eine Form, die das Vorgehen des Beraters lediglich *technisch* verdeutlicht.

Helene D., 2. Kontakt

Helene D. hat im ersten Kontakt ihre Problemsituation dargestellt, ebenso ihre Ziele, die sie erreichen möchte. Dabei ist sie auch ausführlich auf ihre Vorgeschichte eingegangen, auf ihre Eltern, ihre Ehe und die Gründe, die sie zur Scheidung führten.

In der hier vorliegenden zweiten Stunde geht sie auf ihre Errötungsprobleme ein. Sie ist dadurch im Sozialkontakt immer außerordentlich gehemmt und eingeschränkt. Sie habe vor wenigen Tagen einen Kommilitonen getroffen, der auch im gleichen Hause wohne, und mit diesem relativ unbefangen über vertraute und sexuelle Themen sprechen können. Dabei habe sie gemerkt, dass sie das Erröten zwar besser im Griff habe, jedoch sich sehr »gehemmt« und »humorlos« vorkomme, wenn das Gespräch eine größere Direktheit erreiche. Sie merke einerseits, dass dieser Kommilitone sich für sie als Frau interessiere, andererseits rufe dies bei ihr Gefühle von Scham, Verworfenheit und Angst hervor. Sie finde da überhaupt nicht mehr durch, wisse nicht, wie sie sich verhalten solle …

(A 1)

K Ja, er möchte, aber … er möchte wohl mit mir schlafen, aber eben unverbindlich, ja? Er sagt, ja, du hast deinen Freund da und ich hab meine Freundin da, was störts die beiden, oder was tuts den beiden weh, wenn wir uns hier amüsieren (Thja). Ja und … em … hinter dieser Einstellung steh ich nicht (B Hm). Ich … em … ich kann also … em … den sexuellen Verkehr … em … nicht als reines Amüsement betrachten (B Hm). Wenn, dann ist es für mich eine wirkliche Bindung (B Ja). Und ich hab … und ich hab ihm das auch gesagt, und ich hab auch gesagt, … em … dass ich befürchte, wenn ich tatsächlich mit ihm schlafe, dass aus dieser Beziehung … em … ein, ein starkes Gefühl der Bindung zu ihm entstehen könnte, ja? … vor dem ich mich selber schützen möchte, um nicht hinterher Herzeleid zu haben, wenn es auseinander geht, nicht? (B Hm) Und das hat er auch verstanden.

B Es ist so, dass Sie sich da irgendwie gut genug kennen, und dass Sie sich sagen, wenn ich mich jetzt hingebe, dann ist es … em … alles oder nichts … dann komm ich nicht mehr von weg, dann häng ich auch an der Person. (K Ja, ja) Ich kann das nicht einfach so spielerisch mal … mitmachen.

K Ja, ja. Das ist nicht das Gleiche … em … das gleiche Amüsement für mich, wie wenn man zusammen tanzen geht, oder sich so … em … ganz nett mal unterhält … und in die gleiche Kategorie wird ja heute oftmals der sexuelle Verkehr eingereiht, nicht? Und das ist es für mich eben nicht. Das ist nicht nur reines Amüsement für mich (B Hm), und er meint, ach, so hab ich das im Hinterstübchen, dass er mich eines Tages doch noch dahin bringen kann, ohne dass ich mich persönlich dann irgendwie verpflichtet oder gebunden fühle.

(B 1)

K *Inkongruenz von Selbst und Erfahrung:* In dieser – vor allem aber auch in den folgenden Äußerungen – wird deutlich, dass die Klientin sich einerseits aus starren, von außen übernommenen Bewertungskonstrukten erlebt (Moral, Treue, »wie man sich verhalten« muss), andererseits aber entgegengesetzte Gefühle erlebt wie Neugier, sexuelles Interesse, Spontaneität usw. Es überwiegen die Bezugnahmen auf starre, absichernde Konzepte der Erfahrung.

B Der Berater geht akzeptierend auf die bisherige Art der Erfahrungsverarbeitung der Klientin ein (»Alles-oder-Nichts-Prinzip«; immer »ernsthafte Grundprinzipien« haben).

K Helene wiederholt ihre Grundauffassung, lässt aber auch eine Revision ihrer Grundauffassung anklingen, die aber sich in ihr – quasi ohne ihr Zutun – von allein entwickeln müsste (»Er kann mich vielleicht mal dahin bringen«).

(A 2)

B Ja … und für Sie ist da jetzt son bisschen ne Verunsicherung eingetreten, ob Sie da wirklich fest sind … so in Ihren Vorstellungen, oder ob nicht da doch so eine Bewegung kommt …

K Ja, ja genau. Und ich weiß eben nicht, inwieweit das jetzt eben … em … moralisch zu vertreten ist, ja? Man sagt zwar heute allenthalben: Na ja, dem ganzen sexuellen Verkehr wird eben nicht mehr so viel Wichtigkeit beigemessen, wies eben früher war, nich? Aber trotzdem kann ich mich noch nicht ganz ... em ... von diesem ... em ... moralischen Wert lossagen. (B Hm) Ich hänge doch immer noch daran, also ich meine, wenn ich mit einem Mann schlafe, dass das für mich mehr bedeutet als nur Spielerei (B Hm). Also ich kann mich diesem noch nicht so ganz anschließen.

B Es ist für Sie jetzt schwer, da so nen eigenen Standort zu beziehen, dass Sie sich oft fragen, ja früher, da ging das nicht so ohne weiteres, und sich da konform verhielten und sich sagen, jetzt ist das ja alles ganz anders und brauch ich mich denn da überhaupt noch nach früher zu richten?« (K Ja, ja) Es ist jetzt schwer, dass Sie jetzt zu einem eigenen Standort kommen ...

K Ja, ja, und es geht nicht nur nach dem Früher, es geht nach meiner eigenen inneren Überzeugung, die ich sicher von früher übernommen habe, aber die ich heute noch in mir habe.

B Gehts Ihnen so, dass Sie diese Überzeugung ... ja, dass Sie da manchmal zweifeln, ob die überhaupt richtig ist, oder wie weit Sie das wirklich wollen? (K Ja, ja) ... Inwieweit das so von Ihnen kommt?

K Ja, das ist eben jetzt die Frage: Was ist jetzt *objektiv richtig*, nich? Sicher, so was muss jeder bei sich selbst entscheiden ... Auch, wenn ich eben weiß, dass heute diese Dinge viel leichter gehandhabt werden als früher ... aber wo ist da der objektive moralische Standort zu suchen?

B Ja, sie suchen so ... also nach so ner Richtlinie, die dafür existiert. Und es fällt Ihnen schwer, sich den Gefühlen und den Einstellungen, die so irgendwie auch da sind in Ihnen ... zu folgen?

K Ja ... ich könnte das nämlich, ... em ... wenn ich das jetzt täte, wenn ich dem jetzt nachgäbe, ... em ... fühlte ich mich irgendwie ... ja, gemein oder unfair gegenüber dem anderen, dem ich ja in gewisser Weise doch, ... oder überhaupt die Treue versprochen habe, nich? (B Hm) Da kommt dann wieder dieser moralische Wert der Treue hinzu, nich? (B Hm)

B Es ist, wenn Sie so nach Ihren Gefühlen gehen, dass Sie schon gern mit dem Mann, mit dem Sie da zusammen im Haus wohnen, da schon zusammen sein möchten, aber so, dass Sie ...

K Es ist noch nicht so, aber ich könnte mir fast vorstellen, dass das eines Tages dahin kommen könnte, ja? (B Hm) Aber ich meine, ich hätte ein sehr schlechtes Gewissen, wenn ich es täte. (B Hm) Wenn ich nicht gebunden wäre, wenn ich mich nicht selbst gebunden hätte, würde es mir möglicherweise leichter fallen, ja? (B Hm, hm) Aber so käm ich mir gemein vor. (B Ja)

B Ist es so, dass Sie diese Bindung nicht so richtig wollen, oder das Versprechen, dass es irgendwie ne zu große Last ist, oder?

K Das will ich nicht sagen. Bisher ist mir das nicht schwer gefallen, ... em ... weil ich eben auch selbst nicht ... em ... so einen großen sexuellen Drang verspüre, dass ich, ... dass mir das nicht ausreicht, ... die ... em ... Wochenenden, die wir zusammen sind. Also in diesem Konflikt war ich bisher nie, (B Hm) ja? em

... der Konflikt wird jetzt erst dadurch an mich herangetragen, dass da ein Dritter auftaucht, und ... em ... wo ich also erstmals auf diesen Gedanken gekommen bin, was mich früher nie .. em ... belastet hat.

(B 2)

B Der Berater erkennt sensibel den von der Klientin nur angedeuteten Aspekt und drückt dies einfühlend verstehend aus.

K *Inkongruenz von Selbst und Erfahrung* wird deutlich: Auf der einen Seite neue, verunsichernde Gefühle, auf der anderen Seite das Festhalten an Wertmaßstäben, die von außen kommen.

B Der Berater drückt vor allem die Standpunktlosigkeit der Klientin aus: Äußere Maßstäbe gibt es früher und heute, wo aber stehst du selbst?

K In dieser Äußerung wie auch in den Folgenden wird deutlich, dass die Klientin nach einem eigenen Standort sucht, nach der Bedeutung, die ihre eigenen Gefühle und Wahrnehmungen im Hinblick auf ihr Verhalten aufweisen. Sie spricht zwar von der Bedeutung solcher Grundhaltungen wie »Treue« (»Da kommt dann wieder dieser moralische Wert der Treue hinzu«), aber aus der Art der Formulierung wird deutlich, dass diese Werthaltung für sie so etwas ist wie eine von außen gesetzte Schablone ist.
Durch eine akzeptierende, moralisch nicht wertende Einstellung des Beraters kommt die Klientin in den folgenden Äußerungen dazu, sich dem Erleben ihrer Unzufriedenheit in Bezug auf sexuelles Erleben stärker anzunähern. Kennzeichnend für einen noch geringeren Reifungs- und Aktualisierungsstand ist es, dass sie die entstehende Verwirrung und die entstehenden neuen Gefühle diesem Mann gegenüber als von außen verursacht, gewissermaßen als ohne eigene Beteiligung entstanden, erlebt.

B Es ist für den Berater sehr wichtig, dass er sich in den Erlebensstand der Klientin hineinversetzt und sowohl auf die beharrenden, als starr empfundenen Anteile ihres Erlebens eingeht als auch auf neue Wahrnehmungen und Sichtweisen. Eine innere Stellungnahme und Überbetonung sichernder »konservativer« Einstellungen durch den Berater würde zu verstärkten Schuldgefühlen bei der Klientin führen (»wie kann ich nur solche Gefühle haben!«), eine zu starken neuen Sichtweisen ermutigende Einstellung würde sie möglicherweise zu sehr ängstigen und die Erarbeitung flexiblerer Sichtweisen einengen. Wichtig ist die Beachtung der Grundannahme von Rogers, dem Klienten als dem potenziell besten Kenner seiner Person die nötige Eigenverantwortlichkeit zuzubilligen.

(A 3)

K (B Hm, hm) Auf der einen Seite habe ich das Gefühl (K seufzt), wenn ich dem nachgäbe, ... nachgäbe, und wenn ich mit dem schlafen würde, dann hätte ich fast das Gefühl, für mich selbst, normal zu sein, so in die heutige Welt so richtig zu passen, ja? (B Hm) So, wie man das eben allenthalben … eh … eh (B Da: Sie fast …) … handhabt.

B … beruhigt wären, wenn Sie sich sagen »jetzt bin ich in«, auch wenn …

K Ja, so ungefähr (B Ja). Aber auf der anderen Seite könnte ich mir vorstellen, dass ich mir also … em … unwahrscheinlich … ja nicht gerade schlecht, aber doch gemein, eben nicht ehrlich vorkäme … (B Hm) das getan zu haben. (B Hm)

B Es ist schwer für Sie, da durchzufinden. Einerseits beruhigt Sie da etwas ….

K Wenn ich wüsste, das macht der L. auch … eh … also solche Einstellung, dass also Treue nicht unbedingt hundertprozentig notwendig wäre, ja? Ja, wenn ich das wüsste, würde es mir sicherlich leicht fallen. Obwohl ich mir nicht gut vorstellen kann, dass er jetzt auch mit einer anderen Frau schlafen würde. Das würde mich auch persönlich sehr treffen. (B Hm) Ja? (B Ja)

B Aber es ist fast schwer, sich da jetzt selbst zu entscheiden und da jetzt das zu verantworten, dass Sie am liebsten jetzt von dem anderen den ersten Schritt hätten, von Ihrem Freund, ja?

K Ja, das wäre für mich ne Rechtfertigung: Ja, wenn der das macht, kann ich das auch tun, nich? (B Hm) … Also verstehen Sie mich richtig. Ich habe nicht das Befürfnis, mit diesem hier … eh … mit diesem Kommilitonen dann zu schlafen. Das hab ich nicht, das Bedürfnis. Ich stelle mir nur vor, was wäre, wenn, ja?

B Hm … Ich beurteile es nicht. Ich hab da nicht ein bestimmtes Bild, … em … das ist böse, wenn man es macht, und es ist gut, wenn man da dem anderen treu bleibt, ja? (K Hm) Es ist vielleicht mehr so, dass wir so als Ziel mehr haben, dass vielleicht jemand das macht, wozu er sich dann … also … durchgerungen hat, … er so seinen Wünschen und seiner Natur und seinen Erfahrungen so entspricht (K Hm). Und dass ich da nicht jetzt das irgendwie als böse oder als schlecht ansehe. (K Ja)
Aber für Sie ist das so, dass Sie das so im Moment mehr als Möglichkeit fassen, ja? Und ganz schwer da durchfinden, wie (K Ja) sind denn nun meine Gefühle wirklich, und … nach wem richte ich mich dann aus oder, … dass das so eine Rolle spielt, ja?

Die Klientin drückt ihren Wunsch aus, nur dann eine Beziehung einzugehen, wenn auch eine tiefe Bindung daraus entstehe. Sie müsse immer vorher genau wissen, auf was sie sich einlasse. Sie sei in ihren Gefühlen da etwas starr angelegt.

B Ich fühls, dass Sie eigentlich so nach Richtlinien suchen, ja? (K Ja) Eigentlich könnte man das heute machen und eigentlich früher nicht … dann, das darf man so einfach jetzt … so dieses tiefe Gefühl, dass Sie da jetzt so furchtbar schwer durchfinden, ja? (K Ja) … Und wo wären denn da jetzt so irgendwelche Regeln, Richtlinien …

K Ja … also ich habe Treue immer als ne Selbstverständlichkeit angesehen. Ich hab in meiner ersten Ehe nie daran gedacht, überhaupt … eh … mit einem anderen Mann etwas anzufangen. Das war für mich so eine Selbstverständlichkeit. (B Hm)

B Das ist so ein bisschen ein Schritt hin, dass Sie so Dinge anzweifeln, die bisher selbstverständlich waren. (Kl Ja, ja)

(B 3)

K In den folgenden Äußerungen von Helene klingt an, dass sie nach äußeren Instanzen sucht, die ihr gewissermaßen die »Erlaubnis« geben, sich anders als bisher zu verhalten. Dabei spricht sie die »heutige Zeit« mit ihren veränderten Wertmaßstäben an und den Freund, der vielleicht auch »fremdgeht« und ihr damit die Berechtigung gibt, dies auch zu tun.

B Der Berater erkennt und versteht diese Überlegungen als Ausdruck dafür, wie schwer es ist, sich selbst zu entscheiden.
Möglicherweise sucht die Klientin auch (nonverbal?) nach einer »Erlaubnis« durch den Berater, genauer: nach dessen inhaltlicher Einstellung. In der abschließenden Äußerung macht der Berater Helene deutlich, dass er sich inhaltlich *nicht* entscheidet, sondern mehr die therapeutischen Bedingungen herstellt, unter denen die Klientin sich dann nach ihren Wertvorstellungen und Empfindungen entscheiden kann.
Durch diese Art der *Beziehungsklärung* und *therapeutisch-methodischen* Klärung wird auch die Eigenverantwortlichkeit des Klienten unterstrichen. Für die klientenzentrierte Art der Beratung stellt dieser Weg der Beziehungsklärung und methodischen Klärung des Arbeitsbündnisses Berater/Klient die wesentliche Unterscheidungskomponente zu Rat gebenden, aufdeckenden, inhaltlich lenkenden und anderen direktiven Formen der Beratung dar.

(A 4)

K … dass die so manchmal in Frage gestellt werden, und zwar von mir selbst, … denn entscheidend ist es ja so, dass die Öffentlichkeit, also die Gesellschaft eben, sich wohl längst darüber im Klaren ist und dass es doch eben so gehandhabt wird, dass man all diese Dinge nicht so genau nimmt. Ich war immer so … in allen Sachen so … em …, so eine, … also ich halte mich selbst so für einen Perfektionisten, nich? Was ich machte, das musste eben richtig sein und gut sein, bis zum Schluss, nicht? Und … eh … auf mich konnte man sich eben verlassen, nich? Wenn ich etwas versprach, das hielt ich auch, nich?

B Hm … das ist jetzt son Zweifel, ob man die Regeln blind einhalten sollte, ja? Auch so in Dingen wie jetzt …

K Ja, ich … ja ich erfahre nämlich doch immer wieder im täglichen Leben, dass andere längst nich so … eh … sind, eben wie ich und eh, … dass man sich eben nicht hundertprozentig auf die Leute verlassen kann und dass man nicht unbedingt immer alles glauben kann, was die anderen sagen, nich? (B Hm) Aber bei mir wars eben so, … eh … ich lüge nicht, und … eh … eh … ich versuchte immer, ein hundertprozentiger und anständiger Mensch zu sein. (B Hm) So ungefähr, ja? Also ein wirklicher Perfektionist. (B Hm) Ja, und … em …

B Das ist jetzt nur die Frage, ob Sie das weiterbringt, jetzt so perfekt zu sein? (K Ja, ja) … Oder ob Sie sich daran festhalten können, jetzt bestimmte (K Ja) übersichtliche (K Ja) Richtlinien zu haben, ja?

K Hm … und ich hab eben festgestellt, wohin ich mit meinem blöden Perfektionismus komme. Ich bin … eh … dann … eh … so verklemmt eben und unnatürlich, und andere Leute haben damit keine Last, nich? (B Hm)

B Ja, dass das manchmal so Ihre Natur einschränkt, ja? Oder so Ihre Gefühle einschränkt, ja? (B Ja)

K Ja, denn, … eh … denn … eh … wenn ich mal keine Lust habe, irgendein Versprechen einzuhalten, … meinetwegen ich hab mich irgendwo verabredet, und ich hab nun absolut keine Lust da hinzugehen, eh … und wenn ich dann tatsächlich mal meinem Gefühl nachgebe, und ich gehe auch nicht hin, dann fühle ich mich hinterher ziemlich … eben … schlecht und gemein, (B Hm) ja? Und ich glaube, eh … dass das andere Leute nicht so empfinden, (B Ja) dass sie also denken, ach ich hab keine Lust, ach ich lass …

B Aber so für Sie selbst, … dass Sie so manchmal etwas sich sagen, soll ich nicht doch ein bisschen mehr so den Gefühlen, die ich hab und (K Ja) so den Wünschen, die unmittelbar da sind, nachgeben. (K nachgeben) Soll ich nicht immer, soll ich nicht davon Abstand nehmen, mich immer in son Korsett (K Ja) zu pressen!

K Ja, genau. Ja, ja, ja, dass ich dadurch das Gefühl hab, ich werd irgendwie normaler, ja? Das heißt, ich passe mich also den anderen Menschen mehr an, die auch mehr oder weniger kleine oder große Fehler haben, nich? (B Hm) Und ich war nämlich bis jetzt immer eine, … ja, oder ich versuch das wenigstens zu sein, eine gute Tochter und eine gute Frau und … eben all das richtig und gut zu machen, (B Hm) nich? Und mir hat das unheimlich viel ausgemacht, wenn also jemand, .. eh … em … wenn also ich mich in einer Situation nicht so verhielt, wie jemand von mir erwartete und mich deshalb irgendwie … em … ein bisschen ablehnte oder negativ betrachtete.

(B 4)

K *Erweiterung des Bezugsrahmens:* Die Klientin erweitert den Bezugsrahmen, in dem sie sich sieht und erlebt. Sie geht von der Frage des »richtigen« Verhaltens im sexuellen Bereich ab und kommt zu einem für sie zentralen Aspekt ihres *Selbstkonzepts:* die für sie zu große *perfektionistische* Komponente ihrer Person und die damit verbundenen Einschränkungen in Bezug auf spontanes und

ungehemmtes Verhalten. Sie distanziert sich deutlich von einem Teil ihrer Person, der ihr bisher Absicherung, das Gefühl von Anständigkeit und Zuverlässigkeit erbracht hat. Bisher feste Konstrukte der Erfahrungseinordnung kommen in Bewegung.
Aus den letzten Äußerungen ist allerdings wieder ersichtlich, dass sie – noch vordergründig – mögliche Veränderungen als ein »Normal-Werden« im Hinblick auf der Allgemeinheit ähnlicher Werden betrachtet.

Helene D., 5. Kontakt

In den beiden dazwischenliegenden Stunden spricht Helene D. das Problem des Älter-Werdens an. Manchmal habe sie das Gefühl, bisher nicht richtig gelebt zu haben. Sie sei durch Erziehung und durch die Art ihrer Eltern zu einem vorsichtigen, gehemmten Menschen geworden, obwohl sie eigentlich viele Gefühle in sich habe und auch sehr viel Spontaneität habe. Besonders in der vierten Stunde weint sie viel angesichts der vielen Jahre, in denen sie bisher falsch gelebt habe und vieles in sich unterdrückt habe.

Zu Beginn der 5. Stunde berichtet sie über eine Reihe von positiven Änderungen, die sie inzwischen erlebt habe. So habe sie oft vor mehreren Menschen und in großen Gruppen gesprochen, ohne von dem Gefühl, rot zu werden, beeinträchtigt worden zu sein. Sie werde zwar »körperlich« noch etwas rot, messe dem aber nicht mehr so viel Gewicht zu und wende sich mehr sachlichen Aspekten zu. Die Beratungsstunden gäben ihr die notwendige Sicherheit, sich im Alltag mehr zuzutrauen.

(A 5)

K Ja, ja … also ich hab selbst das Gefühl, dass etwas in mir vorgeht, ja? (B Hm) Dass dieses Erröten, also dass das etwas verschwindet. Ich hab das Gefühl, in mir geht etwas vor, nich, was ich selbst nicht steuern kann. Aber ich bin glücklich darüber. (B Hm) Ich kann das auch nicht verbalisieren. Ich habe einfach das Gefühl, da ist ein Prozess im Gange. (B Hm) Und ein Prozess, der eben zum Positiven für mich enden kann, ja? (B Hm) Aber ich habe das nicht bewusst in der Hand, ich kann das nicht steuern. Da geht etwas mit mir vor, und ich bin glücklich darüber. Und ich hab also das Gefühl, und ich weiß auch, dass das unbedingt mit der Stunde zusammenhängt, und eh …

B Es ist noch nicht so weit, dass es ohne die Stunde geht. (K Ja, ja) Dass Sie schon spüren, da geht was in mir vor, und ich kann … da irgendwie kommt es auch aus mir selbst, aber (K Ja, ja) … es geht nicht ohne diese Stunde.

K Ja, ja, ja, genau. Also ich, … es ist nicht so, dass ich das vollkommen kontrollieren kann, in der Hand habe, das nicht. Ich meine, da ist etwas in mir, ja, was da vor sich geht … (B Hm), und auf jeden Fall, ich schreib das der Stunde zu. Also ich muss Ihnen ganz ehrlich … ich hab mir zu Anfang nicht sehr viel davon versprochen. Ich war einfach froh, eben mal über diese Dinge sprechen zu können. Aber als ich dann da war und jemand nicht nur verstand und voll zuhörte, sondern auch Fachkenntnisse darüber hatte und möglicherweise irgendwelche Hilfen parat hatte, ... aber ich hatte mich ja jetzt son bisschen darauf fixiert, ... eh ... das muss irgendwie ... eh ... jetzt durch eine außenstehende Kraft jetzt geschehen, ja? (B Hm)

(B 5)

K Helene erlebt enthusiastisch, wie Veränderungen in ihr vorgehen. Sie kann dies nicht so sehr beschreiben als neue Einsichten, Entscheidungen oder Verhaltensweisen, sondern mehr als neuen *Prozess.* Sie erfährt diesen aus sich selbst kommend, führt den Einfluss dieser Veränderungen aber auf die Stunde (und damit auf den Berater) zurück. Für Veränderungen durch klientenzentrierte Therapie und Beratung ist es charakteristisch, dass sich Änderungen in Form veränderten *Selbsterlebens* abspielen, für den Klienten oft nicht erklärbar oder begründbar. Durch die erfahrene Wertschätzung und das Verständnis seitens des Beraters tritt in der Beziehung zu sich selbst eine ähnliche Qualität wie in der Außenbeziehung Berater/Klient ein: Die Klientin akzeptiert sich mehr und ist auch in der Lage, mehr Gefühle und Wahrnehmungen zuzulassen, sich weniger starr einzuschränken und zu unterdrücken.

B Der Berater reagiert in der Frage der Zuschreibung der Veränderungen und der damit verbundenen Dankbarkeit der Klientin möglicherweise zu »bescheiden« oder seinen Anteil verdeckend. Unter Umständen wäre folgende Äußerung des Beraters weniger abgrenzend und auch (angesichts der Tatsache, dass er als »Facilitator« für die Änderungen der Klientin tatsächlich wichtig war) realistischer: »Ich freue mich richtig mit Ihnen mit, auch ... dass wir zusammen so weit gekommen sind und dass ich da einen ganzen Teil beitragen konnte.« Die Äußerung der realen Beratungssituation wirkt stärker Ergebnisorientiert (bald ohne die Stunde zurechtkommen) und nicht so persönlich-offen wie die oben konstruierte Äußerung *(Echtheit).*

(A 6)

K Ich dachte so mit der Hypnose, nich? (B Ja) Ich empfand das mal als meine letzte Rettung, von jemand mir diese Dinge von mir nehmen zu können, nicht, dass das aus mir selbst kommt.

B Ja, dass das, sone stille Hoffnung war eigentlich da, dass das jetzt wie ein Medikament so diese ... oder ein Außenstehender Ihnen das so vermitteln kann oder wegnehmen kann.

(K Ja, ja) Dass Sie, verstehe ich das richtig, dass Sie mehr merken, das kommt eigentlich irgendwie mehr aus Ihnen. Oder dass was in Gang kommt. (K Ja) Und irgendwann kommen wir auch dahin, dass das ohne diese Stunde geht?

K Ja, ja. Das wär schön, nich? Das wär schön. Aber Sie haben da was bei mir in Gang gebracht, ... ich kann das nicht beschreiben. Ja, ich weiß es nicht, ich sehe nur den Erfolg, dass ich auch so mit Leuten sprechen kann, so in den Fluren einer Abteilung, nich? (B Hm) So mit Leuten im großen Kreis zusammenstehen kann und mit denen sprechen kann, ohne diesen stetigen Gedanken da, jetzt wirst du rot, jetzt wirst du rot. (B Ja) Der Gedanke, der ist einfach gar nicht mehr so wichtig, der taucht auf, aber ...

B Dass es eigentlich gar nicht dieses Rotwerden ist, das ist so viel mehr, glaube ich, auch sone Einstellung zu anderen Leuten, (K Ja) oder mehr, sich nicht so beobachtet fühlen. (K Ja) Mehr offen sein können und so. (K Ja) Nicht mehr so viel an sich selbst denken, ja?

K Ja, ja, genau. Ich merke, wenn wir zusammenstehen, es geht da um eine bestimmte Sache, und man unterhält sich so intensiv über diese Sache, dass alles andere um mich herum mich nicht mehr interessiert, also auch nicht ich persönlich mit meinem Rotwerden. (B Ja) Das steht nicht mehr im Mittelpunkt. (B Hm) Es ist ein, ein bedeutender Unterschied zu den Anfängen, wo es für mich ne Qual war, zu anderen Leuten zu gehen und mit ihnen zu reden.

B Hm, es ist einfach son Wegkommen von egozentrischen Grübeleien, ja? (K Ja) Sie sind etwas gelöster und sagen sich, dass Sie sich offen den anderen Dingen zuwenden können.

(B 6)

K Helene berichtet von der Wirkung der Stunden und von Veränderungen in Bezug auf Rotwerden und Unsicherheit im Sozialkontakt

B Der Berater verharrt nicht auf der Bilanzschilderung der Klientin, indem er innehält und sich mitfreut, sondern geht mehr auf weiterführende, neu zu bearbeitende Aspekte der Äußerungen ein wie:
- Wie kommen wir dahin, dass es bald ohne diese Stunde geht.
- Wie kommen wir dahin, dass Sie noch mehr offen sind, nicht so viel an sich denken. Es gibt noch andere Probleme ...

Möglicherweise verwirklicht der Berater hier stärker auf weiterführende, zu bearbeitende Momente des Erlebens gerichtete Bemühungen und nicht so sehr anhaltende, teilnehmende (emotional) und »solidarische« Momente.

(A 7)

K Ja, ja, aber ich, ... das Ganze nimmt mir eben so viel Befangenheit, dass es mir ganz egal ist, ob mich jetzt andere angucken oder wie sie von mir denken oder so. Ich hatte letztens einfach das Bedürfnis, mich hinzusetzen und eine Zigarette zu rauchen. Und oben in der Abteilung standen nur Tische herum. Es waren also keine Stühle da. Da hab ich mich einfach ganz unkompliziert aufn Tisch gesetzt und ne Zigarette geraucht, und vor mich hingeguckt und so mir meine Gedanken gemacht, was ich so vorhab und so. Und mir war das ganz egal. Em ... früher hab ich immer gedacht, ach jetzt ... kommt irgendeiner an dir vorbei und denken so und gucken dich an und so ... dieser Gedanke war vollkommen weg, nich? (B Ja) Es war mir ganz egal. Ich dachte gar nicht daran, was die anderen denken könnten. Dass ich da nun alleine saß und so, ne? Das war mir ganz egal. Ich hatte, ich war ...

B Das war einfach so gekommen, dass Sie das nicht mehr so ernst nehmen, oder was die anderen nun von Ihnen denken. (K Ja) Dass Sie so etwas mehr wichtig nehmen wie so Ihre Gefühle sind, (K Ja) und ... ja wenn da jemand vorbeikommt, ja, dass son Stück, es nach den Wünschen der anderen zu machen, verloren ist. (K Ja, ja, genau) Hm, dass Sie nicht mehr so eingeschüchtert sind durch das, was die anderen jetzt denken.

K Und vor allem, weil ich ja immer dachte ... oder weil ich ja meine Gedanken immer in die anderen hineindachte eben, also was ich von mir aus dachte, ach jetzt denken die anderen von mir das und das, (Hm) nich? Das, eh, das tu ich jetzt gar nicht mehr.

B Sie dachten jetzt, so, wie Sie sich selbst als komisch oder unangepasst vorkamen, dass die anderen jetzt auch so denken: Wie kann man sich so hinsetzen, (K Ja) wie kann man sich so verhalten.

K Das war mir, ... der Gedanke war gar nicht da, ja? Ich war richtig stolz, dass ich zwar machen konnte, was ich wollte, aber richtig dahinter stand, ne? Nicht, dass ich jetzt bewusst etwas tat, bewusst ... eh, ... eh, mich zu etwas zwang, was mir selbst nicht eigen war, nich? (B Hm) Das wirklich ich selbst, ich stand selbst dahinter. Ich hatte mir selbst nichts aufgezwungen, irgendwie.

B Hm, hm. Es war so durch keinen äußeren Druck und auch nicht so ... willentlich. Das war auch so, dass es mein Bedürfnis ist und dass es sich so ergibt, und da brauch ich gar nicht drüber nachzudenken.

K Ja das ergab sich so. Ja, ja, ganz genau.

B Es ist so, dass Sie sich noch mehr solcher Erfahrungen wünschen?

K Ja sicher. Ich möchte, ja ... am liebsten würde ich ganz gelöst sein und überhaupt nicht mehr das Gefühl des Verkrampft-Seins spüren, dass ich wirklich ganz gelöst, natürlich bin. (B Hm)
Ja, dass ich also selbst dahinterstehe, hinter dem Verhalten, so wie ich mich gebe. Sonst hab ich eben, ja, mitgemacht und mitgeredet, Ja? Aber war selbst nicht ganz gelöst dabei (B Hm). Ich war eben nicht immer mit den Gedanken bei mir selbst (B Hm). Ich hab mich praktisch immer ...

B Es war so etwa erzwungen und son Zustand, ich möchte nicht auffallen (K ja, ja). Ich möchte doch so halbwegs mitgehen (K ja, ja).

B Ich freue mich so richtig mit, dass es Ihnen so gut geht!

K Ja (lachen beide). Das hätte ich nie gedacht. Ach, ich bin richtig glücklich darüber. Ist wirklich wahr! Aber das ist eben nicht ganz (B Ja). Aber ich mein, jetzt hab ich schon das Gefühl, viel geschafft zu haben. Das kann ich eben alles nicht auf einmal verlangen, nicht?

(B 7)

K Helene fährt fort in der Darstellung positiver Änderungen. Sie fühlt sich sicherer im Sozialkontakt, spürt aber auch eine stärkere gefühlsmäßige Abgrenzung, Entmischung ihrer subjektiven Wahrnehmungswelt von der anderer: »weil ich ja immer in die anderen hineindachte«.

B Der Berater geht verstehend und akzeptierend auf die Äußerungen der Klientin ein.

K Fortsetzung der positiven Schilderungen über Veränderungen: weniger Druck, geringere Verkrampfung …

B Nimmt auch gefühlsmäßig Anteil an den Veränderungen und drückt dies aus (Freude, lacht mit).

3.2 Personzentrierte Beratung bei unterschiedlichen belastenden Lebensereignissen

Vorbemerkungen

Die folgenden Gespräche wurden von Studentinnen und Studenten mit Menschen geführt, die sich in belastenden Lebenssituationen befanden. Aus der Vielzahl von Gesprächen, die in dem Vertiefungsgang »personzentrierte Gesprächsführung« angeboten wurden, sind diese herausgegriffen worden, da sie von der Unterschiedlichkeit der Probleme und vom Vorgehen der Beraterinnen und Berater ungefähr repräsentativ waren. Sie erheben keinen Anspruch auf Vollständigkeit, Perfektion in der Durchführung und durchschlagenden Erfolg bei der Problemlösung.

Sie machen dennoch deutlich, dass junge Menschen, wenn sie ihr natürliches Potenzial an Anteilnahme, einfühlendem Verstehen, Akzeptanz und Aufrichtigkeit einsetzen, ohne langjähriges Training und vieljährige Praxis beträchtliche Erleichterungen bei den Gesprächspartnern erzielen können.

Die folgenden Gespräche sind aus der Sicht der Studentinnen und Studenten kommentiert und geschildert. Ihr Erleben war wichtig, um – parallel zur »Innenseite« der Klienten – auch etwas über den Erfahrungsprozess der studentischen Helfer zu erfahren. Diese Erfahrungsprozesse machen deutlich, dass lernende Beraterinnen und Berater ein beträchtliches Maß an Fähigkeit zur Anteilnahme, innerem Engagement sowie an Konfliktbereitschaft und der Bereitschaft, sich in Frage zu stellen, aufbringen müssen, um sich den unten dargestellten, zuweilen dramatischen Lebensproblemen stellen zu können. Insgesamt zeigt dies aber auch, dass man Studierende höherer Semester, die in Kürze selbst in die Praxis gehen, mit dieser Form exemplarischen Lernens durchaus konfrontieren kann, soweit dazu eine parallele Betreuung in Form von Supervision und Kleingruppen schützend stattfindet.

Die Namen, die jetzt vorkommen, die Umstände und Fakten sind so weit geändert, dass ein Wiedererkennen der Betroffenen nicht möglich ist. Den anonym teilnehmenden Betroffenen sei an dieser Stelle auch dafür gedankt, dass sie zu einem wichtigen Lernprozess beitrugen, der für die lernenden Beraterinnen und Berater von großer und nachhaltiger Wirkung war.

In der Regel wurden drei Gespräche geführt. Nicht immer wurden alle Ausschnitte ausgewählt. Manchmal zeigt *ein* Gespräch schon exemplarisch das Vorgehen und die Problematik an. Manchmal sind Ausschnitte aus mehr als einem Gespräch enthalten, um eine Entwicklung aufzeigen zu können.

3.2.1 Reifungsproblematik – Ablösung von den Eltern

Die Ablösung von den Eltern stellt eine Aufgabe dar, die für jeden jüngeren Menschen sich krisenhaft zuspitzen kann. Dennoch ist ein Ausweichen vor diesem Problem nicht möglich, soll es nicht zu einer Ansammlung von Belastungen kommen, die den Entfaltungsprozess noch mehr einschränken. Oft wird die Belastungssituation erst akut im Zusammenhang mit konkreten Ereignissen wie Umzug, Beginn einer Ausbildung oder des Studiums, Freundschaften und Beziehungen außerhalb des elterlichen Rahmens usw. Für die jungen Menschen gilt es dann, neue Bezugsgruppen für sich zu erschließen, sich neuen Wertvorstellungen und Lebensentwürfen auszusetzen, veränderte Normen zu akzeptieren oder abzulehnen. In der heutigen Gesellschaft mit ihrem Pluralismus an Lebensmöglichkeiten, Angeboten, Gruppenangeboten, Formen des jugendlichen Zusammenlebens bis hin zu Jugendkulten, Sekten und fundamentalistischen Zusammenschlüssen wird die Suche nach neuer Orientierung und einer neuen Identität schwieriger als in einer traditionsgebundenen Gesellschaft. Dem Angebot an unterschiedlichen Lebensentwürfen stehen ja oft auch die für Jugendliche noch geringen Möglichkeiten der Erreichbarkeit mancher Ziele gegenüber durch geringes Einkommen, fehlende Arbeit oder fehlende berufliche Perspektiven.

Für Jugendliche beginnt die Frage nach einem veränderten Selbstbild, das mehr den Inhalten ihrer Vorstellung entspricht und nicht den Erwartungen der Eltern. Gleichzeitig müssen Idealbilder entwickelt werden, die realisierbar sind und nicht in die Wunsch- und Traumebene führen, die möglicherweise nur noch durch Rausch- und Suchtverhalten erreichbar ist.

Die Grundfrage dabei ist ja immer: Was nehme ich mit, was lasse ich hier. Gelingt eine Abgrenzung gegenüber den Eltern und eine Integration bisheriger Werte mit den Werten der neuen Bezugsgruppen, der gegenwärtigen auf einmal so wichtigen Lebensweisen, oder tritt an Stelle einer Integration die Abspaltung, die Ausblendung, die prinzipielle Auflehnung oder der Trotz gegenüber den Wertvorstellungen, Gewohnheiten und Verhaltensweisen, die bisher bestimmend waren. Ist der Jugendliche genügend offen in seinen emotionalen Bezügen für andere Menschen oder in elterliche Beziehungen verstrickt, die auch weiterhin das Muster seiner Beziehungsaufnahmen und seiner Beziehungsgestaltungen beeinflussen. Eine sinnvolle Ablösung und ein sinnvoller Aufbau neuer Beziehungspersonen kann dann nur gelingen, wenn ein gewisser Abschluss eines kindlichen Beziehungsverhaltens und damit verbundener Wünsche stattgefunden hat. Häufige Fehlformen von Ablösungsprozessen sind:

- Übertriebener Trotz, oppositionelle Einstellungen aus Prinzip.
- Die unbewusste Fortführung elterlicher Einstellungen und Verhaltensgebote, verinnerlichter Wertvorstellungen in der neuen Umgebung: Festhalten ohne Veränderung.
- Der Lösungsprozess wird negiert. Das elterliche Bezugssystem bleibt bestimmend, es werden keine Abgrenzungsprozesse und Auseinandersetzungen gewagt: »Nesthocker-Syndrom«. Dem jungen Menschen bleibt der Zutritt zu neuen Bezugsgruppen, zu neuen Werten und Verhaltensweisen, im weitesten Sinn der Kontakt zu kulturellen und gesellschaftlichen Brüchen und Veränderungen verwehrt.

Der *Personzentrierte Beratungsansatz* kann hier besonders wichtig und sinnvoll sein, weil er zum Aufbau und zur Veränderung von Identität und Selbstkonzept konzipiert wurde. Der junge Mensch wird in seinem Selbstfindungsprozess unterstützt, ohne dass ihm der Berater Vorgaben, Vorschläge und Direktiven erteilt. Neben der Akzeptanz und Wertschätzung ist es wichtig, sich auch in einen so unruhigen, von unterschiedlichsten Gefühlen und Wahrnehmungen gekennzeichneten Lebensabschnitt empathisch einzufühlen. Die Glaubhaftigkeit des Beraters muss sich auch durch die Art zeigen, in der dieser, zum Teil auch konfrontierend oder sich auseinander setzend, er selbst bleibt, das heißt, transparent und echt ist. Das Beziehungskonzept des personzentrierten Ansatzes ist meines Erachtens gegenüber allen »erziehenden«, direktiven oder »patriarchalischen« Beratungskonzepten in besonderer Weise geeignet, bei jungen Menschen, die sich von ihren bisherigen Bezugsgruppen ablösen, eingesetzt zu werden. Ein solches personzentriertes Beratungsgespräch wurde von Martina durchgeführt. Sie beschreibt:

- **Das Setting**
  Die Gespräche fanden bei mir zu Hause im Wohnzimmer statt, also in einer vergleichsweise behaglichen Umgebung. Wir saßen auf bequemen Stühlen am Esstisch, auf dem der Kassettenrekorder und der Aschenbecher standen. Der Aschenbecher war eigentlich ein Problem für mich, denn einerseits stört mich der Rauch, andererseits weiß ich, dass er für viele Menschen zum Wohlbefinden und zur Entspannung dazugehört. Daher habe ich es erst mal zugelassen. Der Rekorder war wider Erwarten für meinen Klienten kein Problem. Als ich ihm erklärte, wozu die Aufzeichnungen gebraucht würden, schien ihm das recht gleichgültig zu sein. Die Lösung, das Gespräch an den Esstisch zu verlegen, schien zunächst sehr günstig, da ich nur eine Couch habe und keinen Sessel. Allerdings zeigte sich, dass es dem Klienten gute Gelegenheit gab, sich hinter dem Tisch zu verschanzen.
  Obwohl ich versuchte, mich so zu setzen, dass ich ihm schräg gegenüber saß, setzte er sich oft richtig an den Tisch. Ob das jetzt nur Gewohnheit war oder ob er sich

irgendwie verbergen wollte, kann ich nicht sagen. Trotzdem war der Esstisch die beste Lösung, da wir uns auch sonst gelegentlich bei mir treffen und das Gespräch so eine andere Bedeutung bekam.

- **Der Klient**
  Als Klienten habe ich trotz aller Warnungen, keine Familienmitglieder zu nehmen, meinen Vetter ausgewählt. Das hängt mit mehreren Faktoren zusammen. Zunächst war er gar nicht als endgültiger Klient für den Abschlussfall gedacht, sondern nur als eine Art Vorübung. Das hängt mit dem eben schon angesprochenen Problem zusammen, dass mir etwas unwohl bei dem Gedanken war, einen fremden Klienten zu bekommen. Nach dem ersten Gespräch bat mein Vetter um ein weiteres, und da ein Bekannter, der als Abschlussfall in Frage gekommen wäre, aus anderen Gründen nicht in Frage kam, ist es dabei geblieben. Da die Gespräche jetzt schon einige Zeit zurückliegen, kann ich sagen, dass sie sich nicht nachteilig auf unsere Familiensituation ausgewirkt haben. Tatsächlich sind sie nicht einmal angesprochen worden. Der Klient ist 19 Jahre alt, machte zurzeit der Gespräche gerade sein Abitur und ist von drei Kindern das Einzige, das noch im Hause der Eltern wohnt.

- **Das Problem**
  Während der Vorgespräche gibt der Klient Ablösungsprobleme und eine sehr enge Mutter-Sohn-Beziehung als Problem an. Er beklagt den starken Einfluss der Mutter auf sein Leben und seine eigene Unselbstständigkeit. Im Verlauf der drei Gespräche verlagert sich die Problematik. Das resultiert teilweise daraus, dass er sich der Situation bewusst wird und sie ändern möchte, teilweise aber auch aus den Veränderungen seiner Lebensbedingungen (Beendigung der Schulzeit, Auszug zur Freundin etc.). Daher kennzeichnen die Gespräche verschiedene Phasen des Problems.

- **Erstes Gespräch**
  Im ersten Gespräch konzentriert er sich sehr auf die Beziehung zur Mutter, wobei er zunächst die Anforderungen und Erwartungen an ihn beschreibt, von denen er sich völlig eingeengt fühlt. Die Mutter ist für ihn eine zentrale Person in seinem Leben, sodass es ihm unmöglich scheint, sich von ihr zu lösen. Den Grund für diese Entwicklung sieht er darin, dass kein langsamer Ablösungsprozess (den die Mutter hätte initiieren sollen) stattgefunden hat, sondern er sich plötzlich in einer völligen Abhängigkeit findet. Sein Dilemma liegt in der ambivalenten Haltung dieser Situation gegenüber. Einerseits braucht er die Sicherheit bei der Mutter, andererseits wünscht er sich mehr Selbstständigkeit und Freiheit. Das hindert ihn an einem konsequenten Verhalten der Mutter gegenüber. Vordergründig stört ihn, dass die Beziehung zur Mutter sehr zeit- und arbeitsaufwendig ist und ihn hindert, seinen Bedürfnissen nachzugehen. Mein Eindruck war allerdings, dass er die Beziehung genauso braucht wie seine Mutter, da er keinen ernsthaften Versuch macht, sich daraus zu befreien.

- **Zweites Gespräch**
  Im zweiten Gespräch wird deutlich, dass sich seine Haltung auch auf andere Beziehungen und Lebensbereiche auswirkt. Diesmal steht mehr seine Angst im Vordergrund, es allen recht zu machen, wobei er allerdings zu kurz kommt. Auffällig ist seine panische Angst davor, andere Menschen zu verletzen.
  Die Freundin und die Mutter bilden jetzt die beiden Pole, um die sich sein Leben dreht. Das bedeutet eine Verschärfung seines Problems, da beide unterschiedliche Ansprüche stellen und der Druck auf ihn zunimmt. Daher wird eine Lösung dringender, während er vorher eher Verständnis für seine Situation suchte.
  Dass er zwischen den Gesprächen über seine Lage nachgedacht hat, zeigt, dass er viel mehr eigene Empfindungen ausdrückt. Er betont seine eigene Unsicherheit und äußert die Möglichkeit, dass er es möglicherweise ist, der nicht loslässt. Er bedauert seine mangelnde Entschlusskraft, daraus Konsequenzen zu ziehen. Obwohl er seine Situation sehr klar darstellt und auch den Lösungsweg erkennt, beharrt er darauf, dass er diesen nicht gehen kann, da er anderen Menschen damit wehtäte.

- **Drittes Gespräch**
  Das dritte Gespräch unterscheidet sich insofern von den anderen, dass er begonnen hat, sich etwas abzunabeln, was aber wiederum zu Konflikten führt. Einmal der äußerliche Konflikt, den seine veränderte Haltung, besonders der Freundin gegenüber, mit sich bringt, aber auch innerliche Konflikte, da er immer noch sehr unsicher ist und im Grunde gerne etwas geführt werden möchte.
  Die Ablösung von der Mutter wird hauptsächlich durch äußere Einflüsse, wie z.B. Zeitmangel, erreicht. Da er bei der Freundin lebt, besteht die Gefahr, dass er nun in eine neue völlige Abhängigkeit rutscht. Hier distanziert er sich aber, obwohl das einige Konflikte schafft. Obwohl es ihm schwer fällt, versucht er, einige eigene Lebensbereiche aufrechtzuerhalten.

1. Gespräch

B Ja, wir sind hier zusammengekommen, damit du mir von deinen Problemen erzählen kannst. Dafür haben wir eine Dreiviertelstunde Zeit.
K Hm, gut ... ja also, ich hab das Gefühl, dass ich in unserer Familie nicht ganz ernst genommen werde. Sodass ich zum Beispiel nicht das Vertrauen bekomme, das mein älterer Bruder bekommt.
B Hm ... (kleine Pause)
K Soll ich jetzt ein paar Beispiele sagen?
B Ja, wenn du möchtest.
K Zum Beispiel hats also ziemlich lange gedauert, bis ich bei meiner Freundin schlafen durfte ... oder bis meine Mutter mir vertraut hat, dass ich keine Drogen nehme ... oder dass ich auch ganz alleine einen Haushalt führen kann.

B Du hast praktisch das Gefühl, dass Sachen, die anderen zugetraut werden, dir noch längst nicht zugetraut werden …
K Ja …
B … obwohl das alles für dich selbstverständlich ist.
K Ja. Moment, was heißt jetzt selbstverständlich für mich ist?
B Dass du das für dich so siehst, dass du das alles kannst.
K Ja, ja, genau. Nur für meine Mutter ist das halt nicht selbstverständlich.
B Hm. (Pause)
K Und deswegen bin ich jetzt auch am Überlegen, obs nun wirklich so ist, also das mit dem Selbstverständlich ist für mich gar nicht mehr so selbstverständlich, also ich weiß jetzt nicht, ob ich das wirklich nicht kann oder ob meine Mutter mir das nur nicht zutraut, dass ich das kann.
B Also die Haltung übernimmst du jetzt schon für dich selber.
K Also ich denk zumindest darüber nach. (Pause)
B Also ich seh das jetzt so, dass Sachen für dich zum Problem werden, die du früher als ganz selbstverständlich angesehen hast, aber durch dieses Misstrauen von deiner Mutter bist du dir da selber unsicher geworden.
K Ja, und auch manchmal so unsicher, dass es dann auch wirklich nicht mehr klappt. (kleine Pause) Deshalb fällt mir auch das ganze Ablösen von meiner Mama auch ein bisschen schwer, da bei ihr gings mir besser, da hat immer alles hundertprozentig geklappt – nur da hatt ich das Gefühl, nichts wert zu sein.
B Das ist jetzt praktisch so eine Zwickmühle – einmal die Selbstständigkeit und einmal eben die Sicherheit, die du dafür aufgeben musst.
K (fällt B ins Wort) Ja, ja genau. (Pause)
Aber ich weiß jetzt auch nicht, wie ich mich meiner Mutter gegenüber verhalten soll. Ob ich jetzt hassen oder lieben soll.
B Du hast da sehr zwiespältige Gefühle.
K Ja, denn im Prinzip hilft sie mir beim Leben, aber dabei macht sie mir mein eigenes Leben, das ich später doch gerne mal führen würde, kaputt.
B Ich seh das so, dass du jetzt zwischen zwei Stühlen sitzt. Du willst einerseits auch ihre Erwartungen erfüllen, andererseits aber irgendwo dein eigenes Leben leben.
K Dieses Leben kann ich ja nicht führen, weil ich die Sicherheit dazu nicht hab, … weil meine Mutter mir die ganze Sicherheit nimmt.
B Hast du das Gefühl, dass, wenn einer da wäre, der dich ein bisschen bestärkt hätte, alles anders gelaufen wäre?
K Dann hätte ich viel freier schon früher mein Leben leben können und hätte nicht die ganzen Probleme auf einmal gehabt, sondern immer nur so kleine Alltagsprobleme. Jetzt sehe ich halt alles zusammenbrechen, also alles kommt direkt auf mich zu – von früher das und jetzt heute noch die Probleme. Irgendwie kommt alles auf einmal jetzt. Weil ich kein Stück selbstständig bin.
B In dem Augenblick, als du versucht hast, selbstständig zu werden, kamen die Probleme alle auf dich zu …

K … kam wie so ein Schleier alles – Zack – auf mich zu und dann habe ich auch irgendwie so ein Ohnmachtsgefühl und denke, damit kann ich gar nicht fertig werden. Da nehm ich ein Problem in Angriff, und dann kommt direkt das nächste, und dann verliere ich schon die Lust oder hab schon wieder Angst, das eine richtig zu Ende zu machen, weil ich so in Hektik bin, dass ich das eine schon wieder bewältigen muss, sodass … es ist jetzt immer viel zu viel irgendwie, um damit alleine fertig zu werden.

B Bisher hat dir immer einer die Last abgenommen, auf einmal kommt alles so auf dich eingestürmt.

K Ja, genau … und auch so, es ist gar nicht so leicht, ich hab immer das Gefühl, ich müsste es meiner Mutter recht machen. Egal was ich tue, das Erste ist, meine Mutter anzurufen und zu fragen, ob das so geht. Also ich habe überhaupt keine Selbstinitiative, weil ich irgendwie Angst habe, sie damit zu verärgern oder zu enttäuschen, mit dem was ich tue. Auch so, wenn ich bei meiner Freundin bin, ruf ich mindestens einmal am Tag meine Mutter an, und dann fragt mich meine Freundin, warum, und dann kann ich ihr selbst keinen Grund nennen, aber wenn ich dann angerufen hab, gehts mir halt besser, es sei denn, ich merke, dass meine Mutter schlechte Laune hat, dann muss ich noch dahin fahren und das alles klären.

B Ich sehe deine Mutter jetzt als so eine allgegenwärtige Gestalt, die so dein ganzes Leben durchdringt …

K Ja, die bestimmt mein Leben …

B … bis in die letzten Kleinigkeiten. Deine eigene Entscheidungsgewalt ist total beschnitten.

K Ich kann gar nicht selbst entscheiden, ich muss immer sie um Rat fragen, und wehe, sie ist dann sauer oder böse, dann bricht für mich immer eine kleine Welt zusammen.

B Hm …

K Also ich kann das zum Beispiel nicht, mich da den ganzen Tag nicht blicken zu lassen oder nicht anzurufen, weil ich genau weiß, sie hat mir früher immer gesagt, sie macht sich Sorgen, wenn ich nicht anrufe, also denk ich, macht sie sich dann wieder Sorgen, und um sie dann wieder gut zu stimmen, ruf ich dann an. Ich hab früher also erfahren, wenn ich immer das tue, was sie sagt, das was ich machen darf, also mehr wird, wenn sie also gut gelaunt ist und gut auf mich zu sprechen, darf ich halt mehr, als wenn sie … sauer ist. So bin ich früher diesen Problemen halt aus dem Weg gegangen, aber jetzt mittlerweile merk ich, dass das nicht mehr geht, weil ich auch mal was alleine bestimmen möchte und tun möchte, was ich will.

B Aber ich seh das jetzt so, dass du mit für sie die Verantwortung übernimmst.

K Ja.

B Für ihre Stimmungen und …

K (heftig) Ja, ich mache mich schuldig dafür, wenn sie schlechte Laune hat.

B Du fühlst dich dann schuldig …

K Ja, weil ich denk, ich habe wieder was falsch gemacht, was sie verärgert hat.

B Du übernimmst dann die Verantwortung für ihren Gefühlszustand und entwickelst Schuldgefühle und versuchst, alles wieder ins Lot zu rücken.

K Meine Mutter macht auch immer aus einer Mücke einen Elefanten, zum Beispiel gibt sie mir die Schuld, wenn das Auto am Morgen nicht da ist, dabei weiß sie genau, wenn sie mich anruft, dass ich ihr das Auto dann vorbeibringe, aber sie ruft einfach nicht an, und dann komme ich vorbei, und dann ist sie sauer, weil das Auto nicht da war. Dann fühl ich mich ja auch direkt wieder schuldig, dann hat sie mich wieder damit runtergedrückt. Dabei ist das meistens kein wirkliches Problem, was sie hat, sondern mehr eine Tageslaune, die dann irgendwie ausartet, und ich mache mich dafür verantwortlich.

B Du merkst aber, dass sie eine hohe Anspruchshaltung an dich hat, (K Ja) dass du selber sehen sollst, dass sie das Auto braucht.

K Dabei kann ich das ja gar nicht wissen. Trotzdem mach ich mich dafür verantwortlich.

B Ich sehe das im Moment auch so, dass du praktisch für zwei Menschen denken musst …

K Ja, und das Denken ist nicht mal so das schlimme, eher das Verantwortungsgefühl. Dass ich auf der einen Seite Verantwortung übernehmen möchte, aber nur für mich, nicht für sie noch mit. Also, sie gibt mir das Gefühl, dass ich für jeden verantwortlich sein muss, aber in Wirklichkeit bin ich gar nicht für mich verantwortlich, sondern sie ist noch für mich verantwortlich.
Sie gibt mir nur immer dieses Gefühl, aber sie nimmt mir ja im Prinzip alles ab und macht mich nur bei Fehlern darauf aufmerksam, dass ich was falsch gemacht hab, und ist dann sauer.

B Du hast das Gefühl, dass sie für dich Verantwortung übernimmt, und gleichzeitig sollst du für sie Verantwortung übernehmen, sodass das eine enge Beziehung bleibt.

K Und diese Beziehung will sie ja auf gar keinen Fall abbrechen, aber solang diese Beziehung besteht, ist es mir unmöglich, mein eigenes Leben zu führen …
Die zwingt mich da praktisch in so eine Zwickmühle rein, dass ich zwar Verantwortung übernehmen soll, aber sie sagt mir auch auf der einen Seite oder sie zeigt mir, dass ich Verantwortung gar nicht übernehmen kann, (B Hm) weil sie mich nur auf meine Fehler aufmerksam macht und mich lobt, wenn ich was gut gemacht habe, und sie ist also auch der festen Überzeugung, dass, wenn ich woanders bin, dass ich da dann nicht für die Schule üben kann oder so was.

B Du hast also den Eindruck, dass sie dir nicht sehr viel zutraut?

K (nickt zustimmend)

B Dass sie kein Vertrauen hat in deine eigenen Entscheidungen?

K Ja, genau. Und das breitet sich ja dann auch weiter aus, ich meine, meine Probleme werden dann auch zu Problemen von anderen, also wenn ich Angst hab wegzugehen, weil meine Mutter mir das nicht erlaubt, dann mach ich damit ja auch schon wieder andere Menschen unglücklich, weil ich ja nie weg kann, und diese Leute distanzieren sich dann auch von mir.

B Also hast du das Gefühl, dass sich die enge Beziehung zu deiner Mutter auch nachteilig auf deine anderen Beziehungen auswirkt, durch die Einengung.

K Ja, denn hätte ich noch eine andere Beziehung, müsste ich praktisch Verantwortung für drei übernehmen, für mich, für meine Mutter und noch für die andere Beziehung.

K Du meinst, dass du für die dritte Person auch noch die Verantwortung mit übernehmen müsstest?

K Ja, ich denke in einer Beziehung gehört eine gewisse Verantwortung mit dazu.

B Hm. (Pause)

K Und die anderen verstehen auch nicht, warum ich mich dann so verhalte, also warum ich dann immer versuche, meine Mutter glücklich zu stimmen, die meinen, ich soll das einfach sein lassen, aber wenn sie unglücklich ist, habe ich Angst, irgendwas zu tun, weil das sofort wieder auf mich zurückkommt.

B Kannst du das ein bisschen genauer sagen?

K Ja, also diese Leute verstehen nicht, warum ich immer versuche, bei meiner Mutter gut dazustehen, (B Hm) da aber ich weiß, dass, wenn ich bei meiner Mutter gut dastehe, dass sie mir dann auch mehr Sachen erlaubt oder dann nicht immer anfängt, etwas Neues zu erzählen, wie »hast du denn auch schon was für die Schule getan«, und damit gibt sie mir auch schon wieder ein schlechtes Gewissen, sodass ich dann halt mit den anderen Leuten nichts mehr machen will. Weil ich dann erst mal was für die Schule tue, damit sie dann wieder gut gelaunt ist.

B Du guckst also bei allem, was du tust, erst mal, was sie für Ansprüche hat, und versuchst, im Vorfeld erst mal ihre Ansprüche abzudecken, und dann bleibt eventuell noch was übrig, das du dann mit den anderen unternehmen kannst.

K Ja, genau, weil ich weiß, dass, wenn ihre Ansprüche erledigt sind, ich meine Sachen erledigen kann, ohne dass sie mir irgendwie dazwischenfunkt, weil sie dann einfach zufrieden gestellt ist.

B Es kommt mir jetzt irgendwie so vor, als müsstest du einen großen Teil deiner Energie darauf verwenden und auch deiner Persönlichkeit, dass erst mal die Beziehung zu deiner Mutter klappt.

K Ja. Vielleicht nicht, dass die Beziehung klappt, sondern, dass sie wieder fröhlich ist, also ich meine, die Beziehung, die ist ja da, und die klappt ja auch so einigermaßen.

B Du hast aber dabei das Gefühl, dass die ganze Stimmungslage deiner Mutter von dir abhängt.

K Ja, und dass diese Stimmungslage auch mein und ihr Leben und auch das Leben der anderen Leute, mit denen ich zu tun habe, bestimmt.

B Und deshalb ist das für dich von höchster Wichtigkeit.

K Ja … ich muss ja praktisch, ich kann ja nichts machen, ohne sie gefragt zu haben, und wenn sie halt schlecht drauf ist, dann kann ich auch schon nichts mehr machen, weil ich mich dann so schuldig fühle, … und die anderen distanzieren sich dann halt von mir und machen das, was sie dann geplant hatten, ohne mich, und auf Dauer macht das ja kein Mensch mit.

B Um das noch mal zusammenzufassen: Die ganze Verantwortung, die du dafür aufwendest, die lähmt dich irgendwo total und durchdringt praktisch alle Lebensbereiche.

K Die Energie könnte ich eigentlich dazu umsetzen, um ein eigenes Leben zu führen, also meine eigenen Sachen zu verantworten. Ich verbrauch zum Beispiel den halben Tag damit, meine Mutter gnädig zu stimmen, und dann müsste ich noch was für die Schule tun, und dann käm noch mein eigenes Vergnügen, und das wird irgendwie alles ein bisschen viel. Also, die versteht das überhaupt nicht, dass, wenn sie nicht dauernd ein Auge auf mich wirft, dass ich dann was Vernünftiges auf die Beine bringe.

B Sie hat wohl das Gefühl, dass es noch ihre Pflicht wäre, für dich zu sorgen und dafür zu sorgen, dass du deine Pflichten tust.

K Sie sagt zwar immer, ich soll mein Leben führen, aber das wird dann durch so ganz banale Dinge wieder halt weggenommen, dieses Gefühl, dass ich mein eigenes Leben führen könnte. Manchmal macht sie auch nur einen Witz und sagt »ach, hast du wieder nichts für die Schule getan« oder so, und damit trifft die mich dann wieder so, dass ich erst was für die Schule tue, um ihr zu zeigen, dass ich was getan habe. Also auf der einen Seite sagt sie, ich soll mein eigenes Leben führen, auf der anderen Seite gibt sie mir aber gar keine Chance.

B Hm, da ist wieder dieser Zwiespalt, (K Ja) einerseits die Aufforderung und andererseits macht sie es dann gleich wieder zunichte. (K nickt) Und du fühlst dich trotzdem angesprochen, obwohl etwas nur im Scherz dahergesagt ist.

K Weil ich genau weiß, sie will mich damit ansprechen.

B Wie ich das jetzt verstehe, fühlst du dich von ihr richtig manipuliert.

K Insofern, dass ich mein eigenes Leben nicht mehr führen kann, sondern mehr so ihr Leben führe, was sie mir gerne geben würde, sodass ich tue, was sie will, und sie denkt dann, ich würde ein gutes Leben führen.

B Da höre ich jetzt so raus, dass du irgendwo nicht mehr deine Ziele verfolgst, sondern mehr ihre Ziele.

K Ja, genau …

B Und dass du die auch zu deinen eigenen Zielen machst, um die Beziehung nicht zu gefährden.

K Ja, genau. Ich weiß also gar nicht mehr, obs jetzt meine oder ihre Ziele sind. Das kann ich gar nicht mehr so auseinander halten. Früher hab ich das noch gekonnt, aber jetzt … bin ich mir da selbst nicht mehr sicher.

B Du weißt also gar nicht mehr, wenn du irgendwas willst, ob das wirklich dein Wunsch war oder der deiner Mutter?

K Ja, genau, denn sie kann auch unheimlich gut Ziele schmackhaft machen. (Pause) Und indem ich versuche, ihre Ziele zu erreichen, bringe ich mein eigenes Leben ganz aus der Bahn, da habe ich gar keine Zeit mehr für.

B Du würdest gerne dein eigenes Leben führen, das ist aber überhaupt nicht mehr möglich, weil du deine ganze Zeit und Energie darauf verwendest, um an dieser Beziehung festzuhalten und die Ziele zu verfolgen, die deiner Mutter vorschweben.

K Ja, ich würde sagen, ich verbrauche die Hälfte meines Tages damit, dass ich ihre Ziele erreiche, damit sie glücklich und so gestimmt ist, dass sie mich meine Ziele erreichen lässt, also dass ich mich um meine eigenen Sachen kümmern darf, ohne dass sie sich da irgendwie einmischt. Ich muss die also immer erst ein bisschen fröhlich stimmen, indem ich ein Ziel, das sie mir vorgibt, erreiche, oder eine Aufgabe erfülle, die sie mir gegeben hat. Dann ist es mir erlaubt, mein eigenes Leben zu führen – aber nur halbtags.

B Für mich sieht das jetzt wirklich so aus, als ob die schon die Stellung von einem Gott hätte, von so einem heidnischen Gott, den man erst mit allen möglichen Opfern friedlich stimmen muss, damit man so einigermaßen sein eigenes Leben führen kann.

K Ja, so ungefähr, ja ...
Ich muss immer erst Opfer bringen, ja genau, um dann mein Leben zu führen. Und schon allein durch diese Opferungszeit verbringe ich so viel Zeit, dass ich gar keine Zeit mehr habe, um was für die Schule zu tun, denn dann bin ich irgendwann so ausgelaugt, dass ich nur noch denke, jetzt will ich auch ein bisschen Spaß haben, also nimmt die mir praktisch die Energie, die ich brauche, um ihre Ziele zu erfüllen.

B Du fühlst dich total aufgesogen, hast aber nicht die Kraft, dich zu wehren?

K Nein, weil ich selber nicht mehr weiß, also, was ich will, und wenn ichs weiß, hab ich keine Energie mehr.

Hier ist die Gesprächszeit zu Ende. Allerdings unterhalten wir uns eine Zeit lang ohne Mikro weiter. Dabei wird deutlich, dass er möchte, dass ich ihm konkret sage, wie er sich aus dieser Situation befreien kann.

2. Gespräch

B Ja, das letzte Gespräch ist leider schon etwas länger her, damals hatten wir davon gesprochen, dass du Probleme hattest in der Beziehung zu deiner Mutter, dass du die Beziehung selber als zu eng empfindest, aber auch genau weißt, dass du nicht davon lassen kannst und dass du dich praktisch wie ein Gefangener fühlst in dieser Beziehung. Das ist jetzt aber schon einige Zeit her und deshalb wollte ich jetzt erst mal fragen, ob sich in der Zeit etwas geändert hat?

K Nein, geändert hat sich nicht viel, eigentlich nur noch verschlimmert, denn das spitzt sich jetzt so langsam alles zu, denn meine Freundin, die fuchst das jetzt auch wegen meiner Mutter, da gibt es ständig Krach.

B Also diese Zwickmühle, in der du steckst, hat sich jetzt noch verstärkt. Du hast ja im letzten Gespräch schon gesagt, dass sich das auch auf deine anderen Beziehungen auswirkt, dieses Verhältnis zu deiner Mutter, und das merkst du jetzt ganz deutlich im Umgang mit deiner Freundin.

K Ja, ganz schön deutlich, also eigentlich ärgert die das, wenn ich zu meiner Mutter fahre, und meine Mutter das, wenn ich zu ihr fahre, glaube ich, obwohl ich so genau nicht weiß, wie meine Mutter darüber denkt. Manchmal ist das so, dass ich glaube, sie lässt mich einfach los, aber manchmal kommt da wieder so ein Rückschlag, und dann will sie mich doch wieder für sich allein haben. Ich weiß jetzt also gar nicht so genau, wie sie darüber denkt.

B Du würdest es aber gerne wissen?
Ist das wichtig für dich?

K Ja, denn ich weiß langsam nicht mehr, ob ich mir das alles nur einbilde, dass das so schlimm ist, oder ob das wirklich so ist.

B Da traust du deinen eigenen Empfindungen nicht mehr?

K Ja, denn ich glaube auch, dass meine Mutter ganz schön geschickt ist in so Beziehungen und das alles ein bisschen runterspielt, und wenn dann alles wieder normal ist, dass sie dann wieder was loslässt, was mich total aus der Bahn wirft, also dass ich erst meine Freiheit bekomme und dann wieder total gefesselt werde.

B Du fühlst dich dabei hilflos, so ausgeliefert?

K (laut) Ja, erst mal lässt sie mich dann, dann hab ich meine Freiheit, und dann kommt ein Spruch oder irgendeine Tat, dass ich wieder bei ihr sein muss, dass sie will, dass ich wieder klammere und wieder bei ihr bin.
Deshalb weiß ich auch nicht, ob das mehr zufällig ist, oder ob sie das auch so empfindet. Ich weiß ja gar nicht, ob es pure Absicht ist oder ob es nur ihre Empfindungen sind und sie das tut, was sie vielleicht gerade denkt, also ich weiß nicht, wie ich das ausdrücken soll, dass sie vielleicht auch nicht dafür kann, mich so zu unterdrücken, aber vielleicht tut sie es auch absichtlich.

B Du bist dir nicht ganz klar über die Motive deiner Mutter?

K Ja.

B Aber es ist für dich wichtig, die zu kennen?

K Ja, sicher, denn wenn ich mir das alles nur einbilde, dann wäre es ja in Ordnung, dann wäre diese starke Beziehung gar nicht so … (B Hm) Die wäre dann praktisch gar nicht vorhanden, wenn ich mir das nur einbilden würde, dann wäre ja alles in Ordnung. Dann lägs ja nur an mir.

B Du weißt jetzt gar nicht, ob dieses Problem nur in deiner Einbildung existiert?

K Hm, hm … (Pause) Ja, vielleicht sinds auch meine eigenen Ängste, dass ich mir also diese Beziehung einfach … oder dass ich mir nur vorstelle, dass meine Mutter das so will, weil ich es im Endeffekt so haben will, dass *ich* also Angst hab, von meiner Mutter loszukommen, und nicht meine Mutter Angst hat, mich loszulassen. (B Hm, hm) Also dass ich ihr das praktisch so in den Mund lege, damit es mir dann besser geht.

B … dass du ihr deine eigenen Gefühle unterschiebst?

K Ja, dass ich sagen kann, die lässt mich nicht los, obwohl eigentlich ich derjenige bin, der nicht loslassen kann.

B Hm, hm … (Pause)

K Aber wenn ich mir das nur einbilde, dann wär das ja alles nicht so schlimm, ich hab ja wirklich Angst, wenn ich die Beziehung jetzt abbreche, dass ich dann meiner Mutter wehtue. Es geht ja gar nicht um mich.

B Aber es bezieht sich ja auch auf dich.

K Ja, sicher, aber ich meine, es ist nicht schlimm für mich, wenn ich mir selber wehtue, es ist nur schlimm, wenn ich anderen wehtue. Ich meine, ich selber könnte vielleicht damit fertig werden, aber ich weiß ja nicht, wie es bei meiner Mutter ist.

B Bei dir steht jetzt die Angst im Vordergrund, andere Leute zu verletzen.

K Ja … (Pause) Und vielleicht, wenn ich ihr das wirklich nur so in den Mund lege, meine Gefühle, dass ich sie auch damit verletzen kann.

B Indem du ihr Unrecht tust …

K Ja, Unrecht in dem Sinne, dass ich sie beschuldige, sie würde nicht loslassen, und im Endeffekt bin ich derjenige, der nicht loslassen kann.

B Hm, hm … (Pause)

K Aber ich denke, wenn ich nicht loslassen kann, muss sie ja irgendwas getan haben, damit ich nicht loslassen kann. Also ich meine, so ganz von mir alleine kanns ja dann auch nicht kommen.

B Es kommt dir ungerecht vor, dass du die ganze Verantwortung tragen musst.

K (Pause) Wenn ich das genau wüsste, dann könnte ich da ja auch viel besser drangehen, aber wenn ich nicht genau weiß, wer eigentlich der Schuldige ist, dann ist das immer so ein Hin und Her, und irgendwie findet man auch keinen richtigen Schuldigen, weil ich vielleicht auch Angst hab zuzugeben, dass ich der Schuldige bin.

B Du möchtest da jetzt irgendwo so eine Schuldfrage draus machen?

K Ja, damit ich erst mal weiß oder damit ich so an die Sache rangehen kann, dass ich keinen dabei verletze, also, wenn ich der Schuldige wäre, dann könnte ich ja sagen, okay, dann tue ich was da dran, aber was nützt mir das, wenn ich was an mir tue, wenn die Schuld gar nicht bei mir liegt? Also wenn es jetzt wirklich meine Mutter ist, was nützt dann, wenn ich mich alleine damit auseinander setze?

B Für dich ist es wichtig, die Frage erst mal zu klären, damit du aus dieser Zwickmühle wieder rauskommst?

K Ja, damit ich wenigstens mal durchatmen kann und mir den Rücken stärken kann. Wenn ich schon mal weiß, es ist nicht meine Schuld, dann kann ich auch viel besser damit umgehen, aber ich denk immer halt, das ist meine Schuld, und bin dann so vorsichtig und sag dann auch nie was.

B Du bist immer noch sehr stark mit dem Schuldbegriff beschäftigt.

K Ja, weil es dann einfacher wäre … (Pause)

B Was wäre dann einfacher?

K Das Problem zu lösen ... Wenn ich wüsste, ich wäre schuld, dann könnte ich was an mir tun, (B Hm, hm) aber wenns nicht meine Schuld ist, dann kann ich ja nur versuchen, so von meiner Mutter wegzukommen, aber ich glaube, das würde mir ganz schön wehtun, sie dann alleine zu lassen, wo ich genau weiß, sie kann mich nicht loslassen.

B Ich sehe das jetzt so, dass du in beiden Fällen die Verantwortung übernehmen würdest, denn wenn du sagst, ich bin schuld, hättest du ohnehin die Verantwortung, und wenn du sagen würdest, ich bin zwar nicht schuld, aber ich kann ja nichts ändern, weil ich ihr sonst wehtäte. Dann hättest du trotzdem in beiden Fällen die Verantwortung bei dir liegen.

K Ja, das stimmt. (Pause) Ja, ich weiß nicht, irgendwas muss sich ja ändern, das geht ja nicht so weiter. Und ich hab auch immer das Gefühl, dass man alle Leute mit Samthandschuhen anfassen muss, denn sonst wird entweder meine Mutter oder meine Freundin sauer, also ich weiß überhaupt nicht, wie ich mich verhalten soll, wie es meine Mutter oder wie es meine Freundin erwartet? In beiden Fällen würde ich dann dem anderen wehtun.

B Du erwartest etwas Bestimmtes von dir.

K (Pause) Was ich von mir selber erwarte? Ja, dass ich das so mache, dass ich keinem von beiden wehtue, oder zumindest, dass ich beide gleich behandele, wenn ich dem einen wehtue, dass ich dem anderen dann auch wehtue. Also irgendwie, ja ich glaub, ich möchte nicht so richtig Partei ergreifen für einen. Also ich will nicht sagen, ich bleibe bei dem einen, und was der andere tut, ist mir egal. Also ich will mich jetzt nicht bei einer Person anklammern und dann die andere Person total im Stich lassen. Irgendwie möchte ich, dass das halt glimpflicher abläuft.

B Es kommt mir so vor, als ob du in der Mitte einer Waage stündest und immer versuchtest, die zwei so im Gleichgewicht zu halten.

K Ja, genau so ist das. Aber ich weiß nicht, wie ich das anders lösen sollte, denn in beiden Fällen tut es mir dann wieder weh. Wenn ich mich halt auf die eine Seite der Waage stelle, tuts mir um die andere Seite Leid. Irgendwie habe ich da auch keine richtige Entscheidungskraft, denn irgendwie tut mir das dann für den anderen wieder Leid.

B Du möchtest dich am liebsten nicht entscheiden, dir fehlt da die Kraft für?

K Die Kraft fehlt mir, ja. Ich meine, ich weiß, was für mich persönlich besser wäre, das weiß ich wohl, das ist mir schon klar, nur irgendwie kann ichs halt nicht. Ich meine, es wäre ja besser, wenn ich zu meiner Freundin gehen würde, weil ich dann wenigstens ein Stück Selbstständigkeit lernen würde, wenn ich von meiner Mutter loskommen würde, aber irgendwie habe ich da auch Angst vor.

B Dich beherrschen jetzt so die Gefühle Angst und Unsicherheit?

K Irgendwie geben mir auch beide das Gefühl, dass die sich auch gar nicht mit einem Kompromiss zufrieden geben würden, ich glaube, jeder will der totale

Sieger sein, sodass ich mich irgendwo auf eine Seite schlagen muss, dass die gar nicht mit einem Kompromiss zufrieden sind. (Pause) Ich weiß nicht, wie ich das jetzt erklären soll, dass beide verlangen, dass ich mich auf ihre Seite stelle und dann dem anderen überhaupt nicht mehr Recht gebe.

B Du siehst also, dass das auf eine Lösung hinauslaufen muss.

K Und die dann ganz schön gewaltig kommt, glaube ich. Ich glaube aber auch, dass ich gar nicht die Kraft habe, die Lösung dann durchzuhalten, diesen Moment dann, glaub ich, dass ich dazu gar nicht die Kraft habe. Wenn der Moment der Entscheidung gekommen ist, dass ich wohl dann einfach kneifen muss, so schnell raus aus dieser Situation dann. Ich fühl mich einfach nicht stark genug, meinen eigenen Weg zu finden, und dann ist, glaub ich, auch das Problem, dass ich auf beide immer hören möchte, ich versuch gar nicht erst, meinen eigenen Weg zu gehen, sondern den, den meine Mutter vorschlägt oder den meine Freundin vorschlägt, aber nicht den Weg, den ich mir vorstelle.

B Versuchst du, den nicht zu gehen, oder siehst du den gar nicht erst?

K Ich glaube, den sehe ich auch gar nicht, ich meine, wenn ich so überlege, ist mir schon klar, dass da irgendwas sein muss, was mein Weg ist, aber genau wissen tu ich ihn nicht.

B Du hast nur eine Ahnung, dass es da etwas geben muss (K Ja) und dass du den gerne gehen würdest, aber du fühlst dich von beiden Seiten wieder von diesem Weg runtergezogen.

K Ja, und der verschwimmt auch total, weil ich mich viel zu sehr auf die beiden Seiten konzentriere, die mir eigentlich beide die Hand reichen, und gehe ich irgendeinen Weg, aber immer nur zu zweit, und meinen Weg gehe ich dann nie, ich weiß überhaupt nicht, wie ein Weg alleine aussieht. Ich kenne das nur, dass sich jemand um mich kümmert und mich mitnimmt, aber nicht, dass ich mal alleine irgendwie, ja dass ich alleine leben könnte.
Aber das stimmt, meinen eigenen Weg, den kenn ich überhaupt gar nicht, aber wie soll ich den auch kennen lernen, wenn beide immer an mir rumzerren?

B Die beiden bedeuten für dich eine große Bedrängnis …

K Vor allen Dingen meine Mutter wirkt ja jetzt schon seit 19 Jahren auf mich ein, und von der anderen Seite kriege ich auch noch immer was, also da ist auch jemand, der auf mich einwirkt, aber ich selber, glaube ich, habe noch nie richtig auf mich eingewirkt, … dass ich also selbst meine eigenen Wünsche und so kenne. Ich glaube, dass meine Wünsche, die ich jetzt habe, mir nur von den beiden Seiten gegeben werden. Ich habe einerseits den Wunsch, zu meiner Freundin zu gehen, und andererseits den Wunsch, zu meiner Mutter zu gehen. Ich glaube, dass mir beide ihre Wünsche auflegen, und ich überhaupt keinen eigenen Wunsch mehr habe.

B Du fühlst dich von außen so bestimmt, dass du dich selber nicht mehr hören kannst.

K Ja, also ich bin gar nicht so selbstständig, also selbstbestimmt bin ich überhaupt nicht. Ich probiere einfach immer nur, zu beschwichtigen zwischen den beiden Seiten und immer einen Kompromiss zu finden, das ist mein Weg, den ich zurzeit gehe, aber der total falsch ist.

B Du erkennst also, dass dein momentaner Weg nicht der Richtige ist, fühlst dich aber gedrängt, ihn zu gehen. Du würdest gerne deinen eigenen Weg finden.

K Aber dafür habe ich gar nicht die Zeit, ich muss ja ständig zwischen den zwei Fronten beschwichtigen, ich muss hin, damit meine Mama ruhig ist, ich muss hin, damit meine Freundin ruhig ist, aber für mich selber bleibt da keine Zeit mehr. Ich habe überhaupt keine Zeit für mich im Endeffekt. Ich kann nicht mal selber suchen, was mein Weg ist, ich habe nur die Panik im Kopf, dass ich dahin muss, damit der ruhig ist, und dorthin muss, damit der ruhig ist, und ich selber habe keine Minute mal Zeit, über mich nachzudenken, was ich überhaupt will.

B Das ist für dich der zentrale Punkt in deinem Leben? (K Ja) Seit unserem letzten Gespräch hast du immerhin dein Abitur gemacht, hast Ferienarbeit gemacht und, ja, jetzt fängst du bald deine Ausbildung an, das ist ja alles eigentlich sehr wichtig.

K Ja, schon, aber so an Selbstbewusstsein haben die mir nicht viel gegeben, und überhaupt behandele ich diese Sachen nicht als so wichtig, weil ich dafür überhaupt keine Zeit habe. Das Problem ist viel wichtiger für mich. Also ich habe zum Beispiel auch nicht die Zeit, mir vorzustellen, was ich jetzt in meiner Ausbildung machen soll oder machen muss, und wie das so wird, dafür habe ich gar keine Zeit zu überlegen, auch wie ich danach weitergehen will, dafür fehlt mir einfach die Zeit.

B Deine ganze Konzentration ist auf dieses Problem gerichtet.

K Ja, also manchmal merke ich das, wenn es superheikel wird zwischen meiner Mutter und meiner Freundin, setze ich mich ins Auto und fahre einfach, weißt du, so einfach weg und abschalten.

B Hm, hm, so dieses Fluchtverhalten, das du eben schon angesprochen hast.

K Aber das bringt im Endeffekt auch nichts, denn so richtig flüchten kann ich nicht, ich setze mich immer noch mit dem Problem auseinander, nur dann halt woanders und allein, und für den Moment gehts dann auch, aber dann muss ich ja eh wieder zurück, und selbst, wenn ich mir dann mal was vorgenommen habe, wie ich dann vorgehe, also knallhart, für irgendeine Seite dann Partei ergreifen, wenn ich dann wieder zu Hause bin, dann habe ich eh nicht mehr die Kraft dazu, dann schwimm ich lieber wieder mit.

B Das ist dann nur eine vorübergehende Sache.

K Ein kurzes Aufbäumen, aber dann doch wieder den Schwanz eingezogen.

B Wenn du wieder in der realen Situation drinstehst, traust du dich nicht, das, was du dir vorgenommen hast, durchzuziehen.

K Aber dieses Flüchten gibt mir in dem Moment schon das Gefühl, also schon das Ins-Auto-Steigen und weg und alle, die sich streiten, halt alleine lassen, das gibt mir schon das Gefühl, dass ich da mal meinen eigenen Weg gegangen bin. Also alleine schon dieses Weg und die alleine lassen.

B Du erkennst bei dir Ansätze zu deinem eigenen Weg?

K Ja, das gibt mir schon das Gefühl, dass ich anfange, meinen eigenen Weg zu gehen, aber wenn ich dann wieder zurückkomme, ist alles wieder vorbei, dann schwimme ich wieder mit, den Weg, den die mir sagen dann halt.

B Du merkst dann, dass es nicht reicht, einen eigenen Weg einzuschlagen, sondern die Gefahr besteht weiter, dass sie dich da runterziehen.

K Ja, wenn ich alleine bin, fühle ich mich halt stark, aber wenn ich wieder zurück bin und jeder halt zerrt, also das Problem ist auch, dass die das nicht untereinander machen, sondern, wenn ich in dem einen Haus bin, wird das auf mich eingeredet, und wenn ich in dem anderen Haus bin, wird das auf mich eingeredet, also es kommt immer nur zu mir, und ich weiß überhaupt nicht, wie ich mich verhalten soll.

B Du stehst quasi wie ein Prellbock in der Mitte.

K Ja, genau, ich krieg alles ab. (Pause) Aber wenn beide zusammen sind, wird da nie ein Wort drüber verloren.

B Es kommt da zu keiner offenen Konfrontation.

K Nee, von außen ist da alles in Ordnung, wenn die sich sehen oder so allerbeste Freunde, aber wenn wir wieder alleine sind, dann gehts wieder los, … und das merke ich auch in anderen Lebensbereichen, mir fehlt einfach Entschlusskraft, und wenn ich dann mal was tue, dann kann mir der andere ein so schlechtes Gewissen machen, dass ich panische Angst kriege und wieder das tue, was der andere will, also dass ich praktisch immer nachgeben muss, dass ich nie …

B Das zeigt sich bei deiner Mutter und deiner Freundin ganz deutlich, schlägt sich aber auch in anderen Lebensbereichen nieder, diese mangelnde Entschlusskraft.

K Ja. Genau, ich merke das überall, nur da wirds dann besonders deutlich, ich würde sagen, es ist so das zentrale Problem, von dem der Rest dann halt ausgeht, dass das daher kommt, dass ich mich woanders auch nicht entscheiden kann. Ich glaube, wenn ich dieses große Problem gelöst hätte, dass ich mich woanders auch besser entscheiden könnte.

B Du hast das Gefühl, dass jetzt alles daran hängt.

K Ja.

B Du hättest schon gerne eine Lösung für dieses Problem, nur das geht einfach nicht, ohne irgendwem wehzutun, und da schreckst du noch vor zurück.

K Ja, genau. (Pause)
Und weil ich keinem wehtun will, tue ich mir dann selber weh, ich weiß nicht, dann schleime ich mich bei dem einen ein und sage nicht meine Meinung, und irgendwie macht mich das innerlich auch kaputt, dass ich das alles in mich reinfresse.

B Du sagst also dann nie, was du wirklich denkst, sondern pflichtest denen einfach nur bei?

K Ah ja, genau, ich nehm dann denen ihre Meinung an und behalte dann das, was ich eigentlich sagen will, für mich.

B Und wie fühlst du dich dann dabei?

K In dem Moment ist das nicht schlimm, aber irgendwann merke ich das also, wenn das mal hochkommt, dann bin ich furchtbar gereizt und so. Ich weiß dann auch genau warum, halt weil ich alles in mich reinfresse. Irgendwann kommt das dann alles mal hoch, und dann bin ich furchtbar gereizt.

B Damit hast du die Situation dann nur verschoben.

K Ja, genau, verschoben, vielleicht auch auf andere Lebensbereiche, es ist ja nicht gesagt, dass es auch den Richtigen trifft. Kann auch sein, dass sich das in ganz anderen Sachen auswirkt.

B Dass es dann den Falschen trifft?

K Es muss ja nicht ein Mensch sein, es kann ja auch sein, dass ich irgendwie aggressiv Sportarten betreibe oder so.

B Du fühlst in dir, wie sich die Wut staut und irgendwann mal raus muss.

K Ja, aber das kommt nie bei dem Richtigen an, das weiß ich. Obwohl, in dem Moment, in dem es rauskommt, ist mir relativ egal, wen es trifft, sei es auch meine Mutter oder meine Freundin.

B Wenn sich erst mal so richtig viel angestaut hat, dass es raus muss.

K Ja, irgendwann kommts, und dann ist mir auch egal, wo.

B Hm, hm.

K Aber das ist ja keine Lösung, dass ich immer nur nachgebe und dann alles auf einmal rauslasse. Am liebsten würde ich jedem meine Meinung sagen, dass er genau weiß, wen er vor sich hat.

B Aber du fühlst, dass dich etwas zurückhält? Obwohl du merkst, dass du am Ende nur den Falschen beutelst?

K … oder mich selber …

B … oder dich selber …

K Ja, das weiß ich auch, aber in dem Moment ist mir das dann egal, dann habe ich solche Angst, dann schluck ichs einfach …

B Hm, hm. In dieser Situation schaffst du das nicht.

K Ja, wenn es richtig da ist, dann kann ich meine Meinung sagen, aber so aus heiterem Himmel noch nicht.

B Du sagst »jetzt noch nicht«.

K Ich will ja mal, dass sich das irgendwann ändert, ich meine, da muss sich ja irgendwas ändern, und ich will das ja auch ändern, weil irgendwie möchte ich schon meinen eigenen Weg gehen. Das merke ja nicht nur ich, sondern auch meine Freunde, dass ich immer nur das tue, was man mir sagt, also, dass ich keine eigene Entschlusskraft habe, und das fuchst die natürlich dann auch, wenn die zum Beispiel mit mir Schwimmen wollen und meine Freundin will nicht, und ich bleibe dann auch zu Hause, und das passiert öfters, dann seilen die sich auch ab.

B Du merkst in allen Lebensbereichen, dass dir das Nachteile bringt.

K Ja, komisch, wenn es um meine Freundin geht, dann hat sie Angst, mich loszulassen, aber wenn so irgendwas mit meinen Freunden ist, dann nicht.

B Da kann deine Mutter dann loslassen, deine Freundin aber nicht, somit hast du wieder einen, der dich hält.

K Ja, irgendwo habe ich immer einen. Wenn ich ehrlich bin, ist es ja auch so ganz angenehm, wenn ich immer einen habe, der mich hält, also es ist ziemlich bequem, aber irgendwie möchte ich diese Bequemlichkeit nicht mehr haben.

B Für dich ist das noch so ein Zwiespalt: Einerseits brauchst du das noch, dass dich einer hält, andererseits sagst du dir, das ist nicht richtig und ich möchte jetzt darüber hinweg.

K Außerdem tuts mir ja auch weh, wenn ich nicht das tun kann, was ich will, also wenn ich einfach nicht sagen kann, so, ich mache jetzt das und das, aber irgendwie ist das auch bequem, denn da gerate ich in keinen Konflikt, also ich, wenn ich sage, ich tue das, was du willst, ist die Sache gegessen, und wir haben wenigstens keinen Streit.

B Du versuchst immer, Frieden zu halten.

K Ja, der Friede ist mir ganz doll wichtig, aber irgendwie bin ich der Einzige, der Frieden hält, und der Rest will nur noch Streit oder so, also die hetzen nur auf, und ich bin nur am Beschwichtigen, und irgendwie denke ich mir, dass das auch nicht geht, dauernd da mit Frieden rein.
Also ich bin der Meinung, dass ich auf den Tisch hauen müsste und sagen, so jetzt gehts, so mach ichs, aber dann komme ich wieder mit dem Frieden und verschiebe das Problem immer um ein paar Tage oder nur ein paar Stunden.

B Da ist etwas, das dir viel Angst macht?

K Das zu sagen, dieses so will ich? Dass dann halt der andere zurückstecken muss. Es ist auch so, dass beide furchtbar klammern, also an mich klammern, dass meine Freundin keine anderen Freunde hat oder bereit wäre, ohne mich was zu machen, sodass man sagen könnte, du machst das, und ich mach das, und wir treffen uns heute Abend wieder, also das gibts da überhaupt nicht. Wir müssen immer alles zusammen machen. Und ich glaube, wenn ich das bei meiner Mutter so machen würde, so einfach sagen, nee, ich mache das aber so, wie ich das denke, dass sie enttäuscht wäre, dass ich nicht die Erwartungen erfülle, die sie in mich steckt.

B Bei deiner Mutter ist es also die Angst, dass sie enttäuscht wäre, und bei deiner Freundin?

K Nein, nur dass die einfach zurückstecken muss, dass ich nicht ihren Wunsch erfüllen kann, also bei meiner Freundin mach ich das nur, damit sie ihren Wunsch erfüllen kann, und bei meiner Mutter, um sie nicht zu enttäuschen.

B Dir ist es wichtig, alle Erwartungen zu erfüllen, die die Leute in dich setzen?

K Ja, eben, und dann kommts da zum Konflikt, dann möchte ich, dass meine Freundin ihren Willen kriegt, aber ich kann nicht, weil dann meine Mutter enttäuscht von mir wäre und umgekehrt.

B Du merkst also, es ist nicht möglich, alle Erwartungen zu erfüllen.

K Nee, geht nicht. Aber so, in diesem Konflikt, merke ich dann doch, dass ich mehr zu meiner Mutter halte als zu meiner Freundin, also das merke ich, wenn

ich zum Beispiel Streit mit meiner Freundin habe, dann könnte ich einfach so flüchten, also das könnte ich, aber wenn das so mit meiner Mutter ist, dann bleibe ich meistens da.
Also ich mach dann auch nichts, aber ich bin wenigstens da, also ich denke, dass sie noch wütender wird, wenn ich abhaue und noch enttäuschter.

B Hm, hm …
Glaubst du, dass die sich Gedanken machen, wie es dir bei dieser Situation geht?

K Nein, das glaube ich nicht. Ich glaube, dass die das gar nicht sehen, dass ich so darunter leide, weil ich auch einfach gar nichts sage.

B Denen ist die Situation gar nicht bewusst, die verfolgen nur ihre Ziele, während du dich quälst.

K Ja, das sehen die auch nicht, aber woher auch, wenn ich nichts sage, und das zu sagen, davor habe ich Angst.
Außerdem, wenn ich sagen würde, dass mir das so nicht gefällt, dann würde ich ja schon wieder jemand unterdrücken, also müsste dann schon wieder jemand zurückstecken.

B Inwiefern?

K Wenn ich denen jetzt sage, hört mal, darunter leide ich, was ihr jetzt macht, dass dann beide aufhören damit, ihre Ziele zu verfolgen, aber nur aus Mitleid.

B Du meinst, das würde nur aus Mitleid passieren?

K Ja, und dadurch wären die dann auch schon wieder enttäuscht. Also, weil die dann zurückstecken müssten – aus Mitleid.

B Du hast das Gefühl, du musst das alles auf dich nehmen, damit die nicht …

K … leiden.

B … eingeschränkt werden.

K Ja.

B Wobei du deine eigenen Einschränkungen aber in Kauf nimmst?

K Ja, aber langsam nicht mehr in Kauf nehmen will.

B Du bist eigentlich entschlossen, was zu ändern, bringst aber in der entsprechenden Situation nicht die nötige Rücksichtslosigkeit auf, deine Meinung zu sagen.

K Ja, genau, da habe ich einfach Angst vor. Obwohl ich genau weiß, dass es falsch ist, immer einzustecken.

B Deine Angst, worauf bezieht die sich denn genau?

K Vielleicht auch Angst, dass ich es allein gar nicht schaffe. Also wenn da jetzt Probleme sind und da sagt einer, so musst du das jetzt machen, und ich sage dann, nee, ich machs anders, habe ich einmal Angst, den damit zu enttäuschen, und Angst, dass ich selber damit auf die Schnauze falle.

B Dass, wenn du mal eine eigene Entscheidung triffst, dass die womöglich nicht richtig ist, und dann kommt das: »Hab ich dir ja gleich gesagt.«

K Ja, weil die ja auch beide ziemlich dominierend sind, ich meine, ein normaler Mensch würde sagen, so jetzt hast du daraus gelernt, aber die würden dann noch weiter drücken auf meinen Fehler und den noch viel schlimmer machen, als er überhaupt ist.

B Und da möchtest du dich schon mal rückversichern?

K Das krieg ich ja auch so, alltäglich merke ich das ja immer, wenn ich was mache, ist es auf jeden Fall falsch. Denen kann man gar nichts recht machen im Endeffekt, und dadurch krieg ich auch das Gefühl, dass ich eh nichts kann und dass ich mich lieber leiten lasse.

B Hm. Das gibt dir so ein Gefühl der Sicherheit, dich leiten zu lassen, selbst wenn was schief geht, bist du nicht alleine dafür verantwortlich.

K Ja.

Reflexion

Auch in meinem Verhalten ist im Verlauf der Gespräche eine Entwicklung festzustellen. Besonders im ersten Gespräch dominiert eine sehr große Unsicherheit, etwas »Falsches« zu sagen, besonders da alles aufgezeichnet wurde. Das verhindert natürlich, dass ich mich wirklich auf die Probleme des Klienten einlassen konnte.

Dazu kommt, dass ich die Familiensituation kenne und daher nicht objektiv bleiben kann. Dadurch, dass ich einige Äußerungen als reale Tatsachen akzeptierte, hatte ich keinen Blick mehr für die Gefühle, die dadurch ausgedrückt wurden.

Außerdem fiel es mir schwer, im Hier und Jetzt zu bleiben, da viele Erinnerungen wach wurden. Hier wäre es besser gewesen, wenn ich eine größere Distanz zu dem Klienten gehabt hätte.

Besonders im zweiten Gespräch bringe ich sehr viele eigene Gefühle, z. B. Ungeduld, mit ein. Mir scheint die Lösung auf der Hand zu liegen, sodass ich mich bremsen musste, ihm keine Ratschläge zu erteilen. Trotzdem bleibe ich mit meinen Äußerungen oft an der Oberfläche, beschäftige mich mit der bestehenden Situation oder mit den Gefühlen der anderen Personen, anstatt seinen Blick auf die eigene Person zu richten.

Dennoch scheinen die Gespräche ihm geholfen zu haben, sich über seine Situation klar zu werden, was aber auch an der hohen Selbstexploration des Klienten liegt.

Er war sich über die Situation im Klaren, aber möglicherweise haben ihm die Akzeptanz und eine empathische Haltung dabei geholfen, sich tatsächlich etwas von der Mutter und der Freundin zu lösen, wie es im dritten Gespräch zum Ausdruck kommt. Dadurch, dass ihm jemand zuhörte und er sich in Ruhe über seine Situation klar wurde, ohne dass sein Gegenüber versuchte, ihn auf den »richtigen« Weg zu bringen, konnte er in Ruhe seine eigenen Gedanken entwickeln, die zwangsläufig zu einer Ablösung führten.

Insgesamt glaube ich, dass das relativ positive Ergebnis der Beratungsgespräche weitgehend abhängig ist von der Fähigkeit des Klienten, seine Situation zu erkennen und zu verbalisieren, und von der Tatsache, dass durch äußerliche Veränderungen der Lebensumstände eine Entscheidung notwendig wurde.

Ich meine aber, dass unsere Gespräche ihm bei den daraus entstandenen Gewissenskonflikten und Auseinandersetzungen geholfen haben. Das wurde auch durch seine abschließenden Bemerkungen am Ende der Gespräche deutlich.

3.2.2 Zwischen den Kulturen – eine junge Frau versucht, ihren Weg zu gehen

Ausländische Gastarbeiter und Arbeitnehmer und ihre Familienangehörigen weisen ein überdurchschnittlich hohes Gesundheitsrisiko auf (Zimmermann 1983). Die Anzahl körperlicher Erkrankungen, psychiatrische und psychosomatische Störungen sind bei ihnen sehr ausgeprägt, ausgeprägter als bei der einheimischen Bevölkerung. Während die Angehörigen der Auswanderergeneration oft sich noch als zu *einer* kulturellen Gruppierung zugehörig definieren, ist es bei der zweiten Generation, die zum Teil schon hier geboren ist, schwieriger. Oft schafft die Zugehörigkeit zu beiden Kulturen mit ihren unterschiedlichen Denkgewohnheiten, Normen und Wertvorstellungen, mit ihren anderen Verhaltenserwartungen, Erziehungshaltungen und religiösen Vorstellungen Probleme, die sich körperlich und seelisch in Form von Störungen und Erkrankungen auswirken. Der einzelne, meist jüngere Mensch, ist zwischen Gefühl und Verstand oft hin- und hergerissen. Einerseits ist er der Zweckrationalität des Berufslebens und des westlichen Alltagslebens ausgesetzt, andererseits ist er mit dem Gefühl an die Personen gekoppelt, die ihn erzogen und betreut haben, an seine Familienangehörigen, von denen eine lebenslängliche gefühlsmäßige Bindung und Gehorsam erwartet wird. Da die aus dem Mittelmeer-Raum, aus dem Vorderen Orient oder Nordafrika kommenden Familien sehr patriarchalisch organisiert sind, verläuft der Konflikt der zweiten Generation, der Konflikt ihrer Selbstbehauptung, in der Regel als Konflikt mit dem Vater. Für diesen ist oft uneinsehbar, weshalb sich die Kinder anders orientieren, und auf Grund seiner kulturellen Erwartungen ist es für ihn unverständlich, wenn der Einzelne das Gruppen-Wir nicht als bindend anerkennt. Der Aufbau eines eigenständigen Selbstkonzeptes und eines Idealkonzeptes ist für die betroffenen jüngeren Menschen sehr erschwert. Nicht selten kommt es dabei zu einer mehr oder weniger bewussten Spaltung, bei der beiden kulturellen Anforderungen genügt wird: Je nach Bezugsgruppe wird eine starke Anpassung praktiziert, wobei der Einzelne die eigene Identität gar nicht selbst glaubhaft erlebt.

Generell sind beim Vorliegen so unterschiedlicher kultureller Erwartungen oft folgende Anpassungsformen zu sehen:

- Überanpassung und Konformität den kulturellen Anforderungen gegenüber.
- Zuwendung zu fundamentalistischen Glaubensinhalten und Verhaltensweisen als Unterstützung in dem Normenkonflikt.
- Anpassung an die Merkmale *eines* Kulturkreises (z.B. Veränderung der Sprache, der äußeren Merkmale wie Haarfarbe und Kleidung im Sinne des Kulturkreises, der die wenigsten Nachteile bringt).

- Stagnation und Unentschiedenheit in der Selbstdefinition, Verharren im Status quo: Die Aufgabe, sich eine auch zukünftige Identität zu suchen, wird unterlassen. Eine Integration und Vermittlung der Gehalte unterschiedlicher Normen wird nicht versucht.

Obwohl die zwischen zwei Kulturkreisen stehenden Menschen aufs Höchste körperlich und seelisch belastet sind, zeigen sie sich beraterischen und therapeutischen Einflüssen gegenüber wenig zugänglich. Während Beratungsvorgehen individuelle Entscheidungsprozesse angehen möchten, die Identitätsfindung beschleunigen möchten, gelten für sie feste Regeln der Nachbarschaftshilfe, Solidarität und Familienbezogenheit. Dem Ich steht das Wir entgegen.

Nicht selten stehen einer eigenverantworteten Problemlösung zum Besseren hin fatalistische Neigungen und Bestrafungsideen entgegen (Portera 1990). Die Überzeugung, man werde für alle Verhaltensweisen, die von der Familie wegführen, eines Tages bestraft oder man werde krank gemacht. Da diese Gruppe oft ganzheitlicher erlebt und Probleme sich nicht nur in der Sphäre des Gedanklichen abspielen, sind sehr oft der Körper und die Sinnesorgane weit mehr betroffen als bei Mittel- und Nordeuropäern. Ein großer Teil der Probleme drückt sich dann – oft körperlich symbolisch – in Störungen aus, z. B. Herzbeschwerden bei Verlassen von Angehörigen. Eine wichtige Rolle in der Beratung spielt auch die Tatsache, dass sich bei Angehörigen von Migranten die materiellen und sozialen Probleme häufen. Auf Grund ihrer Unterprivilegierung sind diese Probleme diejenigen, die zunächst einer Lösung zugeführt werden müssen und hinter denen erst das ganze Leid und die persönliche Problematik durchkommt.

Für die Anwendung personzentrierter Beratungs- und Therapieformen ergibt sich (s. auch Portera 1990) folgende Empfehlung:

- Unbedingten Vorrang haben müssen Orientierungsangebote und Bewältigungsangebote zur Situationsklärung (Beratungstypen 1 und 7). Erst danach sind Beratungsangebote im Sinne von Beziehungs- und Personklärung sinnvoll. Die konkreten Hilfen zur Situationsklärung und -bewältigung wie materielle, gesundheitliche und soziale Hilfestellungen stehen an erster Stelle, wobei sich bei sinnvoller Hilfestellung auch die Beziehung zum Klienten festigen und aufbauen kann.
- Vermeiden des übereilten Angebots eines idealistischen Leitbildes im Sinne der »fully functioning person« der Humanistischen Psychologie. Da diese Klienten bisher Unterstützung und Hilfe in wichtigen belastenden Lebensproblemen ausschließlich von ihrer Bezugsgruppe und Familie erfahren haben, soll man sich nicht darin überfordern, Wege zu gehen, bei denen sie jeden solidarischen Beistand für sich ablehnen. Vielmehr geht der Therapeut, so weit er echt und partnerschaftlich hilft, eine Beziehung ein, die ihnen möglicherweise von der Herkunftsfamilie her vertraut ist: als Freund, Schwester, Bruder oder Familienangehöriger, der aber keine Anpassungsforderungen stellt.

- Das emphatische Verstehen als Leitaktivität des Beraters soll sich nicht allein an seinen persönlichen Empfindungen und inneren Vorgängen orientieren, sondern die soziale Bezugsgruppe und die soziale Situation miteinbeziehen. Fragen hierzu sind nicht als Ausweichen in »externale Gesprächsinhalte« zu werten, sondern drücken ein vertieftes Verständnis des Klienten in seiner Lebenssituation aus.
- Schließlich noch ein Aspekt, auf den Portera (1990), aber auch Gendlin (1987) und Vossen (1988) hinweisen: Wegen der Ablehnung abstrakter Darstellungen, »vernunftorientierter« Zugehensweisen besteht bei diesen Gruppierungen eine erhöhte Bereitschaft für körperorientierte Vorgehensweisen, für Märchen, Fabeln und Parabeln als Hilfe zu einer Problemdarstellung. Auch kreative Methoden wie Rollenspiele können die Darstellung und damit die Selbstkommunikation verbessern.

Das folgende Beratungsgespräch wurde von Sonja in einem Frauenhaus mit einer nordafrikanischen Migrantin geführt, die wegen Gewaltanwendung aus ihrer Familie herausgegangen ist und Schutz im Frauenhaus suchte. Sonja möchte, dass die beiden Gesprächspartner nicht mit »Klient« und »Berater« gekennzeichnet werden, sondern mit »Sonja« (S) und »Fatima« (F). Name und einzelne Umstände sind geändert.

Die Gespräche mit Fatima fanden im Frauenhaus statt. Die im Folgenden dargestellten Gespräche sind unveränderte Ausschnitte, die ich selbst dokumentiert habe nach den Richtlinien der klientenzentrierten Gesprächsführung.

Erstes Beratungsgespräch

S Also, mir gegenüber sitzt Fatima, und wir wollen uns mal darüber unterhalten, wie sie ins Frauenhaus kam.

F Also, ... es fing alles damit an, ... seit meiner Kindheit wurde ich von meinem Vater immer massiv geschlagen, richtig totgeschlagen, ... nicht nur ich, sondern meine Mutter, meine ganzen Geschwister. Er hat früher getrunken, er kam tagelang, nächtelang nicht nach Hause. Wenn er dann mal zu Hause war, ging er auf meine Mutter los, mit nem Gürtel, mit nem Messer, ... und dann zum Schluss die Kinder und auch ich. Warum ausgerechnet ich immer die meisten Schläge bekommen habe, kann ich mir bis heute nicht erklären. Auf jeden Fall, wenn er nachts nach Hause kam, dann hat er uns immer aus dem Bett genommen und uns geschlagen, und wir sollten dann mit ihm Fotos machen. ... Wenn wir das nicht mitgemacht haben, dann schlug er uns mit dem Stock, mit dem Gürtel, mit dem Stuhl, ... egal, was er gerade zur Hand bekam. Ja und das ging dann jahrelang, eigentlich bis jetzt, ich bin jetzt zwanzig Jahre alt. Meine Mutter hat mehrere Selbstmordversuche hinter sich. Meine kleine Schwester hat deswegen Tabletten genommen, aber sie hat es überlebt. Nur die Narben sind zurückgeblieben, und die können niemals heilen.

S Wie viele Geschwister hast du, Fatima?

F Wir sind sechs Geschwister – vier Mädchen und zwei Jungen. Ich bin die Zweitälteste. Auf jeden Fall, mit so vielen Kindern und so einem Vater macht das Leben einfach keinen Spaß, ... jeden Tag zu wissen, man bekommt mit Sicherheit wieder Schläge. Jeden Tag, mit Angst von der Arbeit zu kommen. Andere Mädchen wissen, wenn sie nach Hause kommen, gibt es was zu essen, dann gucken sie vielleicht noch etwas Fernsehen, und dann gehen sie vielleicht schlafen. Bei mir war das immer anders, ich wusste genau, wenn ich nach Hause komme, kassiere ich Schläge. Für mich war das so normal wie für die anderen Mädchen das Essen. Wenn ich heute mal einen Klatsch bekommen würde, würde er mir nichts mehr ausmachen. Für mich ist ein Klatsch fast wie ein Kuss. Richtige Schläge sind für mich mit einem Stock oder mit einem Gürtel. Irgendwann wollte ich einfach nicht mehr zu Hause bleiben, jeden Tag das Gelaber von meinem Vater, jeden Tag die Schläge, nicht nur mir, sondern auch meinen Geschwistern. Ich habe den Anfang gemacht, und ich hoffe, dass mein Vater daraus lernt. Vielleicht erkennt er, dass er so nicht weitermachen kann, weil er nicht nur das Leben seiner Töchter kaputtmacht, sondern auch gegen den tunesischen Stolz verstößt, der ihm eigentlich heilig ist.
Mein Wunsch, von zu Hause abzuhauen, wurde immer stärker, als er mir auch noch verbot, Besuch zu bekommen, zu telefonieren oder aus dem Haus zu gehen. Ich musste immer direkt nach der Arbeit nach Hause kommen. Er beschuldigte mich, mich herumzutreiben, wenn ich nicht auf die Minute pünktlich war. Er schimpfte mich »Nutte«, »Hure, was machst du auf der Straße?«, »irgendwann einmal bringe ich dich um« und »wenn du so weitermachst, schicke ich dich nach Tunesien – für immer!«. Dabei habe ich wirklich nichts gemacht – ich habe mir auch vorher nie Gedanken gemacht wegzulaufen. Eigentlich ging es mir ja ganz gut zu Hause, auch wenn ich Schläge bekommen habe, ich wollte etwas aus meinem Leben machen. Ich bin viele Jahre zur Schule gegangen, habe meine Reifeprüfung fürs Gymnasium gemacht und habe dann eine Ausbildung als Arzthelferin begonnen, die ich wegen meiner Eltern nicht ganz zu Ende machen konnte. Mir ging es oft dreckig zu Hause, aber ich wollte aus meinem Leben trotzdem etwas machen. Das Leben kann doch nicht schon mit 20 Jahren zu Ende sein. Ich bin durch meine Prüfung gefallen, weil mein Vater mich an dem Tag geschlagen hat und ich mich deshalb nicht konzentrieren konnte.
Ich bin im Fach Physik durchgefallen. Weil mein Vater mir verboten hat, ein Mädchen mit nach Hause zu bringen zum Lernen, hatte ich es heimlich anders geregelt. Ich log ihn an, ich würde zur Arbeit gehen, obwohl ich einen Krankenschein genommen hatte.
Ich ging jeden Tag wie üblich aus dem Haus und kam abends zur gewohnten Zeit nach Hause. Das ging ungefähr eine Woche gut. Am 31. November bin ich von meiner Freundin gekommen, und meine Schwester rief mir schon aus dem Fenster entgegen, mein Chef habe angerufen, und mein Vater wisse über

alles Bescheid. Als ich reinkam, versuchte ich meinem Vater alles zu erklären, dass es eine Notlüge war, weil er mir sowieso nicht erlaubt hätte, mit meiner Freundin zu lernen. Aber er hat mir nicht geglaubt und hat mich wieder »Nutte« geschimpft. Er schrie mich an, ich solle doch weiter mit Jungs schlafen, und ich würde sein Leben ruinieren. Dann schrie er, es ginge so nicht weiter, nahm einen Gürtel und hat mich damit totgeschlagen. Er hat mich so totgeschlagen, dass ich nicht mehr wusste, was ich machen sollte. Er hat mich an den Haaren gepackt und gegen den Kühlschrank geschleudert, gegen die Wand und auf den Boden, … mit den Fäusten, … und irgendwie, … ich weiß nicht. Mein Vater hat mich geschlagen, o.k., das ist nichts Neues für mich. Aber als ich gesehen habe, dass meine Mutter zugesehen und nichts getan hat, da ging es mir richtig schlecht. Ausgerechnet meine Mutter, meine Familie sollte wenigstens zu mir halten. Alle haben im Kreis gestanden und zugesehen. Ich hab mir in dem Moment ehrlich gedacht, wenn mein Vater ein Tier so misshandelt hätte wie mich, dann hätte er irgendwann bestimmt Mitleid bekommen und aufgehört. Aber seine eigene Tochter hat er weiter geschlagen, bis er selbst nicht mehr konnte …

An dieser Stelle trat die erste eindeutige Gesprächslücke auf. Fatima hat wie ein Wasserfall erzählt, so als ob sie Angst hätte, irgendetwas zu vergessen, wenn sie es nicht schnell genug loswürde. Ich habe es deshalb unterlassen, sie in ihrem Monolog zu unterbrechen, weil ich befürchtet habe, sie dadurch uneinfühlsam zu bremsen.

S Es ging dir so schlecht. Hast du dich damals schlimmer gefühlt, als sich ein Tier fühlen könnte?

F Ich weiß nicht, wie sich ein Tier fühlt, aber mir gings richtig ätzend, ich hab nur noch an den Tod gedacht.

S Was ist dann weiter passiert, was ging in dir vor?

F Als alles vorbei war, habe ich zum ersten Mal ans Weglaufen gedacht. Ich dachte mir: Du hast 20 Jahre in Deutschland gelebt, Fatima, und du willst weder nach Tunesien, noch willst du weiter diese Schläge ertragen. Ich habe am nächsten Morgen meine Sachen genommen und bin gegangen. Ich hab mir gedacht: Wenn ich jetzt hier abhaue, dann bin ich meine Probleme los.

S Wie hast du dich gefühlt, als du aus der Tür gegangen bist? Was für ein Gefühl war es, das alles hinter dir zu lassen?

F Ich war froh, dass ich alles los war. Dass ich endlich die Schläge von meinem Vater losgeworden bin. Und ich war froh, dieses Haus zu verlassen. In diesem Haus stecken so viele Erinnerungen, … wo er mich geschlagen hat, … wo er uns geschlagen hat. … Als ich durch die Haustür ging, habe ich gedacht: Du gehst jetzt durch diese Tür hinaus und kommst nie wieder zurück. Das war irgendwie eine Erleichterung für mich, das Gefühl, dass mich jetzt niemand mehr schlagen kann.

S Du hast dich selber befreit und warst darüber ganz erleichtert?

F Ja, ich habe mich gefreut, weil ich endlich diesen Schritt gewagt habe.
S Du hast es ganz allein geschafft, ohne jede Hilfe.
F Ja, ich habe mich selbst befreit. Ich habe etwas gewagt, das ich mir nie vorher zugetraut hätte.
S Du hast an diesem Tag sehr viel Mut bewiesen …
F Ja.

Da ich die Klientin schon vor unseren Gesprächen ein bisschen kennen gelernt habe, hatte ich das Gefühl, dass sie sich mir völlig öffnet. Ich habe versucht, sie mit meinen Fragen dahingehend zu bewegen, dass sie mehr Selbstvertrauen gewinnt und sich von mir angenommen fühlt. In meinen Aussagen habe ich versucht, ihr zu zeigen, dass ich sie verstehe und das, was sie getan hat, annehme. Nach dem Verlauf des Gesprächs zu urteilen, hatte ich das Gefühl, dass ich dies zumindest teilweise erreicht habe. Der Gesprächsfaden riss nicht ab, und Fatima sprach ohne nennenswerte Hilfestellung. Ich war sehr konzentriert, vor allem den emotionalen Inhalt ihrer Aussagen aufzunehmen. So habe ich ihre Sprechpausen versucht, mit viel emotionaler Wärme und Echtheit aufzugreifen.

S Es war einmal der Mut, dich von etwas Schlechtem zu lösen, aber auch, in etwas Ungewisses hineinzurutschen.
F Darüber habe ich, glaube ich, gar nicht so sehr nachgedacht. In erster Linie wollte ich, glaube ich, mir selbst und meinem Vater etwas beweisen. Er hat nach diesem Vorfall nämlich zu mir gesagt: »Ich glaube nicht, dass du es dich je trauen würdest, von hier abzuhauen, weil du von mir abhängig bist.« Ich habe ihn dann gefragt, ob er sich da wirklich so sicher sei, und er sagte nur: »Natürlich bin ich mir sicher. Wenn du es tun würdest, würde ich dich überall finden und umbringen.« Ja, und irgendwie wollte ich ihm zeigen, dass ich keine Angst vor ihm habe.
S Du wolltest dir selbst beweisen, dass du endlich mal den Mut hast, ihm die Stirn zu bieten.
F Ja genau. Er hat mich oft geschlagen, und ich habe stillgehalten, habe ihn gefragt, warum er das tut. Aber er hat nie einen vernünftigen Grund genannt, weil es nämlich keinen gab. Er hatte einfach Lust loszuschlagen. Er ist einfach der Typ, der Schläge statt Zärtlichkeit gibt …
S In dem Moment, wo du rausgegangen bist, hast du da Angst gehabt vor dem, was auf dich zukommt? Oder bist du einfach gegangen, ohne nachzudenken?
F Das stimmt. Ich habe überhaupt nicht nachgedacht. In dem Moment wollte ich wirklich nur … RAUS! Nur einfach weg. Ich bin dann nur noch gelaufen und gelaufen und habe versucht, meine Gedanken zu sortieren. Ich habe nicht mal den Regen bemerkt.
S Du hast gar nichts mehr gespürt.
F Nichts, ich bin nur Stunden umhergeirrt. Ich habe nur die Schmerzen von meinem Vater gespürt – sonst nichts. (Sie weint)

Kurze Zusammenfassung verschiedener Tatbestände, die für den Verlauf des Gesprächs nicht unbedingt maßgebend waren:

Zuerst hat sich Fatima drei Wochen bei ihrer Freundin versteckt. Die Eltern haben mehrmals versucht, sie einzuschüchtern, ohne jeden Erfolg. Fatima sagt, dass sie ihren Vater hasst, weil er sie so verletzt habe. Viele von Fatimas Problemen mit sich selbst und mit ihren Eltern finden ihre Antwort wohl in der Zerrissenheit der kulturellen Identifikation. Sie selbst fühlt sich mehr wie eine Deutsche. Sie gerät meist mit den sehr tunesischen Erziehungsvorstellungen der Eltern in Konflikt. Was sie sich von ihrer Familie wünscht, sind Vertrauen und Verständnis für sich und ihr Leben. Indem sie ihre Familie verlässt, geht sie ihren eigenen (deutschen) Weg. Sie hat feste Pläne für ihr Leben: Arbeit, eigenes Geld, eigene Wohnung, die Freiheit, sich selbst ihren Weg zu suchen.

Vielleicht möchte sie einmal heiraten – einen Mann, den sie sich selbst aussuchen will. Sie hat jetzt nach vier Monaten Frauenhaus immer noch nicht den Mut, ihre Eltern zu sehen. Sie hat Angst davor, dass sie ihr etwas antun oder sie entführen. Vielleicht irgendwann später möchte sie ihren Eltern zeigen, dass sie ein gutes Leben führt. Sie macht bei diesen Worten einen mir bis dahin ungewohnt schwachen Eindruck.

Bevor Fatima ins Frauenhaus kam, verbrachte sie mehrere Nächte auf der Straße, was sie offensichtlich sehr mürbe machte. Im Frauenhaus konnte sie zum ersten Mal seit langem wieder aufatmen. Nach einem kurzen »break-down« begann sie sofort, sich nach Wohnung und Arbeit umzusehen. Sie fühlt sich jetzt, zumindest äußerlich, ganz gut. Sie hat Freunde gefunden und geht wieder zur Schule, um ihre letzte Prüfung zu machen. Alles in allem stellt sie sich immer sehr hilfsbereit, offen, freundlich und immer gut gelaunt dar. Sie scheint kein Mensch zu sein, der sich gern schlechten Stimmungen hingibt.

Zweites Gespräch mit Fatima, eine Woche später

S Hallo, Fatima. Dieses ist unser zweites Gespräch, eine Woche ist vergangen. Ich frage dich jetzt einfach mal, wie es dir so geht, was sich so getan hat.

F Also, gut geht es mir eigentlich nicht, weil ich mich letzte Woche mit meinen Eltern unterhalten musste, am Telefon.

S Wie ist das entstanden?

F Meine Eltern waren bei der Sozialarbeiterin der AWO, die für die Tunesier zuständig ist. Sie haben sie gebeten, ein Gespräch mit mir zu arrangieren. Sie hat mich angerufen und gefragt, ob ich bereit wäre, mit meiner Mutter zu sprechen. Aber ich wollte das nicht, höchstens am Telefon. Ja, und dann habe ich mich mit meiner Mutter unterhalten, sie hat mich total fertig gemacht. Sie wollte mich dazu bringen, nach Hause zu kommen. Sie wollte mich überzeugen, dass ich einen Fehler gemacht habe und dass ich keinen Grund hatte, von zu Hause wegzulaufen.

S Du hast ja seitdem du hier bist, nie wieder ein Wort mit deinen Eltern gesprochen. Das war also praktisch das erste Mal, seit du von zu Hause fort bist. Wie war dein Gefühl, als du deine Mutter gehört hast?

F Ja, meine Mutter am Telefon … Schließlich ist es meine Mutter, … ich hatte ein wirklich schreckliches Gefühl, weil sie ist meine Mutter und … (Pause)

S Es hat sicher erst mal wehgetan und viel wieder in Erinnerung gebracht?

F Es hat sehr wehgetan. Mir kamen dann auch im ersten Moment die Tränen, weil meine Mutter ja nicht normal geredet hat, sondern sofort losgeweint hat. Sie hat gesagt: »Tochter, meine liebe Tochter, komm doch nach Hause, wir tun dir doch nichts!«

S Du warst sehr überrascht über ihre Reaktion.

F Das war ganz komisch für mich. So was habe ich noch nie zu hören bekommen. Meine liebe Tochter …

S Also ist es das erste Mal gewesen, dass deine Mutter so lieb zu dir gesprochen hat?

F Genau, ich meine, … sie hat noch nie zu mir gesagt, liebe Tochter – noch nie! Auch wenn ich was Gutes getan habe – noch nie! Und jetzt … ich kann es nicht glauben, sie macht das ja nur, damit ich nach Hause komme.

S Also du glaubst nicht, dass es ehrlich gemeint ist?

F Nein, niemals. Ich meine vielleicht, kann möglich sein. Ich bin mir nicht sicher.

S Sicherlich verwirrt es dich sehr, dass deine Eltern auf einmal so nett zu dir sind. Ausgerechnet, wenn du stark zu sein versuchst, machen sie es dir noch schwerer. Ich nehme an, du hast sowieso enorme Angst vor dem ersten Gespräch mit deinen Eltern gehabt. Jetzt, wo sie so hilflos reagiert haben, lähmt es dich bestimmt, du kannst eigentlich auf so eine Art kaum mehr reagieren, es belastet zu sehr.

F Ja, es belastet mich. Ich möchte mit meiner Mutter sprechen, so wie sie in Wirklichkeit ist. Sie macht es mir schwer, indem sie auf einmal so tut, als ob sie gut wäre.

S Es ist nur eine Fassade, die deine Mutter aufsetzt. Du weißt nicht, woran du bist?

F Das ist ne Fassade, ja.

S Du hattest ja deinen Vater auch noch gesprochen, wie war das für dich?

F Mein Vater, den wollte ich eigentlich nicht sprechen, ich wollte nur mit meiner Mutter reden. Aber dann fing meine Mutter wieder an zu weinen, und da hab ich o.k. gesagt, um ihr einen Gefallen zu tun. Mein Vater hat gefragt, wies mir so geht und was ich so mache. Warum ich nicht nach Hause kommen wollte. Darauf habe ich Nein gesagt, ich wollte nicht. Ob ich jetzt immer draußen bleiben wollte. Da hab ich ihn gefragt, was er denn denken würde, wo ich bin. Da hat er gesagt, dass er wüsste, dass ich in so einem Heim wäre und Geld vom Sozialamt bekomme, das würde ihn ein wenig beruhigen. Er versteht jedoch nicht, warum ich nicht nach Hause komme, es könne doch alles so werden wie früher. Aber will ich denn, dass es so wird wie früher? Das hat er gar nicht gefragt! Um Gottes willen, das ist das Letzte, was ich will! Er fing dann an, mir Vorwürfe zu machen. Ich brächte eine solche Schande über die Familie, die Leute würden ihn anstarren und über ihn reden, ob mir das eigentlich bewusst wäre. Ich habe ihm gesagt, dass das ja wohl seine Schuld wäre und nicht meine.

S Du hast ihm klargemacht, dass du dich nicht schuldig fühlst und dass du für seine Reaktion kein Verständnis hast.

F Ich vertrete seine Meinung nicht. Mein Vater war schon immer altmodisch und hat hinterm Mond gelebt …

S Du hättest dir von deinen Eltern etwas anderes erhofft, als du mit ihnen gesprochen hast? Was hast du dir gewünscht, dass sie zu dir sagen?

F Ich habe mir gewünscht, dass sie sagen: »Wir wünschen dir viel Glück. Wir akzeptieren, was du jetzt machst. Wir vertrauen dir, und wir möchten mit dir in Kontakt bleiben, egal, was du machst und wo du auch bist. Wir möchten nicht nur deine Eltern sein, sondern auch deine Freunde. Wir können uns gegenseitig besuchen und bleiben in Kontakt.« So müsste ihr Stolz auch nicht verletzt sein, und ich bleibe weiterhin ihre Tochter – das hätte ich mir gewünscht! Meine Mutter hat noch gesagt, dass jede Träne, die sie weint, eine Sünde von mir zu Gott sei. Ich kanns nicht glauben! Die denken doch immer nur an sich. Wer sieht denn meine Tränen? Die glauben wohl auch, ich wäre jetzt superglücklich und würde nur noch lachen. Aber dass ich immer noch nachdenke und fertig bin, daran denkt keiner …

S Sie verstehen dich nicht, sie haben nur Mitleid mit sich selbst. Und das ist so ernüchternd für dich.

F Genau! Meine Mutter sagte mir noch, dass ich gar nicht wüsste, was für ein Gefühl das ist, nachts ins Kinderzimmer zu gucken und mein Bett leer zu sehen …

S In all dieser Zeit denken sie nur an sich und nicht daran, was auch du so durchmachen musstest.

F Die denken nur an sich. Sie meinten auch, seit ich weg bin, ist die Familie ganz kaputt, und da hab ich nur gefragt, wann die Familie denn nicht kaputt war …

In den folgenden Minuten haben Fatima und ich ein Gespräch darüber geführt, dass ihre Eltern wahrscheinlich aus tunesischem Glauben heraus handeln und einfach nicht wahrhaben wollen, dass Fatima eben eher eine Deutsche ist. Sie will bald in eine eigene Wohnung ziehen und nur in dem Falle ihren Eltern verzeihen, falls diese den ersten Schritt machen. Obwohl sie daran nicht glaubt.

F Wenn ich alles gut verdaut habe, in Monaten oder sogar Jahren, möchte ich schon mal wieder Kontakt zu meiner Familie haben. Schließlich sind es meine Eltern, und ich habe ja auch noch Geschwister, ich möchte wissen, was aus ihnen geworden ist.

S Es ist ja auch trotz allem schwer, auf sich allein gestellt und von seiner Familie getrennt zu sein, auch wenn man mit ihr so viel Negatives erlebt hat wie du.

F Weißt du, wenn ich Einzelkind wäre, dann wäre das alles nicht so schlimm. Aber wir sind zu Hause sechs Kinder, und mein ältester Bruder heiratet bald …

S Du bist sicher sehr traurig, dass du nicht dabei sein kannst.

F Ja, sehr. Mein Bruder ist jetzt 23, und wir hatten eigentlich immer ein gutes Verhältnis. Wir sind immer mit unseren Problemen zueinander gekommen, wir haben uns vertraut. Keiner von uns hätte den Eltern etwas gesagt von den Sorgen. Er ist eher zu mir gekommen als zu meiner großen Schwester, die ist 25. Er hat auch gewusst, dass ich rauche, und hat mich nie verraten. Wir waren nicht nur Geschwister, sondern wir waren auch Freunde.

S Er war der Einzige in der Familie, der dir eindeutig vertraut hat, und du selbst fühltest dich auch ihm so nahe.

F Genau. Und ich hab ihm auch vertraut. Wir haben uns alles erzählt. Wir hatten ein Super-Verhältnis. Nur jetzt ist das Verhältnis kaputt, weil ich von zu Hause weggegangen bin. Er sagte mal zu mir: »Ich hätte das nie von dir erwartet, dass du so etwas tust!«

S Also ist es für ihn auch etwas Negatives, dass du gegangen bist. Er versteht dich jetzt genauso wenig wie deine Eltern. Und das ist sehr enttäuschend für dich.

F Er hat es zwar auf eine Art verstanden, aber er meinte wohl, dass ich das aushalten müsste.

S Tut es dir weh, dass er genauso reagiert wie deine Eltern?

F Vielleicht versteht er mich ja, vielleicht will er nur nicht meinen Eltern in den Rücken fallen. Ich weiß auch ganz genau, dass – wenn er heiratet und ich bin nicht da – dass ihn das auch verletzen wird.

S Du wünschtest sehr, noch mal vor der Hochzeit mit ihm zu sprechen?

F Ich weiß nicht, in traue mich nicht. Irgendwie wird er mir wahrscheinlich Vorwürfe machen, das würde ich nicht verkraften (sie weint).

S Die gleichen Vorwürfe, die dir deine Eltern machen? Er würde dich nicht mal verstehen?

F Ja.

S Dass du so fühlst, ist gut zu verstehen. Du sagtest ja, dass ihr eigentlich ein gutes Verhältnis hattet. Kommen diese Vorwürfe, die auch er hat, aus der tunesischen Tradition? Ist es einfach eine grundlegend andere Denkweise, die euch auseinander bringt?

F Ja, das ist es. Und er fühlt sich ebenso hin- und hergerissen wie ich. Aber letzten Endes ist er Tunesier und außerdem der Sohn seiner Eltern. Aber trotzdem ist er der Einzige in der Familie, der wenigstens versuchte, mich zu verstehen. Wenns mal Ärger gab mit meinem Vater, dann war er der Einzige, der versucht hat, mich zu verteidigen.

S Du magst deinen Bruder anscheinend sehr. Ist er so eine Art Vorbild für dich?

F Wie soll ich das sagen? Ich wünsche mir so einen Mann wie ihn. Der gut ist und arbeiten geht. Der nach der Arbeit nach Hause kommt und keine Drogen nimmt.

S Du vermisst deinen Bruder sehr.

F Ja, sehr.

S Hättest du gedacht, er würde versuchen, den Kontakt zu dir aufrechtzuerhalten?

F Ja, eigentlich schon. Normalerweise hätte ich gedacht, er würde eher anrufen als meine Schwester. Aber ich weiß nicht, vielleicht traut er sich nicht, mit mir zu sprechen. Vielleicht tut es ihm weh.

S So wie es bei dir ist?

F Ja, ich glaube genauso, wie ich mich nicht traue, traut er sich auch nicht.

S Vielleicht erwartet er das Gleiche von dir, was du von ihm erwartest.

F Genau! Genau! ... Vielleicht treffe ich ihn ja mal durch Zufall auf der Straße. Aber anrufen möchte ich nicht ... Ich möchte auch eigentlich nicht hören, was zu Hause los ist. Ich bin dazu noch nicht fähig. Ich muss erst mal stark genug werden. Das Telefongespräch hat mich wieder so nachdenklich gemacht ... fertig gemacht. Ich möchte nicht die Gedanken von meinem Bruder, von meinen Eltern auch noch mit meinen vermischt haben. Ich möchte erst mal mit meinen Gedanken ins Reine kommen. Vielleicht später ...

S Ich finde das sehr stark von dir, dass du es schaffst, dich erst mal zu distanzieren, um Kräfte zu sammeln ...

F Ich brauche das. Ich hab ja nicht gesagt, dass ich nie wieder Kontakt haben will. Mein Gott, das ist meine Familie ... ich bin deren Blut ... Meine Mutter sagt zu mir, es tut weh, dass du nicht da bist. Was denkt die eigentlich. Sie hat noch genug Töchter, die sie in den Arm nehmen kann, die sie trösten. Und wenn ich verzweifelt bin, wen hab ich denn dann? Daran denken die gar nicht!

S Sie haben noch die Familie, aber du hast niemand, das macht es so schwer.

F Nein, ich hab gar nichts. Ich bin ganz allein. Ich hab zwar Freunde, aber ...

S Eine Familie ist etwas anderes als Freunde ...

F Ja, genau.

S Aber du hoffst schon, dass ihr irgendwann wieder einen Weg zueinander findet.

F Ja, aber weißt du, wovor ich Angst habe? Davor, dass sie sich an mir rächen für all die Schmerzen, die ich ihnen zugefügt habe.

S Du hast große Angst, dass du ihrer Rache nicht entgehen kannst? Dass sie vielleicht nie begreifen, dass du eben doch eher eine Deutsche bist und dass du ein Recht darauf hast, selbst über dein Leben zu bestimmen?

F Wenn das so ist, dann ist ein Wunder geschehen. Das kann ich mir nicht vorstellen!

S Du bist ja auch nicht ohne Grund hier. Du hattest ja Gründe, von zu Hause wegzulaufen.

F Ja, genau.

S Also ich denke, das ist ein ganz guter Weg, den du dir so überlegt hast. Erst von allem erholen, Ruhe finden, dann dein eigenes Leben in Angriff nehmen und alles andere erst mal ruhen lassen.

F Ich hoffe es. Aber ich habe ja sowieso keine andere Wahl.
S Du hättest keine Alternative?
F Nach Hause zu gehen, aber das kommt nicht in Frage.
S Also bleibt dir nur der eine Weg. Deine Gefühle weisen dir den Weg, und du musst nun sehen, dass du das Beste daraus machst. Und ich finde, du bist sehr mutig und hast die richtige Einstellung.
F Ich hoffe es …
Ich habe die einzige positive Seite meines Vaters geerbt: seine Stärke – die wird mir helfen.
S Deine Stärke hat dir schon oft geholfen?
F Ich bin nicht so sicher. Es ist schwer.
S Dein Leben, das du nun ganz allein in deine Hände genommen hast, musst du nun selbst gestalten?
F Ich darf niemals schwach sein, weil ich dann Angst habe, dass meine Stärke ganz erlischt …
S Du weißt, dass dich schwache Momente auch wieder stark machen können? Deine Gefühle ausleben …
F Oh ja, das habe ich hier seit meinem Aufenthalt im Frauenhaus ganz oft erlebt.
S Ich denke, wir beenden hier mal unser Gespräch, du siehst sehr müde aus.

Fatima war nach unserem zweiten Gespräch richtig nachdenklich und traurig. Sie wollte sich alles noch einmal alleine anhören. Als sie mir das Band wiedergab, sagte sie, es höre sich an wie das Tagebuch einer sehr unglücklichen Frau, sie erkenne sich nicht wieder. Ich glaube, dass all ihre Stärke, die harte Fassade nicht zugelassen hatte, auch einmal schwach zu sein und traurig. Die Ereignisse waren so schnell aufeinander gefolgt, dass sie viele Dinge erst richtig, während sie darüber sprach, begriff. Sie hat vor unserem nächsten Gespräch das Frauenhaus verlassen, ohne sich zu verabschieden. Sie hinterließ eine kurze Notiz, in der sie sich für die Hilfe bedankte und erklärte, dass sie es nicht mehr aushalte, weil sie sich einsam fühle. Ich vermute, sie ist zu einem Freund gezogen, von dem sie schon öfter erzählt hatte und dessen Familie sie aufnehmen wollte. Unsere Gespräche waren mit Sicherheit der Auslöser für diese Entscheidung. Fatima ist sich vieler Dinge bewusst geworden. Ich kann nur hoffen, dass sie sie nicht nur frustriert, sondern auch in ihren Entscheidungen bestärkt haben. Für mich war es auch wichtig, ihr zu zeigen, dass ich ihre Situation verstehe, dass ich aber auch aufzeigte, wie wichtig es ist, sich seinen Gefühlen zu stellen, sie nicht zu unterdrücken. Ich hoffe, das ist mir gelungen.

3.2.3 Eltern grenzen sich von ihrem drogenabhängigen Sohn ab

Für viele Eltern und viele Familien stellen sich größte Probleme ein, wenn ein Familienmitglied durch Drogenkonsum und alle damit verbundenen Probleme auffällt. Mit fortschreitendem Drogenkonsum verbindet sich nicht selten eine gesteigerte

Beschaffungskriminalität, das heißt die Notwendigkeit für den von harten Drogen abhängigen Menschen, sich die Droge auch dann zu beschaffen, wenn kriminelle Mittel und Wege benutzt werden müssen (Diebstahl, Apothekeneinbruch, Prostitution, Dealen usw.). Nach der Fachliteratur hängt die Drogenentwicklung vor allem von den drei Faktoren »Persönlichkeit«, »Gesellschaft« und »Suchtmittel« ab, die zusammen den Verlauf der Suchtentwicklung bestimmen.

Zur »Gesellschaft« gehören die allgemeine Akzeptanz der Droge, die gesellschaftliche Verbreitung und die Einstellung und Toleranz der Gesellschaft; zu dem »Suchtmittel« gehören als Einflüsse die Gefährlichkeit, körperliche Schädigungen, Verträglichkeit, physiologische Spätfolgen usw.; zur »Persönlichkeit« und ihrer Entwicklung wiederum Familienbedingungen, Erziehung, Arbeits- und Berufsbedingungen, innere Einstellungen, Haltungen und Wertorientierungen, eventuell genetische Bedingungen.

Bei der Beratung und Behandlung von Drogenabhängigen haben sich in den vergangenen Jahren vor allem folgende Grundsätze gefestigt: Eine wirklich effektive Intervention setzt großen Leidensdruck und Selbstaufgabe des Klienten voraus. Als Ziel käme nur völlige Abstinenz in Frage. Der Drogenabhängige sei auch durch abweichende und gestörte Persönlichkeitsstruktur gekennzeichnet.

Erst durch das Phänomen der »Selbstheiler« sowie durch die HIV-Infektion und entsprechende Hilfsmaßnahmen sowie durch andere Gründe hat sich ein verändertes Bild der Erklärung von Drogenkonsum und der Hilfsangebote entwickelt: »Jugendspezifische, subjektorientierte und biografiebezogene Forschungen haben Ergebnisse gebracht, die es dringend nahe legen, konventionelle Auffassungen über Suchtverläufe zu revidieren ... Drogenkonsum und -abhängigkeit werden als altersspezifische Übergangsphänomene gesehen, ... es geht dann auch weniger darum, die vermuteten Störungsbedingungen zu bearbeiten, vielmehr bedarf es einer stützenden und begleitenden Hilfestellung, um drohende seelische, körperliche oder psychische Problemeskalationen zu verhindern.« (Happel in Straumann 1992, S. 194) Man könnte darin auch eine stärker personorientierte Entstehungs- und Behandlungskonzeption sehen: im Vergleich zu früheren Defizitmodellen die größere Freiwilligkeit und Entscheidungsfähigkeit sowie die zum Teil biografisch begründete Sinnhaftigkeit des Drogenkonsums als Erklärungsansatz. Bei der Anwendung von Interventionen die Niederschwelligkeit: Man stellt nicht die Bedingungen von Leidensdruck und Selbstaufgabe, das heißt einen Zustand der völligen Auslieferung, als Bedingung für Behandlung und Beratung. Diese Art »Akzeptierender«, nicht-stigmatisierender Drogenarbeit ähnelt einem wesentlichen Element des personzentrierten Ansatzes (s. Diplomarbeit Volkert/Brunck 1997). Die einzige Voraussetzung für eine sinnvolle Drogenarbeit ist demnach der bekundete »Wunsch nach Veränderung und Verbesserung der aktuellen Lebenslage« (Schuller/Stöver 1991, S. 11).

Bei der niederschwelligen Drogenarbeit nehmen neben zahlreichen Hilfestellungen auch Beratungsprozesse einen großen Raum ein. Es ist gerade auch wichtig, die Angehörigen mit in die Beratung einzubeziehen. Oft leiden die engeren Angehörigen an einem gehörigen Maß an Schuldgefühlen, das heißt, sie glauben (und dies wurde ihnen unter dem Vorwand fachlicher Information und fachlichen Wissens auch oft genug entgegengetragen), sie seien die einzig Schuldigen an dem Krankheitszustand ihres jugendlichen Kindes. Solche – nach heutigem Wissen und auch nach einer personzentrierten Perspektive der Verantwortlichkeit und Entscheidungsfähigkeit des Konsumenten zu Beginn seiner Suchtkarriere – unzulässigen und einseitigen Zuweisungen bedrängen die Eltern so sehr, dass sie sich für alle Entgleisungen, Versagen und Fehlverhalten verantwortlich fühlen und die Jugendlichen abschirmen, unterstützen und sich von ihnen nur unzureichend distanzieren und abgrenzen können. Dabei muss gesagt sein, dass Abgrenzung nicht »Fallen-Lassen« und »Gleichgültig-Werden« heißt, sondern bedeutet, dass die Verantwortlichkeit dorthin zurückgegeben wird, wo sie auch angesiedelt werden muss, und dass symbiotische Eingriffe nicht stattfinden.

Brigitte hat im Rahmen einer Suchtinitiative ein solches Gespräch mit einer verzweifelten Mutter geführt, die auch in dieser Initiative mitarbeitet. Das Gespräch demonstriert einen solchen Abgrenzungsprozess der Eltern von ihrem Kind, zeigt aber auch die große Verzweiflung dieser Mutter und die Tatsache, wie sehr sie mit diesen Verrüttungen allein steht, vielleicht aus Scham, sich anderen anzuvertrauen.

Erstes Gespräch

Die Klientin betritt den Raum und setzt sich in die Nähe des Fensters. Die Beraterin und die Klientin klären zu Beginn noch weitere Fragen, die den Ablauf des Gespräches betreffen. Es werden die Termine für die nächsten Zusammenkünfte abgesprochen. Auch wird der Klientin erklärt, dass sie jederzeit das Gespräch abbrechen könne, wenn sie zu stark belastet werde.

K Eigentlich weiß ich gar nicht, wo ich anfangen soll, aber ich will es mal versuchen. Also ich mache mir große Sorgen um meinen Sohn. Er ist 24 Jahre alt und heroinabhängig, schon seit längerer Zeit. Aber mein Mann und ich haben es erst vor sechs Wochen erfahren. Er hat es immer verstanden, das zu vertuschen. Sie können sich sicher vorstellen, das war ein Riesenschock für uns. Es ist unser einziger Sohn, er ist 24 Jahre alt, verheiratet und hat zwei kleine Kinder … ach … Mich nimmt das kolossal mit, also ich … ich möchte ihm so gerne helfen, … aber … aber es geht einfach so alles daneben.

B Da stürzt so vieles auf Sie ein!

K Ja mmh … ja was ganz Aktuelles, was ich jetzt auch mit Ihnen besprechen möchte, ist äh äh, … dass er … Also wir hatten ihn schon so weit mit der Drogenberatungsstelle, dass er einen Entzug machen wollte, … er hat einen Platz bekommen und ist auch dorthin gegangen, … und heute Nacht ist er vom Entzug ausgerückt … Also ich kann nicht mehr, das ist so furchtbar.
Es ist ja so schwierig, ihn zu motivieren, diesen Entzug zu machen wegen seiner

Frau, ... wegen seiner Kinder, aber doch im Grunde seinetwegen, ... und ... und heute Nacht ist er gekommen, ... einfach abgehauen.

B Sie sind jetzt sehr enttäuscht und können seine Haltung nicht verstehen!

K Er ist einfach gekommen, nach all den Mühen, die wir auf uns genommen haben.

B Er ist zu Ihnen gekommen, er ist nicht nach Haus zu seiner Frau gegangen, er ist zu Ihnen gekommen, das erstaunt Sie am meisten?

K Ja, ja ...

B Und Sie fühlen sich jetzt total hilflos der Situation ausgeliefert.

K Wir sind total fertig, mein Mann und ich.

B Sie fühlen sich den Kindern und der Frau Ihres Sohnes irgendwie verantwortlich?

K Ich muss Ihnen sagen, seit wir das wissen mit der Sucht, haben wir unseren Sohn zu uns genommen. Er war für seine Familie nicht mehr tragbar. Seine Frau hielt es auch nicht mehr mit ihm aus und will sich wahrscheinlich trennen, und mit den Kindern, wenn die da den Vater immer so danebenliegen sahen, da ... da ... haben wir gesagt, es ist doch unser Sohn, und wir helfen ihm, und wir wollen alles tun.

B Sie wollen seine Stütze sein, sie haben versucht, ihn aufzufangen, und fühlen sich jetzt so total enttäuscht, weil das so danebengegangen ist.

K Ja ... ja ... Sie glauben gar nicht, wie die letzte Zeit bei uns zu Hause aussah, wie furchtbar das war. Es war ja so, er pflegt sich ja nicht mal mehr. Ich habe ihn dreimal in die Badewanne getan, nur widerwillig hat er das gemacht, er wollte das natürlich nicht, er stank und war ungepflegt. Es war einfach nicht mehr auszuhalten. Das ist doch nicht mein Sohn.

B Sie denken für sich oder für die Nachbarn, dass er ein schlechtes Bild für Ihre Familie abgibt?

K Für die Nachbarn war das ja auch heute Nacht schlimm. Er kam ja von diesem Entzug und hat im Treppenhaus fürchterlich getobt, und die Nachbarn haben doch alles mitgekriegt. Wie stehen wir denn da. Wir müssen doch mit denen leben. Wir sind ja bald das Allerletzte hier im Haus ... Es ist furchtbar.

B Sie fühlen sich richtig hilflos in dieser Situation im Moment. Es gibt da kein Rezept für Sie und Ihren Mann, wie Sie dem begegnen können.

K Also absolut nicht. Wir haben gedacht, wir kriegen das doch endlich in den Griff, und jetzt ist alles noch viel schlimmer geworden ... (K weint)

B Ich sehe, das geht an die Grenze des Erträglichen für Sie. Wenn Sie nicht mehr weitersprechen wollen, können wir auch später weitermachen.

(Das Gespräch endet hier.)

Zweites Gespräch

Die Klientin kommt nach zwei Tagen wieder zum Gespräch. Sie wirkt sehr aufgeregt und sorgenvoll. Sie nimmt Platz und kommt gleich zum Thema.

K Also ich muss Ihnen erzählen, dass ja, … mein Sohn hatte in der letzten Zeit ja auch akuten Geldmangel. Er hatte sich von mir Geld geliehen. Damals wussten wir noch nicht, wofür er das Geld brauchte, er hat … er hat uns dann immer runtergemacht. Es war eine furchtbare Atmosphäre, bis wir eben gemerkt haben, wofür er das viele Geld immer wieder braucht. Das sind so 200 bis 300 DM pro Tag, das wussten wir ja alles nicht. Und ich hab ihm das immer gutgläubig geliehen, und wir haben selber kaum was. Mein Mann ist schon in Rente, und ich gehe mir noch so ein bisschen nebenbei verdienen. Aber so viel ist das ja auch nicht. Ich krieg das ja auch nicht wieder … Der nutzt mich ja nur aus … Ich bins so leid, sag ich Ihnen – so leid.

B Zu Ihrer menschlichen Enttäuschung und Sorge kommt noch das Gefühl, ausgenutzt zu werden.

K Ja, was glauben Sie, was wir froh waren, dass der Junge dann endlich diesen Entzug machen wollte, und ich habe dann auch zu Haus für Atmosphäre gesorgt, damit er nicht wieder rückfällig werden sollte. Wir wollten ihn mit dem Auto dahin fahren, damit er da auch wirklich landet, wir hatten schon so ein komisches Gefühl auch gehabt.

B Sie waren doch schon misstrauisch, dass er den Entzug vielleicht nur Ihnen zuliebe machen wollte, nicht sich selbst zuliebe!

K Ja … ja, es war schon alles sehr schwierig in den letzten Wochen bei uns.

B Sie hatten Angst und Misstrauen dem Sohn gegenüber, sehe ich das richtig so?

K Ja. Er hat gesagt, er wollte nicht, dass wir ihn bringen, er wäre schließlich erwachsen. Da haben wir schon gedacht: Der will gar nicht richtig, und wir haben auch noch einen riesigen Streit deswegen gehabt. Letzen Endes ist er dann doch alleine gefahren und war ganze zwei Tage dort, und … und heute Nacht steht der da auf der Matte, … ich dachte, ich seh nicht richtig. Er war furchtbar aggressiv.

B Sie hatten Angst und waren furchtbar enttäuscht, dass er nicht durchgehalten hat.

K Ja, wir haben die letzten Wochen ja nur so gelebt auf den Entzug hin. Alles war daraufhin abgestellt. Wir haben immer gesagt: Wenn der Entzug erst geschafft ist, dann wirds wieder besser mit dem Jungen, und das ist ja jetzt nicht. In der Anstalt sind die ja knallhart, wenn einer da nicht will, dann wird er gestrichen. Wer weiß, wann man da wieder einen Therapieplatz bekommt. Dann hängt er nur rum, hier oder bei seiner Frau und macht da Rabatz. Die Zeit war so schlimm, und jetzt sieht es so aus, als würde alles wieder von vorne beginnen.

B Sie denken, dass Sie die Kraft nicht mehr haben, um so etwas noch mal durchzustehen.

K Ja schon, ich kann nicht mehr, und ich will auch nicht mehr. Aber auf der anderen Seite es ist doch mein Sohn. (Lange Pause)

K Und dann noch was. Der Junge hat heute Morgen meinen Mann tätlich angegriffen. Das war so furchtbar, sie rangelten so da rum, und ich musste zusehen, wie der große Junge da meinen Mann fertig macht, ich liebe doch meinen Mann. Wir haben beide Angst vor unserem Sohn.

B Das ist etwas, was Sie im Moment nicht bewältigen können.

K Nein, wir können beide nicht mehr. Mein Mann ist eh schon krank, und ich nehme auch schon Beruhigungspillen, damit ich meinen Tag überhaupt schaffe. Ich bin auch total fertig.

B Ich kann mir sehr gut vorstellen, dass das ganz furchtbar für Sie und Ihren Mann im Moment sein muss. Ich selbst bin ganz betroffen von Ihrer Situation, und ich kann Ihnen da nur sagen, … dass es Ihnen gut tut, wenn Sie sich aussprechen, wenn Sie das mal alles loswerden, diesen ganzen Druck, der Ihnen so schwer auf der Seele lastet.

K Ja, ich bin ja schon ganz froh, dass ich mal darüber sprechen kann, dass ich mit Ihnen darüber sprechen kann. Mit wem kann man denn über so etwas schon reden. Ich kann doch keinem Menschen so etwas erzählen.

B Sie denken, dass keiner in Ihrer Umgebung in der Lage wäre, Ihre Situation zu verstehen im Moment, Sie fühlen sich allein gelassen.

K Ja, was glauben Sie denn, einen Drogenabhängigen zu haben, das kann ich doch meiner Nachbarin nicht erzählen, das kann ich auch meinen Freundinnen nicht erzählen. Ich habe Angst, dass ich dann fallen gelassen werde. Ich brauche doch diese Kontakte.

B Sie fühlen sich nicht sehr gut. Sie fühlen sich noch zudem alleine in dieser Situation. Sie denken, Sie hätten keinen, der Ihnen da mit Rat und Tat zur Seite stehen könnte.

K Ja, … ja, genau. Ich bin ja schon froh, dass ich durch die AWO an Sie geraten bin, dass ich jetzt weiß, dass ich zu Ihnen kommen könnte und mit Ihnen sprechen kann.

B Es tut Ihnen gut, dass Sie das ganze einfach mal aussprechen können.

K Ja, ich kann ja sonst nur mit meinem Mann darüber reden, und dann verwikkeln wir uns immer wieder in die gleichen Argumente, und er ist ja auch so hilflos.

B Ja, sie konnten einfach nicht damit rechnen, dass Sie von solchen Problemen überfallen werden könnten, dass ausgerechnet Ihnen so etwas passieren könnte.

K Nein, total nicht.

B Sie haben alles gegeben, was Sie für Ihren Sohn empfunden haben, und sind jetzt enttäuscht, dass Sie kein Echo finden. Ist das so?

K Ja, wir haben doch alles für den Jungen getan. Ich bin zu Hause geblieben, und … und es war dadurch ja auch weniger Geld da. Aber er hat trotzdem eine gute Ausbildung bekommen, … und jetzt hängt der an der Nadel, … und die beiden Kinder, ... die tun mir ja auch so Leid, die haben ja auch nichts von ihrem Vater.

B Sie fühlen sich auch noch verantwortlich für die Familie Ihres Sohnes.

K Ja, ich kanns der Frau nicht übel nehmen, wenn sie sich trennt. Es ist ja auch nichts Liebenswertes an dem Jungen mehr. Ungepflegt, mager, aggressiv, ich mag ihn ja bald selbst nicht mehr. Ich lehne ihn bald ab. Was bin ich denn für eine Mutter.

B Sie glauben, Sie hätten kein Recht, Ihren Sohn in diesem Zustand und in dieser Notsituation abzulehnen, aber Sie denken doch auch, für sich das Recht in Anspruch nehmen zu müssen, ihr eigenes Leben zu leben.

K Ja genau. Ich muss auch an mein eigenes Leben denken. Ich möcht mit meinem Mann noch ein paar schöne Jahre haben.

B Kann das sein, dass Sie lernen müssen, sich von Ihrem Sohn etwas abzugrenzen?

K Ja bestimmt, sonst geh ich auch noch den Bach runter. Ich muss mich wohl selber retten.

Die Klientin bittet darum, in Ruhe zu Hause nachdenken zu dürfen, in ihrem Pflichtgefühl dem Sohn gegenüber hat sie über ihre eigene derzeitige Lebenssituation kaum Gelegenheit gehabt, nachzudenken und ihre eigenen Bedürfnisse zu klären.

Drittes Gespräch

Zum nächsten Gesprächstermin erscheint die Klientin irgendwie kämpferischer. Sie beschreibt ihre Lebensumstände etwas distanzierter, so als ob sie vom Rand eines Flusses ihre eigene Familie beobachten würde.

B Sie sprachen beim letzten Mal davon, dass Sie das Gefühl hätten, unterzugehen in einem Strudel, Sie sagten aber auch, dass Sie sich selbst retten wollten.

K Ja, ... mein Mann und ich fühlen uns so richtig, als ob wir in einen Strudel geraten sind, mit Sohn, und in die Tiefe gerissen zu werden. Ich kann bald wirklich nicht mehr, ... und ich denke, ich will auch nicht mehr, ... ich denke auch, ich müsste ... ich müsste auch mal an mein eigenes Leben denken.

B Da ist sehr viel Untergangsstimmung bei Ihnen zu spüren. Sehe ich das richtig so?

K Ja, ja, ... es ist so viel schief gelaufen in der letzten Zeit. Im Moment ist so wenig Hoffnung ... Ich hab auch schon mal gehört, dass man diesen Süchtigen gar nicht helfen soll, stimmt das denn, ... und wenns das eigene Kind ist. Aber wo bleiben wir, mein Mann und ich? Ich möchte doch auch noch ein paar schöne Jahre mit meinem Mann haben.

B Ich habe das jetzt so verstanden, dass Sie nach einem Weg suchen, sich von Ihrem Sohn abzugrenzen und sich gleichzeitig auf sich zu besinnen, dass Ihre

eigene Person wichtig ist. Sie … Sie fühlen sehr stark, dass Ihre Person wichtig ist.
Sie haben erkannt, dass ohne Ihre heile Persönlichkeit eine Hilfe für Ihren Sohn unmöglich ist.

K Ja, … Ja so ist es. Was nutzt es denn, wenn ich auch noch den Bach runtergehe, dann können wir ihm ja gar nicht mehr helfen. Es scheint mir wirklich, dass es wichtig ist, dass ich mich abgrenze und für mich irgendetwas tue. Und Geld kriegt er schon gar nicht mehr. Keinen Pfennig kriegt der mehr von mir. Dann unterstütze und finanziere ich das ja noch, da mach ich mich ja da noch mitschuldig. Keinen Pfennig mehr!

Die Klientin ist sehr aufgeregt. Ihre anfangs sehr deprimierte Stimmung ist einer sehr kämpferischen Haltung gewichen.

B Also, sie denken, durch Ihre Gutmütigkeit Ihrem Sohn Vorschub geleistet zu haben in seiner Sucht.

K Nein, eigentlich nicht. Ich wusste ja nicht, wofür er das Geld verbrauchte. Er hat mir immer nur erzählt, dass er es für Anschaffungen für seine Familie brauchen würde. Und da hilft man doch! Wenn ich gewusst hätte, dass er es für Heroin braucht, dann hätte ich es ihm auch nicht gegeben. Nein, das hätte ich dann bestimmt nicht getan. (Pause) … Ich habe mir überlegt, dass ich zuerst einmal meinen Mann und mich an die erste Stelle setze. Ich brauche einen Abstand von unserem Sohn.

B Ich höre da heraus, dass Sie sich und Ihren Mann schützen wollen durch Abgrenzung.

K Ja, ich muss doch wohl, es geht so nicht mehr. Ich will ihn auch nicht mehr ins Haus lassen. Er tut uns nicht gut. Wenn ich ihn schon an der Haustüre sehe, dann krieg ich solches Herzklopfen. Da bin ich schon fix und fertig, bevor er nur einen Fuß über die Schwelle setzt … Nein, die Tür muss zubleiben.

B Ich glaube, Sie haben jetzt erkannt, dass Sie soweit mit Ihrer Kraft am Ende sind, dass es tiefer nicht mehr gehen kann, dass Ihre Kraftreserven erschöpft sind, sie fühlen sich total überfordert von dieser Situation und wissen eigentlich gar nicht, wie es weitergehen soll. Trotzdem versuchen Sie, Ihre Kräfte zu mobilisieren und Ressourcen »anzuzapfen«.

K Ja, eigentlich bin ich ein optimistischer Mensch, und ich glaube auch irgendwie fest, dass es Hilfe geben muss, … irgendwelche Menschen, mit denen man reden kann. Ich bin ja auch in der Kirche aktiv und hole mir da auch meine Kraft. Aber ich bin schon sehr froh, dass ich erst mal hier alles abladen konnte. Ich muss einfach was für mich tun.

B Das hört sich für mich sehr positiv an. Sie haben erkannt, dass Sie mit Ihrem Problem nicht alleine zurechtkommen. Sie haben den Mut gefunden, sich Hilfe von außen zu holen, und ich möchte Sie darin bestärken, diesen Weg weiterzugehen.

K Ja, ich war zwischenzeitlich bei den »Drops« und habe dort Eltern getroffen, denen es genauso geht wie uns. Wir haben miteinander gesprochen, und ich habe allerlei Informationen bekommen. In diese Elterngruppe gehe ich jetzt auch hin. Es tut so gut zu wissen, dass man nicht alleine dasteht. Dass ich mich halt da jetzt durchwurschteln muss, ist mir schon klar. Aber ich hab schon so viel erlebt und so viel geschafft, ich komm da auch durch.

Die Klientin und der Berater verabreden, dass man sich telefonisch auf dem Laufenden hält.

3.2.4. Zunehmende Belastung durch die Hausfrauensituation

Für Frauen kann die ungleiche Rollenverteilung (sie ist Hausfrau, er ist berufstätig und sorgt für die finanziellen Einnahmen) zur Last werden, wenn sie merken, dass der Alltag mit Kindern, Haushalt und Erledigungen sie nicht mehr ausfüllt, und sie immer mehr merken, dass die Wünsche nach persönlicher und beruflicher Entwicklung nicht mehr so realisierbar sind. Dabei muss nicht unbedingt die traditionelle Rollenteilung an sich schon Ursache ungleicher Zufriedenheit beider Partner sein, sondern vielmehr das Ausmaß, in dem die täglichen Aufgaben als bereichernd und erfüllend wahrgenommen werden. Jaeggi und Holstein (1985, S. 88) schildern eine Großfamilie, in der zwar die traditionellen Muster vorhanden sind, in der aber die gemeinsame Anstrengung um die Entwicklung der Familienmitglieder und die – gegenüber den übrigen Familienmitgliedern – bewahrte Sonderstellung des Paares eine befriedigende Gemeinsamkeit bietet. Möglicherweise bietet die Situation des Weggehens der Kinder die Gefahr, sich neu orientieren zu müssen und andere Quellen einer befriedigenden Gemeinsamkeit suchen zu müssen.

Während die ungleiche Rollenverteilung noch keine ausreichende Ursache für Unzufriedenheit und zunehmenden Frust darstellt, wird die Situation noch gravierender, wenn die unterschiedlichen Rollen nur für kurze Zeit geplant waren (etwa frühes Kindesalter), dann aber, im Zusammenhang mit mehr Kindern, die Frau diesen Wunsch nach Aufgabengleichheit immer mehr verschieben muss. Die Last der Aufgaben für die Kinder, die täglichen Ansprüche, Schulbesuch und Sorge um Krankheiten der Kinder führen zu einem Zustand, in dem die Frau die Wünsche nach Wiedereinstieg in den Beruf, nach unerfüllten Zielen, neuen Erfahrungen und Kontakten mit anderen Menschen als den Nachbarn immer mehr aufschieben muss und in einen zunehmenden Leerlauf verfällt. Hinzu kommt, dass oft der Mann die meiste Zeit für Beruf, Karrieresicherung und Aufstieg dann aufwenden muss, wenn die Kinder noch kleiner sind. Dadurch polarisieren sich immer mehr entgegengesetzte Rollen und Aufgaben.

Während die Frau bei ihrem Mann Aufstieg, mehr Prestige und Selbstsicherheit erlebt, spürt sie die Stagnation und Leere, so weit sie nicht von Anfang an bereichernde Möglichkeiten in der Aufzucht von Kindern, in der Förderung ihrer Möglichkeiten und in der Verantwortung ihnen gegenüber gesehen hat. Wenn eine Frau mit falschen Erwartungen und dem Vorsatz der Vorläufigkeit in die Familienrolle eingetreten ist, diese Vorläufigkeit aber zum Dauerzustand wird, vermischen sich bei ihr immer mehr Enttäuschung, Frust und Wut. Die Beschäftigung des Paares mit den Kindern kann die Entzweiung nur schwer überdecken. Oft werden geradezu Gespräche über die Kinder, erzieherisch motivierte Aktionen mit ihnen gesucht, weil die Partner merken, dass sie sich nicht mehr so viel zu sagen haben. Nach systemischer Sichtweise kommt diesem Prozess (der für das gesamte Familiensystem ja eine Bedrohung darstellt) oft ein Kind entgegen, indem es Symptome entwickelt, die das Geschehen auf das Kind konzentrieren (Arztbesuche, Schulschwierigkeiten, psychologische Beratung): Die Eltern beschäftigen sich nicht mehr mit sich als *Paar*, sondern hauptsächlich mit dem Problemkind als Eltern.

Der personzentrierte Ansatz kann hier nicht das Problem der ganzen Familie lösen, er kann aber in der Form von Einzelgesprächen mit der Mutter durch einfühlendes Verstehen ihrer persönlichen und ihrer Lebenssituation eine bessere Sicht vermitteln, eine Sicht mit Abstand von den tausend täglichen Verrichtungen und Ablenkungen. Hier wirkt das Einzelgespräch schon motivierend auf den Partner (meistens die Ehefrau), der den größten Leidensdruck aufweist. Da nur von hier aus Veränderungen stattfinden können, sind derartige Einzelgespräche als Ausgangspunkt für eine umfassendere Beratungsarbeit mit der Familie sehr wichtig. Dabei entspricht dem Leid des Einzelnen oft die parallele frustrierende Erfahrung des anderen. Eine umfassendere Arbeit mit der ganzen Familie wird oft erst dann gemacht, wenn Familienmitglieder deutliche Symptome, Krankheiten oder Verhaltensauffälligkeiten aufweisen.

Das folgende Gespräch führt Renate mit einer 36 Jahre alten Mutter, die zwei kleine Kinder (zwei und vier Jahre alt) hat, zugleich aber noch die zwei Stiefkinder (13 und 17 Jahre alt) aus der ersten Ehe des Mannes mitversorgt. Der Mann ist in oben geschildertem Sinne viele Stunden berufstätig, wobei die Last der Betreuung und Versorgung der Kinder allein auf die Frau zurückfällt. Das Gespräch bringt (und soll vielleicht auch nicht) keine dramatischen Veränderungen, aber doch mehr Distanz und eine bessere Ausgangsposition der Ehefrau für deren Bedürfnisse und Intentionen.

Vorbemerkungen

Meine Gesprächspartnerin ist 36 Jahre alt, Mutter von zwei kleinen Kinder, zwei und vier Jahre alt, und zwei Stiefkindern, 13 und 17 Jahre alt, die jedoch bei der geschiedenen Frau ihres Mannes leben.

Abkürzungen: P = Petra, R = Renate

Erstes Gespräch

R Also vielleicht fängst du ja mal an zu erzählen, was dein Problem zurzeit ist oder dein Konflikt?

P Mein Konflikt ist, dass ich immer mehr in der Vergangenheit gedanklich schwelge, anstatt in die Zukunft zu blicken.

R Was meinst du genau mit Vergangenheit?

P Also mich an diese Zeit zu erinnern, wo ich beruflich tätig war, wo ich ausgegangen bin, zum Abendgymnasium gegangen bin, wo ich gleichzeitig Arzthelferin war, Mutter war und zum Abendgymnasium gegangen bin und irgendwie scheinbar alles fertig gebracht habe, mit allem zurecht kam. Und jetzt sitze ich nur noch zu Hause – ich habe genug zu tun, das ist es nicht –, aber ich kann mich kaum noch konzentrieren, und jeder Tag ist gleich. Ich weiß, was morgen passieren wird, es sei denn, der Kleine fällt mal wieder auf die Nase. Der Haushalt ist ewig gleich. Dass ich mich jetzt an Leute erinnere, die ich früher kannte, so in der Vergangenheit schwelge.

R Und das, woran du dich erinnerst, waren so Kontakte nach außen, so raus aus den vier Wänden, einfach so miteinander etwas machen?

P Ja, nicht nur miteinander etwas machen, sondern selbst etwas bewirken!

R Und jetzt hast du das Gefühl, wenn du jetzt hier rumputzt, das sieht ja sowieso keiner.

P Ja, das ist mir sogar egal, ich habe ja keinen Putzfimmel. Aber was mich auf die Palme bringt, ist, wenn mein Mann abends nach Hause kommt – er hat den Anzug noch nicht aus –, fängt er in der Küche an zu wischen. Das macht er manchmal in Gedanken, nicht vorwurfsvoll. Er ist auch beim Abschalten und macht dann einfach schon mal was, sagt dann: »Wieso ist denn die Platte so schmierig?« Das ist dann für mich der Vorwurf schlechthin, denn dass ich diese Arbeit, die ich ja noch nicht einmal gerne mache, noch nicht einmal richtig tue.

R Du hast also das Gefühl, du machst nichts mehr, wofür du einer Anerkennung wert wärest.

P Es ist eigentlich noch schlimmer. Wenn ich mir so eine Hausfrau vorstelle oder wenn ich das sehe, was sich hier so in der Umgebung so bietet, dann haben Hausfrauen, sofern sie nicht einen Minderwertigkeitskomplex haben, einen Perfektheitsanspruch und sind nach außen hin die perfekten Köchinnen, Kinderpflegerinnen, Ehefrauen, Repräsentantinnen usw. und sind hundertprozentig. – Und ich bin schlampig, nach außen, nach innen, die Kinder sind ungewaschen, ich lass sie im Dreck herumspielen, sie entfernen sich auch. Ich bin nicht wie eine Glucke hinter ihnen her. Das alles – habe ich den Eindruck – fällt auf mich zurück als Negativum. Nicht, dass ich ihnen etwas Freiheit lasse, weil ich selbst auch noch irgendwie zurande kommen will – und wenn ich ein Buch lese. Wenn ich zwei Seiten gelesen habe, denke ich, ach da ist noch Arbeit, hier ist noch Arbeit. Allerdings verbringe ich dann meine Zeit nicht mit putzen, sondern mit anstreichen, reparieren, um wenigstens das Gefühl zu haben, etwas Sichtbares zu schaffen.

R Du hast also, als du die Kinder bekommen hast, gedacht, dass du das auch gut machen wolltest.

P Ja, vielleicht habe ich das gedacht, aber das habe ich gar nicht gedacht, das war eine Rolle, die ich gar nicht kannte. Von daher wusste ich nicht, was ich da gut machen sollte.

R Du bist also in diese Rolle jetzt hineingeraten und siehst, dass du jetzt mit den Vorstellungen, die das Umfeld, was du beschreibst, hat, nicht konform gehst. Du hast im Grunde andere Vorstellungen von dem Ausfüllen dieser Rolle. Du siehst das eher positiv, dass die Kinder sich dreckig machen, dass sie ihre Umwelt erleben. Hm, du erlebst das als Bedrohung eigentlich schon ein Stück weit, wenn alle anderen diesen Perfektheitsanspruch haben, sich darüber definieren, da offensichtlich unheimlich mit zufrieden sind und du das gar nicht kannst, weil das für dich keine Wertmaßstäbe sind.

P Ja, offensichtlich vergleiche ich mich ja doch. Und es ist ja auch etwas, was ich anerzogen bekommen habe. Von daher kann ich nicht darüber stehen. Also habe ich ja doch ein schlechtes Gewissen und denke, das könntest du besser machen und bin auch manchmal ganz stolz, wenn ich alles ganz schön sauber habe.

R Du hinterfragst das in dem Moment ja auch schon kritisch. Ist das richtig, dass du das alles kritisch hinterfragst, wenn du alles schön sauber hast und darauf stolz bist, dann sagst du dir: Ist es das wert, ist es das, was ich möchte, worauf ich stolz sein will?

P Ja, es ist so, dass ich dann kaputt bin, weil ich etwas geleistet habe, aber die Leistung nichts zählt, gesellschaftlich, für mich selbst oder wie auch immer. Natürlich kommt mein Mann nach Hause und sagt – meist geistesabwesend – »Ach Schatz, was hast du denn heute gemacht?« – Und dann habe ich schon die Faust in der Tasche und sage: »Was willst du denn jetzt hören? Soll ich dir sagen, wie oft ich den Volker aus der Scheiße gezogen habe oder dass ich erzähle, wie oft ich sein Gesicht sauber gemacht habe.« Ich empfinde es als Verarschung.

R Du hast das Gefühl, es ist eine rein rhetorische Frage? Dass da auch drin stecken könnte: Ach, du hattest ja auch einen tollen Tag heute!

P Nein, mein Mann ist schon anders. Ich nehme es ihm übel, weil er genau weiß, was es bedeutet. Weil er ja seine ersten Kinder selbst erzogen hat. Er weiß, welche gleichförmigen Arbeiten das sind. Er weiß auch, wie er selbst darunter gelitten hat, kleine Kinder zu erziehen, den Haushalt zu machen usw. Dass er auch keine Leute kennen gelernt hat in dieser Zeit, weil er ja allein erziehender Vater war. Dann ist die Zeit gekommen, wo wir das gemeinsam gemacht haben, immer abgesprochen, jeder die Hälfte. Es war gleichberechtigt. Das hat sich verändert. Es ist keine Gleichberechtigung mehr da, sondern eine Rollenverteilung, aber die ist für mich nicht mehr gleichberechtigt. Für ihn eher, weil er es nicht verstehen kann, dass ich frustriert bin. Weil er denkt, ich habe doch auch meinen Teil geleistet, so wie er. Aber ich denke, das denkt er nicht, sondern er ist der große Macher, und ich bin hier das Heimchen am Herd. Aber es ist mir auch egal, was er denkt, ich denke, es ist so, und das ist genauso schlimm.

R Und du bist auch ganz sicher, dass er das nicht denkt, dass er das im Grunde seines Herzens schon anerkennt.

P Ja, er erkennt das an, das weiß ich. Er gibt es manchmal zu, dass er das nicht mehr so machen könnte, wie er es mal gemacht hat. Er sieht, wie die Kinder gedeihen und wie im Verhältnis seine anderen beiden Kinder im gleichen Alter waren durch die zerstörte Ehe. Er hat da vollstes Vertrauen, er erkennt das an, das ist nicht mein Problem.

R Du hast das Gefühl, dass er nicht bewusst runterguckt, sondern deine subjektive Empfindung dir sagt, dass hier die geleistete Arbeit anders bewertet wird.

P Ich denke schon, dass er das mehr zu schätzen weiß, als ich das ahne, und er auch weiß, was das bedeutet, und er mir nie einen Stein in den Weg legen würde, wenn ich was anderes machen wollte. Aber das zu organisieren wäre mein Problem. Er hält sich dann zurück. Auch wenn ich den Haushalt organisieren möchte, dann ist das mein Problem, nicht seins. Er hat offensichtlich nichts mehr damit zu tun. Es ist diese andere Rolle, blickt zwar dann mal hin und wieder rein und sagt: »Super, was du da alles machst, und ich weiß auch, was das bedeutet …«, aber er selbst hat scheinbar nichts mehr damit zu tun.

R Und du sagtest eben, er macht jetzt Karriere.

P Er macht jetzt Karriere, ja. Er ist Abteilungsleiter jetzt und wird diese Firma als Chef wahrscheinlich in nächster Zeit ganz übernehmen.

R Dann hast du jetzt schon die große Sorge, dass das noch mehr von seiner wenigen Zeit in Anspruch nimmt.

P Er ist eh schon 12–14 Stunden weg. Ich bin Alleinerziehende mit Wochenendehemann. Obwohl das nicht ganz stimmt. Einmal in der Woche darf ich Theater spielen. Dann kommt er pünktlich nach Hause.

R Du hast das Gefühl, irgendetwas fehlt da noch, etwas, was für dich ganz wichtig ist.

P Es gibt mir schon einen Stich, wenn ich sehe, dass manch ein Vater nach Hause kommt, aber ich sehe nie Väter, die viel mit ihren Kindern machen, in dieser Straße hier nicht, dann tut es auch nicht so sehr weh. Allerdings, was mir den Stich verpasst: Ich kenne ihn von früher. Ich weiß, welche Beine er sich ausgerissen hat für seine Kinder: im Kindergarten und in der Schule engagiert. Viele Kinder waren in unserem Haus. Waldspaziergänge und Schnitzeljagden, auch außerhalb von Kindergeburtstagen. Leider ist ihm das nicht mehr möglich …

R Du bedauerst es sehr, dass er jetzt anders beruflich eingebunden ist …

P Seine Kinder erleben ihn anders. Aber die anderen Kinder kommen ja noch regelmäßig. Sie leben jetzt bei der Mutter. Sie haben den gleichen Anspruch, wie sie es immer hatten, an ihren Vater. Wir haben den Vater gar nicht mehr. Wenn sie kommen, muss der Vater immer ganz für sie da sein. Und er kommt auch mit dieser Rolle nicht zurecht, und ich auch nicht. Wenn er öfter für uns da wäre, könnte ich sagen: Ich halte mich jetzt zurück.

R Du gibst also jetzt von der wenigen Zeit, die ihr gemeinsam habt, auch noch einiges ab für die anderen Kinder?

P Ja, da kommt jetzt ein ganz neues Problem rein, was nicht so unwichtig für uns ist: Ich denke, es ist fast noch der schwerwiegendste Teil – diese anderen beiden Kinder. Diese andere Sichtweise von Familie. Wir haben alle unterschiedliche Sichtweisen von Familie: Für mich ist die Familie mittlerweile – obwohl ich die anderen beiden ja auch irgendwie noch habe – er, ich und unsere beiden kleinen Kinder. Für meinen Mann ist Familie: Er, ich und vier Kinder. Für seine großen Kinder ist die Familie: Er, SIE und die kleinen Kinder noch vielleicht dazu. So hat jeder eine andere Bedeutung von Familie. Und ich komme mit diesem Problem, … hm … wenn die Kinder kommen, die großen, dann wollen die ihren Vater haben, sind natürlich in einem Alter, wo sie alles verschlingen, wo ich dann auch mehr einkaufen und mehr kochen muss, noch mehr mich an den Herd gepresst fühle, regelrecht an die Wand gepresst, ich habe kaum Luft zum Atmen, wenn die da sind.

R Du fühlst dich total ausgelaugt, erst mal durch die Tatsache, dass dein Mann seine berufliche Rolle voll ausführen kann, du hier zu Hause alles übernimmst für eure Viererfamilie und zusätzlich auch noch die beiden anderen Kinder, die natürlich auch noch einen ganz anderen Anspruch an ihn haben. Und irgendwie fühlst du dich da auch von ihm nicht ganz richtig verstanden, kann das sein?

P Jedenfalls – ja, das ist richtig. Weil bei uns das schon ein zehn Jahre dauernder Kampf ist, ist es auch schon so ein Schubladendenken. Wenn ich auch nur eine kleine Kritik äußere, was diese Kinder angeht, werde ich in Schublade Nr. 7 gesteckt. Es hat dann für ihn immer so eine Bedeutung von: Du fühlst dich minderwertig den Kindern gegenüber, weil du ja nur die Stiefmutter bist. Das ist dieser Komplex. Er steckt mich da in eine Schublade. Ja, wie soll ich das sagen, was mich daran unheimlich gestört hat, ist, dass dieser Minderwertige da durchkommt.

R Ja, da ist eben eine Bewertung reingekommen. Du sagtest gerade, es ist ein langjähriger Kampf gewesen. Es war also immer Gegenstand von Konflikten.

P Wir haben oft nichts anderes gesprochen miteinander.

R Weil da ja sicher auch oft unterschiedliche Ansätze in den Vorstellungen von Erziehung waren. Und dann hast du ja diese … hm »Außenseiterrolle«, weil du nicht die leibliche Mutter warst.

P Und das spielt jetzt wieder eine Rolle bei diesen kleinen Kindern, weil ich den ganzen Tag mit ihnen umgehe und so meine Art habe, mit ihnen umzugehen, meine Strategie. Wenn er nach Hause kommt, kommt er aus einer anderen Ebene, aus einer anderen Welt und versteht oft nicht, wie ich mit ihnen umgehe, dass ich gestresst bin, weil der ganze Tag ja schon sehr aufreibend verlaufen ist, es sind ja nicht immer die lieben Kinder. Wenn ich dann am Abend noch sage: »Wenn du das jetzt nicht isst, gehst du sofort ins Bett!« … weil ich dann schon geladen bin. Und wenn er dann sagt: »Ja bist du bescheuert, wie gehst du denn mit dem Thore um. *Komm lass mich das machen!*« Er nimmt mir dann auch noch Sachen weg und stellt mich rangmäßig unter ihn. Und das ist nicht in Ordnung, das ist gemein, sodass der Thore schon anfängt, wenn ich mit ihm schimpfe, zu sagen: »*Papaaa, mein Papaaa.*« Und das nehme ich ihm übel. Er nimmt dann meine Sachen auch hier nicht ernst. Wenn er mit mir über seine Firma spricht und seine Probleme, da nehme ich das immer ernst und versuche dann auch immer, mit ihm über diese Leute da zu sprechen. Es ist auch so, dass er meine Arbeit nicht so ernst nimmt wie seine.

R Er wertet auch wieder.

P Und er ist Manager. Das Management bringt er mit nach Hause. Er kann seinen Ton, er ist immer nur im Gespräch mit seinen Mitarbeitern – Und manchmal komme ich mir auch vor wie in einer Besprechung, und ich bin der Mitarbeiter.

R Und das missfällt dir natürlich noch mehr, weil du die Beziehung ja auch von einer anderen Seite her kennst.

P Ja, und da kommt da noch ein Problem. Er ist also immer in Kontakt mit Menschen, und er ist rhetorisch ja viel stärker ausgeprägt, weil ich ja seit ein paar Jahren auch nichts anderes mache, als mich der Sprache meiner Kinder anzupassen.

R Du hast also selber das Gefühl, du gehst einen Schritt zurück. In dem Maße, wie du zurückgehst, schreitet er fort.

P Ja, diese Kluft wird immer größer. Wenn wir streiten, werd ich auch minderwertiger. Ich kann mich nicht mehr so äußern wie früher. Ich brauche eine viel längere Anlaufzeit, um das zu sagen, was ich denke, und er kann mich dabei »SCHLAGEN«. Er schlägt mir die Faust ins Gesicht, verbal. Ich bin dann k.o.

R Und dann hast du das Gefühl, dein Selbstwertgefühl geht dadurch immer mehr in den Keller, und da du ja selbst gewohnt bist zu denken und auch analytisch zu denken, ist es für dich ja noch schwerer, weil du einfach in der Situation auch noch das reflektierst, was passiert.

P Ja, ja, und das macht sich dann in meiner Konzentration bemerkbar, bei meinem Selbstbewusstsein, bei meiner Kindererziehung. Schneller reißt mir jetzt der Faden, und ich neige dazu, mittlerweile sogar depressiv zu werden. Es sind so schleichende Prozesse, und es dauert immer länger, bis ich da wieder rauskomme. Das kostet mich unglaublich viel Kraft. Wenn ich dann wieder über den Berg bin, dann ist es wieder gut, dann stehe ich auch über meinem Mann, dann habe ich mehr Kraft als er, dann stehe ich auch über ihm, psychisch, dann übernehme ich noch Sachen von ihm mit, die jetzt nicht seine Arbeit speziell betreffen, die seine Aufrichtung zu dieser, … hm … wie sagt man, … zu dieser …

R … Gigantensäule bewirken.

P Und dann merke ich, dass ich da noch einen Part mit übernehme. Aber dass umgekehrt diese Kraft von ihm nicht ausgeht, wenn es mir schlecht geht, dann kann er das nicht übernehmen, dann merkt er, dass es ihm auch schlecht geht.

R Aber du hast dann, wenn du etwas mitübernimmst, was ihn noch mehr auf diese Gigantensäule hebt, habe ich das richtig verstanden, dann hast du dabei doch auch ein komisches Gefühl, wenn du das reflektierst, oder? Du fragst dann, was bleibt denn da noch für mich übrig?

P Ja, das macht man ja einfach so, wenn man gut drauf ist. Das fällt einem dann immer erst auf, dass er dann auch seine Stimmung hebt oder dass ihm Sachen besser von der Hand gehen. Ich bin dann wie so ein Schatten.

R Das heißt dann, du beziehst dann, wenn du merkst, durch deine Tätigkeit, durch deine Intervention, die dann etwas Positives für ihn bringen, erlebt er irgendetwas Positives, oder es geht ihm leichter von der Hand, wie du sagst. Dann freust du dich auch? Du beziehst dann ja auch irgendwie Anerkennung, weil du spürst, für dich spürst, das hat auch was gebracht, dass du für ihn interveniert hast.

P … Hm … das weiß ich nicht so genau. Mag sein, dass es so ist, aber so wie ich es jetzt ausgesprochen habe, hätte ich es vor zwei Wochen noch gar nicht ausgesprochen. Es rutschte mir so raus, ohne dass ich es mir als Konzept jetzt länger überlegt hatte. Es ist mir jetzt erst bewusst, dass es so ist! Sachen fallen einem ja spontan ein oder auf. Dass ich das so bewusst wahrnehme, wie ich es jetzt erzähle, war bisher gar nicht so stark gewesen. Ich spüre, dass ich da auch etwas bedeute oder welche Wirkung ich auch habe, aber dass ich das so bewusst dann auch erlebe, das weiß ich also nicht.

R Ja, ich glaube also auch nicht, dass man das in dem Moment so bewusst erlebt, aber wenn man jetzt eben drüber nachdenkt, dass es diese Funktion ja hat …

P … Ja, diese Funktion hat es. Und es ist auch immer so, dass ich eigentlich manchmal denke, ganz heimlich, ich bin ja viel stärker als er. Manchmal überlege ich, warum hat er sich mich eigentlich ausgesucht, warum so stark gekrallt auch? Weil in seiner Situation, mit zwei Kindern alleine, kann er da nicht gerade eine sehr schwache Persönlichkeit gebrauchen, die er aufrichten muss. Es war immer meine Funktion, ihn aufzurichten: In der Scheidungsphase habe ich das Abitur sausen lassen, gesagt: »Ich wiederhole oder ich stelle mich zurück und mache es erst in einem halben Jahr«, aber die Richter haben sich viel Zeit gelassen. Die Scheidung lag genau zu meinem Abitur, was ich dann zurückgestellt habe.

R Aber du hast es noch einmal aufgenommen?

P Natürlich, und dann habe ich zur gleichen Zeit, wie die Scheidung war, das Abitur gemacht. Aber ich war ja immer noch in meinem Beruf drin. Also das habe ich dann auch noch nebenher gemacht. Aber das war denn mehr so nebenher, weil ich dann Bafög bekam.

R Du hast doch so das Bild von dir, dass du viel zu leisten im Stande bist, und wenn du es zielgerichtet angehst, auch erreichst und da auch eine gewisse Kraft mobilisierst?

P Ja, das dachte ich bis jetzt, deshalb denke ich da so gerne dran. Jetzt weiß ich nicht mehr, ob das noch so ist. Ich kann es nicht mehr messen. Was ich jetzt leiste, da denke ich manchmal, das ist »unter aller Sau«. Auch wie ich manchmal mit meinen Kindern umgehe, in dem Frust. Wenn ich die dann wirklich hirnverbrannt anschreie, in der Lage bin sogar, sie zu schlagen. Es ist, als wenn irgendetwas in mir das bewegt und nicht mehr Verstand. Ich war sogar in einem Jähzorn, ich weiß nicht, was es ist, weil der Ulf, der ältere von den beiden, mich so genervt hat, in der Lage, ich habe ihn gebissen, ich habe zugebissen, das war wie ein Krampf. Ich brauchte das. Und es war gar nicht so, dass er gemeint war. Mein Gott, war mir das peinlich. Ich denke dann wirklich manchmal, ich werd zum Tier. Also nicht nur dieser Spruch, nein, es ist wirklich mit mir was nicht in Ordnung.

R Du handelst so, wie du eigentlich vor dir selber gar nicht der Meinung bist, dass du das bist? Also das ist ein anderes Bild, was sich dir jetzt von dir selber zeigt.

P Ja, vielleicht ist es auch ein Teil von mir, nur diesen Teil will ich nicht wahrhaben. Es ist eine Aggressivität, die doch da ganz tief in mir steckt, die aber auch Kräfte freisetzt, diese Aggressivität, aber negative.

R Und die Art und Weise, wie sie diese Kräfte freisetzt, die gefällt dir nicht.

P Nein, nein, und es macht mich krank, wirklich krank, und ich muss irgendetwas tun. Ich weiß aber nicht, ob es ein Beruf ist. Ich brauche Anerkennung.

Sie denkt nach, und ich schlage ihr vor, dass wir beim nächsten Mal darüber weiterreden wollen.

Ein anderer Gesprächsauszug

R Beim vorletzten Mal hatten wir das Thema »Anerkennung, Akzeptanz«. Du deutetest an, du seist so zerrissen, von wem du sie bekommen möchtest und wofür?

P Nicht von meinem Mann, denn die ist von oben herab oder jedenfalls nicht gleichwertig. Wenn er sie mir gibt, er ist mein Partner, er braucht mich nicht zu loben. Wir sind doch gleichberechtigt. Wieso muss er mich dann loben? Also kann er mir diese Anerkennung nicht geben. Gleichzeitig darf er aber nicht auf mich »runterdrücken«.

R Ja, ich denke, das ist der Punkt. Du könntest damit wahrscheinlich ganz gut umgehen, du weißt ja, er erkennt das an, aber er drückt eben auch drauf. Ich stelle mir jetzt die Frage nach der Funktion, die das für ihn hat, warum er das macht. Du sagst, du warst immer die Stärkere, und er hat sich dich ausgesucht, weil du stark warst. Und jetzt stellt sich die Situation ganz anders dar.

P Ja, diese Stärke ist vielleicht auch mehr in bestimmten Lebensbereichen, in anderen nicht.

R Sodass sich das immer die Waage gehalten hat?

P Es hielt sich immer die Waage, ja. Er ist auch der Stabilere, gradlinig, hundertprozentig, ach tausend tolle Attribute fallen mir da noch ein. Ich bin immer nur so achtzigprozentig, nicht gradlinig, weil ich überschwänglich bin, ich stelle immer wieder die Frage nach dem Sinn des Lebens.

R Du legst jetzt die Bewertungskriterien fest und teilst ein in hundertprozentig und achtzigprozentig. Du hältst dich nicht für hundertprozentig, weil du dich für schwankend und orientierungssuchend hältst, und bewertest dich negativ.

P Ja – manchmal finde ich es auch schön, weil es etwas Lebendes ist in mir, auch wenn es nur etwas Gedankliches ist. Aber grundsätzlich empfinde ich es als Schwäche.

R Du sagst, du empfindest auch etwas Neues daraus. Er erlebt diese neuen Sachen, die du bei deinem Schauen nach rechts und links, heraus aus dieser »geraden« Schiene, siehst, in dem Maße nicht. Du ziehst doch auch etwas heraus, was für dich zu einer höheren Lebensqualität führen kann, weil du es erkannt hast.

P Was nützt mir die Erkenntnis, wenn ich es nicht leben kann. Weil ich hier so eingesperrt bin mit meinen Kindern.

R Ich möchte gern noch einmal zurück zu den achtzig- und hundert Prozent. Ist die Suche nach Orientierung wirklich zwanzig Prozent weniger wert gegenüber einer graden Richtung?

P Hm. Er nutzt es aber aus, um sich auf diesen Hundert Prozent-Sockel zu stellen. Er braucht das, ich glaube, er spielt damit, er braucht das. Ja, er braucht das, als Mann ist er ja hier im Haus derjenige, der für die technischen Dinge zuständig ist, für das logische Denken.

R Für das logische Denken also auch.

P Das ist auch seine Spezialität. Und all die Attribute, die man einem Mann nachsagt, die braucht er auch. Das hat auch etwas mit seiner Kindheit zu tun. Das gibt er selber zu. Er war immer ein kleines schmächtiges Kerlchen, was nie so alt aussah, wie es war. Er hat immer durch Leistung etwas erreichen können. Diese Anerkennung durch Leistung habe ich gar nicht für mein eigenes Leben gebraucht. Es ist nicht so wichtig für mich, aber diesen Stempel will er mir aufdrücken. Er fördert, dass das für mich so aussieht.

R Habe ich das richtig verstanden, dass er dir sein Normenkostüm aufdrückt?

P Ja, ohne meins gleichzeitig so anzuerkennen. Irgendwo hat er ja auch oft Recht. Das nervt mich ja auch schon, dass er so oft Recht hat. Recht oder Unrecht spielt ja oft gar keine Rolle, ist so unwichtig, aber er ist ein Rechthaber.

R Du hast dann das Gefühl: Das habe ich auch mal wieder falsch gemacht.

P Ja, wenn man unten steht, dann passt nur einer auf diesen Sockel, da passen keine zwei drauf.

R Du gehst also das gleiche Stück runter, was er in der Situation raufgeht? Du produzierst sein Heraufgehen damit, dass du runtergehst, ist das richtig?

P Ja, obwohl man es im Alltag nicht so merkt, mehr im Streit. Da kommt das unheimlich stark raus, und ich werde so aggressiv, dass ich ihm wortwörtlich die Augen auskratzen könnte. Ich werde mittlerweile so aggressiv, dass ich tätlich werde.

R Im Grunde fühlst du dich dabei ohnmächtig.

P Ja, es ist eine Ohnmacht, es ist Hilflosigkeit. Deshalb bin ich ständig auf der Suche. Ich muss einen Beruf haben. Glücklicherweise geht es nicht so weit, dass ich mir Ersatzbefriedigungen, wie zum Beispiel Kleidung, suche. Es ist dieser Anspruch, den Bereich, den er nicht innehat, den kulturellen Bereich, dass ich da jetzt plötzlich den Perfektheitsanspruch an den Tag legen muss, den er in anderen Bereichen hat. Das will ich gar nicht.

R Du hast das Gefühl, das jetzt ausgleichen zu müssen …

P … Durch Leistung.

R … Aber in einem anderen Bereich. Ist es nicht so, dass du seine Normen auch für dich geltend machst.

P Ja, immer mehr, aber das kommt ganz stark auch durch seine Familie. Mit der Schwiegermutter verstehe ich mich nicht immer gut. Auch ich bin diejenige, die darum kämpft, dass die beiden sich jetzt halbwegs gut verstehen, seine Mutter und er, obwohl sie mich ablehnt. Ich weiß das, aber da kann ich Gott sei Dank drüberstehen. Ich sag dir mal ein ganz klassisches Beispiel. Sie hat mich neulich gefragt, als wir spazieren gingen: »Ja, was hast du denn so für Interessen? Magst du segeln?« »Nein, das kann ich nicht so besonders.« »Spielst du gerne Tennis?« »Nein, eigentlich nicht«. »Kannst du was mit Steinen anfangen?«, sie sammelt nämlich Steine. »Nee, auch nicht.« »Was hast du überhaupt für Interessen?« Dann habe ich provokant geantwortet: »Mich interessieren Menschen!«

R Wie hat sie reagiert?

P Beleidigt.

R Du bist wieder mal an jemanden geraten, der dich damit gar nicht ernst genommen hat. Sie wollte etwas anderes hören.

P Ja, so bin ich eben, ein interessenloses, leicht dümmliches Wesen, weil, wenn mich nichts interessiert, bin ich ja doof.

R Wenn dich etwas nicht interessiert, was sie für wert erachtet.

P … Etwas Sportliches. Es wird nie etwas sein, denn sie selbst kann mit Menschen nicht umgehen. Sie hat ganz große Schwierigkeiten, mit Menschen umzugehen.

R Dann war das vielleicht Angst auslösend für sie?

P Vielleicht. Dem Paul geht es ähnlich. Wenn es um menschliche Dinge geht, versteckt er sich hinter mir. Aber das ist doch auch wieder die klassisch weibliche Rolle, klassisch, bis ins Mittelalter. Ich bin auch in diese Fußstapfen wieder eingetreten. Er war jetzt mit seinen großen Jungs in Urlaub gewesen. Er war wandern. In dieser Zeit habe ich den Flur gestrichen, die Decke gestrichen, die Fußleisten angebracht. Ich habe bis nachts gearbeitet, anstatt mich zu entspannen. Ich dachte, wenn er zurückkommt, dann sieht er, welche Leistung ich alleine erbracht habe. Schwachsinn.

R Du hast gedacht, dass du durch diese Leistung ein bisschen näher an seinem Sockel bist.

P Ja, aber das, was die Schwiegermutter gesagt hat, ist etwas, was mir mehr wehgetan hat und mich wirklich tief bewegt. Dass mich also das Wohnungsschmücken bis ins Detail mit alten Tellern usw. nicht so interessiert. Dass ich wirklich interessenlos bin.

R Du hast das Gefühl, dass deine Situation, die du jetzt durchlebst, immer mehr in Richtung Selbstentwertung geht? Du hast dann das Gefühl: Das ist auch mal wieder eine Sache, die nicht funktioniert.

P Ja, wenn das so weitergeht, ja.

R Das ist jetzt eine Sichtweise, die subjektiv ist, weil du sie von dir hast.

P Ja, natürlich haben andere eine andere. Ich versuche ja auch, nach außen hin immer die Starke zu sein. Dieses Bild von mir möchte ich gerne weitergeben, nicht diese Schwache. Alle bewundern meine Stärke, die aber oft gar nicht da ist.

R Was meinst du, sollen wir vielleicht das nächste Mal hier weitermachen?

P Ja, o.k.

Sie selbst hat nach Abschluss der Gespräche auf meine Frage, ob es für sie etwas gebracht habe, gesagt, dass sehr viel Bewegung in die Beziehung zu ihrem Mann gekommen sei. Sie wäre durch die Gespräche sehr gefordert gewesen, worüber sie sich gefreut habe: »Endlich mal wieder ein anderes Niveau, weg von den Windelgesprächen.« Sie hätte das Gefühl, dass ich mich wirklich sehr auf das konzentriert hätte, was sie gesagt habe.

3.2.5 Beziehung zur sterbenden Mutter

Belastende Lebensereignisse, wie z. B. der unabwendbare Tod eines Angehörigen, sind nicht nur eine Ursache von Leid, Trauer und Resignation. Sie können vielmehr eine Möglichkeit darstellen, die humanen Qualitäten des Zusammenlebens zu verbessern. Fassaden im Zusammenleben, eingeschleifte Gewohnheiten und leere Verhaltensformen werden auf die Probe gestellt und sind in einer existenziell so bedrohlichen Situation oft nicht mehr aufrechtzuhalten. Annemarie Tausch hat in ihrem Buch »Gespräche gegen die Angst« (1981) – auf der Basis eigener Betroffenheit – diese Möglichkeiten eindrücklich geschildert: Menschen können lernen, sich offener zu begegnen, die vordergründigen Abwehrverhaltensweisen aufzugeben und intensiver zu leben. Dies gilt nicht nur für die von Krankheit und Tod gezeichneten Menschen, sondern auch für die Angehörigen (s. auch A. Tausch/R. Tausch: »Sanftes Sterben«

1985). Oft erlebt man bei Angehörigen und Betroffenen zunächst eine Leugnung und Verkleinerung der Gefahr und der Ängste, in der der Betroffene, aber auch der Angehörige steht. Die schon geschwächten, vor dem Ende stehenden Menschen müssen dann manchmal – über die unmenschlichen Schmerzen und Schwierigkeiten, die die Krankheit mit sich bringt – eine Fassade mittragen und aufrechterhalten, die sie noch mehr anstrengt. Die Folge für die betroffenen sterbenskranken Menschen ist sehr oft Einsamkeit, große Ängste, das Gefühl, in für sie existenziell wichtigen Fragen allein gelassen zu werden. Eine solche Schweigemauer vermindert die Lebensqualität in den letzten Tagen und Wochen und lässt für alle Betroffenen eine Chance ungenutzt, sich als offene Menschen zu begegnen. Wenn innerhalb der Familie, innerhalb der Partnerschaft schon bisher ein fassadenhaftes, nicht offenes Verhältnis herrscht, ist es für alle Beteiligten noch schwieriger, diese Schweigemauer zu durchbrechen und sich offen zu begegnen.

Der Umgang mit dem Sterbenden ist daher eine Chance für alle: Kinder sehen vielleicht das erste Mal, dass der Vater Gefühle zeigt und weinen kann sowie hilflos sein kann. Sorgen und scheinbar nebensächliche Unterlassungen können ausgesprochen werden. Oft können gerade positive Gefühle (z.B. Gefühle der Liebe und Dankbarkeit), die immer als selbstverständlich angesehen wurden, nie aber mitgeteilt wurden, ausgetauscht werden. Das heißt nicht, dass auch Intimität ihre Grenzen hat. Beide Teile spüren die Aufnahmefähigkeit und Belastbarkeit des anderen und teilen sich das mit, was tragbar ist. Es gibt kaum eine existenzielle Begegnungssituation, in der die Bedeutung des personzentrierten Beziehungskonzepts so deutlich wird: behutsames einfühlendes Verstehen in das Erleben des anderen Menschen, unbedingtes Wertschätzen und die Forderung nach einem echten, authentischen Austausch.

Wenn die Chance eines offenen Austausches von Gefühlen, Gedanken, Meinungen und Vorstellungen mit dem Sterbenden nicht genutzt wird, bleibt nicht selten ein Gefühl des Versäumten zurück: etwas versäumt haben, das nie wieder nachgeholt werden kann. Versäumt haben, jemanden die Achtung und Anerkennung ausgesprochen zu haben, jemanden hintergangen zu haben, jemanden etwas für beide Wichtiges vorenthalten zu haben und ähnliche »unerledigte« Dinge. Manche Menschen sehnen sich noch nach vielen Jahren des Ablebens des Angehörigen nach diesen letzten Augenblicken zurück, möchten ihm etwas mitteilen und bedauern es, dies nicht mehr tun zu können. Dabei ist aber der Vorsatz einer echten Mitteilung auch wichtig, auch wenn sie den betroffenen Menschen nicht mehr erreichen kann.

Unerledigte Vorsätze und Handlungen wirken oft nach, indem sie Spannungen und gedankliche Verarbeitungsprozesse fördern, die den betreffenden Hinterbliebenen oft bedrängen. Zusammen mit einem negativen Selbstkonzept kann es zu zwanghaftem Grübeln kommen, zu selbstquälerischen Gedanken, die den Einzelnen nicht loslassen. R. Tausch hat beschrieben, wie man mit derartigen gedanklichen Grübelerfahrungen und negativen Selbstgesprächen besser umgehen kann (Tausch 1993). Über Methoden der Ablenkung, der Klärung und der Neubewertung von sorgenvollem Grübeln sowie über Möglichkeiten der körperlichen Entspannung wird von ihm ausführlich berichtet (Tausch 1993, S. 184ff.).

Das folgende Gespräch hat Wencke mit einer jungen Frau geführt, die den bevorstehenden Tod der Mutter schildert und erlebt. Sie sagt selber, dass dies ihr selbst sehr nahe ging und dass sie auch Bereiche und Erlebensweisen erkannt hat, in die sie nicht eindringen mochte, da sie die ganze Intimität der Beziehung der jungen Frau zu ihrer Mutter umfassen. Sie ist sehr offen, wenn sie dabei sagt, dass in ihr selbst das Bedürfnis nach »Gehaltenwerden« entsteht, und wie schwer es ist, dieses Halten zu vermitteln.

Erstes Gespräch mit Frau S.

B Wir duzen uns, das ist sonst zu kompliziert, okay?
K Ja.
B Also, du bist jetzt zu mir gekommen, um über eine Sache zu reden, die dich stark belastet. Am besten, du erzählst erst mal … (K unterbricht)
K Ja am besten erzähle ich dir erst mal den ganzen Verlauf der Geschichte. Das war so: Zwei Wochen vor Weihnachten 94 klagte meine Mutter halt immer über Schmerzen, die durchs ganze Bein gingen. Sie konnte nicht mehr richtig laufen, sie humpelte nur noch, und die Ärzte sagten, das wären erst mal vielleicht noch Nebenwirkungen von den Tabletten. Ich muss noch vorab sagen, meine Mutter hat vor fünf Jahren Brustkrebs gehabt (Stimme geht nach oben), und daher nahm sie immer Tabletten, durch diese Tabletten sollten also diese Nebenwirkungen entstanden sein, ja und das hörte halt nicht auf, und im Nachhinein sagte dann ihr Arzt, es könnte auch von der Wirbelsäule her kommen, dass sich da irgendwelche Wirbel verklemmt hätten. (Pause) – Ja, oder so was. Und …

Die Klientin erzählt sehr ausführlich den weiteren Verlauf der Erkrankung ihrer Mutter, welcher einen Krankenhausaufenthalt zur Folge hatte. Die Erkrankung verschlimmerte sich bis zum spontanen Oberschenkelhalsbruch infolge Metastasierung. Darauf folgten Therapieansätze. Die Klientin beschreibt den Ablauf der Voruntersuchungen, leicht genervt ob der Dauer dieser Vorgänge, z.B. Gießen eines passenden Ersatzknochens.

K Sie hat dann eine Schraube ins Bein bekommen. Es war irgendwie alles total furchtbar. Die Schraube, das wurde auch erst später gemacht. Zuerst wurde das Bein aus der Hüftschale gerisssen, indem ein Nagel durch das Schienbein gebohrt wurde. An den Fuß wurde ein Gewicht gehängt, sodass das Bein richtig nach unten gezogen wird. Ja, und ähm …
B Das Medizinische scheint ja erst einmal eine große Bedeutung zu haben, steht dir noch richtig vor Augen.
K Und dann wurde eine Schraube in ihre Hüfte gebohrt, im Nachhinein, dass halt dieses befallene Stück nicht mit der Hüfte in Berührung kommt, dass das

alles entfernt wird. Ja, (Pause) das dauerte eine Woche, bis sich die Ärzte dazu entschlossen haben.

B Du erzählst mir gerade so die medizinischen Sachen, und für dich steht dieser ganze medizinische Ablauf auch ganz im Vordergrund.

K Ja, den Zusammenhang will ich erzählen.

B Vielleicht kann ich dir ein bisschen helfen, dass du die Kurve wieder kriegst.

K Ich überlege auch gerade, wie das dann alles weiterging. Ähm, das war dann alles vor Weihnachten. Wir hatten auch einen Tag, vor Heiligabend halt, von den Ärzten gehört, dass meine Mutter Krebs hat, also einen Tag vorher.

B Also alles innerhalb vom letzten Jahr hat sich das alles verändert, und das hat dich geschockt.

K Genau, genau. Und meine Mutter hatte also vorher fest damit gerechnet, dass sie Weihnachten nach Hause kommt, aber das ging ja leider nicht. So sind wir dann mit der ganzen Familie Heiligabend, ersten Weihnachtsfeiertag, zweiten Weihnachtsfeiertag ins Krankenhaus, und meine Mutter war eigentlich so mit Tabletten voll gestopft, die hat eigentlich gar nichts mitgekriegt. Sie lag nur da, das Gesicht war total verändert, die Muskeln hingen nur schlaff, das war also ganz katastrophal, und wir saßen echt so mit verheulten Augen, saßen wir alle da. Es war irgendwie halt nicht so schön. Im neuen Jahr ging es dann weiter …

Die Klientin erzählt von neuem ausführlich vom Fortgang des Krankheits- und Therapieverlaufs. In einer Gesprächspause unterbreche ich sie.

B Vielleicht können wir hier mal anhalten. Ich würde jetzt lieber mal so drüber sprechen, was das für dich eigentlich bedeutet. Du hast die ganze Zeit von deiner Mutter so erzählt und das Medizinische so erzählt und ähm …

K Na ja, das erste Schlimme war wirklich mal über Weihnachten. Überall hieß es »Frohe Weihnachten« und »was machste über Weihnachten?« und dass man irgendwie so sagen muss, »na ja, ich geh ins Krankenhaus«, das war irgendwie, weil, das war so … war total schrecklich. Und auch zu sehen, wie mein Vater leidet. Der rief hier an, hat geheult, ich hab noch nie im Leben meinen Vater heulen sehen, und über Gefühle geredet hat er auch nie. Also das war, irgendwie war das schon …

B War in eurem Leben bisher nie ein Grund dazu da oder meinst du …

K Doch Gründe eigentlich schon, dass meine Mutter damals Brustkrebs hatte, das war eigentlich immer so, da stand man drüber. Oder dass meine Oma gestorben ist, hat er nie irgendwelche Gefühle gezeigt, er war immer, ja, hart im Nehmen. Ja und dieses erste Mal, da hat er dann so am Telefon geheult und er wär total fertig und wüsste nicht, was er machen sollte, und dann fragte ich ihn irgendwie mal, möchtest du mal zu uns essen kommen, und dann sagte er »alle Leute möchten, dass ich zu ihnen essen komme, und über Gefühle redet keiner mit mir«. Das war für mich selbst so, mein Vater, mein starker Vater von früher, so … so … so einfach zu sehen, dass er total fertig ist.

B Ja, überraschende Reaktion, das heißt, eigentlich nicht, aber wenn du ihn anders kennst. Ja und – muss ich mal einhaken – konntest du darauf eingehen, denn es ist ja ein besonderer Satz, den er da gesagt hat: »Alle wollen mit mir essen, aber keiner über meine Gefühle reden.«

K »Abends mal reden«, so sagte er. (Der Dialog verwischt etwas, die Klientin seufzt)

B Habt ihr es trotzdem mal gemacht?

K Er ist dann mal zu uns essen gekommen, und wir haben nachher geredet. Und was auch war, letztens, wann war das – da war irgendwas mit meiner Mutter im Krankenhaus, irgend ne neue Diagnose war das wieder, da bin ich abends noch um elf Uhr zu ihm gefahren. Normalerweise geht er auch um zehn ins Bett. Ja und da hat er sich, fand ich, richtig gefreut. Obwohl er es auch nicht so richtig gezeigt hat. Trotzdem meint er »Was machst du denn hier, ist doch schon so spät?«, und so.
Also fand er es doch schön. Dann hat er auch mit mir bestimmt ne halbe Stunde oder so gelabert, wie es meiner Mutter geht, was die Ärzte sagen und, und so.

B Durch die gemeinsame Sorge kamt ihr euch etwas näher, gefühlsmäßig?

K So in der Art.

B Also meinst du so die Zuwendung, die du ihm jetzt zeigst, ist für ihn sehr angenehm. Und du findest es gut, auch einmal Stärke zu zeigen?

K Glaub ich schon, ja. Und was bei mir natürlich ist, (spricht jetzt im Gegensatz zu vorher sehr gewählt) ich zeig meine, hm, ich weiß nicht, ob das Hilflosigkeit ist oder Betroffenheit, nicht so extrem, ich spiel eher die Coolere. Ich geh dann hin und tu so »hach, das wird doch wieder alles gut«. Ist vielleicht meinen Eltern gegenüber auch nicht ganz richtig, aber …

B Du möchtest sie stützen und optimistisch sein, auch wenn es in dir ganz anders aussieht?

K Weil ich finde, wenn ich da mit ner ganz … traurigen Miene ins Zimmer gehe zu meiner Mutter und ihr mein Mitleid mitklage oder so was, ich glaub, das wird noch schlimmer werden. Jetzt geh ich so hin und sage »Mensch Mutti, wird doch wieder gut alles.«

B Also willst du sie von der positiven Seite so ein bisschen stützen.

K Ja.

B Und du meinst, wenn du da mit verweinten Augen hinkommst, dann …

K Glaub ich auch, dann wird sie eher denken »mein Gott, was ist mit mir los«, ob sie gar nicht alles wüsste, was die Ärzte sagen, oder so was, könnte ja sein. So sehe ich das.

B Meinst du, sie ähm … Was meinst du, wie sie das empfindet? Ob sie das weiß, dass du gute Miene zum bösen Spiel machst, wie man das so nennt?

K Ich glaub ja. Also ich glaub, sie merkt, dass ich irgendwie, weiß nicht, so hart sein möchte oder irgend so. Und … ich glaub, dass es ihr eigentlich auch gut tut, weil sie ist auch nicht so, dass sie da jetzt im Bett liegt und rumheult die ganze Zeit. Sie tut auch so, als ob sie eine ganz normale, sage ich mal so »ganz normale Krankheit« hätte, als ob es wieder alles heilbar wär, und ist auch sehr mutig.

B Und wie ist jetzt der wirkliche Schweregrad der Situation?

K Ja, das war dann letzte Woche. Dann hatte ich noch … also letzte Woche, das war echt total schlimm, (Klientin seufzt) ja, da bin ich ins Zimmer gekommen, meine Mutter guckte mich an, ihr linkes Auge zeigte auf ihre Nase. Sie schielte also total. »Warum schielst du denn?«, »Wie, schiel ich denn, ich seh überhaupt nicht richtig?«, »Ja«. Und dann meine ich so »Hast du das denn schon irgendeinem Arzt gesagt?«, und sie so »Ja«; hätte sie gestern schon, aber wär keiner gekommen. Darauf bin ich noch mal zum Arzt gelaufen, ob da keine Untersuchung gemacht würde. Ja, ähm … er hätte jetzt momentan keine Zeit, er müsste jetzt in den OP. Er könnte in einer Stunde wiederkommen. Da meinte ich, in einer Stunde ist meine Mutter nicht mehr da. Sie fährt jeden Tag nach Essen zur Bestrahlung. Na ja, dann ist jedenfalls ein Vertretungsarzt gekommen, der guckte sich die Sache an. Meine Mutter wurde sofort runtergeschickt zur Computertomographie. In der Zwischenzeit redete der Arzt mit mir. Da fragte ich, ob das Auge denn wieder normal würde, seine Stellung wiederbekommen würde und so, und da meinte er »Wissen Sie denn gar nicht richtig Bescheid? Wahrscheinlich werden sich da oben Metastasen abgelagert haben, und diese Metastasen würden sich so ausbreiten können, dass Ihre Mutter an Hirntod verstirbt.« Ja, und dann war bei mir absolut Ende. Also ich bin mit wackligen Knien nach Hause gefahren.

B Diese Wahrheit war wie ein Schock? (K ja)

K In dem Moment kam meine Mutter raus, in sonem Rollstuhl, und der Arzt guckte nur und ging dann sofort weg, so nach dem Motto: Meine Mutter braucht das auf jeden Fall noch nicht mal mitzukriegen. Und meiner Mutter hab ich jetzt dann gar nichts gesagt. Dann hab ich wieder »Ach ja, ich fahr jetzt mal …«

B Das heißt, du standest da mit diesem neuen Wissen, und deine Mutter stand dir gegenüber – du kamst dir falsch vor? (Die Klientin fällt mir sehr aufgeregt ins Wort)

K Ja, das Herz blieb fast stehen, Tränen in den Augen, meine Mutter kam in dem Moment raus, sah den Arzt, sah mich, guckte halt nur, ja und fragte auch nicht, was habt ihr gerade geredet, oder so. (Der nächste Satz kommt gedehnt)
Da stand ich irgendwie blöd da und spielte halt wieder die Harte meiner Mutter gegenüber »Ich fahr jetzt, ich hab das und das noch vor«, und bin mit wackligen Knien nach Hause gefahren. (Pause)
Hm. Das war ganz schön schlimm, echt.

B Kannst du das irgendwie, ähm … möchtest du das noch bisschen beschreiben, wie das für dich war, diese Situation, dass du jetzt was weißt über deine Mutter – es ist ja deine Mutter (unabsichtlich vorwurfsvoller Ton), es hört sich noch alles relativ abgeklärt an, wenn du hier so erzählst. Ich meine, wenn man die

Tragweite von der ganzen Sache berücksichtigt, da, ähm … fallen für dich, glaube ich, manche harte Hüllen.

K Ich weiß es nicht, ob ich mir jetzt eine Woche lang total die Gedanken darüber gemacht habe, dass ich jetzt so sachlich darüber reden kann, dass ich hier nicht in Tränen ausbreche, obwohl ich (der Rest geht unter, weil die Beraterin dazwischenredet) …

B Wenn du weinen willst, kannst du es hier. Ich heul selber fast, weil mich die Sache so berührt.

Es entsteht eine Gesprächspause von ca. einer Minute.

K Ja, Hm …

B So die Situation ist ja so, dass du als Angehöriger so was entgegengeknallt kriegst von so nem Arzt, zwischen Tür und Angel, und du stehst dann da mit diesem Wissen, alleine, und dann noch als Tochter, du … (Klientin muss doch noch weinen).

K Jetzt gehts los. (Peinliches Lachen)

B Ja, es ist, … macht nichts. (Klientin »lässt Luft ab«)

K Nee, es war einfach … (K hört wieder auf zu sprechen)
(Pause)

K Es war einfach so blöd. Meine Mutter zu sehen (K wird von Tränen unterbrochen), so die starke Mutti oder die fürsorgliche Mutter so hilflos zu sehen.

B Willst du noch mal was sagen zu der Situation im Krankenhaus? (Pause)

K Ja. Ja, und man sieht halt, ich seh halt meine Mutter so gefasst, als ob überhaupt nichts Schlimmes wäre. Sie weiß im Prinzip, dass da irgendwas sein muss, dass da irgendwas nicht stimmt, so zukunftssicher, so nach dem Motto »das wird wieder«, also sie tut auch so sehr stark. Aber im Inneren merkt man, dass diese Angst in ihr steckt und sie sie nicht zeigen kann. Tja.

B Sie tut dir so Leid, wie sie so hilflos ist. Und dann, ähm … das Wissen, dass du deine Mutter vielleicht früher verlieren wirst, als dir lieb ist. Es ist jetzt hart, darüber zu sprechen, es ist ganz hart, ich weiß.

K Also … es ist total schwer, darüber zu sprechen. Ich versuchs einfach. Also das sind so Gefühle, es ist so unwahrscheinlich traurig zu sehen, dass so eine liebe Frau so eine schwere unheilbare Krankheit hat und wo man wirklich nichts machen kann, und zu sehen so, also, auch so zu sehen, wie frech man als Kind früher war und dass einem das jetzt im Nachhinein alles so Leid tut. So auch zu sehen, jetzt müsste man so lieb wie möglich zu der Mutter sein und dann kommen einem alle die Gedanken in den Kopf, die man so als Jugendlicher oder als Kind falsch gemacht hat und die man irgendwie nie so angesprochen hat, die Dinge.
Es war irgendwie alles so, da war eine Zeit bei uns, da hat meine Mutter zu Hause rumgeheult, weil ich mich als Jugendliche total blöd angestellt hab und Heimlichkeiten gemacht hab, wo ich mich wirklich heute drüber ärgere, und

jetzt kommen so die Gefühle zurück, wo man denkt »son Scheiß«, irgendwie, dass man so was meiner Mutter nicht erspart hat.

B Du spürtest so etwas wie Schuld und Reue darüber, was du ihr früher angetan hast?

K Am liebsten möchte man heute drüber reden, alles klarstellen, wie Leid es einem getan hat und, und jetzt denk ich, ach das bringt jetzt irgendwie nichts, mit meiner Mutter darüber zu reden, was denkt die denn dann.

B Hm. Vielleicht ist es jetzt einfach so, dass du denkst, das Ganze ist zu viel, das nochmal auszupacken und darüber zu reden?

Die Klientin erzählt von einer Jugendliebe, die ihren Eltern sehr unrecht war und die sie zu Lügen und Heimlichkeiten verleitet hat.

K Wir haben dieses Thema nie mehr angesprochen.

B Aber es beschäftigt dich sehr, jetzt, komischerweise. So, wie du es mir erzählt hast, hättest du es gern ihr erzählt?

K Ja. Jetzt, komischerweise. (Pause)

B Na ja, vielleicht sprichst du es einfach mal an … Was sollte passieren?

K Ja, was sollte passieren, stimmt.

B Also ist das so ein Gefühl: Meine Mutter ist so eine herzensgute Frau, die versucht, es für jeden recht zu machen, und ich bin eine von denen, die ihr eher das Leben noch schwer gemacht haben.

K Ja, ja genau. Und jetzt, wo man diese unheilbare Krankheit sieht und man noch von den Ärzten zu hören kriegt, dass es auch noch so enden könnte, im schlimmsten Fall, da schießen einem die Gedanken so einfach in den Kopf.

B Vielleicht ist das auch so was Unbewusstes, dass man solche Dinge in diesen Situationen gern noch klarstellen möchte, rechtzeitig. Das man das Gefühl hat, da ist noch irgend so eine Disharmonie.

K Hm, sone unsichtbare Wand noch dazwischen von damals …

B Und du möchtest ihr vielleicht auch zeigen, dass du sie auch lieb hast. Du hast vielleicht das Bedürfnis, ihr das einfach noch mal mitzuteilen, und du hast Angst, dass sie das gar nicht richtig wahrgenommen hat, noch nicht. Kann das sein?

K Das könnte wirklich gut sein. Ja. Sie weiß es vielleicht, dass mir das Leid tut, aber ich habs nie angesprochen. So hat sie es noch nie von mir zu hören gekriegt.

B Dann möchtest du deinem Bedürfnis einfach mal freien Lauf lassen, wenn du es kannst? (K atmet einmal tief durch)

Sie erzählt im Anschluss Positives, nämlich, dass die Mutter am Wochenende nach Hause darf. Auf die Anregung zum Gespräch geht sie nicht mehr weiter ein. Ihr Wunsch, etwas Wichtiges gegenüber der Mutter abzuschließen, war überdeutlich geworden. Ob sie dies getan hat, mochte ich sie später nicht mehr fragen. Ich hatte das Gefühl, dass es nicht mehr mich, sondern nur noch die beiden, Mutter und Tochter, etwas anginge.

Obwohl ich das Gefühl habe, dass wir sehr gut im Gespräch sind (bezüglich der Öffnung der Klientin), habe ich doch Hemmungen vor den »ungeschützten« Emotionen der Klientin. Es ist, als erhalte ich Einblicke in Bereiche, die mir nicht zustehen. Vielleicht habe ich mit dieser Intimität nicht gerechnet. Es könnte auch sein, dass hier unbewusst mein eigenes Bedürfnis des Gehaltenwerdens in solchen Situationen zum tragen kommt, und ich denke, ich kann dieses Halten nicht leisten.

3.2.6 Unerwartete aggressive Ausbrüche bei Jill

Die letzten Jahre haben eine Zunahme an Gewalt von Jugendlichen gebracht. Die Gewaltformen, die sich in Gewalt in Fußballstadien (Hooligans), gegenüber öffentlichen Einrichtungen, vor allem auch zunehmend in Schulen und Klassenzimmern zeigt (Langer 1994), können in ihren Ursachen nicht eindeutig geortet und erklärt werden. Mit Sicherheit gibt es Formen von Gewalt, die für viele Jugendliche anziehend sind, weil sie der Langeweile und dem Frust entgegenwirken, weil sie Spaß machen, weil man sich dabei stark fühlt und man dadurch besser zur Gruppe gehört. Hintergründe sind möglicherweise Langeweile, Leere, Beziehungslosigkeit der Eltern und der Familie, aber auch Frust über die mangelnden Chancen in Beruf und Ausbildung, geringere Teilhabe am Konsumleben sowie das Streben nach Anerkennung und Achtung durch die Altersgenossen. Während die kollektiven Formen von Gewalt starke gesellschaftliche Motive tragen und der individuelle Hintergrund oft unklar bleibt, ist die Erklärung für individuelle Formen und individuelles Ausagieren schwieriger zu klären. Spontane Spannungsausbrüche gegenüber schwächeren Kindern und Jugendlichen, Quälen von Tieren, aggressive Verhaltensausbrüche gerade gegenüber hilfsbereiten anderen Jugendlichen sind oft schwer zu entschlüsseln, schwerer noch für die Betroffenen, die selbst vor ihren eigenen Gewaltakten erschrecken können. Wenn derartige individuelle Formen von Gewalt vorliegen, ist fast immer an ein Fehlen von konstanten, beschützenden und akzeptierenden Elternbeziehungen zu denken. Notwendige Beziehungsmerkmale wurden ihnen versagt oder nur in einer unüberschaubaren Weise gegeben, sodass später Misstrauen und Verletzlichkeit vorherrschen. Daneben können ganz eindeutige eigene Gewalterfahrungen vorliegen wie körperliche Gewalt, sexueller Missbrauch, Vergewaltigung. Derartige Gewalterfahrungen sind in einer Zeit geschehen, in der das Kind oder der Jugendliche die Situation und die Motive der Gewalt ausübenden Person gar nicht einordnen konnte. Diese traumatischen Erfahrungen haben Wunden hinterlassen, die nicht schnell zu schließen sind. Überhöhtes Misstrauen, Furcht vor Erfahrungen von Hilflosigkeit, überspringende Aggressionshandlungen und inkohärentes, für andere oft nicht verstehbares Sozialverhalten sind die Folge.

Personzentrierte Gespräche mit diesen Jugendlichen – soweit sie sich darauf einlassen – sind schwierig zu führen, weil ein Vertrauensverhältnis vorausgesetzt wird, das in der Vorgeschichte oft missbraucht wurde. Neben einem hohen Maß an Einfühlungsvermögen in die Empfindlichkeit ist auch ein hohes Maß an Einfühlung in die jugendspezifische Situation erforderlich sowie das Verstehen der Sprache des Jugendlichen und die Alltagsbedeutung dieser Sprache. Das Beziehungsverhältnis kann nicht therapeutisch-aseptisch sein, sondern muss sich den Kontaktformen von Jugendlichen zuordnen lassen, um eine vertraute Gesprächssituation zu erzielen. Vor einem solchen Problem stand Inske, die Studentin.

Inske hat in einem Jugendklub mit Jill gesprochen. Dieses Mädchen hatte ihr – fast beiläufig – erzählt, sie habe in der Schule ein anderes Mädchen fast krankenhausreif geschlagen, weil sie sich von ihr »blöde angemacht« gefühlt habe. Als sie dies eingehender mit ihr besprechen wollte, wehrte diese ab und meinte nur: »Die hatte das verdient.«

Inske schildert weiter: Als ich sie dann fragte, was sie so geärgert hatte, antwortete sie undeutlich, erzählte etwas von »Bildern« und fing an zu weinen. Nachdem sie sich etwas beruhigt hatte, fragte ich sie, ob sie vielleicht Lust hätte, mit mir einmal in Ruhe über ihre Probleme zu reden, weil man im Klub während der Öffnungszeiten nur selten dazu kommt. Ich erklärte ihr, dass ich nicht vorhatte, sie auszufragen, sondern, dass ich ihr zuhören möchte, weil sie mich interessiert.

Das erste Gespräch fand aus Termingründen im Jugendhaus statt und wurde unglücklicherweise mehrmals durch Kollegen unterbrochen. Deshalb bewegte es sich überwiegend an der Oberfläche. Die Klientin erzählte aber sehr ausführlich von einem Jungen, in den sie sich verliebt hatte, und kurz von einem Streit mit ihrem Vater. Sie beschrieb bei diesem Gespräch aber überwiegend äußere Sachverhalte und ging nur sehr selten auf persönliche Gefühle ein.

Das Setting

Das zweite Gespräch, das ich mit der Klientin führte und welches ich hier ausführlich darstellen möchte, fand bei mir zu Hause in sehr ruhiger Atmosphäre statt. Wir saßen uns an einem runden Tisch leicht schräg gegenüber und hatten beide die überwiegende Zeit eine etwas zurückgelehnte Position eingenommen, sodass wir ca. einen Meter voneinander entfernt waren.

Vor dem eigentlichen Gesprächsbeginn tranken wir gemeinsam Kaffee, rauchten einige Zigaretten und unterhielten uns über den Klub. Obwohl mir bewusst war, dass es während einer personzentrierten Beratung nicht üblich ist zu rauchen, weil es ablenkt und der Berater, während er raucht, zu sehr mit sich selbst beschäftigt ist, entschloss ich mich, es während dieses Gespräches nicht zu unterlassen, weil Jill und ich beide sehr starke Raucher sind und sie mich (leider) nur mit Zigarette kennt.

Das zweite Gespräch

I Manchmal, das hast du mir hier schon mal erzählt, geht das auch mal mit dir durch, nech, dass du Dinge machst so, wo du dann gar nicht mehr drüber nachdenkst, ob du jetzt erwachsen bist oder ob du jetzt noch jugendlich, ein Kind bist, … (J Ja, ja) sondern, dass das einfach so …

J Ja, wenn ich manchmal, mich einer aufregt oder so, dann hab ich auf einmal gar keine Kontrolle mehr über meinen, … dann schrei ich oder so, schrei ich rum, mach irgendwelche Dinge, die ich überhaupt gar nicht machen will. Dann verletze ich jemanden, obwohl ich das überhaupt gar nicht will.

I Hm, du bist dann irgendwo kopflos, verletzt andere und bist hinterher unglücklich darüber.

J N komisches Gefühl, denk ich mir mal. Was hab ich da gemacht? Wieso hab ich das nur gemacht? Aber das ist wie so »robotermäßig«, dann gehts nicht mehr, … (I Hm) … dann weiß ich nicht mehr, was ich machen soll.

I Du bist dann aber auch unglücklich darüber, dass dir das passiert ist … (J Ja, ja) … und verstehst das auch eigentlich selber gar nicht?

J Ich versteh das gar nicht, was ich gemacht hab da, und versuch dann immer aus den Fehlern … sich dann wieder zu entschuldigen oder was Besseres zu machen am nächsten Tag.

I Das versuchst du dann schon?

J Ja, meistens klappt es auch dann, dass die dann, also ich versuch denn das, also meistens kann ich das wirklich nicht so machen, dann mach ich das meistens mit Briefen, dann fallen mir die Wörter, die ich nicht so aussprechen kann, also fallen mir dann leichter, in Briefen darzustellen, als selbst zu reden, weil ich mich dann irgendwie davor schäme.

I Zum Beispiel auch dich zu entschuldigen und so, fällt dir halt brieflich leichter. (J Ja, ja) Vielleicht auch, weil du demjenigen nicht in die Augen gucken musst, oder so … weil dir das ja auch unangenehm ist, dass du das gemacht hast.

J Ja, peinlich.

I Peinlich, mh, mh. Aber, wenn du dich dann aber so, dich dann aber entschuldigt hast irgendwie, per Brief oder so, dann ist das auch wieder okay.

J Ja, wenn es für den anderen auch okay ist, ist es dann für mich auch okay (I Mhm). Wenn nicht, dann versuch ichs so gut, wies möglich, mündlich dann zu machen, mit dem dann sprechen, oder so. (I Mhm) Das versuch ich dann schon. Ich muss, ich hab zwar Angst davor, aber ich muss mich dann immer zusammenreißen und dann das rausbringen, was ich auch sagen will, … (I Mhm) … fällt mir zwar n bisschen schwer, aber langsam lern ich es.

I Mhm, also du zwingst dich dann in dem Moment auch dazu, weil du meinst, dass das jetzt wichtig wäre? Was für Situationen sind das denn so, wo das vorkommt, dass du einfach so rausplatzt und irgendwas tust?

J Ja, meistens sinds Kleinigkeiten, wo irgendeiner was sagt, und ich dann: »Heh, was willst du eigentlich? Lass mich in Ruhe! Halt die Schnauze!«, oder so.

I Das sind auch Dinge, wo dir jemand wehtut, nech, kann das sein? Wo dich irgendjemand anspricht, auf … Ja, oder nen dummen Spruch macht über … (J Ja) … Dein Äußeres oder über irgendwas, was du gesagt hast, oder so?

J Ja, genau. Ich muss dann irgendwie kontern drauf, was die gesagt haben und darauf warten dann, dass ich am liebsten da losheulen würde, darauf, dass die dann da vielleicht warten. Und dann passiert das, dass ich mich nicht mehr unter Kontrolle halten kann, dann kommt so was raus, und ich weiß nicht, warum.

I Wolltest du dann auch vielleicht gern losheulen vor lauter Wut, Angst und Verzweiflung?

J Ja, manchmal. Ja, aber das ist, das ist dann mein Stolz, dann kommt einem, da geh ich höchstens auf Toilette. Dann kommen mir so leicht die Tränen, und dann geh ich direkt wieder raus, und dann war das für mich gegessen und so, aber manchmal würd ich schon gern losheulen.

I Aber du verdrängst dann im Prinzip dein Gefühl, dass du gerne weinen möchtest, durch Härte, indem du zurückbölckst, irgendwie nach diesem Motto. Obwohl du eigentlich vielleicht gerne sagen würdest: »Du hast mich jetzt verletzt. Du hast mir wehgetan. Ich bin jetzt mal klein. Ich bin jetzt schwach.« … aber, solche Gefühle hast du dann.

J Ja, aber dann würden die sich ja noch mehr lustig machen.

I Du meinst, die würden dich dann nicht akzeptieren. (J Ja) Das wär schön, wenn die einen so akzeptieren würden, wie man ist, wenn man das zugeben könnte.

I Ja, aber die achten meist auf das Äußere, denken, ja, wer zuschlagen kann, der hats, und der gehört zu uns, und die Schwächlinge sind Außenseiter, die kann man ruhig fertig machen.

I Und deshalb passt du dich irgendwie an deren Verhaltensnormen irgendwie an, weil du dazugehören möchtest. Du möchtest gern dazugehören, weil du mit denen da besonders viel Spaß hast oder wegen dem Billard-Spiel?

J Weiß nicht, weil ich Aufmerksamkeit auf die lenken will, dass ich auch was bin, und das zeigen, dass ich genauso gut sein kann wie die und nicht schlechter oder so.

I Du willst denen was beweisen, irgendwie. Hast du das Gefühl, dass die, dass die das manchmal so sehen, irgendwie, dass die eher denken, so, ja die, … das ist so eine, ach nö, und so, und da kämpfst du gegen an, oder?

J Nö, also früher war es oft so, aber jetzt langsam, so glaube ich doch, dass sie mich doch so langsam akzeptieren.

I Hm, Hm. Aber das ist dann doch auch so ne Art Zwiespalt, nech, einerseits glaubst du, dass sie dich akzeptieren, aber andererseits tust du auch bestimmte Dinge, damit sie dich akzeptieren.

J Ja, genau so ist das.

I Mhm, das passt dann ja aber doch irgendwie nicht so ganz zusammen, nech? Da hat man dann ja so den Eindruck, dass du eigentlich gerne du selbst sein würdest, eben mal erwachsen, aber mal auch eben kleinkindisch und rumbrüllend und wütend oder verletzt und traurig. Und andererseits aber, dass die dieses Bild von dir gar nicht sehen wollen und du deswegen eher cool bist … hm … Wie kommst du denn darauf, dass die das andere Bild gar nicht von dir sehen wollen? Hast du schon mal die Erfahrung gemacht, dass die das nicht wollen?

J Mhm, weiß ich nicht. Ja, also schon, so gesehen, also, die haben, wenn ich zum Beispiel vorbeikomme, oder so, sind sie zu mir gekommen und haben gesagt: »Was ist?«, und so, und dann hab ich auch irgendwie so gesagt: »Lass mich doch in Ruhe. Es ist gar nichts!« Ich tu dann immer, also die Aussage, sozusagen verweigern. Ich will nicht sagen, was mit mir los ist, wenn ich traurig drauf bin. Die kommen schon zu mir und sagen: »Was ist los?« Aber, ich kann dann darüber nicht sprechen, weil ich zu traurig bin, weil ich dann noch mehr losheule.

I Hm. Du bist dann zu unglücklich, um darüber zu reden?

J Ja, und dann schrei ich die wieder an, … (I Hm) … weil ich in dem Moment irgendwie meine Ruhe haben will. Ich will ganz allein für mich sein, und das dann irgendwie selber … selber regeln, in meinem Inneren irgendwie.

I Du willst deine Trauer dann auch richtig fühlen, so? (J Ja.) Hast du das Gefühl, dass sich dann alles so in dir zusammenballt, wenn dich jemand, äh, fragt …?

J Ja, da kommt alles aufeinander, was so früher passiert ist und so, … (I Hm.) … n schulischen Problemen, zu Hause, und alles kommt dann aufeinander, und dann kommt noch mehr dazu.

I Und das kommt dann auf einmal wieder hoch?

J Ja, auch Bilder, ja so …

I Hm, und du hast Angst, dass dich das dann überwältigt, dass du noch mehr weinen musst, und deswegen schnauzt du dann andere lieber an? Kannst dich gar nicht so fallen lassen, irgendwie, und das mal alles aus dir heraus …

J Ja, es fällt da sehr schwer darüber zu reden, in solchen Sachen, … (I Hm.) … irgendwie auch Hemmungen darüber zu reden, weil ich ja, ich weiß, wie der drauf, wie der andere drauf reagiert, was der dann sagen könnte, oder so.

I Hm, … hast du Angst, dass der dich dann, vielleicht, wenn du bestimmte Dinge erzählst, irgendwie ablehnt oder dass er dich nicht versteht, oder so?

J Ja, dass er mich vielleicht nicht versteht, oder so. (I Mhm) Wenn er nicht versteht, um was es überhaupt geht, oder so, oder vielleicht: Was interessiert mich das denn? Und so, na ja …

I Also du hast Angst davor, dass die … die anderen, die Jugendlichen da, und so, das also gar nicht begreifen können, was irgendwie in dir vorgeht, und deswegen denkst du dir so, ja, schrei ich den lieber an, dann geht der, hab ich meine Ruhe, so?

J Ja, genau so ist das.

I Und machst du das dann mit dir selber klar, irgendwie … hm und fühlst dich dann auch gut, wenn du das mit dir selber klarmachst?

J Ja, danach schon. Also ich bin zwar traurig, ich lauf dann mit son richtigen Lappe rum, aber so nach ner Zeit, dann kommt immer irgendjemand, der mich wieder aufmuntert, (J lacht) und ich dann lachen muss, letztens war der K. das … (I lacht) … und dann, wenn ich gleich anfange, wieder zu lachen, dann wird es schon wieder besser.

I Hm, dann freust du dich auch, wenn jemand kommt, der dich da rausholt, irgendwie … hm … Aber du willst dann eben nicht reden, sondern, du willst das dann lieber … ja, ich weiß nicht, ob das jetzt das richtige Wort ist, aber, du willst das dann lieber irgendwie vergessen, in dem Moment, und sagen: »Komm, Schublade zu, jetzt lach ich wieder, jetzt ist wieder gut, erst mal so« …

J Ja, vielleicht, das ist so n leichter Übergang, so wie bei der Musik. (J lacht)

I (I lacht) Hm, das stimmt. Das kennst du ja vom »DJ-Sein« jetzt so n bisschen, wenn man da so diese seichten Übergänge macht, hm. Und das ist dir jetzt dann auch lieber, so n seichter Übergang, irgendwie, als das wirklich mal alles an dich heranzulassen, so?

J Ja, das ist besser so, weil ich dann auch nicht weinen muss.

I Aber es bricht ja auch immer wieder irgendwie hervor, … (J Ja) … diese Dinge auch von früher und so? Du hast dir ja noch nicht, sag ich mal, wenn du erzählst, dass da so Bilder wieder in dir auftauchen, wo …

J Ja, in meiner alten Heimat und dann bis hierhin und dann noch der Ärger zu Hause und dann die Vergewaltigung und alles durcheinander.

I Hm, … hm, … und zu Hause, was sind denn da für Bilder, die da so hochkommen?

J Na, manchmal gute Bilder und manchmal, also, wenig gute Bilder. (I Hm) Ja, weil meine Eltern sind auch irgendwie immer anders, wie, so, als wenn die zwei Seiten von sich haben. Einmal, so n Tag, da haben die gute Laune, und so, oder das geht manchmal auch von Minute auf Minute, einmal hamse gute Laune, in der nächsten Minute schreinse dann rum wie sonst was, und das färbt sich dann irgendwie dann auch auf mich ab. Und dann, einmal hab ich gute Laune und dann kommt irgendjemand, und dann ist meine ganze gute Laune weg, und dann hab ich wieder schlechte Laune, dann verstehen die das irgendwie nicht, dass ich dann auf einmal schlecht drauf bin.

I Hm, und du bist dann unglücklich, und dann kommt das zum Konflikt. Da könnt ihr dann auch nicht drüber reden zu Hause, so.

J Ne. (I Nee?) Mit meinen Eltern red ich kaum über irgendwas, so richtig reden …

I Kannst dann auch nicht sagen, hör zu Mama, ich bin jetzt schlecht drauf, jetzt mach mich mal bitte nicht von der Seite an, oder so? (J Nö.) Kannst du nicht? Hm, dann musst du dich ja auch n bisschen verstellen, immer zu Hause, ne?

J Ich sag dann immer, ich will meine Ruhe haben, und dann geh ich raus, und … oder ich sag meiner Mutter, ja ich muss um diese Uhrzeit weg und so. Dann geh ich noch weg, damit ich dann meine Ruhe hab, von zu Hause, damit ich erst gar nicht zu Hause, damit, wenn dann irgendjemand kommt, da ist dann wieder Rumgeschrei, dann bin ich hier wenigstens weg, da bin ich immer im Klub und dann kann ich da, ja, dann kann ich da meinen Frust ablassen, und alles, da beim Spielen, (J lacht) nicht so direkt auf Menschen, sondern eher aufs Spiel, oder so. (I Mhm, mhm) Da kann ich meine ganze Energie dann reinstecken, dass ich nicht irgendwie jemanden anmache.

I Hm, … hm, ja, das ist dann ja auch, wenn dir das dann hilft in dem Moment, das ist dann ja auch erst mal ne gute Sache, ne? Ist auch schön, dass du son Spaß hast am Billard-Spielen, und so. Ist ja schön … aber wenn … ja, ich weiß jetzt nicht genau, wie ich das so ausdrücken soll, aber, äh, wenn dann also, wenn du von zu Hause kommst, und da war jetzt Stress und du bist jetzt deswegen weggegangen und kommst in den Klub und dich macht da dann auch wieder jemand an, das sind dann also auch die Momente, wo das sein kann, dass das dann aus dir herausplatzt, … (J Ja.) … wo du dann auch ungeheuer wütend bist?

J Ja, bin ich manchmal sehr wütend darüber. Und manchmal komm ich auch inn Klub, wenn ich schlechte Laune hab, und dann red ich erst mal ne Zeit gar nicht, zum Beispiel, ja, wo mir das diese Woche passiert ist, wo ich ausgerutscht bin und dann richtig wütend, nicht auf irgendjemand war, sondern wütend auf mich selber, dass mir überhaupt so was passiert ist, was mir theoretisch, normalerweise in meinem Innersten, so wie ich denke, normalerweise nicht passieren hätte können, … (I Hm) … dass mir das passiert ist, und dann war ich selber sauer auf mich gewesen, und dann habe ich gar nicht geredet, dann war ich erst mal ganz still gewesen.

I Hm, da hast du dir irgendwie gedacht: »Ich Idiot, warum bin ich da jetzt hingefallen«, oder irgendwie so was in der Richtung?

J Nein, nicht hingefallen, als ich die Stange abgekriegt habe, als die mir voll gegens Kinn ist. Das war ein richtiger Schock für mich.

I Dass du so ungeschickt bist?

J Ja … (I Hm, da hast du geda …) … ich hatte, also ich konnte mir vorher nicht denken, dass, … äh … wenn man jetzt zum Beispiel sehr unerfahren in solchen Dingen ist und dass so schwere Körperverletzungen dadurch passieren können, was normalerweise für mich sehr leicht ist, so ne Stange zum Beispiel zu biegen oder so, aber das, falls einer das zum Beispiel nicht kann oder so, dass dann so was Schlimmes passieren kann.

I Hättest du gar nicht gedacht, so?

J Ja, das hätte ich gar nicht gedacht, dass das so heftig sein kann.

I Hm, und da warst du dann auch irgendwie erschrocken drüber?

J Ja, erschrocken, richtiger Schock war das für mich.

I Mhm, und wenn du dann irgendwie so geschockt warst, deswegen hattest du dann erst mal auch gar nicht so das … gar nicht so die Möglichkeit mit dem anderen zu reden, in dem Moment, weil du da noch so von … (J Irritiert war ich.) … Mhm … (10 Sek. Pause)

... und wenn du denn da so stehst, wie letzt Mal da am Fenster und ... so diese Bilder in dir auftauchen, vielleicht auch so ... von der Vergewaltigung und so, ehm, dann hast du auch Angst davor, das noch mal zu durchleben, ... (J Hm) ... diesen Schmerz und so?

J Vor allen Dingen noch mal zu erzählen und immer wieder zu erzählen, zum Beispiel bei der Polizei oder so. Hm, das kommt dann immer wieder in mir hoch, dann seh ich immer wieder die Bilder, und so, und dann hab ich Angst, irgendwie auch, ... (I Hm) ... zum Beispiel, denjenigen zu sehen, oder so, und falls es zum Gericht kommt, dem dann gegenüberzutreten, oder so, dann hab ich richtig klappern, oder so, dann hab ich richtig Angst, ... (I Mhm) ... weil dann alles wieder in mir hochkommt, ich seh das und seh das.

I Angst, dass du mit dieser Situation nicht fertig wirst, dass das zu viel für dich ist, zu schwer?

J Ja, dass ich das überhaupt noch mal vergessen kann, oder so. Die einen sagen immer, verdräng das und vergess das, irgendwann, äh, vergisst jeder das, was passiert ist. Aber irgendwie kann man das nicht vergessen. Schlimme Dinge kann man nie vergessen, die positiven könnte man auch eher vergessen, als wie die negativen. Die negativen bleiben, so und so, immer im Inneren, die tauchen irgendwann, tauchen die, so und so, wieder auf, auch wenn man die, für vielleicht ein, zwei, drei oder Monate oder vielleicht sogar noch länger, vergisst. Irgendwann tauchen die, so und so, wieder auf ... (I Hm) ... in irgendner Situation.

I Und das macht dir dann auch Angst, wenn die wieder auftauchen? (J Ja.) Hm. (5 Sek. Pause) Macht dich das dann auch irgendwie nervös oder so?

J Hm, kommt drauf an, welche Themen, also, was fürne Probleme das sind. Manchmal ja, (I Hm) ... dann weiß ich nicht, was ich machen soll, so dann hab ich manchmal auch zittrige Hände, oder so (I Hm) ... ja ... (J seufzt)

I Aber du kämpfst dann ja auch dagegen an, nech, gegen diese Bilder?

J Ja, ich versuch das mal in mich reinzufressen oder zu verdrängen, und so. (5 Sek. Pause)

I Hm, ... Du möchtest nicht noch mal damit konfrontiert werden, so?

J Nich befrag ...

I Wie bitte?

J (J verlegen) Nich befragt ...

I Du möchtest nicht befragt werden darüber, so? Das, du möchtest es einfach wegpacken, irgendwie?

J Ja, weil mir das schwer fällt, dann da drauf zu antworten.

I Hm ... und, wenn du gar nicht antworten müsstest. (J Hm) Oder einfach nur von Bildern berichten kannst?

J Ja, das würd mir noch schwerer fallen, ... (I Hm) ... weil ich dann vielleicht jeden, jede Sekunde anfangen, also ausbrechen würde mit Weinen.

I Und du denkst, das ist schlecht, wenn du weinst? (J Ja) Hm, du hast Angst, auch so, vor diesem Kontrollverlust, dass du nicht weißt, jetzt, in welcher

Situation, das jetzt hervorbrechen könnte, und deswegen willst du das lieber wegpacken … (J Ja) … für dich? Hm, aber, so ganz gelingt dir das auch gar nicht, nech? Es kommt ja immer wieder irgendwie hoch, sagtest du ja vorhin? (Einige Worte unverständlich …)

J … vorkommt, vielleicht jetzt dazu. Es könnte jeden, jede Sekunde, jede Stunde, jeden Tag könnte das passieren.

I Hm, und das belastet dich auch in deinem Leben, dass du weißt, dass das zwischendurch immer mal wieder aufbricht, so?

J Ja, ich weiß, also ich bin dann also, mir wärs, mir ist es lieber, wenn ich, wenns mir abends passieren würde, wenn ich alleine bin in meinem Zimmer, wenn die anderen schon schlafen. Wenn ich dann anfange zu weinen, das würde mir leichter fallen, … (I Mhm) … als wie, wenn ich jetzt, wenns mir, äh, irgendwo passiert, wo Freunde von mir dabei sind, und deswegen dann, … (I Mhm) … die dann versuchen, mich zu trösten, und so. Da bin ich ja eitel. (I Mhm) Und das kann ich ja nicht ab, dass ich bemitleidet werde.

I Du willst lieber alleine sein mit deinem Schmerz dann. Hm, … glaubst du, dass das falsch ist, dass die anderen dich dann bemitleiden?

J Ja, bemitleidet würde ja bestimmt gar keiner, der will vielleicht Trost finden, oder so, bei jemanden. Jemandem, wo man sich ausweinen kann, oder so, aber nicht bemitleiden.

I Hm. (5 Sek. Pause) Du willst also gerne verstanden werden, auch, und das, was dir da passiert ist, und so, dass das jemand versteht? (J Ja) Hm, aber, das hast du noch nicht so ganz gefunden, irgendwie?

J Doch, bei meinen, also meine Freunde verstehen das schon. Die können das auch irgendwie nachvollziehen, und so, … (I Hm) … aber, irgend, also, jeder kann das nicht richtig, also, kann sich da, weil ihm das vielleicht noch nicht passiert ist, können wohl eher welche verstehen, denen das passiert ist, weil die dann die gleichen Fehler haben dann, wie, also, wie dem, was mir da zum Beispiel passiert ist. (I Hm) Aber, so welche, die nicht wissen, um was, was, also, um was es da ging und wie man sich da gefühlt hat, und so. Die können das nicht ganz nachvollziehen. Die versuchens vielleicht zu verstehen, aber irgendwie könnses nicht verstehen

I Hm, und das hilft dir dann auch nicht so?

J Ja, das hilft mir schon. Also, sie versuchens dann, also mitzukriegen, aber, es bringt zwar nichts, aber man kann es ja versuchen, … (I Mhm) … dass sie wenigstens etwas davon mitkriegen und auch vorsichtig, vorsichtiger sind, dann … (I Mhm) … weils, weil es ihnen ja auch theoretisch passieren könnte, … (I Hm) … die dann schon vorbereiten, so was, falls sie auch mal in die Situation kommen, was sie dann machen können, wie sie sich helfen können, und so, versuch ich auch, denen auch das schon mal zu erklären.

I Hm, du möchtest also auch gerne, dass sie behutsam mit dir umgehen, irgendwie, und nicht hart … (J Ja) … und nicht irgendwie urteilen über dich? Hm, damit du auch dazu, dazu stehen kannst, so. Hast du vielleicht mal das

Gefühl gehabt, dass irgendjemand dich dafür verantwortlich machen würde, oder so, dass dir das passiert ist?

J Nö. Na, also nicht direkt. Die haben nur gesagt, äh, ja, dass ich das angeblich wollte, und so, und dass ich das frei, oder freiwillig gemacht hätte, oder so. Ja, aber ich hab mir auch eigentlich selber die Schuld gegeben. Ich dachte, ich hätte das, also ich hab mich selber dafür verantwortlich gemacht. Und ich hab gesagt, wieso greifen, wieso ist das mir passiert. Das hab ich freiwillig gemacht, und so, … (I Mhm) … dass ich irgendwie selber dran schuld bin, oder so, obwohls gar nicht so ist, … (I Mhm) … dass ich mir dann selber Vorwürfe mache.

I Mh, vielleicht meinst du deswegen auch, ah, dass du alleine fertig werden musst mit deinem Schmerz, oder so?

J Ja, das könnte schon sein.

I Mhm, … (5 Sek. Pause)
Weil du vielleicht auch meinst, dass du den anderen das nicht zumuten kannst (J Nja) … die damit zu belasten, mit deinem ganzen Gefühl, mit deinem ganzen Schmerz, und so, den du hast?

J Ja, weil die ja auch nichts dafür können, also, dass mir das passiert ist. Wenn ich die dann anschrei, obwohl die gar nichts dafür können, was mir passiert ist, dann mach ich, also, dann verletze ich jemand anderes, obwohl der gar nicht daran schuld ist, obwohl ich denjenigen, der mir, also, der das mit mir gemacht hat, lieber anschreien müsste.

I Und das würdest du auch gerne eigentlich?

J Und dass ich dann immer die anschreie, wo ich das eigentlich gar nicht will.

I Hm, … (5 Sek. Pause)
Und, wo du dich auch hinterher wieder selber schlecht fühlst, wenn du das getan hast, ne? Hm, … (5 Sek. Pause)
… Und du meinst also, dass das leichter oder besser ist, die anzuschreien, als die jetzt mit deinem Gefühl, sag ich mal, zu überrollen, irgendwie, also denen dein Gefühl echt voll entgegenzubringen, so, obwohl du dich dann ja hinterher auch wieder schlecht fühlst.

J Ja, aber ich kanns irgendwie, also ich kann irgendwie nicht darüber reden. Ich schrei dann irgendwie rum, und so, dass die dann verschwinden sollen, oder was weiß ich, ja, obwohl ich mich dann wieder schlecht fühle, dann wieder versuche, also, mich dann dafür zu entschuldigen. Also, ich find das dann besser, mich dann später zu entschuldigen, als dann meine Gefühle den anderen preiszugeben.

I Hm. (5 Sek. Pause)
Ich hab da so den Eindruck, dass du bestimmte Dinge in dir, irgendwie, wegdrückst, so. Also einerseits, so Bilder, die in dir aufkommen, die du halt irgendwie nicht akzeptieren möchtest, vielleicht, weil sie nicht zu der guten, … irgendwie zählen, nicht zu der, … die du vielleicht eigentlich sein möchtest, und deswegen kannst du die eben nicht annehmen.

J Hm, dann versuch ich die immer wegzudrängen oder irgendwie sogar versuchen … (J lacht) … wegzuschmeißen. (I Hm) Wie jetzt, wenn man irgendwas nimmt und dann inn Mülleimer wirft, damit das wieder weg ist, oder ganz weit wegbringen, am liebsten … (I Mhm) … aufn anderen Planeten, damit das auch ja weit von einem weg ist. (J lacht)

I Dass dich das nie wieder einholt, einfach weg damit, so? Hm, du möchtest also am liebsten, dass das was Getrenntes von dir ist, … (J Ja) … diese Erlebnisse, die du bis jetzt auch hattest, so?

J Ich hab auch nur, also, ist vielleicht wie jeder so, jeden Tag nur gute Laune, und nicht einmal gute Laune und einmal schlechte Laune, einmal traurig, einmal nicht. Dann weiß man auch gar nicht, wie man auf den Menschen eingehen soll, weil einmal ist er so und einmal so, und dann weiß man nicht, was man machen soll, wie man sich auf ihn einstellen soll. (Hmh) Das sieht man auch bei meinen Freunden. Einmal haben die gute Laune und einmal schlechte Laune. Da weiß man gar nicht, was man zu denen sagen soll, weil dann sagt man irgendwas, und dann kriegt man von denen auch ne patzige Antwort, weil die eh nicht gut drauf sind. Wenn sie besser drauf gewesen wären, dann hätten sie natürlich auch das als Witz dann auch verstanden. Nur, in dem Moment nimmt man das dann, wenn man schlecht drauf ist, viel zu ernst. Deswegen schreit man dann auch so rum.

I Mh, du hättest also im Prinzip lieber, dass du selbst, aber auch die anderen, eigentlich die ganze Welt, irgendwie beständiger ist, dass du dich mehr darauf verlassen könntest, … (J Ja) … dass nicht so was Unvorhergesehenes passiert, dass du auf einmal losbrüllst oder, dass andere dich anbrüllen, oder so?

J Ja, das würd man sich sehr wünschen aber, das geht ja leider nur nicht.
Mhm. (5 Sek. Pause)
Ja, … (J lacht) … das glaube ich auch, daß dasn Wunsch ist, den wahrscheinlich viele Menschen irgendwie haben, ne, dass es halt einfach einfacher wäre, ne? Dass man jeden Morgen aufwacht und die Sonne scheint und … (J lacht) … und … (J lacht) Ja. … ja, hm. Das gehört auch zu dir, ne, diese Traurigkeit, diese Erlebnisse, die du gehabt hast, die gehören zu dir?
Na, man muss auch, also, damit leben können.

I Hm. Aber einfach so wegschmeißen, das geht ja nicht, ne?

J Nee, geht ja auch nicht.

I Hm. Du, äh, dir ist das ja, hab ich jetzt so den Eindruck, sag mir, wenn ich dich falsch verstanden habe, dir ist das ja bis jetzt auch nicht gelungen, die wegzuschmeißen. (J Ja) du willst das. Das ist irgendwo dein Ziel, und sogar andere haben dir schon gesagt: »Komm, verdräng das doch« …

Ich bin mir nicht sicher, ob die mangelnde Ausprägung der therapeutischen Bedingungen, meine geringe Erfahrung oder die Tatsache, dass dies erst das zweite Gespräch mit der Klientin war, den Grund dafür darstellt, dass sich bei der Klientin keine bemerkenswerte Ausweitung an Selbstexploration einstellte, obwohl sie sehr angeregt erzählt hat und ihr dies offensichtlich auch gut getan hat. Ich kann mir aber vorstellen, dass es der Klientin und mir durchaus möglich wäre, eine tiefere Gesprächsebene zu erreichen, wenn die Gespräche über einen längeren Zeitraum hinweg fortgesetzt würden.

In dem dritten und letzten Gespräch mit Jill wurde allerdings deutlich, dass ihr Problembewusstsein, welches sie auf Grund ihrer ausbrechenden Aggressionen gegenüber einer Schulkameradin entwickelt hatte, sich schon wieder stark zurückgebildet hatte. Sie war heftig verliebt in den oben genannten Adressaten ihrer Briefe und hatte mit ihm mehrere glückliche Stunden verbracht, sodass alles andere für sie in diesem Moment keine Gültigkeit mehr besaß. Sie erzählte mir sehr lebhaft und ausführlich von ihren Verabredungen und weniger ausführlich von ihrer Familie, wo in dem Moment aber wohl auch alles in Ordnung war. Dieses letzte Gespräch kann kaum in der Kategorie klientenzentrierter Gesprächsführung eingeordnet werden, es war eher eine lockere Unterhaltung zwischen recht guten Bekannten, was sicher mit meiner langen Tätigkeit in diesem Jugendklub und mit der Jugend der Klientin zu tun hatte.

Während dieses Gespräches stellte ich mir die Frage, ob ich es nicht lieber in die Richtung einer Problematik dirigieren sollte. Ich versuchte es dann auch einmal, merkte aber, dass sie darauf weder eingehen wollte noch konnte, deshalb hörte ich ihr einfach nur intensiv zu.

Feedback der Klientin

Nach dem zweiten, dem entscheidendsten Gespräch fragte ich die Klientin, wie sie sich gefühlt und was sie empfunden habe. Darauf antwortete sie wörtlich: »Es war echt nett, ganz normal.«

Als ich daraufhin nachfragte, ob sie mit ihren Eltern oder Freunden auch solche normalen Gespräche führte, sagte sie, dass sie mit ihren Eltern gar nicht richtig redete und mit ihren Freunden wohl doch anders. Dies zeigt, dass sie unser Gespräch als ziemlich normal empfunden hat, obwohl es doch anders war als ihre sonstigen Unterhaltungen. Auf die Frage, ob sie sich von mir verstanden gefühlt habe, antwortete sie damit, dass dies meistens der Fall gewesen sei. Das Kassettengerät hat sie offensichtlich gar nicht gestört; sie erzählte, dass sie den Rekorder nach kurzer Zeit vergessen hat.

3.2.7 Die Beziehung zur psychisch kranken Schwester

Familien mit chronisch kranken, behinderten oder psychisch kranken Mitgliedern stehen unter besonderen Belastungen. Das Familienleben ist einseitig auf die Betreuung, Versorgung und Entwicklung des problematischen Kindes ausgerichtet, dem sich viele andere Aktivitäten und Prozesse unterordnen müssen. Die Konzentration auf die Sorge für das kranke oder behinderte Kind führt oft auch zur Abgrenzung nach außen hin zu Freunden, Nachbarn oder zur Umgebung. Viele Erfahrungen spielen sich in der Familie ab, die – oft verzweifelt – versucht, ein Gleichgewicht herzustellen, in dem es sich halbwegs leben lässt. Nicht selten wird allerdings auch davon berichtet, dass mit der gemeinsamen Sorge, mit dem Verzicht auf viele andere Dinge durchaus ein Gewinn an Lebensqualität entsteht: Die gemeinsame Not schweißt zusammen, macht deutlicher, was im Leben wichtig oder unwichtig ist, und führt nicht selten zu intensiveren Beziehungen in der Familie. Petermann, Nöcker und Bode (1987) haben ausführlich die Problematik solcher Familien mit Krankheiten und Behinderungen beschrieben, über ihre Abwehrformen, ihr Suchen nach einem Gleichgewicht, in dem es sich leben lässt, ihre Sorgen und existenziell bedeutsamen Erfahrungen.

Fast immer steht in der Literatur das behinderte oder kranke Familienmitglied im Mittelpunkt. Dessen Förderung, Integration und Rehabilitation werden beschrieben, die vielen, im Vergleich zu gesunden Kindern, veränderten Lebensbedingungen und Lebensperspektiven. Nur selten wird über die Situation des bzw. der Geschwister-Kinder geschrieben. Erst in letzter Zeit wird deutlicher, dass sich ihre Entwicklung oft in einem Bezugsrahmen abspielt, der für manche wichtige Entwicklungsprozesse kaum Raum lässt. Geschwister-Kinder von kranken oder behinderten Kinder müssen stark und oft schon frühzeitig erwachsen sein. Nicht selten müssen sie frühzeitig Elternfunktionen mitübernehmen, weil die Eltern selbst in Beruf, Haushalt und der Zeit raubenden Betreuung überfordert sind. Sie selbst müssen dabei allerdings unauffällig bleiben, dürfen nicht auf ihre Sorgen und Nöte aufmerksam machen, da es schon genügend Belastungen innerhalb der Familie gibt.

Der Lebenslauf von Geschwister-Kindern von Behinderten oder Kranken ist entsprechend gekennzeichnet: Oft liegt der Verzicht auf die Verfolgung eigener Ansprüche vor, die eigene Entwicklung ist nicht so wichtig wie die Förderung der Ansprüche anderer Personen. Nicht selten zeigt sich auch in der Partnerwahl ein derartiges Beziehungsmuster. Die Literatur zum Helferverhalten und zur Entwicklung des Helfermotivs und des prosozialen Verhaltens schildert dazu zahlreiche Beispiele (Schmidbauer 1977; Bierhoff 1980; Stab 1982). So ist z. B. die Situation der Geschwister-Kinder ein Motiv, in hochsignifikanter Weise einen sozialen Beruf zu ergreifen oder ein soziales bzw. erzieherisches Studium zu ergreifen.

Für die Geschwister-Kinder ist es nicht selten so, dass sie einen großen Teil ihres Selbstwertgefühls aus der sorgenden Pflege beziehen. Wichtig ist, dass sie gebraucht werden und durch ihre Unterstützung Anerkennung finden. Sie reagieren fast hilfloser als der Behinderte oder Kranke, wenn diese Anerkennung ausbleibt. Da sie in dem Modus des Gebens sozialisiert wurden (vordergründig, nicht psychologisch), fällt es ihnen schwer, sich die für sie wichtigen Dinge herauszunehmen, z. B. zu fordern, zu genießen, sich für ihre Interessen durchzusetzen usw.

Während für Familien mit körperlich kranken oder behinderten Mitgliedern eher geklärt ist, wie die Behinderung oder Krankheit entstanden ist, sowie unbewusste Schuldgefühle der Eltern oder der Familie eine weit geringere Rolle spielen, ist es im

Falle psychischer Erkrankungen und Behinderungen weit anders: Die Verursachungsmomente können in der Familie gesucht werden, in der falschen Erziehung, im Versagen der wichtigsten Grundbedürfnisse, in mangelnder Zuwendung usw. Bei einem psychisch kranken Mitglied, zum Beispiel einer Jugendlichen mit einer Psychose, stellen sich viel mehr Gefühle von Schuld und Wiedergutmachung ein. Die Wiedergutmachung in Form von Hilfestellungen, Verwöhnung und vermehrter Zuwendung gewinnt dann einen mehr zwanghaften Charakter, von dem sich die Familienmitglieder nur schwer trennen können.

Eine solche Konstellation liegt in dem folgenden personzentrierten Beratungsgespräch vor. Hier kumulieren sich die Bedingungen, die eine enge, symbiotische Helferhaltung für die Schwester wahrscheinlich werden lassen. In dem anschließend geschilderten Fall ist es einmal die Schwester (28 Jahre), die für die acht Jahre jüngere Schwester sorgt. Außerdem handelt es sich noch um eine Aussiedler-Familie aus Rumänien, die schon durch diesen Status in ihrem Bestand belastet ist. Die Klientin hat noch eine um ein Jahr ältere Schwester. Sie studiert Heilpädagogik, weil sie darin eine Möglichkeit sieht, anderen Menschen zu helfen.

Annegret hat das Beratungsgespräch – im Rahmen eines Praktikums in einer Behinderteneinrichtung – mit der 28 Jahre alten Frau über drei Stunden geführt. Sie schreibt:

Einleitung

Die Klientin – im Folgenden mit K abgekürzt – lernte ich im Rahmen eines Praktikums in einer Behinderteneinrichtung kennen.

Insgesamt führte ich drei Beratungsgespräche mit ihr. Auf Anregung der Klientin wurden beide Gespräche bei mir zu Hause geführt. Kurz nach dem zweiten Beratungsgespräch brach die Klientin ihr Studium der Heilpädagogik ab.

Thema beider Beratungsgespräche ist die ambivalente Beziehung zu ihrer um acht Jahre jüngeren Schwester Anita.

Da ich lediglich das zweite Beratungsgespräch protokollieren und auswerten werde, möchte ich zum besseren Verständnis zuvor den Inhalt des ersten Gespräches zusammengefasst wiedergeben:

Vorgeschichte

Die Klientin ist das zweite von insgesamt drei Kindern. Der Altersabstand zur älteren Schwester beträgt ein Jahr, der zur jüngeren acht Jahre. Mit zwölf Jahren zog die Klientin mit ihrer Familie von Rumänien nach Deutschland und nahm die deutsche Staatsbürgerschaft an.

Zum Zeitpunkt der Gespräche war die Klientin 27 Jahre alt.

Erstes Beratungsgespräch

Auf Grund der Berufstätigkeit beider Elternteile musste sich die Klientin schon sehr früh um ihre jüngere Schwester kümmern und die Verantwortung für sie übernehmen. Noch heute hat sie eine enge emotionale Beziehung zu ihrer Schwester und fühlt sich »unheimlich« verantwortlich für sie.

Vor einigen Wochen begab sich die jüngere Schwester wieder einmal zur stationären Behandlung in eine psychosomatische Klinik.

Seither ist sie gegenüber der Klientin unnahbar geworden. Bei gemeinsamen Treffen sprechen die beiden Schwestern nur über Oberflächliches. Die jüngere Schwester möchte nichts über ihre Therapie, Probleme, Zukunftspläne etc. erzählen.

Die Klientin leidet sehr darunter und hat das Gefühl, sie *müsse* der Schwester unbedingt helfen – obwohl sie gleichzeitig weiß, dass sie sich nicht zu eng aneinander binden dürfen, da die jüngere Schwester sonst nicht erwachsen werden kann.

Hier befindet sich die Klientin also im Konflikt mit ihrem Verantwortungsgefühl für die Schwester und dem gleichzeitigen Wissen, dass sie diese loslassen muss, um ihr ein eigenes Leben zu ermöglichen.

Noch stärker belasten die Klientin allerdings ihre Schuldgefühle gegenüber der jüngeren Schwester. Sie erzählt, dass sie zurzeit sehr viel über ihre Kindheit nachdenkt, in der sie stets von ihren Eltern benachteiligt wurde und ihre Aggressionen dann an ihre kleine Schwester weiterleitete. Dieser »schlechten Eigenschaft«, wie die Klientin ihr Verhalten selbst bezeichnet, gibt sie heute die Schuld an der Erkrankung ihrer Schwester. Ganz besondere Schuldgefühle hat die Klientin auf Grund dessen, dass sie ihre Schwester einmal geschlagen hat. Sie hat sehr starke Angst, dass diese sie jetzt dafür hassen könne – genauso wie sie selbst ihren Vater hasst, weil er sie früher schlecht behandelt hat, obwohl sie heute sein Verhalten nachvollziehen kann.

Gegen Ende des Gesprächs äußert die Klientin den Wunsch, dass es ihrer Schwester durch die Therapie gelingt, »auf eigenen Beinen« zu stehen. Auf meine Aufforderung hin, genau zu definieren, was sie mit diesem Ausdruck meint, nennt sie nach einer langen Denkpause folgende Punkte:

- sich von anderen Menschen nichts vorschreiben zu lassen,
- für sein eigenes Tun die Verantwortung zu tragen und diese nicht auf die Kindheit zu schieben,
- dazu zu stehen, wenn man etwas falsch macht,
- sich anderen Menschen gegenüber nicht rechtfertigen zu müssen.

Die Klientin bezieht ihre Definition selbstständig auf ihre Schwester. Sie äußert die Einsicht, dass es für ihre Schwester wichtig ist, selbst etwas an ihren Problemen zu ändern – auch wenn es ihr sehr schwer fällt, nicht aktiv dabei helfen zu können.

Ihre Schuldgefühle relativiert die Klientin dadurch, dass sie erkennt, dass die Kindheit zwar als Erklärungsansatz für heutige Probleme wichtig ist, sie aber nicht absichtlich schlecht zu ihrer Schwester war und diese zudem ihr Leben heute selbst in die Hand nehmen muss. Nach dem Gespräch zeigte sich die Klientin erleichtert. Zwar müsse sie die eben geäußerte Einsicht erst noch »sacken« lassen, diese würde jedoch für sie einen guten Ansatz darstellen. Zu einem weiteren Gespräch wäre sie gerne bereit.

Zweites Beratungsgespräch

B Ja, hallo X … Es ist ja jetzt schon einige Wochen her, dass wir uns das letzte Mal gesehen haben. Ich weiß noch, das letzte Mal hatten wir ein Gespräch über, ja, deine Beziehung zu deiner Schwester. Da hattest du, ja, ähm, vor ein paar Wochen noch ganz schöne Probleme mit. Jetzt wollte ich nachfragen, ist es denn jetzt ein bisschen besser geworden, hat sich da was geändert in der Beziehung zu deiner Schwester? Habt ihr euch mal ausgesprochen? (Kurze Pause)
Hat sich deine Einstellung verändert?

K Hm, ja meine Einstellung hat sich geändert, aber auch, äh, so das Gefühl, weil ich, äh, weil jetzt ziemlich viel Zeit vergangen ist und ich mich damit jetzt schon abfinden kann, dass, ähm, dass es halt besser für uns – für mich und für meine Schwester – ist, dass wir nicht so viel Kontakt zueinander haben. Weil ich halt immer ihre große Schwester bin, und äh, äh, sie dadurch auch immer die Kleine ist, ne, und dadurch auch leicht Schwierigkeiten hat, auf eigenen Beinen zu stehen oder auch für sich selbst Verantwortung zu übernehmen. Und es ist halt jetzt so, äh, meine Schwester, die hat von sich aus mal, äh, gesagt, dass sie von mir Abstand haben will, was mich auch sehr getroffen hat, … ich weiß jetzt gar nicht, ob ich das das letzte Mal erzählt hab? …

B Ich glaube, ja. (Währenddessen spricht die K bereits weiter)

K Da hat sie mich nämlich angerufen und hat zu mir gesagt … (Hier wird die K durch mich unterbrochen)

B Ne, das nicht.

K Ne, hab ich nicht? … Wir hatten sowieso in der letzten Zeit sehr, sehr wenig Kontakt miteinander. Hm. Aber irgendwann hat sie mich dann angerufen und meinte zu mir, sie wird ihre Telefonnummer ändern und wird ihre Telefonnummer nur, äh, bestimmten Leuten geben. Also meine Eltern sollten die überhaupt nicht bekommen, weil mein Vater immer anruft und oft auch, äh, so seine Launen an ihr auslässt. Und sie wird ihre Nummer ändern und, äh, wollte diese erst mal nur Freunden geben, ja also einer Freundin und zwei Freunden, und mir auch nicht. Und sie möchte mit der Familie nichts zu tun haben und so (hier imitiert sie die Tonlage der Schwester). Und das hat mich doch ganz schön getroffen. So, weil, äh, dann ist sie auf einmal für mich nicht mehr erreichbar, und das war schon ganz schön heftig für mich. Und, aber auch wie sie das gemacht hat. Sie war so hart, so krass, so … Die hat mir das überhaupt nicht erklärt. (K wirkt jetzt ziemlich erregt) Sie hat dann auch gesagt, ja sie wäre sauer auf mich, und hat mir gar nicht gesagt, weswegen, und ich hing da und hab sie auch gefragt wieso. »Nein, sie möchte jetzt darüber nicht sprechen.« (Auch hier imitiert die K wieder ihre Schwester)

B So ein Gefühl von Machtlosigkeit.

K Ja.

B Du kannst sie nicht mehr erreichen.

K Ja.

B Sie ist so kalt.

K Ja, sie ist kalt.

B Unerreichbar?

K (Nach einer kurzen Denkpause) Ja. Aber ich fand das auch gemein, irgendwie so.

B Hm.

K Weil, sie hat bestimmt Gründe, auf mich sauer zu sein, auch von früher noch, und, äh, sie macht da ja immer noch Therapie, und es kann ja sein, dass durch die Therapie – die macht ja so was wie eine Analyse –, dass da die Sachen hochgekommen sind, äh, die mit mir zu tun haben. Ich kanns verstehen, wenn sie sauer ist, aber ich, äh, finde es nicht gut, dass sie mir nicht sagt, weswegen.

B Hm.

K Da war ich ziemlich traurig gewesen. Ich war echt fertig mit der Welt.

B Mmh.

K Weil ich sie halt sehr, sehr lieb hab, und, äh … Aber ich habe mich damit abgefunden. Und, äh, ungefähr eine Woche später, also nachdem sie mir das vorgeworfen hat, eine Woche später ruft die mich an und tut so, als ob nichts wäre.

B Oh! (K spricht bereits weiter)

K »Hallo, wie gehts«, bla bla und so. Und ich hab gedacht, was ist denn jetzt los?

B Hm. (B lacht)

K Und dann hab ich sie gefragt, ob sie denn nicht mehr sauer auf mich ist. Da meint die so zu mir: »Was sauer, war ich auf dich sauer?«

B Oh ja, das ist verwirrend, ne?

K Verwirrend, ja.

B Eine Woche so und die andere Woche so.

K Dann hab ich mir das … Ich hab noch mal gefragt: »Anita, du warst sauer, weißt du denn wenigstens weswegen?« Weiß sie nicht mehr. Und dann habe ich mir das erklärt, dass sie da vielleicht wieder sone (Pause) Wahnvorstellung hatte. Weil darunter leidet sie ja auch. Jetzt nicht mehr so sehr. Früher war das extrem.

B Hm.

K Das hat sie aber keinem erzählt. Das musst du dir mal vorstellen, hat die sone Wahnvorstellung und, äh, die hat mir so was schon mal angedeutet, aber hat dann gesagt: »Kann ich dir nicht sagen, das ist so schrecklich, da glaubst du mir sowieso nicht.« (Hier imitiert sie wiederum die Schwester) Und so.

B Hm.

K Kann sein, dass das mit diesem Sauersein auch wieder ... Sie hat ja unheimlich wenig Vertrauen zu den Menschen, zu allen Menschen, und auch zu mir irgendwo. Und kann sein, dass sie sich wieder was eingeredet hat, was ich ihr angetan hätte, oder so. Keine Ahnung.

B Ja, aber für dich war das ja dann unheimlich verletzend ...

K Ja.

B ... Und dann die Verwirrung, und du hast dich dann damit abgefunden mit deinem Schmerz, und dass sie dich nicht – oder, das heißt abgefunden, dass sie dich nicht anrufen will, dir die Nummer nicht geben will, ... und dann so was.

K Ja, und eine Woche später ungefähr hat sie dann so getan, als ob nichts wäre. Und dann hatte sie auch schon ihre neue Nummer. Hat sie mir dann auch gegeben.

B Also gemacht hat sie es dann schon, die Nummer zu ändern?

K Ja, ja.

B Hm.

K Also hauptsächlich wegen meinen, unseren Eltern. Und äh ... (Pause, K spricht nicht weiter)

B War das dann erleichternd für dich?

K Dass sie mir die Nummer gegeben hat? (K überlegt lange) Erleichternd? Also ich fand da, äh, (K überlegt) das ist ja, ich weiß nicht, das hat mir so wehgetan, dass sie mir das irgendwie so gesagt hat, dass sie nichts mehr mit mir zu tun haben will, und ich habe wirklich sehr, sehr lange darunter gelitten, äh, tagelang, ich habe echt viel geweint und so. Ich war wirklich fertig mit der Welt (den letzten Satz sagt sie sehr leise). Und wo sie mir die Nummer gegeben hat, ich glaube – ich weiß es jetzt nicht mehr, ist ja schon länger her, aber das war keine große Freude. Also ich fand das dann in Ordnung. Aber für mich war dann auch klar: O.K., ich habe ihre Nummer, aber ich rufe sie nicht an. Oder ich rufe sie nur an, wenn etwas Organisatorisches ansteht: z. B. wenn meine Eltern mich anrufen und mir sagen, ich soll sie anrufen, weil sie was von ihr wollen, oder so. So läuft das nämlich jetzt ab, ne. Ab und zu machen die das mal und dann mach ich das manchmal, dass ich da anrufe und sage, sie solle mal eben bei den Eltern anrufen.

B Ja, das sitzt ganz schön tief, ne, so die Wunde?

K Ach! Das hat schon wehgetan, aber ich kann jetzt damit gut leben. Weil es ist auch so, dass sie mich meistens anruft, ich ruf sie so gut wie gar nicht mehr an. Weil, es ist immer noch dieses Verhältnis – und ich kann mir vorstellen, dass es entweder so bleiben wird oder noch lange so bleiben wird – dass ich immer auf sie eingehe und sie ... Sie ruft mich an und fragt mich, wie es mir geht, und ich erzähle ihr dann auch alles, also auch ehrlich, ich verschone sie dann auch nicht, so, da hab ich nämlich auch keine Lust mehr. Ich denke, das ist auch ihre Verantwortung, wenn sie ... Ich finde das sowieso blöd, wenn wir uns immer meinen, mit irgendwas belasten zu müssen. Es ist für mich keine Belastung, wenn ich von mir ehrlich erzähle, auch wenn es mir beschissen geht oder so. Das ist jahrelang so abgelaufen, dass es ihr schlecht ging wegen mir und anders herum und so. Und ich meine, okay, unter Geschwistern ist es bestimmt schon irgendwo belastender, von Problemen des anderen zu wissen. Aber ich erzähle ihr trotzdem, was ich so momentan so fühle und wie es mir geht. (Diesen Abschnitt erzählt sie sehr hektisch, ohne Unterbrechung)

B Aber du kannst dann auch die Grenze ziehen?

K Ja, das wollte ich jetzt sagen. Und sie hört sich das auch immer an, und ich erzähle ihr auch viel von mir, nur ich merke, dass sie so richtig gar nicht auf mich eingehen kann. Also es ist immer noch ein einseitiges Verhältnis zu … Okay, am Anfang bin ich also ich. Also ich ruf sie nur an, wenn ich was von ihr will, und ich ruf sie aber nicht an, um ihr was von mir zu erzählen, weil dafür habe ich meine Freundinnen, die mich besser verstehen. Ich denke, irgendwie will ich das auch nicht, dass es wieder zu eng wird.

B Hm.

K Ne, so …

B Das meinte ich auch mit Grenze ziehen eigentlich schon. Dass du das schon wieder trennen kannst. Bei dem letzten Gespräch war das noch ziemlich schwierig für dich, so zu trennen und zu sagen: »Nein, ich ruf sie dann nicht an, sie soll mich anrufen.«

K (K erinnert sich. Leise:) Stimmt.

B So hab ich das gemeint mit »die Grenze ziehen«.

K Ja, klar. Also ich ziehe jetzt krass meine Grenzen.

B Hm.

K Aber nicht … Ich zwinge mich nicht dazu, sondern das ist mehr so, das ist jetzt so. Die Trennung ist, glaube ich, schon so vollzogen, für mich auf jeden Fall. Es hat zwar wehgetan, aber es war ganz gut, glaube ich. Wirklich gut gewesen für mich, ne.

B Hm.

K Und was mich halt son bisschen noch stört ist, dass ich halt noch sehr, sehr auf die eingehe, ne. Das war ja gestern wieder so. Da ruft sie mich an und – obwohl ich da schon geschlafen habe – und dann bin ich natürlich, dadurch, dass sie mich angerufen hat, und ich dann mit ihr geredet hab, anstatt ich sage, was sie ja macht, das macht die, wenn ich sie irgendwie wecke, sagt die: »Ich ruf dich später an.« Schluss ab, aufgelegt, ne. Ich natürlich nicht bei ihr. Das ist immer noch so, noch ne andere Stellung als manch anderer … Und dann war ich dann hellwach irgendwie. Habe dann von mir erzählt, und irgendwann fing sie an, ne. Also sie ist mal wieder nicht auf mich eingegangen. Fing sie wieder an: von ihrer Ausbildung, also, sie hat jetzt nen Freund, das klappt jetzt wirklich gut mit ihm – (leise:) obwohl, na ja, ich bin da schon wieder so für sie am Sorgen, wieder so, dass ich, ähm, sie fixiert sich auch total auf ihn, und das macht ihr Probleme so, dass sie sich total nur an ihn hängt.

B Hm.

K Nein, aber es geht ihr jetzt gut. (Leise:) Ich erzähle die ganze Zeit nur von ihr, ne? Aber jetzt komme ich noch mal zurück auf mich. Ich meine, die hat Probleme in der Schule, so mit nem Typen, der hinter ihr her ist, und sie weiß nicht, was sie machen soll. Und dann ging das wieder in die Richtung, dass ich mich total – obwohl ich ja immer noch ziemlich müde war und eigentlich keinen Bock hatte, mit ihr zu telefonieren – dass ich mich, ähm, ja wieder versucht habe, ihr zu helfen, also auf sie eingegangen bin.

B Gegen deinen Willen, eigentlich.

K Ja! Gegen … eh, also am Anfang habe ich …

B Oder gegen deinen Zustand, weil du so müde warst.

K Gegen meinen Zustand, ja. Aber auch, äh, wenn sie auf mich eingegangen wäre, dann wäre das völlig in Ordnung gewesen. Aber irgendwann während des Gesprächs habe ich auch so gemerkt, wie das wieder abläuft.

B Hm.

K Und irgendwann hab ich dann so zu ihr gesagt: »Hör zu, ich bin jetzt total müde. Ich möchte jetzt nicht mehr telefonieren«, und so. Aber ich konnte ihr nicht die Wahrheit sagen, so, äh, ja also … (K findet keine Worte)

B Wolltest du sie nicht verletzen?

K Ich wollte sie nicht verletzen, ne. Weil im Grunde genommen ist es so, dass sie es nicht anders kann, das weiß ich. Sie ist halt acht Jahre jünger, und sie kann halt nicht auf Menschen so eingehen wie ich halt. Aber das ist ja, … bei meinen Freundinnen ist das etwas anderes, weil ich fühle, ich denke bei meinen Freundinnen ist es so gleichwertig, dass sie auch auf mich eingehen können, für mich da sein können. Da ist es was anderes, wenn ich auf sie eingehe. Aber meine Schwester nicht, weil sie es nicht kann, und ich, … ich akzeptiere das, aber ich sehe auch nicht ein, dass ich immer auf sie eingehe. Weil dann bin ich halt so quasi wie früher ihre große Schwester, ihre Beraterin, ihre Helferin, ihre Therapeutin, und das will ich nicht mehr.

B Hm. Also du gibst bei ihr immer nur und bekommst aber nichts zurück, und bei deinen Freundinnen hast du schon ein anderes Verhältnis.

K Ja, ja, ja.

B Da geht es schon auch klarer zu sagen: »Ne, also jetzt möchte ich nicht.«

K Hm. Das war Ostern auch, … Ostern (K denkt nach). Da waren wir bei meiner älteren Schwester, also meine kleinere, meine ältere und ich. Wir wollten halt alle nicht zu unseren Eltern, was unsere Eltern nicht so gut verstanden haben, (B lacht leise) aber sie konnten sich damit abfinden. Und, ähm, Anita hat sich da auch immer zurückgehalten, also meine jüngere Schwester hat sich zurückgehalten. Sobald die Gaby oder ich irgendwas von uns erzählt haben, … (K leise und nachdenklich:) und ich hatte immer das Gefühl, dass die sich für uns gar nicht interessiert. Sie hat dann ihre Sachen gesagt und so, und wir sind auch beide auf sie eingegangen, und dann war die Gaby dran oder ich dran. Also ich sag das jetzt so krass, … aber es war ein normales Gespräch, … aber wenn ich mit der Anita zusammen bin, dann pass ich immer noch unheimlich auf …

B Hm.

K … Ich glaube, das werde ich auch immer machen – wie das Verhältnis ist, ne.

B Also, dass niemand sie dann verletzen kann, das ist dann deine Aufgabe. Oder, dass niemand ihr zu nahe kommt?

K Nein! Ich meine, das hört sich jetzt so an, als ob ich das Gespräch, also dieses Zusammensitzen von uns Dreien, unheimlich wahrnehme. Wenn ich jetzt mit anderen Leuten zusammensitze, pass ich ja nicht so auf, was der sagt oder was ich sage. Aber bei ihr halt! Also, da bin ich auch sehr mit dem Kopf dabei. So, dass ich mich nicht zu sehr verausgabe und so. Weißt du, wie ich das meine?

B Ich denke ja. Also ich glaube, du passt immer auf, ihr nicht zu nahe zu kommen, ihr nicht wehzutun, zu gucken, wie gehen die anderen mit ihr um.

K Nein, nein!

B Dann habe ich es doch falsch verstanden.

K Das war ja irgendwo krampfhaft. Das war ja nicht locker, so, man trifft sich und man ist nett zusammen, oder so. Sondern ich habe immer aufgepasst. Ich war schon immer so auf der Hut.

B Auf was hast du aufgepasst?

K Da ich, äh, dass Anita nicht zu sehr im Mittelpunkt steht. Also ich habe auch da meine Grenzen gezogen. Weißt du jetzt, was ich meine?

B Hm, ja doch.

K Und mir ist es halt aufgefallen, dass sobald Gaby oder ich, wenn wir was erzählt haben, dass sie sich wieder ein bisschen zurückgenommen hat. Und, äh, dann war ich ziemlich sauer drauf. Da hat sie mich ein paar Tage später auch wieder angerufen. Dann habe ich ihr das aber gesagt, so, dass, äh, sie ganz schön egoistisch ist, dass, äh, eben sobald es um andere Menschen geht, dass sie da überhaupt kein Interesse mehr für zeigt. Da war die total geknickt. Weil sie es ganz anders empfunden hat. Sie hat es so empfunden, sie hatte das Gefühl, dass wir sie ausschließen.

B Ah ja, genau andersherum.

K Ja. Von meiner Seite nicht, ja, aber die Gaby. Sie hat gesagt, sobald die Gaby irgendetwas von sich erzählt hat, oder, ja, dann hat sie das mir erzählt, aber nicht der Anita.

B Hm.

K Dieses Gefühl hätte sie gehabt. Und das hat mir doch, … und dann hat sie auch gesagt, so, dass sie sich von uns ausgeschlossen gefühlt hätte und auch von mir manchmal ausgeschlossen fühlt, dass sie, ähm … wenn sie mich anruft, fragt sie mich ja auch, also sie interessiert sich schon für mich, nur, sie kann es halt nicht, dass sie mir dann auch, ja, auf mich eingeht. Das kann die noch nicht. Aber das ist ja auch dieses alte Muster. Ich denke, wenn ich da nicht aufpasse, dass sie auch mal auf mich eingeht, wird das immer so bleiben. Ich meine, ich kann es ja sehr gut verstehen, dass sie, äh, nicht auf mich eingehen kann, weil sie es nicht kennt oder nicht gelernt hat, weil es ist ja immer so gewesen, dass man auf sie eingegangen ist.

B So als Jüngste. Sie war ja mit Abstand so die Jüngste.

K Ja, klar. Sie hat es auch nie gelernt, so, auch für andere da zu sein. Und bei mir ist es genau andersherum. Ich habe gelernt, nur für andere da zu sein, ne. (K lacht)

B Hm.

K Also die Rollen, die waren schon richtig gut verteilt.

B Ja, und wenn du jetzt versuchst, die zu ändern, dann fühlt sie sich zurückgesetzt und benachteiligt? Oder ausgeschlossen … ja, ausgeschlossen hast du gewählt als Wort.

K Ja, ausgeschlossen. Sie nimmt das ja jetzt auch wahr. Früher hat sie es gar nicht wahrgenommen und wo sie jetzt wahrnimmt, äh, was für Rollen bei uns, äh, so gespielt werden, sie nimmt dann für sich wahr, sie wird ausgeschlossen, und ich nehme wahr, dass sie sich selbst ausschließt, ne?

B Hm, hm.

K Da ist es natürlich gut gewesen, dass ich sie darauf angesprochen habe.

B Ja. (K spricht bereits weiter.)

K Und ich denke auch, wenn ich jetzt von ihr verlangen würde, dass sie auch auf mich eingeht, dass sie sich dann total überfordert fühlt. Das weiß ich auch.

B Aber was macht das mit dir? Wie fühlst du dich? Bist du dann nicht auch überfordert?

K Ne, äh … (Pause)

B Weil du passt immer, … also ich kriege so mit, du passt immer auf, du guckst immer, dass sie nicht zu sehr in den Mittelpunkt kommt, guckst auch schon ein bisschen für dich, dass du auch noch dazu kommst, was zu erzählen, und dass man auch dir zuhört – aber trotzdem immer, bist du immer auf der Hut, so, dass sie dann noch die richtige Stellung hat im Gespräch.

K (K sehr nachdenklich:) Hm. (Pause)

B Also du sorgst dich immer noch total viel um Anita …

K (K unterbricht) Ja, ja, stimmt.

B Und fühlst dich dann aber gar nicht so wohl dabei, also kannst bei ihr erklären und entschuldigen, so hab ich das jetzt, … so hast du das schon ein paar Mal gesagt: »Ich versteh das schon, dass sie das nicht kann, weil eben …«

K (K unterbricht) Ja, ich habe immer Gründe für sie!

B Ja, genau. Immer so Entschuldigungen, hast du jetzt schon ein paar Mal gesagt. Aber so, dass du dann auch immer aufpassen musst, dass es dir gut geht dabei, und dass du dann nicht immer so machen kannst, vielleicht, wie du willst. Wie fühlst du dich dann, wenn du immer aufpassen musst im Gespräch?

K (K überlegt) Nicht gut.

B Hm.

K Also, man kann das ja, … zu Geschwistern hat man ja, … also ich habe zu meinen Geschwistern eigentlich ein sehr sehr inniges Verhältnis, deswegen war diese Trennung oder Abnabelung von meiner jüngeren Schwester ja so schwer – oder ist es immer noch irgendwo. Äh, weil bei uns war das so, unsere Eltern, die haben sich halt überhaupt nicht um uns gekümmert, und, äh, wir haben uns halt so, äh, entsprechend mehr zusammengebunden, quasi.

B Hm.

K Also ich und meine Geschwister, wir waren halt füreinander da. Und ich, äh, glaube schon, dass wir ein viel innigeres Verhältnis haben als andere Geschwister zueinander.

Äh, nö. Also zu meiner älteren Schwester ist das so, dass es sehr, sehr gleichwertig ist, also, äh, es ist für mich auch immer eine Wonne, etwas mit meiner älteren Schwester zu unternehmen oder mit ihr zu reden oder so. Weil, da brauch ich dann auch auf nichts zu achten, da bin ich dann locker und so.

B (B wiederholt) Ja, da »brauchst du auf nichts zu achten«.

K Ganz genau, und ich fühle mich auch überhaupt nicht für sie verantwortlich. Auch wenn sie dann von sich erzählt, was bei ihr los ist, ist das in Ordnung für mich. Aber bei der Anita schlüpfe ich dann sofort wieder in diese Rolle derjenigen, die sich dann einlässt auf ihre Sachen und so, ne.

B Hm.

K Hm.

B Das möchtest du eigentlich nicht mehr?

K Es ist ja nicht so, dass es mir dadurch irgendwie … Früher war es ja so, sobald die was von sich erzählt hat, dass es ihr nicht gut geht oder so, ich habe mich verantwortlich gefühlt und obendrein auch nicht mehr gut. Also ich hatte schon ein komisches, also … es hat mir nicht gut getan. Und jetzt merke ich, dass es nicht mehr so ist, nur, ähm, es nervt mich an, ne. Dass ich das nicht irgendwie, ja, dass ich das nicht ändern kann. Ich kann es entweder: Ich passe immer darauf auf, dass ich nicht zu kurz komme.

B Wie an Ostern.

K Ganz genau. Oder aber, ich rufe sie erst gar nicht an. Das ist bei mir so. Also wenn ich irgendwas habe, auch wenn ich jetzt nur die Lust habe, einfach nur zu telefonieren, dann rufe ich alle möglichen Leute an, aber nicht Anita. Weil ich genau weiß, äh, das läuft sowieso nur aufs eine hinaus. Und irgendwo ist das auch schade, weil ich habe sie auch gerne, und ich unterhalte mich an und für sich auch gerne mit ihr.

B (B stimmt währenddessen mehrmals mit Hm zu.) Aber dann wählst du den Rückzug, so …

K Ja.

B … Lieber gar nicht als …

K Ja, aber ich kann damit leben.

B Hm. Nun klappt das mit dem Rückzug ja nicht, weil sie dich dann anruft.

K Ja, das ist es ja.

B Das heißt, es kommt dann doch wieder genauso, wie du es eigentlich nicht möchtest.

K Ja, aber ich kann damit, ich kann schon damit leben, dass ich jetzt irgendwie, … wenn wir jetzt lange keinen Kontakt mehr zueinander haben. Dass ich jetzt nicht mehr meine, ich müsse jetzt immer anrufen und wissen, wie es ihr geht, oder so.

B Hm.

K Das ist ja so, dass man sich irgendwie, wenn man mit dem anderen keinen Kontakt hat, ... früher war das halt so, wenn ich jetzt irgendwie lange nichts mehr von ihr gehört habe, dann musste ich sie unbedingt anrufen, um zu wissen, was bei ihr läuft. Das muss ich jetzt nicht mehr.

K Hm.

K Und ich, äh, vermisse sie auch nicht mehr so. (Hier spricht die Kl sehr leise, wie in Gedanken.) Pause. – Irgendwie ist da bei mir, glaube ich, schon was passiert.

B Ja. Ein anderes Gefühl, eine andere Stärke, oder ist das nur ein anderes Gefühl?

K (K überlegt lange) Also, ich denke immer noch, äh, mit, äh, äh, mit Zuneigung an sie. Also ich denke gerne an sie mit Zuneigung. Nur, es ist für mich jetzt in Ordnung, äh, nicht unbedingt »kontrollieren« zu müssen, in Anführungsstrichen, was bei ihr läuft. Ich weiß nicht, ob das irgendwie ein Gefühl ist?

B Also ich nehme es so wahr als wie: Du hast jetzt einfach gelernt, loszulassen auch.

K Ja, ja, loszulassen, ja genau. (Pause)
Ich denke, das Verantwortungsgefühl ist nicht mehr so stark.

B Hm. So zu akzeptieren: Du hast dein Leben und sie ihres, ne.

K Hm.

B Da wären wir ja fast wieder da: Letztes Mal hatten wir doch dieses mit dem Begriff »auf eigenen Beinen stehen.« Vielleicht kannst du jetzt mehr sie auf eigenen Beinen stehen lassen.

K Hm.

Hinsichtlich des Ergebnisses würde ich sowohl das 1. als auch das 2. Beratungsgespräch als erfolgreich bezeichnen. Beide brachten der Klientin neue Erkenntnisse.

Nach dem ersten Gespräch äußerte die Klientin, dass sie in Zukunft versuchen wird, weniger Verantwortung für ihre Schwester zu übernehmen und sich die Schuld für deren Verhalten nicht mehr aufzuladen. Diesen Vorsatz hatte sie dann nach eigener Meinung zum Zeitpunkt des zweiten Gespräches auch weitgehend realisiert.

Durch das zweite Gespräch merkte die Klientin jedoch, dass sie die Beziehung zu ihrer jüngeren Schwester bei weitem noch nicht so geklärt hat, wie sie sich dies wünscht. So gelingt es der Klientin nicht immer, die Verantwortung für ihre Schwester abzugeben (z. B. als sie sich um die Beziehung ihrer Schwester zu deren Freund sorgt). Des Weiteren fühlt sie, dass sie in der Beziehung zu ihrer Schwester zu kurz kommt, dass diese nicht auf sie eingeht, sich eventuell sogar nicht einmal für sie interessiert. Das verletzt die Klientin sehr, sie weiß aber noch nicht genau, wie sie dies ändern kann. Nach dem zweiten Gespräch äußerte sie jedoch, sich in Zukunft noch mehr von ihrer Schwester abgrenzen zu wollen.

Schwierigkeiten bereitete mir beim zweiten Gespräch vor allem, dass die Klientin sehr viel über ihre Schwester erzählte und ständig Erklärungen und Entschuldigungen für deren Verhalten fand. So fiel es mir oftmals schwer, nicht auf die Schwester bzw. deren Verhalten einzugehen und selbst nach Gründen dafür zu suchen, vielleicht auch, weil ich an manchen Stellen das Gefühl hatte, dass die Klientin dies als hilfreich empfunden hätte. Dies wurde mir jedoch im Laufe des Gespräches bewusst, sodass ich dann versuchte, die Klientin durch Fragen gezielt (insofern also doch direktiv) zu ihren eigenen Gefühlen zu führen.

Die größte Schwierigkeit bestand für mich darin, dass ich die Erkrankung der Schwester und deren Verhalten selbst nicht deuten und einordnen konnte. So machte mich das Verhalten der Schwester bezüglich der Telefonnummer ziemlich ratlos und unsicher, und ich wusste selbst nicht, wie ich mich an Stelle der Klientin gegenüber der Schwester verhalten würde.

Entsprechend ging ich auch nicht auf die Wut und Verwirrung der Klientin bezüglich der Telefonnummer ein, sondern wich auf einen anderen Aspekt aus.

Zum besseren Verständnis möchte ich hinzufügen, dass es mir nicht darum ging, der Klientin Ratschläge für ihr Verhalten gegenüber ihrer Schwester zu geben, und ich es deshalb problematisch fand, das Verhalten der Schwester nicht einordnen zu können. Vielmehr empfand ich selbst eine ähnliche Verwirrung und Betroffenheit wie die Klientin und wusste nicht, wie ich damit umgehen sollte. Würde ich die Klientin noch stärker verwirren, wenn ich meine eigene Verwirrung äußern würde? Und würde die Klientin nicht ihr Vertrauen in mich als Beraterin verlieren? Ich habe an dieser Stelle dann lediglich versucht, die Gefühle der Klientin zu spiegeln, aber nicht meine eigenen Empfindungen geäußert. Des Weiteren war ich froh, als die Klientin den neuen Aspekt ansprach und ich auf ein anderes Gefühl als Wut und Verwirrung eingehen konnte. Anlässlich dieses Problems stellte ich mir bei der Bearbeitung des Beratungsgespräches die Frage, wie der Berater mit Gefühlen, Ereignissen, Situationen etc. umgehen kann, die ihn selbst sehr betreffen, oder die er für sich selbst nicht geklärt hat. Für unabdingbar halte ich es deshalb, sich selbst und seine Grenzen möglichst gut kennen zu lernen und auch zu versuchen, möglichst viele »dunkle Flecken« seines Selbst aufzudecken. Dafür sind fortlaufende Supervision, Teamarbeit mit kollegialer Beratung und viel Selbsterfahrung unbedingt notwendig. Nur so werde ich fähig sein, mit meiner eigenen Betroffenheit umzugehen und dem Klienten einen Rahmen zu bieten, in dem er alle seine Probleme angstfrei ansprechen kann.

3.2.8 Schuldgefühle der Mutter nach dem Tod ihres kleinen Kindes

Nach dem Tod enger Angehöriger machen sich die engsten Hinterbliebenen oft Sorgen und grübeln darüber, was sie ihm noch alles hätten sagen sollen, was sie für ihn doch alles hätten tun können und andere Dinge, die versäumt wurden. Manchmal sind es Kleinigkeiten, die der hinterbliebene Angehörige hätte machen sollen:

einen nicht ausgeführten Gefallen tun, jemandem durch Zuwendung Erleichterung schaffen, jemandem etwas bisher nicht Gesagtes mitteilen usw. Derartige unerledigte Handlungen nehmen oft die Form sorgenvollen Grübelns an. Reinhard Tausch beschreibt (1993, S. 184ff.) ausführlich das innere Erlebnisbild. Charakteristisch für Grübeln über Unterlassungen sind die selbstquälerische Wiederholung der Gedanken, die zu keiner Lösung und Erlösung führen. Oft wird ein Mensch von solchen Grübelzwängen erfasst, der schon zu einer gewissen Selbstunsicherheit neigt und ein eher negatives Selbstkonzept hat. Die Versäumnisse und Unterlassungen sind für ihn Beleg für seine Unzuverlässigkeit und Schwäche, immer wieder bestraft er sich mit Schuldvorwürfen. Der körperliche Zustand wird von derartigen Erlebensvorgängen gleichermaßen in Mitleidenschaft gezogen: eine körperliche Erregung und Nervosität herrscht vor, Spannungen und Unruhe breiten sich aus und führen zu Schlafstörungen, Verspannungen und Schmerzzuständen. Die Gedanken engen sich ein, und die Aufmerksamkeit ist auch tagsüber auf die wunden Punkte, die unerledigten Handlungen und versäumten Verrichtungen gerichtet.

Tausch empfiehlt langfristig als Gegenmittel die Aufnahme von ausfüllenden Aktivitäten, die die Aufmerksamkeit ablenken, sowie von neuen Zielen und Idealen, die der gestresste Mensch vor sich aufrichtet. Empfehlenswert seien auch körperliche Übungen, Entspannungstraining und Bewegung.

Für ein verbal und personzentriert geführtes Beratungsgespräch ergibt sich nun die Gefahr, dass das wiederholte Verbalisieren unbewältigter Handlungen und versäumter Verhaltensweisen den unproduktiven Kreislauf des Grübelns gewissermaßen wieder aufnimmt und ihn verstärkt, diesmal nur öffentlich – unter Beisein eines anderen Menschen. Dennoch ist die »öffentliche« Gesprächssituation eine andere als die des nächtlichen Grübelns, weil durch den Sozialkontakt des direkten Gespräches die Aufmerksamkeit auf den Gesprächspartner und dessen verbale und andere Anregungen gerichtet ist, das verinnerlichte Grübeln in dem Maße nicht möglich ist. Was das Gespräch aber erreichen kann, ist die Möglichkeit, die Belastungen und Versäumnisse in anderem Licht zu erleben. Der Bedeutungszusammenhang kann im Gespräch verändert erlebt werden: Sieht jemand eine Unterlassung immer als selbst verschuldet an, lernt er, sie vielleicht als eine begründete Hilfe und Schonung einzuordnen oder als Versuch, der zwar nicht durchgeführt wurde, aber als Absicht zumindest lobenswert war. Allein durch die Öffnung des »Klienten« wird die Absicht und der Gedanke deutlich und zumindest das Vorhandensein bekundet, auch wenn es vielleicht zu Lebzeiten des Verstorbenen nicht realisiert werden konnte. Vielleicht gewinnt die deutlich bekundete Absicht fast genauso viel Realität, als habe der Verstorbene zugehört. Derart »lautes Nachdenken und Sprechen« kann – wie eine Beichte – die Schuld vermindern und für den Betreffenden Entspannung herbeiführen.

In dem folgenden Gespräch geht es um den tragischen Tod eines kleinen Mädchens, das von der Mutter mehrere Monate vergeblich im Krankenhaus gepflegt wurde. Die Mutter kommt nicht über den Vorwurf hinweg, dem Mädchen nachts kurz vor seinem Tod das »Pippi-Gehen« nicht ermöglicht zu haben.

In dem Gespräch wird etwas von der Zirkularität und Unproduktivität grübelnder Gedanken und Selbstvorwürfe deutlich. Aber auch, dass das (Fehl-)Verhalten auch anders eingeordnet und verarbeitet werden kann. Das Gespräch, das von Bernd geführt wird, zeigt aber auch, wie schwer es ist, ein solch so existenziell belastendes Thema im Gespräch anzugehen. Es ist das vierte von sechs Gesprächen, die Bernd führte.

Beschreibung der Ausgangssituation

Die Klientin Maria war zum Zeitpunkt der Gespräche 27 Jahre alt, verheiratet und Mutter von einem Kind. Sie hatte ihren Beruf zu Gunsten der Kindererziehung aufgegeben. Ihr Ehemann Dieter ist ein Jahr jünger und kommt durch seine Berufstätigkeit für den Lebensunterhalt der Familie auf. Die gemeinsame Tochter Anna ist ein Jahr alt und entwickelt sich normal. Maria hat nach ihren Angaben ein herzliches Verhältnis zu ihren Eltern und zu ihrer jüngeren Schwester, sie treffen sich regelmäßig. Dieter hat guten Kontakt zu seinen Schwiegereltern, aber wenig Kontakt zu seinen eigenen Eltern und Geschwistern.

Der Anlass der Beratung ist der Tod von Petra, dem ersten gemeinsamen Kind von Maria und Dieter. Petra wäre heute drei Jahre alt, sie ist aber vor ca. acht Monaten an einer mysteriösen Stoffwechselkrankheit verstorben. Die genaue Todesursache ist für die Mediziner rätselhaft geblieben, genauso wie der Auslöser, der zu dieser tödlichen Krankheit geführt hat. Nach Marias Beschreibung hat Petra plötzlich Krämpfe und Durchfall bekommen, diese Symptome verstärkten sich und hielten bis zu ihrem Tod an.

Die anfängliche Zuversicht, dass Petra nur eine Virusinfektion habe, wurde schnell zunichte gemacht, da eine medikamentöse Behandlung zu keinerlei Besserung führte. Nachdem ihre Versorgung zu Hause nicht mehr möglich war, wurde sie in ein Kinderkrankenhaus eingeliefert. Maria begleitete Petra ständig und war bis zu ihrem Tod im Krankenhaus anwesend.

Solange die Urlaubsansprüche von Dieter es zuließen, versorgte er Anna, die jüngere Tochter, und kümmerte sich um Maria und Petra. Nachdem der Sonderurlaub von Dieter aufgebraucht war, musste Anna zu Maria und Petra ins Krankenhaus übersiedeln.

Maria begleitete Petra sechs Monate lang während des tödlichen Verlaufs der Krankheit. Die krampfartigen Anfälle nahmen an Intensität zu, eine Besserung von Petras Zustand war nicht mehr in Sicht. Nach Ablauf von Dieters Urlaub musste Maria auch noch Anna versorgen. Maria wurde Zeugin, wie ihre Tochter körperlich beständig schwächer wurde und die Ärzte kein Mittel gegen die Krankheit fanden.

Nach dem Tod von Petra wurde Maria von Trauerattacken heimgesucht und hatte keine Freude am Leben mehr. Sie konnte sich nicht mehr an die Zeit vor Petras Erkrankung erinnern und fühlte sich von ihren Freunden nicht mehr verstanden. Es hatte den Anschein, dass sie mit dem Trost und dem Verhalten ihrer Freunde und

Bekannten nicht zurecht kam, dass sie die Zuwendung nicht annehmen konnte. Der Kontakt und die Beziehung zu ihrem Mann Dieter fiel ihr schwer, sie konnte sich mit ihm nicht über ihre Gefühle in Bezug auf Petra austauschen, da er sofort in Tränen ausbrach. Andere Themen außer der Tod von Petra erschienen Maria unwichtig. Es kam zu Spannungen mit den Eltern, die mit Marias Verhalten nicht mehr umgehen konnten.

Marias Motivation für die Beratung war, dass sie eine neutrale unbelastete Person, die Petra und das Leben mit ihr nicht kannte, als Gesprächspartner wollte. Weiter war es ihre Annahme, dass sie die Situation besser handhaben und verarbeiten könne, wenn sie sich darüber austauschen, darüber aussprechen könne. Mit dieser Ausgangssituation begann die Beratung. Es fanden sechs Treffen statt, der Abstand zwischen den jeweiligen Treffen betrug zwei Wochen, die Gespräche dauerten zwischen 40 und 55 Minuten.

Die Beratung fand in der Wohnung von Maria und Dieter statt. Dieter und Anna waren während der Gespräche in der Wohnung anwesend. Maria und ich hatten die Absprache getroffen, dass eine Störung während der Gespräche nicht stattfinden sollte. Im Folgenden ist das vierte Gespräch aufgeführt:

B Wie geht es dir denn heute?

K Eigentlich ganz gut, … ja muss ich sagen, ich war eben selbst erstaunt so. Als ich mir überlegt habe, dass du heute kommst, habe ich gedacht, heute ist gar nichts so Aktuelles, wo ich dachte, so das musst du jetzt loswerden.

B Letztes Mal war wirklich …

K Ja.

B … So nachmittags die Sache, und abends dann konnte man gut darüber reden.

K Hm, … ja das ist wahr. (Kurze Pause) Ich weiß auch nicht, vielleicht, weil ich diesen Weihnachtsstress hinter mir habe im Moment … muss ich sagen, geht es ganz gut.

B Hm, hm; … also auch jetzt das mit deiner Schwester und deiner Mutter hat sich ein bisschen beruhigt.

K Ja, also mit meiner Mutter vollkommen würde ich sagen, und mit meiner Schwester hatte ich am Samstag noch mal eine große Auseinandersetzung; und jetzt würde ich sagen, dann waren wir im Zoo, war eigentlich nett wie früher, sagen wir mal so.

B Hm, das hat dich auch gefreut.

K Ja.

B Das ist gut. Das finde ich sehr schön, dass sich das so schnell aufgeklärt hat.

K Ja, ich hab auch darüber mit ihr gesprochen, was du das letzte Mal gesagt hast, dass ich mich verändert habe und so; und die haben das auch direkt eingesehen, auch festgestellt, dass die sich auch verändert haben, irgendwie durch die ganze Sache, und ich denk mir halt, dass das auch gut dazu beigetragen hat, das halt eben erst mal so, na ja, auf sich zukommen lassen wie ich jetzt bin, das erst mal so hinnehmen.

B Hm, also hattest du auch den Eindruck, dass sie erleichtert waren, dass du darüber redest oder vielleicht mal aus einer ganz anderen Richtung kommst und sagst, hört mal ich habe mich verändert und …

K Ja, äh, erleichtert weiß ich nicht unbedingt, aber ich denke, es war so das … ähm, dasselbe Aha-Erlebnis, was ich hatte (K lacht). Sodass sie irgendwie gesagt haben, ja ist wahrscheinlich wirklich wahr und, äh, na ja, haben das dann eben auch so positiv aufgenommen und müssen halt jetzt irgendwie mit der neuen Maria klarkommen; und sie bemühen sich da ziemlich im Moment.

B Also war das auch eine richtige Feststellung von dir, dass der gute Wille da war.

K Ja, ich meine davon war ich eigentlich immer überzeugt, dass der gute Wille da ist.

B Und jetzt ist es auch so, dass du dich, äh, wieder verstanden fühlst oder mehr verstanden fühlst?

K Ja, ich glaube schon … weil … ähm … also was eigentlich so auch rausgekommen ist, dass meine Schwester vor allen Dingen irgendwie gemeint hat, ich bräuchte da mehr eine Schonung, so was alles, was rundherum eben halt passiert, angeht; … und ich habe ihr gesagt, dass ich diese Schonung auf jeden Fall nicht will und dass ich die auch nicht brauche, ähm, sie hat das natürlich nur gut gemeint, weil sie dachte, gewisse Dinge sollte man nicht an mich rantragen oder mich damit nicht belasten und all so; und ich kam mir einfach so vor, ja ein bisschen in die Ecke gestellt, so nach dem Motto – behindert, momentan nicht so ganz für voll zu nehmen – und das haben sie eben auch akzeptiert, dass ich diese Schonung nicht will. Und ich denke mir, es war auch ganz wichtig, weil da kommen diese Missverständnisse; dass die denken, na ja, das können wir nicht sagen, und ich denke, warum reden die nicht mit mir und so weiter und so fort. Und jetzt geht das einfach ganz gut.

B Also, dein Gefühl, dass du dich etwas ausgeschlossen gefühlt hast, war schon richtig. Und jetzt bis du richtig froh, dass die Missverständnisse ausgeräumt sind.

K Ja.

B Fein, das freut mich, dass sich das etwas geklärt hat.

K Ja.

B Ja und jetzt so die Tage und Wochen mit dem Gedanken an Petra. Was ist, was war, bleibt es, wird es stärker?

K Das ist unterschiedlich. Manchmal habe ich richtig viele Tage hintereinander, wo ich ganz gut damit umgehen kann, und dann habe ich wieder Tage, wo ich dieses total schlechte Gewissen habe und dass ich da in der Zeit etwas verkehrt gemacht habe, und dann immer noch nicht so ganz zurechtkomme. Ich meine zwar immer, es ist egal, mit wem ich darüber rede, dass es völlig unnötig ist und so weiter und so fort, aber ich habe das einfach. Das ist dann immer so eine Sache, die mich total überrollt und total fertig macht.

B Hm. Die Gewissensbisse holen dich manchmal ein?

K Ich kann das auch nicht abstellen.

B Hm.

K Nun ist das also wirklich etwas, was mich noch unheimlich beschäftigt.

B Hm.

K Also wie gesagt, manchmal geht es wirklich tagelang gut, und dann habe ich wieder drei, vier Tage hintereinander, wo ich diese Gedanken überhaupt nicht loswerde.

B Hm, also das Gefühl, dass du zu wenig getan hast.

K Äh, ne, nicht zu wenig getan habe, dass ich einfach nicht genug die Nerven behalten habe. Dass ich sie also … für manche Situationen angeschrien habe, die, … wo ich im Nachhinein denke – mein Gott – hm, du hättest besser die Nerven behalten. Es war vollkommen unnötig. Und jetzt halt bin, dass du das nicht mehr rückgängig machen kannst, dass ich nicht mehr die Chance habe, hör mal, tut mir Leid, habe ich nicht so gemeint oder halt eben solche Sachen …

B Hm. Etwas Wichtiges unwiederholbar versäumt zu haben – das martert dich.

K … Das ist das, was ich mein. Ich weiß, dass das irgendwo normal ist, dass man irgendwann mal ausflippt, dass man nicht mehr kann und so weiter und so fort, … aber … ich weiß auch nicht, dieses schlechte Gewissen ist einfach da. Und da komm ich nicht gegen an.

B Also … Du fühlst dich schon etwas schuldig daran, dass du sie nicht gerecht behandelt hast …

K Ja, … ja, … und es ist auch eine reine Gefühlssache, ich weiß verstandesmäßig, dass das eine ganz normale Reaktion gewesen ist. Dass, wenn man einfach zu wenig geschlafen hat, dass, wenn man Angst hat und so weiter und so fort, dass man dann eben dann überreagiert. Einfach auch ausflippt. Das ist mir hier oben alles klar (K deutet sich auf die Stirn), das können mir auch tausend Leute immerzu wieder bestätigen und machen und tun, … aber es hilft mir dann auch nichts, wenn sie mir sagen, wie toll ich in der Zeit war und wie gut ich das durchgehalten habe, ich habe irgendwo dieses schlechte Gewissen da an manchen Tagen … und das ist eine rein gefühlsmäßige Sache, da kommt der Verstand einfach dann im Kopf nicht mit.

B Hm.

K Weißt du irgendwie … weiß nicht, ein Freund von mir sagte, ich stelle vielleicht auch einfach zu hohe Ansprüche an mich als Mutter. – Wird wahrscheinlich zutreffen, aber ich habe diese Ansprüche, und ich komme damit, dass das nicht hingehauen hat, so wie ich mir das immer mal vorgestellt habe … komme ich irgendwo nicht klar.

B Hm, also in der Situation selber hast du dich selbst als hilflos erlebt …

K Ja, ich habe in der Situation auch selbst gewusst, dass ich jetzt einen Fehler begehe.

B Hm.

K Ich habe gewusst, dass ich, … also es war zum Beispiel eine Situation, die mir total in Erinnerung ist, dass sie nachts zum fünfzehnten Mal ungefähr auf die Toilette musste, … und, äh, ich war auch einfach übermüdet und hatte keine

Lust mehr und habe sie angebrüllt, dass sie schon wieder muss. Obwohl ich ja eigentlich froh sein konnte, dass sie noch sauber war, dass sie nicht ins Bett gemacht hat, das war mir in dem Moment auch alles logisch vollkommen klar, und ich konnte trotzdem irgendwo … ich weiß nicht, ich war so wütend und sauer, und … ich weiß es nicht, dann habe ich sie eben angebrüllt und wusste in dem Moment, dass das falsch war. Ja, aber irgendwo hatte ich einfach nicht die Nerven, und das ist das, was mir jetzt so zu schaffen macht.

B Du hast eigentlich nichts anderes getan, als das Gefühl, das du gespürt hast, auch rauszulassen.

K Ja genau, und ich denke mir immer, sie konnte das irgendwo nicht verstehen, ich meine, sie war drei Jahre alt und hat gedacht, ich muss jetzt Pippi, und ich sage das meiner Mutter und warum flippt die aus? – Doch, sicherlich gibt es Situationen, in denen man ausflippen kann. Aber mal so, wenn jetzt irgendwie, … was ist mit der Anna oder so, da flipp ich auch schon mal aus, wenn die … äh, ständig laufen will und wenn ich sie aus dem Kinderwagen rauslasse, bleibt sie stehen oder setzt sich hin und läuft nicht weiter. Da flipp ich auch schon mal aus, … oder wenn sie nicht die Treppe hochläuft und ich bin schwer bepackt und so, … aber, äh, das macht mir auch nicht zu schaffen, das halte ich für ganz normal, dass man da schon mal ausflippt, und ich denke mir, es muss auch schon jeder mal ausflippen, aber so in der Situation, weißte, dein Kind ist krank …

B Hm.

K … Und äh, da hätte ich irgendwie meiner Meinung nach anders reagieren müsse, da hätte ich mehr die Nerven behalten müssen.

B Du hättest beherrscht sein müssen, das wünscht du dir jetzt.

K Ja, finde ich. Weil ich einfach, ich bin erwachsen, und ich hätte es wissen müssen. Sie ist ein kleines Kind, und sie hatte einfach das Bedürfnis, auf den Klo zu gehen, … und äh, ich habe da so ein Bohei darum gemacht.

B Hm, … von der Vernunft her wusstest du es auch in dem Moment, in dem du es ausgesprochen hast. … Du hast gerade gesagt, erwachsen, und du hast ja durchaus den Gedanken gehabt als Erwachsene … (Stimmen überschneiden sich)

K Ich habe auch in dem Moment gedacht, warum flippst du jetzt eigentlich so aus? (K ist sehr aufgebracht)

B … Müsstest du eigentlich beherrscht sein.

K … Aber ich konnte irgendwo, … weiß nicht …

B Es war denn wirklich so, als ob, ja als ob Überdruck wäre …

K Ja, es war denn auch, dass ich mir gesagt habe – mein Gott – beherrsche dich, und wenn sie zehn Minuten später wieder musste, war es fast dieselbe Situation.

B Das heißt, du warst mit deiner Kraft am Ende.

K Ja, war ich, klar … aber trotzdem, obwohl ich das weiß, dass ich einfach am Ende war, macht es mir jetzt zu schaffen.

B Ist es … die Situation, dass du dann ausgeflippt bist oder … ja … das bei Anna, du hast gerade gesagt, da flippst du auch schon mal aus, aber dann kannst du hinterher immer wieder feststellen, ob sie verstanden hat, damit das nur für einen Moment war, ob sie danach wieder versöhnt ist. Es bedrückt dich, dass sie eventuell mitbekommen hat, wie böse du warst?

K Hm. Doch, das konnte ich schon noch feststellen, … ich habe auch teilweise, habe ich mich hinterher entschuldigt. Aber weißt du, das ist eigentlich etwas anderes, wenn die Anna jetzt, zum Beispiel die Treppe nicht raufgeht, dann ist das einfach, weil die keine Lust hat, weißte, oder weil sie mich damit ärgert, … ich meine, so clever sind die in dem Alter schon, und dann denke ich, ist es gerechtfertigt, wenn ich mit ihr schimpfe.

B Hm.

K Aber nur weil ein Kind auf die Toilette muss, ist einfach nicht diese Rechtfertigung da, weißte, wenn die jetzt irgendwie Unfug gemacht hätte oder hätte mit dem Pisspott nach mir geschmissen oder … weiß der Geier was …

B Hm.

K … Dann, es hat nicht damit zu tun, dass sie krank war, denn wäre die Rechtfertigung da gewesen, dass ich mit ihr schimpfe, aber das war einfach nicht in dieser Situation.

B Und die vierzehnmal davor, wo sie gesagt hat: »Mama ich muss Pippi«, die wiegen dann auch nicht in dem Sinn, weil du sagst, die Berechtigung war nicht da. Es ist ja nicht so, dass du beim ersten Mal dann sofort …

K Ne, ne … das liegt mir auch nicht.

B Und dein Anspruch wäre aber gewesen, dass du da ruhig und beherrscht bist.

K Ja, dass ich sie aufs Töpfchen gesetzt hätte und fertig.

B Und es wäre auch wichtig für dich gewesen, dass du da ruhig bist …

K Ja, jetzt im Nachhinein auf jeden Fall.

B In dem Moment nicht so sehr?

K Weiß ich jetzt nicht, also im Grunde genommen habe ich über die Situation so großartig in dem Moment nicht nachgedacht. Ich wusste, dass ich falsch reagiere, und dann war es das aber auch irgendwo schon. Es ist eigentlich erst gekommen, als sie dann tot war. Dass ich mir dann sagte, mein Gott, wieso bist du denn in solchen Situationen so dermaßen ausgeflippt?

B Hm.

K Sagen wir mal so, ich glaube, wenn, … wenn sie nicht gestorben wäre, hätte ich das wahrscheinlich vergessen. Dann wäre das eine von den vielen Situationen gewesen, ich meine, jeder macht Fehler, ich mache garantiert auch massenhaft Fehler, und da haste dann falsch reagiert, erledigt, fertig. So für die Zukunft wissend und Feierabend. Aber dadurch, dass die halt eben gestorben ist, sind diese Gedanken irgendwie, … ich weiß auch nicht, da ist ja jeder Augenblick ganz besonders wichtig und einem ziemlich in Erinnerung, gerade so halt eben diese intensive Phase im Krankenhaus. Und das sind so Sachen, die ich … wie gesagt, die kann ich mir einfach nicht wegdenken.

B Hm. Für dich stehen die Dinge jetzt so deutlich und unabweisbar vor Augen.
K Die sind immer da, und äh, wie gesagt manchmal ist es total schlimm für mich.
B Hm, also die holen dich dann auch regelrecht ein.
K Ja.
B Und es kommt auch so etwas wie ein schlechtes Gewissen …
K Ja, und das halt eben total extrem, … und es sind immer wieder dieselben Situationen. Ich meine, es sind bestimmt im Krankenhaus auch Sachen gewesen, wie ich mit mir geschimpft habe oder was, aber es sind einfach diese Situationen, gerade diese eine Nacht da mit dem Pippi machen. Ich weiß auch nicht, es ist mir so dermaßen ins Gedächtnis eingebrannt, dann und es kommt immer wieder …
B Hm, hm, wie eine Szene, die dich verfolgt …
K Ja.
B … unter der du jetzt auch leidest …
K Ja … und das ist irgendwo, ich weiß auch nicht, vielleicht eine Mutter, die in derselben Situation war oder was, die mir irgendwie sagen kann, ich bin auch ausgeflippt. Ich weiß es nicht. Ich weiß auch nicht, ob mir das etwas bringen würde, … aber irgendwie habe ich immer das Gefühl, wenn das meine Schwester sagt, oder eine Freundin … »ach ja, wieso, ist doch normal« … dann denke ich immer, die waren nicht in der Situation. Das war nicht ihr Kind.
B Hm. Du suchst jemanden Gleichwertigen, der dich verstehen und dir vergeben kann.
K Ja, aber die anderen waren nicht in der Situation, und sie müssen nicht jetzt mit dem schlechten Gewissen leben.
B Hm. Nur du allein musst damit fertig werden, dir vergeben oder nicht?
K Und irgendwie habe ich immer, denke ich, wenn ich vielleicht mal jemanden treffen würde, der in derselben Situation war und dem das auch passiert ist, dass ich mich dann besser fühlen würde. Dass ich dann vielleicht auch irgendwann gefühlsmäßig auf die Reihe kriegen würde, dass es eigentlich nicht so eine furchtbar unnormale Reaktion war.
B Weil, … so bleibt jetzt das zwiespältige Gefühl …
K Ja.
B … Das zwiespältige Gefühl ja nicht, sondern das Gefühl, wo du sagst, ich habe ein schlechtes Gewissen, aber doch der Gedanke, wie du sagst, ich konnte ja eigentlich gar nicht mehr anders reagieren. Denn es war einfach das fünfzehnte Mal, ich war selber müde, erschöpft, am Ende meiner Kräfte, meiner Energie, und ich war hilflos, ich wusste mir anders einfach nicht mehr zu helfen.
K Ja, … ich war hilflos, das ist das im Grunde genommen, das war auch irgendwie das Schlimmste, du kannst nicht deine Hilflosigkeit und deine Wut, kannst du irgendwo nicht an den Ärzten ablassen oder an den Schwestern, weißte, es ist irgendwie so, das, was du damit machst, … und dann flippst du einfach in so einer Situation aus und lässt es im Grunde genommen am völlig Falschen aus. Aber es war irgendwie wie so ein Überdruck.

Ja klar, ich war total wütend zwischendurch im Krankenhaus. Irgendwie habe ich gedacht, dass das im Laufe der Zeit verblassen würde, und, na ja, dass ich irgendwann das Gefühl hätte, dass ich sagen würde, also okay, es war zwar nicht richtig, aber ... du hast so reagiert, und es war auch irgendwo verständlich und fertig. Aber ich weiß auch nicht, irgendwie ist dieses Gefühl, dass ich da versagt habe, genauso stark wie am Anfang.

B Hm, du sagst schon, du hast richtiggehend versagt.

K Ja, finde ich, ja.

B Weil du mit deiner eigenen Hilflosigkeit eigentlich nicht so zurechtgekommen bist, wie sich das gehört für einen Erwachsenen.

K Hm.

B Du bist natürlich auch nicht sehr gerne hilflos.

K Ne, überhaupt nicht.

B Das ist eine Sache, die jetzt, abgesehen vom Krankenhaus, auch so Probleme bereitet, wenn du in eine Situation kommst, wo du merkst, ich weiß nicht mehr weiter, ich bin hilflos.

K Ja, äh, also erstens: Ich mag Hilflosigkeit nicht so sonderlich gerne, und ich mag Untätigkeiten nicht. Wenn ich etwas hasse, ist es irgendwo untätig rumzusitzen. Also nicht mal sitzen und fernsehen, sondern einfach, wenn ich in einer Situation bin, die mir nicht passt, und ich kann sie nicht aktiv verändern.

B Hm.

K Das ist etwas, das ich überhaupt nicht ab kann, und das war die ganzen sechs Monate im Krankenhaus meine Situation. Ich habe da gesessen und konnte einfach nichts tun. Ja und ich denke auch, dass das eine Sache ist, die mich halt eben dann ... ja, das ist ja im Grunde genommen diese Hilflosigkeit an der Sache, die mich erstens sehr wütend gemacht hat ...

B Hm.

K ... Und äh, na ja, vielleicht eben auch teilweise ungerecht.

B Im Prinzip ging es mit der Hilflosigkeit so, die dann einfach zu Wut wurde, die du entwickelt hast, und aus dieser Wut heraus hast du dann auch gehandelt.

K Ja.

B So, dass dann am Ende von dieser Kette auch wieder das war, von dem du gerade sagst, eigentlich möchtest du gerne solche Situationen dann aus eigener Kraft verändern.

K Ja. (Pause)

B Und findest es sehr bedrückend und einengend, wenn du das nicht kannst. Und da hast du dann gehandelt und hast Petra dann angeschrien. Du hast dann aber sofort während des Schreiens bemerkt, dass die Handlung falsch ist. Dass du anders hättest handeln müssen.

K Ja. (Pause)

B Wie hättest du denn gerne gehandelt in dieser Situation?

K Ruhig. Ich hätte, im Nachhinein hätte ich sie einfach gerne auf den Topf gesetzt. Hätte sie wieder ins Bett gelegt, wäre das Töpfchen ausschütten gegangen und wäre selbst ins Bett. Das wäre im Grunde genommen, ich meine, ich habe es ja auch tausendmal gemacht so. Ich meine, es ist ja nicht so, dass die nur in dieser einen Nacht fünfzehnmal auf das Klo ging, das war mehr oder weniger so nach dem, ja nach den ersten drei Monaten war das ja Standard.

B Hm.

K Ich habe also immer nur so in halbstündigen Abschnitten geschlafen. Wenn überhaupt, weil sie halt eben so oft musste oder etwas anderes war, oder ich meine, ich hatte ja auch noch Anna dabei. Die schlief zu diesem Zeitpunkt auch noch nicht durch, die wurde auch noch wach und wollte dann eine Flasche haben und so weiter und so fort. Ich bin jede Nacht zehn bis fünfzehnmal aufgestanden, ... ja und wie gesagt, irgendwann war ich einfach am Ende und habe es nicht so ruhig verarbeiten können, ... ja, weil es waren für mich ja auch, es war ja nicht, dass ich tagsüber mal sagen konnte, ja, jetzt kann ich den Schlaf nachholen oder zumindestens auch nur entspannen, oder so. Ja, ich hatte ja auch am Tag über den totalen Stress, ich hatte im Grunde genommen zwei Kinder, die eine konnte noch nicht laufen, die andere konnte nicht mehr laufen, die ich ständig rumschleppen musste, denen es beiden natürlich ständig langweilig war in diesem Krankenhaus und die ich irgendwie beschäftigen musste. Dazu noch immer diese ganzen Krämpfe von der Petra und so weiter und so fort. Es war ja nie, dass ich auch sagen konnte, so, setz dich mal zehn Minuten hin und entspannst dich oder sonst irgendetwas, das war einfach nicht. Dann hatte ich nachts noch nicht einmal den Schlaf und ich bin eigentlich ein Typ, ich brauche meistens viel Schlaf, also meine acht Stunden muss ich eigentlich immer haben, am liebsten zehn, wenn es irgendwie geht. Wie gesagt, das war halt eben über, ... ja über sechs Monate war das nicht gegeben. Hm, und dann, es war einfach so die letzten, ... ja, so die letzten drei Wochen ungefähr, da war es vorbei, da konnte ich nicht mehr.

B Das war der Anschnitt, wo du einfach restlos, ja ausgepowert warst.

K Ja, war ich. Ich war total, ... ja irgendwie, ... ich weiß auch nicht so, es war das ganz, ganz große entfernte Traumbild, einmal eine Nacht durchzuschlafen. Also es war schon so utopisch weit weg, dass es also echt, weißt du so etwas wie ein Kind sich vom Christkind wünscht, weißte, so etwas war es eigentlich.

B Wirklich der Wunsch einfach mal ...

K Ja, ja, und es war ja weit und breit kein Denken daran, dass diese Situation in der nächsten Zeit (K lacht) jemals wieder auf mich zutraf. Und daher, na ja, wie gesagt, es ist dann halt eben so passiert.

B Eigentlich hattest du den Wunsch, dich wirklich einmal zu erholen, wenn auch nur für einen Tag oder eine Nacht richtig zu schlafen, wieder Kräfte zu schöpfen, um einfach auch wieder handeln zu können.

K Hm.

B Was du ja auch gerne machst. Und eigentlich ist es dann so gewesen, dass Petra dir in jeder Nacht diesen Wunsch nicht richtig erfüllt hat.

K Ja.

B Dass du ja dann auch von deinem eigenen Wunsch enttäuscht warst, dass er nicht in Erfüllung ging.

K Ja klar, schließlich hatte ich jeden Abend, wenn ich ins Bett ging, die Hoffnung, dass vielleicht diesmal die Nacht wird, in der ich mal zumindest zu vier bis fünf Stunden komme, also an acht Stunden war ja überhaupt kein Denken daran, aber wenigstens mal vier bis fünf Stunden Schlaf, klar, die Hoffnung hatte ich jeden Abend.

B Hm.

K Und ich bin schon um 20 Uhr ins Bett gegangen, es war, wenn die Kinder ins Bett gingen, dann bin ich auch gegangen, ich meine, du konntest im Krankenhaus auch einfach nichts Großartiges tun, dann aber einfach aus diesem Schlafbedürfnis heraus, ich meine, ich hätte ja lesen können oder sonst irgendwas, aber ich bin um 20 Uhr mit den Kindern ins Bett gegangen. Und wie gesagt, also dann ist es meistens die erste Zeit gut gegangen, das war dann bis 21, 21.15 Uhr und dann war schon die erste Schicht da.

B Hm, und dann bist du so erschöpft, wie du selbst warst, aufgestanden und hast dein Werk wieder begonnen.

K Ja.

B Petra je nachdem wieder gepflegt und Anna bei Bedarf auch.

K Ja.

B Du bist so vielleicht auch ein Stück weit über deine eigenen Grenzen hinausgegangen.

K Kräftemäßig bestimmt, ja.

B Du hast dich also erschöpfend verausgabt.

K Ja, ja, das kann man so sagen, es ist ja dann nicht nur eine körperliche Arbeit oder was, von dem rumschleppen völlig abgesehen. Aber so dieser seelische Stress, der da noch dabei entsteht, es ist ja nicht nur das Aufstehen oder was.

B Ja.

K Es ist ja dieser ganze seelische Stress, den du halt eben über vierundzwanzig Stunden hast. Dieses ständige Hoffen, es wird besser und dieses mit jedem Krampf erneute Enttäuscht-Werden. Weißte, und da war ich kräftemäßig unten, irgendwann total am Ende, also im Grunde genommen muss ich sagen, schon sehr lange, nach drei, vier Monaten. Als die Hoffnung irgendwo aufhörte, dass es wieder wird.

B Hm, da ist auch der Mut ganz einfach …

K Ja, da irgendwann. Es soll, … ich weiß nicht, wie so ein Schnitt, dass dir plötzlich bewusst wird, das wird nicht mehr, du wirst nie wieder ein gesundes Kind mit nach Hause nehmen, … und dann, dann waren, wenn die Hoffnung weg ist, dann sind da irgendwo auch die Kräfte weg.

B Hm. Die Erkenntnis über Petras Zustand hat dich verzweifeln lassen.

K Es geht dann so – Pomm – und dann kannst du einfach nicht mehr.

B Hm, also warst du da eigentlich schon deprimiert und traurig darüber, was deinem Kind geschieht.

K Ja.

B Es hat dann eigentlich auch eine Zeit eingesetzt, bevor Petra gestorben ist.

K Hm.

B Trotzdem hast du aber dann die Hoffnung nicht aufgegeben.

K Ja, sagen wir mal so, ich habe natürlich, … ich hatte nicht damit gerechnet, dass sie stirbt, aber die Hoffnung, dass sie gesund wird, die hatte ich aufgegeben. Die hatte ich im Grunde genommen vor allen anderen, vor sämtlichen Ärzten und vor meiner Familie oder sonst was aufgegeben. Obwohl ich normalerweise kein schwarz sehender Typ bin, aber irgendwo, ich weiß auch nicht, ob man das als Mutter spürt oder was es war, irgendwann war es einfach vollkommen klar, dass da nichts mehr wird.

B Hm.

K Und dann war da irgendwo wieder … eine gewisse Kraft in mir, weil ich dann noch Sachen regeln wollte. Für sie, für Dieter und so weiter und so fort und auch für mich …

B Ja?

K Weißte, nicht, da war irgendwo wieder, ja verhältnismäßig eine Zeit im Krankenhaus, in der ich wieder aktiv war, ich meine großartig natürlich auch nicht, aber im Verhältnis zu dieser Zeit davor schon.

B Es ist praktisch so gewesen, als ob du deine letzten Reserven noch einmal …

K Ja.

B … genützt hättest, um das zu tun, was noch machbar war. (Längere Pause) Und was bleibt, ist jetzt das Gefühl der Schuld.

K Ja, zumindest in gewissen Situationen. Ich meine, es ist jetzt nicht, dass ich ständig dasitze und denke »du hast versagt« oder »du hast etwas falsch gemacht«. Aber manchmal kommt dann einfach diese Situation in Erinnerung und na ja, ich weiß auch nicht, … wie gesagt, dann ist dieses Gefühl da. Ich denke schon, dass ich eine Masse richtig gemacht habe, und ich meine, wenn ich so gesehen habe, wie viel Kinder da wochenlang ohne Eltern, ohne Besuch oder sonst irgendetwas dahinvegetiert haben, dann muss ich teilweise schon sagen,dass ich vom Grund her den richtigen Weg eingeschlagen habe. Äh, aber so ein paar Situationen, da hätte ich mir gewünscht, anders zu reagieren.

B Du warst also nicht so perfekt, wie du es gerne hättest sein wollen.

K Ja. Es ist eigentlich so mein eigener Fehler, der mich so wahnsinnig stört.

B Wie perfekt müsstest du denn sein, um dir selbst gerecht zu werden?

K Was Kinder angeht hundertzwanzig Prozent.

B Und das heißt?

K (K seufzt) Das heißt, ja, … tja, … ich möchte, … ja, ich weiß auch nicht, das kann ich schwer beschreiben. Ich möchte diese lächelnde Übermutter aus dem Fernsehen sein. Irgendwie finde ich.

B Hm.

K Weißt du, ich möchte, äh, ich möchte die Ruhe bewahren, obwohl das schwer ist für mich, es ist immer schwer für mich, die Ruhe zu bewahren, zum Beispiel so, wie ich bin, oder so, äh, ja, ich möchte halt eben meinen Kindern so viel mitgeben, wie es eben geht, sei es an Gefühlen und, äh, auch an Materiellem und so weiter und so fort, und irgendwo möchte ich, äh, ja so eine gute Freundin für meine Kinder sein.

B Hm.

K Na ja, das hat halt eben in dieser Situation irgendwo nicht so funktioniert.

B Also das Bild oder besser das Ideal, das du dir gesetzt hast, so die lächelnde Übermutter aus dem Fernsehen, hat dann doch versagt.

K Ja. (K seufzt) Irgendwo ja. Wer weiß, ich meine, es ist natürlich irgendwo so ein Traumbild. Ich habe immer meine Mutter vor Augen, meine Mutter ist für mich diese lächelnde Übermutter aus dem Fernsehen. Auch heute noch, ich habe also dieses Erlebnis gehabt, das die meisten Teenager ja haben, dass irgendwann das Elternbild zu bröckeln anfängt. Dann ist nicht mehr der Papa unbedingt der Typ, den man unbedingt heiraten will, und die Mama ist auch nicht so perfekt. Bei meinem Pap hat es furchtbar schnell gebröckelt, und bei meiner Mutter hat es bis jetzt nicht gebröckelt.

B Ja.

K Ich weiß nicht, ob das irgendwann kommt, aber meine Mutter ist für mich immer, sie ist immer für uns Kinder eingestanden, auch gegen meinen Vater größtenteils, der sehr oft anderer Meinung war. Sie war auch irgendwo immer für uns da, klar, hat es auch Knatsch gegeben, aber es gibt nicht eine Situation, wo ich sagen würde, da hat meine Mutter grundlegend falsch gehandelt. Wir waren garantiert oft anderer Meinung, aber weißte, nicht, dass ich sagen würde, da hat sie es einfach völlig falsch gemacht. So etwas gibt es nicht, habe ich einfach keine Erinnerung, dass meine Mutter das getan hat. Auch jetzt nicht im Erwachsenenalter …

B Hm. Du bist davon beeindruckt, wie perfekt sie war.

K … Dass ich irgendwann einmal sagen kann: Mein Gott, was hat sie denn da gemacht? Das ist einfach nicht, weißte.

B Hm.

K Und irgendwo wollte ich so wie meine Mutter halt irgendwo so immer die Ruhe bewahren. Klar hat sie auch schon mal mit uns geschimpft, wenn wir nicht aufgeräumt haben und so weiter und so fort. Aber dass die halt eben so richtiggehend ausgeflippt ist, das ist meine Mutter nie. Ist sie auch vom Temperament her kein Typ zu. Meine Mutter ist immer so dieser schlichtende Typ, so Friede, Freude, Eierkuchen auf allen Ebenen.

B Ja.

K Und ich nehme an, das habe ich irgendwo vor Augen. Und das wollte ich für meine Kinder auch. Dass meine Kinder erwachsen werden und sagen, … meine Mutter hat im Groben alles richtig gemacht. Und ich denke mir, das könnte die Petra jetzt nicht sagen, weißte, wobei ich mir noch nicht mal so sicher bin, ob sie das als so schlimm empfunden hat.

B Hm. Du konntest deinen Anspruch, dem Idealbild, das deine Mutter verkörpert, nicht standhalten, du konntest es nicht verwirklichen.

K Das weiß ich nicht. Weißt du, vielleicht hat sie auch nur, vielleicht hat sie begriffen, dass ich nervlich am Ende war, ich meine, Kinder sind ja sehr sensibel für so etwas, man weiß es ja nicht. Aber … ja, weil ich es nicht weiß, ob sie es begriffen hat, macht es mir so zu schaffen. Dass ich denke, äh, sie hat in dem Moment gedacht »Was ist denn jetzt los, hat die mich nicht mehr lieb oder was?« Weißt du, ich will noch nicht einmal für mein Kind, dass sie sagt, meine Mutter ist eine Übermutter. Aber, dass meine Kinder, egal in welcher Situation immer das Gefühl haben, dass ich sie trotzdem liebe, dass sie mit allem zu mir kommen können und so weiter und so fort. Und das weiß ich, ob die Petra in dem Moment noch das Gefühl gehabt hat.

B Ja, obwohl sie nachher auch wirklich zu dir gekommen ist und du die einzige Person warst, die sie an sich herangelassen hat.

K Ja, sicher.

B Aber das hat für dich keinen, in dem Moment, oder für diese Situation keinen Aussagewert. Dass es so etwas ist wie eine Bestätigung, dass du vielleicht doch die Person bist, die sie einfach am liebsten hat.

K Ja, ich denke schon, dass ich diese Person irgendwo bin, das denke ich schon. Aber ich denke, weißt du, dieses Entsetzen, dass die vielleicht gespürt haben muss in diesem Moment, dass sie denkt: Mein Gott, ich muss doch jetzt Pippi, ich habe es der Mami gesagt.
Weil, weil ich hätte ja auch geschimpft, wenn sie ins Bett gemacht hätte. Hätte ich ja erst recht geschimpft. Und sie hat es nicht, sie hat gesagt, ich muss Pippi.

B Hm.

K Ich meine, das ist im Grunde genommen nichts, was einen so aufbringen kann, rein theoretisch, wenn man mal von diesem ganzen anderen absieht.

B Also egal, wie sie gehandelt hätte, egal, was Petra gemacht hätte, sie hätte es falsch gemacht, du hättest sie einfach ungerecht behandelt …

K In dem Moment, ja. Also alles, was nicht mit tiefem, festem Schlaf in dieser Nacht verbunden war, hat sie falsch gemacht. In dem Moment.

B Hm.

K Sie hatte gar keine Chance, es richtig zu machen. Und das ist das, weißte, das ist es halt.

B Also das eigentlich deine Ungerechtigkeit in der Situation …

K Ja. Weil ich meine, ich bin vorher auch schon mal ausgeflippt, wenn sie dann ins Bett gemacht hat. Weil ich mei, ich weiß nicht, ob du schon mal mit einem Kind im Bett geschlafen hast, und du wirst wach, wenn es langsam feucht wird, und greifst neben dich und hängst mit deiner Hand in einem Berg Durchfall.

B Hm. Und äh, … Du bist aber davon überzeugt, oder du bist dir sehr sicher darüber, dass, … dass andere Personen, wie zum Beispiel deine Mutter, auch in solchen Situationen weiterhin geistesgegenwärtig gewesen wären und anders reagiert hätten.

K Andere Personen würde ich sagen, weiß ich nicht, glaube ich teilweise auch nicht, also meine Schwester hätte, ... schon viel früher wäre die ausgeflippt, garantiert, bei meiner Mutter weiß ich es ehrlich gesagt nicht.

B Hm, du kannst also nicht sagen, sie hätte so reagiert wie du, du kannst aber auch nicht sagen, sie hätte perfekt reagiert in der Situation.

K Äh, ich würde eher zu dem Perfekten hin tendieren, ich kenne meine Mutter einfach nicht ausflippenderweise. Ich habe noch nie gesehen, dass meine Mutter ausgeflippt ist.

B Also egal in welcher Situation.

K Egal in welcher Situation.

B Sie war immer, sie kann es, du hattest ja vorhin gesagt, sie hat nicht das Temperament, es liegt ihr eigentlich gar nicht.

K Nein, meine Mutter hätte wahrscheinlich gesagt »Ja Liebelein, mein Schätzchen, ich hole dir das Töpfchen, und dann machst du Pippi, und dann gehst du wieder ins Bett und wunderbar«. So denke ich, weil meine Mutter war nie in so einer Situation.

B Ja, klar.

K Äh, aber ich, wie ich sie einschätze, denke ich, dass die so reagiert hätte. Weil wie gesagt, ich habe sie in all den achtundzwanzig Jahren nie erlebt, dass meine Mutter mal richtiggehend ausgeflippt ist.

B Wäre es denn für dich auch in der Hinsicht ein bestrebenswerter Punkt, nicht auszuflippen wie deine Mutter.

K Ne, äh, normalerweise denke ich, ist es ganz gesund, wenn man ab und zu mal ausflippt, wenn man seine Wut rauslässt. Ich stehe da auch dazu, ich schlage schon mal gegen Schränke oder sonst irgendwas.

B Hm.

K Meine Schwester schmeißt zum Beispiel manchmal die Kochtöpfe um sich, äh, ich denke, dann ist es raus, und dann ist es meistens gut, jedenfalls bei mir ist das. Weil ich finde, aufgestaute Wut ist einfach viel schlimmer, als wenn man sie rauslässt. Normalerweise stehe ich da voll hinter, dass ich ausflippe. Halte das auch für gesünder als das, was meine Mutter, weil ich denke, meine Mutter findet auch nicht alle Menschen toll, denk ich, und die wird auch Wut haben. Und ich denke mir, die wird manchmal genauso unfähig vor irgendwelchen Situationen stehen, die ihr über den Kopf wachsen.

B Genauso hilflos.

K Ja, genauso hilflos, garantiert, weil davon wird einfach keiner verschont. Äh, und ich habe mir oft gewünscht, als Kind habe ich mir oft gesagt, warum sagt sie dem Alten nicht mal irgendwann, näh, jetzt aber. Und das war halt eben nie, äh, aber wie gesagt, ich meine, so kleinen Kindern gegenüber, die einfach dieses Verständnis noch nicht haben fürs Ausflippen, da wünschte ich mir, ich hätte die Ruhe meiner Mutter. Ich denke mir schon, sagen wir, ... so von meinem seelischen und körperlichen Befinden war einmal Ausflippen bestimmt ganz gut, es war einfach nur die falsche Person, weißte.

B Hm. Du steht schon dazu, mal Wut rauszulassen, nur eben nicht da.

K Ich hätte von mir aus den Dieter anschreien können, der hätte es verstanden, dem hätte ich hinterher sagen können, hör mal, ich habe es nicht so gemeint, und ich bin einfach fertig.

B Ja.

K Oder ich hätte da irgend so einen Arzt ankacken müssen, dass er halt eben, dass immer noch nicht das richtige Medikament gefunden ist, oder ich hätte eine der Schwestern ankacken können, dass die mich teilweise einfach zu sehr im Stich gelassen haben. Weil es ist einfach so, wenn eine Mutter da ist, kümmert sich kein Schwein um das Kind.

B So wie es gelaufen ist.

K Ja, das fragte kein Mensch, kriegen sie es geregelt, ihrem Kind diese Medizin reinzukriegen, die das Kind überhaupt nicht will, weißte. Da ist eine Mutter da, die drücken dir das in die Hand, und du musst sehen, wie du damit fertig wirst.

B Hm. Du fühltest dich vom Pflegepersonal ausgenutzt und allein gelassen.

K Bei solchen Leuten hätt ich ausflippen müssen, da wäre es erstens teilweise gerechtfertigt gewesen, und es wäre halt eben, na ja, das Erwachsenenverständnis dafür da gewesen, dass ich mal ausflippen könnte.

B Und du hättest das ganz einfach hinterher erklären können und hättest auch sagen können, es tut mir Leid.

K Ja genau.

B Und diese Situation, wie es mit Petra vorgefallen ist, hast du das Gefühl, dass du dich nicht entschuldigen konntest oder dass sie es vielleicht nicht verstanden hat.

K Aber ich kann es mir nicht verzeihen, weißte, ... ich denke mir halt eben immer, du hättest anders reagieren müssen.

B Es ist eigentlich so, dass ... du in einer sehr ... angespannten, hilflosen, Kräfte zehrenden Situation warst, ... ausgeflippt bist, wie du sagst, du bist einfach, du musstest einfach schreien, musstest ... vielleicht deine eigene Hilflosigkeit, deine Schmerzen und alles einfach mal rausschreien und, obwohl das gut tat und dir auch vielleicht geholfen hat, um weitermachen zu können.

Das Gespräch, das an dieser Stelle endet, führt scheinbar zu keinem Ergebnis und zu keinem greifbaren Effekt. Der Berater engagiert sich zwar geduldig für die Klientin, indem er ihr immer wieder die Gefühle von Schuld nehmen möchte und sie zu beruhigen versucht. Dennoch mag der Sinn dieses Gespräches darin liegen, dass der Klientin die Möglichkeit gegeben wird, die für sie traumatische Situation immer wieder anzuschauen. Im Alltag erfährt diese Klientin mit Sicherheit Zurückweisung mit ihren immer wiederkehrenden Problemen. Manchen Menschen geht sie »auf den Wecker«, weil sie immer wieder davon zu sprechen beginnt, was mit ihrem Kind war und was sie eventuell versäumt hat. Die Abwehr dieser Erfahrungen würde ihr nicht viel bringen, da diese unbewusst in ihr weiterwirken und sie in ihrer Aufmerksamkeit gefangen nehmen. So ähnlich wie Menschen, die lange genug einer unangenehmen Situation ausgesetzt sind, der sie nicht ausweichen können (z.B. einer Gefahrensituation, bei der nach und nach entweder Sättigung, Gewöhnung, Aufnahme neuer Wahrnehmungsdetails, Ansätze von Bewältigungsverhalten auftreten) – so ähnlich würden sich für die Mutter Möglichkeiten einer Um- und Neubewertung der Situation ergeben. Wenn man ihr nur Gelegenheit gebe, sich damit zu beschäftigen und nicht all diese Erfahrungen wegzuschieben!

Die meisten Menschen sagen im Alltag: »Das musst du vergessen, das ist nicht deine Schuld, hör auf damit zu lamentieren!«. Nur selten bringen Mitmenschen im Alltag so viel *Anteilnahme* auf, sich immer wieder den Erfahrungen zuzuwenden und zumindest zuzuhören.

Das Gespräch zeigt die Anstrengungen, teilnahmefähig zu bleiben gegenüber dem Bedürfnis der Klientin nach dem Ansprechen scheinbar grundloser Dinge, Dinge, die die Umgebung als nervend längst abgeschoben hat.

4. Unproduktive und produktive Beratungsprozesse

In der Literatur des personzentrierten Ansatzes gibt es viele Ausführungen, Erläuterungen und auch empirische Untersuchungen zu den notwendigen und hinreichenden Bedingungen für erwünschtes Prozessverhalten von Beratern und Therapeuten (Prozessqualität). Demnach sind für eine konstruktive Persönlichkeitsförderung folgende Merkmale verantwortlich: zum einen Empathie, Akzeptanz und Kongruenz sowie Gesprächs- und Interventionsmerkmale des Beraters und Therapeuten, zum anderen die Prozesse wie Selbstexploration, Selbstempathie, Angstminderung, verbesserte Selbst- und Fremdwahrnehmung.

Im Hinblick auf das hier vorliegende Berater-Ausbildungsprojekt möchte ich drei Wirkungsbereiche herausstellen, die nachhaltig das Prozessverhalten beeinflussen und damit wichtig für das Ergebnis einer Beratung sind (Ergebnisqualität):

- Angemessene Passungsverhältnisse[1]
- Anteilnahme und Commitment des Beraters
- Selbstexplorationsförderung

Zu allen drei Wirkungsbereichen sollen Beispiele im Hinblick auf produktive und unproduktive Prozesse dargestellt werden. Die Beispiele sind einmal aus den von den Studierenden geführten Beratungsgesprächen entnommen. Zum Teil stammen sie auch aus dem Projekt mit den Schauspieler-Klienten, das den Vorteil hatte, dass die gleiche Ausgangsproblemsituation mehrere Male durchgespielt werden konnte, sodass produktive und unproduktive Prozesse ermittelt werden konnten. Im Hinblick auf die Prozessqualität des Beratungsgespräches wurde bisher in der Literatur wenig auf das Problem der »Passung« eingegangen. Die besondere Bedeutung von »Anteilnahme« und »Commitment« ergibt sich daraus, dass diese oft schwerer zu erfüllen sind, da Beratungsklienten (zumal in erzwungenen Beratungssituationen) oft nicht dem Wunschbild des »idealen«, »Sympathie-auslösenden« Klienten entsprechen.

1 Die jeweils etwa 10-minütigen Video-Ausschnitte beziehen sich zur Hälfte auf »unfreiwillige« Beratungssituationen (Vorladung beim Jungendamt, Gesundheitsamt, Schwangerschaftsberatung), ein Teil der Beratungsgespräche sind 3.-Person-Gespräche, d.h. Gespräche über eine abwesende dritte Person, z.B. erziehungsschwieriges Kind. Aus dem Material wurde ein Übungslehrfilm erstellt.

4.1 Angemessene und unangemessene Passungsverhältnisse von Klient und Berater

Klienten haben, wenn sie eine Beratungsstelle aufsuchen, eine mehr oder weniger klare Vorstellung von der Art ihres Problems. Sie können es verbal benennen und entwickeln zunächst einmal auch bestimmte Erwartungen, wie Berater mit ihrem Anliegen umgehen. Dies betrifft Vorgehensweisen und Methoden und auch Zielsetzungen. Um mit dem Klienten ins Gespräch zu kommen, muss der Berater ihn »dort abholen, wo er steht«. Dies schließt nicht aus, dass Klienten im Laufe der Beratung zu anderen Zielen kommen (z.B. der Anlass ist eine Erziehungsberatung, daraus ergibt sich auch eine Paarberatung oder eine informierende Beratung über geeignete Schulmöglichkeiten). Mangelnde Passungsverhältnisse liegen vor, wenn Berater einem konkreten Anliegen mit ganz anderen Beratungsangeboten begegnen. Nicht selten führt eine solche unterschiedliche Vorgehens- und Problemdefinition von Klient und Berater zu Enttäuschungen und vorzeitigen Abbrüchen. Im Sinne der Beratungstypologie: Entspricht der erwartete Beratungstyp dem Beratungsvorgehen, das der Berater anbietet?

Bei der Frage der Passung ist allerdings auch zu bedenken, dass Berater sich in ihrem Angebot im Spielraum der Aufgabenstellungen und Ziele (und manchmal auch Ideologien) der Institution bewegen müssen und der Klient eine annähernd richtige Vorstellung von den Aufgaben einer Einrichtung haben muss. Das hier angesprochene Problem wäre das Problem der *allgemeinen Passung*. Ich möchte das Problem der Passung mehr als interaktionelles Phänomen auffassen: als mangelndes einfühlendes Verstehen in die Gesamtlage der inneren und äußeren Situation eines Klienten.

Daneben sollte man aber auch das Problem der *methodischen Passung* berücksichtigen. Die wichtigste Voraussetzung für die Durchführung eines produktiven Beratungsgespräches ist die mehr oder weniger ausgesprochene Bereitschaft, ein bestimmtes Ziel und Ergebnis mit Hilfe bestimmter methodischer Angebote des Beraters zu erreichen. Dabei gehen wir davon aus, dass Ziele und Mittel nicht beliebig vom Berater abhängen, sondern dass sich von der Natur des Problems und den Erfahrungen und Erwartungen des Klienten eine bestimmte zielorientierte Vorgehensweise ableitet. Dies berührt nicht die Frage, ob Ziele und Mittel sich im Laufe der Beratung ändern können oder erst richtig eruiert werden. Selbverständlich ist kein Berater so umfassend ausgebildet, dass er für alle Ziele, die sich denken lassen, alle möglichen Mittel heranziehen kann. Ein *verhaltenstheoretisch* ausgebildeter Berater wird sicherlich mehr Bewältigungstechniken anbieten können als etwa ein *personzentriert* arbeitender Berater, der mehr Angebote der intra- und interpersonellen Kommunikation bereithält. Wiederum wird ein Finanzberater, z. B. in der Schuldnerberatung, mehr *Orientierungsangebote* kennen und einbringen, die dem Klienten eine Übersicht über die für ihn zunächst undurchschaubare finanzielle Situation ermöglicht. Ob aber Orientierungsangebote, Klärungsangebote oder Bewältigungsangebote gegeben werden, hängt vom Stand der Problemlösung ab. Lösungsangebote ohne eventuell explorative Bearbeitungsangebote können den Klienten unzufrieden machen, da er nicht weiß, warum für ihn eine solche Lösung gerade die richtige Lösung ist. Hier ergäbe sich die Schwierigkeit einer angemessenen *methodischen Passung.*

Hier soll noch einmal darauf hingewiesen werden, dass der Berater personzentriert vorgeht, wenn er im Hinblick auf das Beratungsangebot und die Mittel den Klienten berücksichtigt und einbezieht. Der Berater kann sensitiv auf die Erfahrungen und Kenntnisse des Klienten eingehen, auf dessen Bewältigungspotenzial und Klärungsansätze, und ihm in einer nicht-lenkenden, akzeptierenden Weise helfen. Empathisches Verstehen und die für Rogers wichtige Art der Beziehungsgestaltung sind gleicherweise in allen Beratungstypen anwendbar, wenn auch in der Praxis häufiger auf wenige Typen (Typ 5 und 6 häufig) verteilt, da sie dort wirksamer verwirklicht werden können.

Ältere Bücher zum Beratungsgeschehen in der *problemlösenden Einzelfallhilfe,* wie z. B. Ruth Bang (1977, S. 92ff.) oder Helen Perlman (1969, S. 126ff.) widmen zu Recht der Anfangsphase ein sehr großen Raum. Hier zeigt sich, ob Berater und Klient eine gemeinsame Problemdefinition haben oder ob sich verschiedene Erwartungen an Ziele und Mittel auftun, die dann möglicherweise zu einem Abbruch oder zu einem unproduktiven Beratungsgespräch führen. Man »soll den Klienten dort abholen, wo er steht«, heißt dann nichts anderes, als dass man dessen zunächst begrenzte Sichtweise über das Problem und die Lösungsmöglichkeiten akzeptiert und anerkennt. Wenn einem Klienten gleich zu Anfang entgegengehalten wird: »Das eigentliche Problem für Sie besteht doch gerade darin, dass …«, kann die Beratung recht schnell beendet sein, weil sich ein Beziehungsverhältnis entwickelt, das für ein eigenständiges Suchverhalten abträglich ist.

Für lernende Berater ist es besonders wichtig, wachsam für eine gemeinsame Problem- und Vorgehensdefinition zu sein, um den Klienten nicht zu enttäuschen. Im Folgenden sind Beispiele einer unterschiedlichen Problemdefinition gegeben.

Zum besseren Verständnis sei noch einmal die Beratungstypologie vorangestellt, da sich die anschließend folgenden Passungen und Nicht-Passungen an diesem Schema orientieren. Dabei werden jeweils der erwartete und der angebotene Beratungstyp in der Gesprächsführung vorgestellt und miteinander verglichen (Quelle: Schauspieler-Projekt mit simulierten Beratungssituationen).

	Problem-Erfahrungsfelder		
Lösungsangebote	**Lebenswelterfahrung**	**Beziehungserfahrung**	**Selbsterfahrung**
Information und Orientierung	Typ 1	Typ 2	Typ 3
Deutung und Klärung	Typ 4	Typ 5	Typ 6
Handlung und Bewältigung	Typ 7	Typ 8	Typ 9

4.1.1 Beispiel 1: Schwangerschaftskonfliktberatung (Beratungstyp 7 statt 6)

Bewältigungsangebote zur Situationsbereinigung statt Klärung der persönlichen Situation

Unproduktiver Beratungsprozess

Männlicher Berater

B Ja, Frau Holzer, was führt Sie zu mir?
K Mein Frauenarzt schickt mich. Ich soll einen Schein bekommen, damit ich die Schwangerschaft abbrechen kann. (B Ja, hm)
B Und ja, eh, Sie haben sich über alle Möglichkeiten schon genau informiert. Und die Gründe für eine soziale Indikation sind alle da. (K Ja) Sehen Sie gar keine Möglichkeit, das Kind doch zur Welt zu bringen? Haben Sie sich das alles überlegt?
K Ja, ich bin ziemlich allein und verzweifelt. Ich hab auch wenig Geld, sodass ich angewiesen bin auf Arbeit. Mein Mann ist vor zehn Monaten gestorben, jetzt stehe ich mit meinen Kindern allein da und weiß nicht, wie ich zurechtkomme. Ich habe große Angst, wie ich die Zukunft bewältigen kann.
B Frau Holzer, sind Sie auch über die rechtlichen Möglichkeiten aufgeklärt? Dass Sie zum Beispiel Kindergeld bekommen, dass Sie bei der Berufsaufgabe Anspruch auf Sozialhilfe haben. Sie wären auf jeden Fall abgesichert.
K Ja, rechtlich abgesichert. Überall wird gekürzt und gespart. Bald fällt meine Älteste weg, und es wird immer knapper. Und Ämter … ich kann nicht mehr zu Ämtern gehen. Ich kann bald nicht mehr … (Schluchzt und beginnt zu weinen)
B (Unterbricht) Und Sie haben über diesen Fall mit Angehörigen gesprochen?
K Nein, habe ich nicht.

Im Folgenden macht der Berater etliche Vorschläge: finanzielle Mittel beantragen, den Wohnort zu wechseln, um nach einer »Schamfrist« wieder zurückzukommen, sich doch mit dem künftigen Vater zusammenzutun usw. Er forscht die Frau aus über die Stellung des Vaters, auch darüber, ob die Beziehung vor dem Tode des Ehemannes bestand.

K Es schlägt mir alles über dem Kopf zusammen, alles ist so verwirrend. Ich habe noch nie mit jemanden darüber gesprochen. Was soll ich nur tun?
B Frau Holzer, ist nicht doch daran zu denken, das Kind zur Adoption freizugeben?

K Das würde ich nie machen, das würde mir mein Herz sprengen. Ich würde immer denken, was macht es jetzt, wo ist es jetzt. Und dann würde ich lieber jetzt, wo das Kind noch nicht da ist, alles hinter mich bringen. (Weint)

B Und Sie glauben, dass die Abtreibung auf Grund einer sozialen Indikation nicht eine zu große Belastung darstellt?

Zusammenfassend: Für den Berater steht die technische Bewältigung der Schwangerschaftssituation im Vordergrund. Hinzu kommen einige orientierende Hinweise. Es scheint so, dass er parteilich eine bestimmte Tendenz (das Kind nicht abzutreiben) vertritt, dies aber nicht deutlich sagt, sodass sich die Klientin auch nicht mit dieser Meinung auseinander setzen kann. Auf die zahlreichen Anlässe der unmittelbaren, gefühlsmäßigen Belastung der Frau, die Verdüsterung ihrer Lebensperspektive nach dem Tode des Mannes, die große Einsamkeit dieser Frau, geht er nicht ein und bietet auch keine Anlässe für eine stärkere intrapersonelle Exploration.

Das Vorgehen des Beraters könnte zwar im Sinne einer konservativen Auffassung des im Bundestag beratenen Beratungsgesetzes zur Schwangerschaftsberatung, Paragraf 218 liegen, wo die (technische) Bewältigung und Orientierung ganz im Vordergrund steht (Maßnahmen im Sinne des Anwalts für das Ungeborene), sie ist aber zutiefst das Gegenteil von dem, was man personzentriert kennzeichnen würde, da die Verfügungsmöglichkeit und eigenständige Entscheidung der Frau über die Art der Lösung ihrer Lebensprobleme nicht hinreichend gewürdigt wird.

Produktiver Beratungsprozess (Beratungstyp 6)

Die gleiche Ausgangssituation wurde in einem Übungsspiel mit Schauspielern ganz anders gestaltet:

Weibliche Beraterin

K Es fällt mir schwer, ich möchte lieber nicht darüber sprechen.

B Warum fällt es Ihnen schwer, darüber zu sprechen?

K Weil mich alles immer noch so belastet ... so belastet. (Seufzt)

B Ich möchte Sie nicht dazu zwingen. Aber vielleicht hilft es Ihnen, wenn Sie mal drüber erzählen. Oder vielleicht haben Sie schon mal mit jemanden drüber gesprochen?
Es ist ja bestimmt eine schlimme Situation jetzt für Sie (K Hm), so von Arzt zu Arzt zu laufen?

K Ja, mit dem Arzt habe ich gesprochen, sonst mit niemanden (B Hm), weil das alles sowieso keiner versteht. (B Hm)

B Würden Sie denn gern mal hier erzählen?

K Ich möchte es alles, alles so schnell wie möglich hinter mich bringen.

B Vielleicht wäre es wichtig für Sie, wenn das mal rauskommt. Denn wenn Sie es hinter sich haben, … das ist sicher eine Sache, die Sie sehr belasten könnte …

K (Weint) … Das Kind zu haben, würde mich noch mehr belasten … Ich weiß nicht (Seufzt) … Ich kann nicht mehr … (Weint)

B (Legt die Hand um ihren Arm) Verstehen Sie, ich werde Ihnen den Schein aushändigen. Aber ich denke, dass es für Sie gut wäre, wenn Sie mal erzählen könnten und nicht alles in sich reinfressen. Und gerade so eine Situation, die Sie belastet, mit dem Kind … (K weint)
(Nach einiger Zeit) Sie haben schon Kinder?

K Ich habe schon zwei Kinder. Aber die könnten das gar nicht verstehen. Mein Mann ist vor zehn Monaten gestorben. Und jetzt … mit dem Kind … das macht mich verzweifelt.

Sie spricht über ihre schwere Lebenssituation, die beiden Kinder durchzubekommen, und über ihre Lebensangst. Auch über die Freundschaft zu dem Mann des ungeborenen Kindes, bei der sie annimmt, dass sie als Freundschaft so nicht mehr bestehen könne. Sie spricht über die letzten Wochen vor dem Ableben ihres Mannes, in denen ihr dieser Freund viel Beistand geleistet hatte.

K Und wissen Sie, als ich so in Trauer über meinen Mann war, so völlig allein, da ist es passiert. Es hätte nie so kommen sollen.

B Jetzt bedauern Sie es und wünschten sich, dass dies nie passiert wäre.

K Hätte eigentlich nicht. (Weint)

B … Dass Sie sich jetzt selbst Vorwürfe machen (K Ja)

K Die Kinder sind noch so jung, die würden es nie verstehen. Und ihm darf ich es nicht sagen, ich will und darf ihn da, nicht da hineinziehen.

B Dann übernehmen Sie die Verantwortung ganz allein?

K Das ist – glaub ich – … viel besser, ich weiß nicht.

B Für wen ist es besser?

K Für den Vater auf alle Fälle. Und für die Kinder.

B Und wie geht es Ihnen jetzt dabei?

K Ich hab Angst, das alles allein zu schaffen … und noch einen Mann zu verlieren.

Zusammenfassung[1]: Die Beraterin gibt auf die gefühlsmäßigen Äußerungen der Klientin hin zahlreiche Klärungsangebote und empathisch mitempfindende Äußerungen von sich, auch in der Gestik und im Verhalten. Die Klientin bekommt Gelegenheit, ihre intrapersonale Situation und ihre Beziehungen zu ihren Angehörigen zu erkunden. Durch Zuerkennung der Bescheinigung nimmt sie der zum Teil unfreiwillig und erzwungenen Beratungssituation den Druck, nur Dinge zu erzählen,

1 Die Rollenspiele stammen aus der Zeit der Indikationsregelung des Gesetzgebers bei der Regelung von Schwangerschaftsunterbrechungen.

die die erwünschte Zielsetzung (Schein wegen einer psychosozialen Notlage bekommen) unterstützen. Das hier praktizierte personzentrierte Beziehungsangebot macht es möglich, dass die Klientin sich mit sich und ihrer Situation in Ruhe auseinandersetzen kann.

4.1.2 Beispiel 2: Studienberatung (Beratungstyp 6 statt 1)

> Berater, die bei allem immer wieder »das Persönliche« sehen wollen

Das folgende Beispiel ist ein fiktives Beispiel. Es handelt sich um eine Studienberatung für einen Erstsemester-Studenten. Er sucht die Stelle auf, um Orientierungsangebote für den Studiengang, den er studieren will, zu bekommen. Die Studiensituation ist ihm insgesamt unklar, sodass er eine der – an allen Hochschulen und manchen Fachbereichen ausgewiesenen – Beratungsstellen aufsucht.

K Ich komme mal vorbei, weil ich im Wintersemester mit dem Studium beginnen möchte. Ich hab noch nicht so den Überblick, was alles hier so läuft und wie man was finden kann. Deshalb bin ich hier.
B Sie fühlen sich ganz verwirrt und von den vielen Eindrücken ganz erschlagen?
K (Verdutzt) Ja, schon so, ... aber ... was muss ich denn als Erstes machen, wenn ich im Herbst komme. Muss man sich da irgendwo beim Professor vorstellen oder kann man dann einfach Seminare besuchen. Und wo erfahre ich, was am Anfang wichtig ist und was nicht?
B Sie wünschen sich, am Anfang auch alles richtig zu machen?
K (Abermals verdutzt) Ja, schon, aber ... ich suche jemanden, der mir das alles mal sagt. Bald beginnt das Semester, und ich weiß noch immer nicht, mit was ich anfangen soll. Allmählich nervt mich das etwas.
B Versteh ich Sie richtig, Sie werden immer ungeduldiger, je mehr Sie dem Studienbeginn entgegensehen. Das macht Sie schon richtig nervös?

Das Gespräch wird allmählich zur Persiflage, je länger es andauert. Die Natur des Problems und die Erwartungshaltung des Klienten sind auf Orientierungsangebote ausgerichtet, um sich in einer schwierigen Situation besser einstellen zu können, und es erfolgen Klärungsangebote der persönlichen Situation, die am Rande vielleicht auch da sein mögen, die aber für den Klienten nicht hilfreich sind und auch nicht im Mittelpunkt seiner Erwartungen und seines Erlebens stehen. Die Äußerungen klingen sprachformal vielleicht nach personzentriertem Vorgehen, sind aber wenig personzentriert und empathisch, weil das Anliegen des Klienten nicht richtig wahrgenommen, verstanden und akzeptiert wird. Es ist offensichtlich, wie unterschiedlich hier die Problemdefinition ist.

Schulz von Thun (1981, S. 50) hat Kommunikationsaspekte in einem *Vier-Seiten-Modell* beschrieben.

Eine Nachricht besteht aus:

- Selbstoffenbarung
- Sachinhalt
- Beziehung
- Appell

Selbstoffenbarung beschreibt den intrapersonalen persönlichen Anteil einer Mitteilung (z.B. Gefühle, innere Vorgänge, mimischer Ausdruck usw.). Der Sachinhalt bezieht sich auf die inhaltliche Seite der Mitteilung. Der Beziehungsaspekt beschreibt die Art der Beziehungsgestaltung im Kommunikationsvorgang (z.B. hierarchische Beziehung, Herabsetzung des Beziehungspartners, Gleichrangigkeit usw.). Und schließlich gibt der Appellaspekt an, welche Handlungsfolgen beim Kommunizieren bewirkt werden sollen. »Richtiges« Verstehen heißt bei Schulz von Thun, dass die relativen Anteile dieser vier Aspekte vom Empfänger richtig dekodiert werden, entsprechend ihrem Gewicht. Wenn der Appellaspekt (»Gib mir Information und Hinweise«) überwiegt, gibt es Missverständnisse, wenn der Empfänger mit dem »Selbstoffenbarungs-Ohr« hinhört, das heißt, auf die persönliche Selbstkundgabe achtet.

Das obige Beispiel zeigt, wie jemand – gewissermaßen auf dem »Selbstoffenbarungs-Ohr« dekodierend – einseitig den inhaltlichen Aspekt einer Mitteilung übersieht und dadurch Missverständnisse auslöst, die in der normalen Beratungssituation nicht selten zum Abbruch einer Beratungsbeziehung führen, sollten derartige Missverständnisse häufiger vorkommen.

4.1.3 Beispiel 3: Paarberatung, Mediation

Unproduktiver Beratungsprozess (Beratungstyp 5 statt Beratungstyp 1)

Ehepaar, geschieden, trägt gegenüber dem schulpflichtigen Sohn das gemeinsame Sorgerecht. Das aus Gründen der Abhebung gegenüber dem nächsten Beispiel fiktive Beispiel eines Paargespräches (M = Mann; F = Frau) verläuft wie folgt:

M Ich habe das Gespräch hier angeregt, damit mal wieder etwas mehr Gerechtigkeit in alles reinkommt. Ich verdiene immer weniger, sie aber immer mehr, und ich muss immer mehr zahlen. Ich kann mich gar nicht auf die Zukuft konzentrieren, mal wieder eine neue Beziehung, Wohnung oder so. Ich werde immer mehr zur Ader gelassen, so wie ich früher, als wir noch verheiratet waren, auch immer alles ausbügeln musste...

B Sie fühlen sich ungleich behandelt, und wenn Sie an früher denken, da ärgern Sie sich noch mehr.

F Er hatte zwar viele Entscheidungen getroffen, nach außen und was mit Finanzen zu tun hat, aber er hatte nie Zeit, sich um mich und das Kind zu kümmern. Geradezu verkümmert bin ich dadurch …

B Sie fühlten sich unterdrückt und konnten sich nicht entwickeln.

M Ich habe da alle Lasten getragen und trage jetzt alle Lasten, wann ist das denn mal zu Ende?

B Sie möchten mal wieder unbeschwert in die Zukunft blicken.

F Da sieht mans mal wieder. Er will sich um seine Verantwortung drücken. Wie früher manchmal. Jetzt muss ich höllisch aufpassen, dass ich nicht wieder – wie früher so oft – übers Ohr gehauen werde. Gerade jetzt, wo ich mir das erste Mal auch finanziell etwas Unabhängigkeit geschaffen habe.

B Diese Erfahrungen machen Sie höchst misstrauisch, die vergessen Sie ihm nie.

Kommentar: Man kann sich gut vorstellen, dass die Wogen bald höher gehen und die Bereitschaft, auch die Position des anderen vorurteilsfrei wahrzunehmen, immer mehr schwindet. Das Heranholen alter Wunden und der in der Ehe damals ablaufende Machtkampf sind Hindernisse, sich mit der neuen Situation auseinander zu setzen. Der Berater geht auf die vergangenen Gefühle der Verletztheit ein und fördert diesen Prozess der Auseinandersetzung, anstatt dem Gespräch eine Problemdefinition zu geben, die produktiver ist und der Aufgabenstellung gerechter wird.

Produktiver Beratungsprozess (Beratungstyp 1 und 7)

Paarmediation (authentisches Beispiel aus der Beraterausbildung)

In dem von der Studentin Christa real geführten Beratungsgespräch geht es um eine Beratung nach dem Typus 1 und 7: Es werden Orientierungsangebote angesichts einer unklaren Situation, der Situation der gemeinsamen Sorge um den Sohn, gemacht (die Orientierungsangebote enthalten auch Bewältigungsangebote, also Typ 7), sind jedoch in dieser frühen Phase der Mediation stärker auf die Erkundung der sozialen und finanziellen Situation gerichtet.

Bei der Mediation (s. Besemer 1993, S. 3f.) geht es um die unterdrückungsfreie Vermittlung zwischen zwei und mehr Partnern durch einen unparteiischen Vermittler durch direkte Verhandlungen zwischen den Konfliktparteien. Sie beruht auf der Freiwilligkeit der Teilnahme der Partner bzw. Kontrahenten und strebt gewaltfreie Lösungen durch einen verbal geführten Dialog an. Voraussetzung ist die Akzeptanz der Konfliktpartner durch den Mediator und deren prinzipielle Bereitschaft, die Interessen des »Gegners« zumindest wahrzunehmen und eventuell anzuerkennen, um zu einer »Niederlage-losen« (Gordon 1972) Lösung zu kommen, der beide zustimmen können. Mediationsverfahren wurden in den Bereichen Familie und Partnerschaft, Trennung und Scheidung, Arbeitsplatz, Gerichtswesen (Täter-Opfer-Ausgleich) und Internationale Konflikte bereits erfolgreich angewendet.

Bei dem folgenden Gespräch nach dem Beratungstyp 1 geht es wie oben um die Ausübung eines gemeinsamen Sorgerechts zweier Elternteile als Konfliktpartner im Rahmen der Scheidungsfolgen. Es geht darum, ein einvernehmliches Sorgerecht »zu erarbeiten und auch andere, mit der Trennung und Scheidung zusammenhängende Konflikte, eigenverantwortlich, selbstbestimmt und einverständlich zu regeln« (Heydthausen 1995, S. 1).

Die Eltern haben nach der Trennung das gemeinsame Sorgerecht für ihren vierjährigen Sohn Bernd erhalten. Dieser wohnt weiter bei der Mutter, der Vater wohnt etwas entfernter. Im letzten Jahr haben sich die Einkommensverhältnisse verschoben, und zwar dadurch, dass die Mutter ein wesentlich höheres Einkommen erzielt als der Vater. Dieser möchte von der hohen Unterstützung wegkommen, um sich – finanziell weniger belastet – eine neue Partnerschaft und Zukunft aufbauen zu können. Die Mutter wiederum macht geltend, dass sie sehr viel mehr arbeitet als der Mann und große Aufwendungen für die Sorge des Jungen zu tragen hat. Dabei gibt sie aber zu, dass der Vater sich ebenfalls ausreichend um den Jungen kümmert und ihn regelmäßig besucht und sich auch viel um die schulischen Dinge bemüht.

Bei dieser Gesprächssituation geht es also in erster Linie um eine bessere *Bewältigung* einer Situation und um genauere *Orientierung* über die Möglichkeiten der Konfliktparteien. Es geht nicht um eine *Beziehungsklärung der Partner* (die nach der erfolgten Trennung auch wenig Sinn hätte) und auch nicht um eine jeweils *intrapersonale Persönlichkeitsklärung* (also etwa die individuelle Klärung der Ängste und Konflikte, die die Situation der Trennung dem jeweils einzelnen Partner zufügt). Mediationsgespräche in einer solchen Konstellation haben auch den Sinn, dem Kinde die Beziehung zu beiden Elternteilen möglich zu machen und es davor zu schützen, von jeweils einem Konfliktpartner unter Ausspielen des anderen Partners vereinnahmt zu werden – mit negativen Folgen für die kindliche Entwicklung.

F Ja, so die Trennung, und was innerlich damit zusammenhängt, … das ist eine Sache, die ich so abgeschlossen hab. Das hat sich lange Zeit so entwickelt, ich wollte das so, und ich habe das Gefühl, dass das weg ist.

B Für Sie ist das jetzt klar so, Sie sind auch gefühlsmäßig getrennt. Und jetzt geht es nur noch darum, die wirtschaftlichen Folgen zu regeln.

F Ja, man merkt auch, dass das bei uns beiden so ist, denn das mit Bernd klappt hervorragend … (Herr X murmelt zustimmend)

B Die Versorgungszeit, die Sie beide für Bernd aufwenden, ist etwa gleich verteilt? Und jeder fühlt sich gleich beteiligt, belastet und verpflichtet?

Beide Ja, ja, das klappt ganz toll ... Inzwischen kann Bernd ganz normal damit umgehen.

B Sie haben gefühlsmäßig alle drei die Trennung, so weit es geht, abgeschlossen?

Der Mann beschwert sich nun über die zunehmend ungleichen Bedingungen, da er finanziell sich zu sehr belastet fühlt. Er möchte sich auch mehr auf seine eigene Lebensplanung konzentrieren.

B Da haben Sie das Bedürfnis, endlich was Klares, etwas, was auch für die Zukunft wegweisend ist, zu haben? (Mann nickt bestätigend)
Wie geht Ihnen das, Frau X?

F Ja, das geht mir auch so, aber da ist die Sache mit der Wohnung … ich häng da an der teuren Wohnung, ob ich will oder nicht, … das ist meine Situation.

B Und diese Situation haben Sie beide hergestellt und hängen beide drin jetzt.

F Und damit hänge ich jetzt da. Die hätte ich mir alleine nie genommen. Und dafür gehe ich jetzt hart arbeiten. Aber ich wollte dem Bernd auch seine Umgebung erhalten, die Freunde, die Schule, die Nähe zur Oma …
Ich möchte da bleiben, ich fühle mich hier wohl. Wenn ich eine billigere Wohnung finden würde, her damit, aber das ist ja illusorisch, da ist nichts im Angebot.

B Für Sie ist es nichts als gerecht, an diesen Bedingungen festzuhalten. (An die Frau gewandt) Und was wäre nach Ihrem Gerechtigkeitsgefühl die richtige Mitte? (An den Mann gewandt)

M Bei meinem geringen Einkommen und der Mietbelastung, da komme ich schlecht bei weg …

B Bei Ihnen ist ein krasser Unterschied in der Mietbelastung. Am Anfang waren Sie beide verantwortlich dafür und einverstanden, als ihr Mann noch mehr verdiente. Und jetzt hat sich das geändert, und Sie möchten (an den Mann gewandt) diese gemeinsame Verantwortung nicht mehr haben?

F Für mich ist das so, dass ich sag, eine Lösung, wo ich hinterstehen könnte, ist, wenn er auch höhere Kosten für eine Wohnung hätte, wo Bernd auch mit öfter drin wohnt. Dann könnte ich sagen: okay, das ist gleich, … das könnte ich total nachvollziehen …

B Das käme Ihnen fairer vor, dann ginge es Ihnen gleich schlecht?

Es kommt zu einem Aufrechnen der Finanzen beider Partner und der Veränderungen. Man müsse sich doch auch neuen Gegebenheiten anpassen (so der Mann).

B Das ist auch so eine Nachwirkung aus der Ehe, die Sie beide übereinstimmend geregelt haben und mit der Sie gut leben konnten. Die Frage ist, welche Lösungsmöglichkeiten gibt es für ihr jetziges Problem, … für Ihre gegenseitigen Interessen, die dahinter stehen.

F Ja, dass wir schon eine Befristung an irgendetwas festmachen. Das wäre mein Kompromissangebot.

M Aber diese Tatsache kann nicht ein Umzug in eine teurere Wohnung sein … das muss unerheblich sein, wie viel Miete ich bezahle… das geht dich nichts mehr an.

F Doch, weil ich die Wohnung behalten habe wegen Bernd, nicht meinetwegen.

Bei beiden ist die Einsicht da, dass durch den wesentlich höheren Verdienst der Frau ein Ausgleich geschaffen werden muss, und dass die Unterstützung seitens des Mannes durch die größeren Möglichkeiten der Frau im Einklang mit dem Prozess der Trennung verringert werden muss. Voraussetzung ist allerdings, dass die bisherige, vom Aufwand gleichwertige Unterstützung des Mannes in Bezug auf Erziehung des Sohnes beibehalten wird. Diese zunächst geheime Angst der Mutter (in ihren Erziehungsbemühungen eines Tages allein dazustehen) erklärt ihr Festhalten am Zustand zu Beginn der Trennung, der den Mann ja gewissermaßen zwangsweise verpflichtet.

In diesem Falle ist es in der weiteren Gesprächsführung zu einem Ausgleich gekommen: Die finanzielle Unterstützung durch den Vater soll beibehalten werden, aber zeitlich reduziert werden. Das Ausmaß der Reduzierung wird aber davon abhängig gemacht, dass der Vater seine Erziehungsaufwendungen für den Sohn so wie bisher fortsetzt (um die Ängste der Mutter zu berücksichtigen).

Das auszugsweise wiedergegebene Beispiel des Beratungstyps 1 (später im Verlauf des Beratungsprozesses Typ 7) hat deutlich gemacht, dass personzentriertes Vorgehen durchaus auch in einer Gesprächssituation möglich ist, in der es nicht um Beziehungsklärung oder Personklärung geht, sondern um das Aushandeln unterschiedlicher Standpunkte und Interessen. Es wird deutlich, dass die studentische Beraterin sich beiden Seiten gleich zuwendet und deren Interessenlage in gleicher Weise akzeptiert. Sie stellt auch gleich zu Beginn sicher, dass die Bewältigung der gegenwärtigen Situation Thema ist und nicht die vergangenen schmerzlichen Erfahrungen. Dies entspricht den Erwartungen der Eltern und sichert eine gemeinsame Problemdefinition.

4.1.4 Beispiel 4: Klassische Erziehungsberatung (Beratungstyp 8 statt 5)

Institutionelle Voraussetzungen: Das folgende Beispiel stammt aus dem Übungsprojekt mit Schauspielern und ist ein Beispiel, das auf eine früher häufiger als heute praktizierte Form der Erziehungsberatung zurückgeht. Es geht um die Verbesserung der Beziehung eines Elternteils zum erzieherisch auffälligen Sohn durch Hinweise zur (vermeintlich besseren) Bewältigung der Beziehung. Anschließend folgt ein Beispiel, das – bei der gleichen Fallsituation – die Veränderung der Beziehung des Vaters zum Sohn durch explorative Klärungsangebote anstrebt (personzentriertes Vorgehen).

Die Ausgangssituation besteht darin, dass den Lehrern in der Schule aufgefallen ist, dass der Junge Merkmale von Misshandlungen zeigt, die ein Eingreifen erforderlich machen. Über Einschaltung des Jugendamtes kommt es zu einem Gespräch in der dem Jugendamt angeschlossenen Erziehungsberatungsstelle. Es handelt sich also zunächst um die Situation einer *erzwungenen Beratung.*

Unproduktiver Beratungsprozess (Beratungstyp 8)

K Sie haben mich hier wegen Werner herbestellt? (B Ja) Was hat der bloß wieder in der Schule gemacht?

B Ja, einer Lehrerin ist aufgefallen, dass er Zeichen von körperlichen Misshandlungen trägt. Deshalb ist es – unter Einschaltung des Jugendamtes – so schnell zu einem Termin gekommen.

K Na ja, mir sind die Hände ausgerutscht. Ich habe mich so erschrocken, dass einiges Geld fehlte. Er hat es wohl rausgeklaut. Heute weiß man ja auch nicht, ob das für Hasch verwendet wird, … gerade in so einem kritischen Alter. Jedenfalls war ich ganz aufgeregt, und dann gings los. Da hab ich ihm eine gedachtelt. Er hat mir aber nicht gesagt, wofür er das Geld braucht.

B Herr W., mit vierzehn Jahren kommt er in eine Phase, in der er weit mehr als bisher selbstständig sein möchte. Vielleicht will er nicht zurückstecken hinter den anderen Jungens. Wie viel Taschengeld kriegt er denn von Ihnen?

K Um die zehn Mark pro Woche. Er hat sich nie beklagt. Bisher hat er auch alles bekommen, was er wollte. Manche Dinge haben wir ihm dann noch zusätzlich gekauft, damit er gegenüber anderen nicht zurücksteht. Die anderen in der Klasse haben zum Beispiel alle Inline-Skaters, und da haben wir ihm auch welche geschenkt. Er hat bisher immer alles gekriegt. Nie brauchte er heimliche Touren zu machen.

B Der Junge ist jetzt – entwicklungspsychologisch – in einer Pubertätskrise. Er möchte die Bevormundung durch seine Eltern abschütteln. Gleichzeitig möchte er in seiner Bezugsgruppe anerkannt werden und gleichwertig dastehen. Deshalb greifen Jugendliche schon mal zu Verhaltensweisen, die sehr rebellisch aussehen, die sich aber auch wieder auswachsen, wenn man genügend Geduld aufbringt.

K So harmlos sehe ich das aber nicht. Seine Leistungen werden schlechter, er kommt immer zu spät, macht seine Aufgaben nicht mehr richtig und hilft auch zu Hause nicht mehr. Und da soll ich zusehen? Da muss man doch mal mit Härte durchgreifen, oder? Wer weiß, was noch alles auf uns zukommt?

B Durch autoritäres Verhalten in der Erziehung erreicht man aber oft das Gegenteil. Sie sollten ihm mal die eigene Verfügung über seine Finanzen geben. Aus dem Rahmen, den er nun selbst verwaltet, sollten Sie sich strikt heraushalten. Er sollte auch Anerkennung in den Dingen, die er gut macht, von Ihnen kriegen. Wenn Sie immer nur ihr Augenmerk auf seine Fehler richten, spitzt sich nur alles zu, und er reagiert mit Trotz. Deshalb nennt man ja die Pubertät die zweite Trotzphase …

Vielleicht überlegen wir jetzt mal gemeinsam, wo und wodurch konkret Sie ihm diesen Freiraum lassen.

K (Resigniert) Ja, aber ob man da weiterkommt …

Produktiver Beratungsprozess (Beratungstyp 5)

Beziehungsveränderung durch explorative Klärungsangebote

K Ja, Sie haben mich hierher bestellt wegen Werner? (B Ja) Hat er was gemacht in der Schule?

B Ja, einer Lehrerin ist aufgefallen, dass er körperliche Male von Misshandlungen an sich trägt. Und das ist so schwer wiegend, dass das Jugendamt und wir eingreifen mussten.

K Na ja, ich hab ihm ein paar gehauen. Was hat er denn gesagt, wo er die blauen Flecke herhat?

B Er hat nichts gesagt, er wollte nichts sagen.

K Das hat er nicht gesagt, dass er geschlagen wurde, von mir geschlagen? Na ja, das finde ich ganz gut. Denken Sie nun, ich würde meinen Sohn misshandeln?

B Ja, wir müssen der Sache nachgehen, deshalb haben wir Sie bestellt. So eine Sache kann man nicht hängen lassen, weil ein junger Mensch eigentlich sehr wehrlos ist.

K Na, so ganz wehrlos find ich ihn nicht. Er ist bald 14. So ganz wehrlos nicht. Aber: Haben Sie den Eindruck, ich würde ihn öfter verprügeln? Mache ich den Eindruck eines Schlägers?

B Wenn ich Menschen sehe, kann ich nicht immer gleich darauf schließen, was er macht oder was nicht. Von dem Eindruck her kann ich nicht gehen.

K Also, ich hab den Jungen verprügelt. Er hat mich bestohlen um 50 Mark. Da ist bei mir so richtig die Sicherung durchgebrannt. Da ist mir die Hand ausgerutscht, und ich hab ihn – ich hab ihn kräftiger verhauen, als ich wollte. Es ist klar, nicht dass Sie denken, ich würde ihn misshandeln …

B Sie fühlten sich durch diesen Vorfall sehr enttäuscht von ihm. Ihr Vertrauen zu ihm war zusammengebrochen?

K Ja, genau.

Er erzählt ausführlich, wie er den Diebstahl bemerkt habe und was als Erstes durch seinen Kopf ging, als er dies bemerkte.

K Ich komme mit dem Jungen in letzter Zeit sowieso nicht mehr zurecht. Er verschließt sich, verschließt sich immer mehr (B Hm, hm). Er erzählt nichts mehr, auch meiner Frau nichts. Ich stehe vor ihm, ohne ihn zu erreichen. Er erzählt auch nichts von der Schule, was er sonst gemacht hat … (Pause)
Ich weiß nicht, was mit ihm los ist. Ich frage ihn ja, was hast du, was bedrückt dich jetzt. Und er kommt damit nicht heraus. (B Hm) Ich hör nichts …

B Sie bemühen und bemühen sich um ihn und möchten mehr Einvernehmen mit ihm haben.

K Ja natürlich. Meinen Sie, ich kümmere mich nicht um ihn? (B Hm) Ich mache mir Sorgen um ihn. In der Schule lassen seine Leistungen nach. (B Hm) Seine

Lehrerin hat keine Änderungen an ihm bemerkt. Sie kennt ihn aber auch nicht so gut wie ich. Er ist mir gegenüber verbockt und stur. Macht viele Dinge nicht mehr mit mir. Ist einfach widerwillig. Ich bin ziemlich hilflos, was ich noch machen soll.

B Sie kommen mit der Veränderung Ihres Sohnes, wie er sich jetzt gibt, wie er sich früher gab, so gar nicht zurecht, selber nicht mehr klar?

K Nein, ich habe Angst, dass er vielleicht raucht oder Hasch nimmt. In der Schule ist das ein Problem. Ich hatte schon Angst bei der Benachrichtigung, ... hoffentlich ist es nicht das ... Was soll ich nur machen? Wie soll ich mit ihm umgehen und ihn schützen?

B Sie haben Angst und große Sorgen, ihn nicht vor schlimmen Dingen bewahren zu können? (K Ja, ja)

K Ich hab Angst, er könnte da drankommen. Früher nicht, da hatte ich engen Kontakt zu ihm. Wir haben vieles zusammen gemacht, Sport, Tennis, Schwimmen. Alles zusammen. Da wusste ich, was in ihm vorgeht. Jetzt hat sich alles geändert.

B Wenn ich Sie recht verstehe, fällt es Ihnen jetzt schwer, an Ihren Sohn ranzukommen, ... und auch die Probleme und Sorgen über ihn, ... mit ihm darüber reden zu können. Dass Sie jetzt auch nicht vermitteln können, welche Ängste Sie jetzt um ihn haben.

K Ja, das kann ich nicht gut.Was soll er von mir halten, wenn ich ihm sage, ich habe Angst um ihn. Wenn er wüsste, wie viel Angst ich um ihn habe, würde er denken, was habe ich da für einen Vater. Das würde ihn vielleicht noch mehr enttäuschen und verunsichern.

B Die Angst, so vor ihm nicht mehr als Vater, als Mensch bestehen zu können, nicht mehr so anerkannt zu werden ...

K Ja, ich müsste ihm eigentlich Richtlinien geben, an die er sich halten kann ...

Zusammenfassung: Der wesentliche Unterschied zwischen beiden Beratungssituationen und die größere Wirksamkeit des zweiten Beratungsgespräches liegt darin, dass der Klient hier dabei ist, eine Korrektur seiner inneren Einstellungen zu dem Sohn zu vollziehen. Er exploriert sich selbst und erkennt, dass auch in ihm Hindernisse für ein offeneres Verhältnis zum Sohn liegen. Wenn er diesen Anteil klarer erlebt, ist er auch besser in der Lage, sein Verhalten gegenüber dem Sohn zu korrigieren. Die Beraterin hilft ihm darin, sich selbst, vor allem aber seine Beziehung zu dem Sohn besser zu verstehen. Durch ihr akzeptierendes Verhalten löst sie keine Schuldgefühle und Verteidigungshaltungen in dem Klienten aus.

Der Sinn und die Aufgabenstellung des Gespräches werden als notwendige institutionelle Aufgabe dargestellt, nicht als ein persönliches Verhör über falsche Erziehungsmethoden des Vaters. Durch diese Akzeptanz verliert sich der Charakter der Erzwungenheit und führt zu einer offeneren, freiwilligen Selbstexploration.

Demgegenüber wird in dem ersten Beratungsgespräch die fachliche Überlegenheit des Beraters hervorgehoben. Die Beziehung wird auf der Ebene instrumentellen

Verhaltens und nicht der der Gefühle wahrgenommen. Die Bewältigung wird vor der Beziehungsklärung angepeilt und bringt den Klienten in eine Situation, in der er dem Fachmann auch nichts mehr entgegensetzen kann: Seine inneren Anteile an dem Beziehungsproblem bleiben unbearbeitet.

Allgemeine Zusammenfassung: Die obigen Beispiele bezogen sich auf Gesprächssituationen, in denen Berater zu einer grundsätzlich anderen Auffassung über Veränderung der Situation, der Beziehung und der Person sowie über Beratungsangebote im Sinne von Orientierung, Klärung und Bewältigung kommen als von dem augenblicklichen Problem abgeleitet werden kann. Derartige Unterschiede in der Problemdefinition der Beratung kann folgende Ursachen haben:

- Berater haben die Art des Anliegens und des Problems des Klienten nicht empathisch verstanden.
- Ein Erstgespräch bzw. ein Fokalinterview im Rahmen der Erstberatung (Esser 1982) wurde gar nicht oder nur unvollständig durchgeführt, sodass der wesentliche »Problemherd« unklar ist.
- Berater weisen nur ein geringes Anregungsrepertoire auf, z. B. machen sie nur Bewältigungsangebote in Form von Ratschlägen, oder sie beschränken sich auf Orientierungsangebote in Form psychologischer Wissensvermittlung.
- Projektiv-verzerrte Wahrnehmungen über das eigentliche Ziel des Klienten, das mehr aus unbewussten Wünschen und Erwartungen des Beraters zusammengesetzt ist; Unklarheiten über die Prozessabhängigkeit von Beratungstypen. Der Prozess einer Beratung (die über mehrere Stunden verläuft) setzt eine gewisse Flexibilität in der Wahrnehmung und in der Beziehungsgestaltung voraus. Bei Angehörigen unterer sozialer Schichten (s. Goldbrunner 1992) stehen am Anfang der Beratung auf Grund des oft materiellen Problemdrucks Orientierungsangebote zur Veränderung der Situation (Entschuldungspläne, Wohnprobleme, Arbeitsprobleme, gesundheitliche Maßnahmen). Erst nach der Erfahrung des Erfolges und dem damit verbundenen Einsetzen einer stabilen verlässlichen Beziehung wechselt der Beratungstypus, z. B. in Richtung Beziehungsveränderung (Eheprobleme) und Personklärung (z.B. geringes Selbstwertgefühl). Die richtige Einschätzung führt zur richtigen Wahl des angemessenen Beratungstypes.
- Schließlich kann eine unterschiedliche Problemdefinition auch dadurch entstehen, dass die Institution von ihrer vom Träger her bestimmten Aufgabenstellung bestimmte begrenzte Aufgaben übernimmt, die aber dem Fall nicht gerecht werden. Die Aufgaben- und Zielvorgaben der Institution werden dem Klienten mit seinem Problem gewissermaßen »übergestülpt«. Beispiel: Eine Frühförderungseinrichtung behandelt die Defizite des Kindes unter individuell-förderdiagnostischen Gesichtspunkten und schließt die Verbindung mit elterlichen Beziehungs- und Erziehungsfehlern aus, weil das nur systemisch zu verstehende Beratungs- und Behandlungsproblem keine Entsprechung im Methodeninventar und der Ausbildung der Behandler aufweist.

4.2 Fehlen von Anteilnahme und Commitment des Beraters

Anteilnahme und Commitment stellen meines Erachtens die Beziehungsaspekte im personzentrierten Ansatz dar, die die emotionale und aktionale Verbindung von Klient und Berater am deutlichsten machen. Nach der Definition (S. 8f.) meint es das gefühlsmäßige »Mitschwingen, Angerührtsein, Mitempfinden«, ohne dass es zugleich die gefühlsmäßige parteiliche Einmischung bedeutet. Es ist »An«-Teilnahme und nicht »Teil«-Nahme. Das gefühlsmäßige Mitempfinden, die Anteilnahme des Beraters (an dem Klienten und dessen Erlebensäußerungen) stellt sich unmittelbar ein und äußert sich geradezu physiologisch und körperlich, in der Mimik und Gestik, in körperlichen Ausdruckserscheinungen wie Betroffensein, Tränenkommen, Gänsehaut, belegte Stimme, in bestimmten dem Klienten ähnlichen Vorstellungen, Einfällen und Redewendungen usw. Es bleibt allerdings ein Berührt-Sein und keine Teilnahme, bei der die Unterscheidung Klient–Berater aufgehoben ist. Voraussetzung für eine solche Anteil nehmende Beziehung ist ein Zustand der »sensorischen« Aufmerksamkeit, der Offenheit für das scheinbar Fremde und die Wahrnehmung eigener Gefühle, Stimmungen und körperlicher Vorgänge. Wirksam wird diese Verbindung zwischen Klienten und Beratern, wenn dies zusätzlich mitgeteilt, für den Klienten spürbar und sichtbar wird. In dem hier beschriebenen Ausbildungsprojekt, in dem nicht selten die Studentinnen und Studenten mit ähnlichen, gleichaltrigen und in einer nicht sehr unterschiedlichen Lebenssituation stehenden Menschen die Gespräche führten, kam dies nicht selten in der Supervision zur Sprache. Ich habe dabei die Studentinnen und Studenten ermutigt, dies nicht als Mangel an »Professionalität« und Erfahrung oder fehlender Handhabung von Vorgehenstechniken anzusehen, sondern als *Stärke und Kraft,* weil sich diese Einstellung und dieses verbindende Gefühl auch zum Vorteil für die Klienten entwickelte: Sie waren selbst noch mehr berührt, nahmen sich ernster als vorher und fühlten sich geachtet und wertgeschätzt.

Eine andere Verbindungsvariable im klientenzentrierten Beziehungsprozess stellt das »*Commitment*« dar. Es stellt nicht so sehr die emotionelle Verbindung dar wie Anteilnahme, sondern vielmehr die *aktionale Verbindung*, die zum Handeln tendierende Verbindung. Binder/Binder (1981, S. 179ff.) beschreiben die uneigennützige Stützung des Klienten und das Verpflichtet-Sein für ihn mit dem Begriff »Commitment«. Es besteht in der Verpflichtung des Beraters, uneigennützig sich für die Förderung des Klienten zu engagieren. Ausdruck findet dies darin, dass der Berater und Therapeut die Verwirklichung der grundlegenden Beziehungsmerkmale geradezu zum Postulat für sein Handeln erhebt und sich in den Dienst ihrer Verwirklichung stellt (s. auch Wittrahm 1995). Diese in der deutschen Literatur mehr ethisch begründete Haltung hat wenig Entsprechungen in der Literatur der empirischen Erforschung wichtiger Beziehungsmerkmale. Am ehesten könnte man eine Entsprechung sehen zu empirischen Konzepten wie »Aktives Bemühen des Therapeuten« (Minsel 1974) oder zu empirischen Konzepten wie »persuasive potency« (etwa »Überzeugungskraft« des Therapeuten) der amerikanischen Therapieforschung. Beide empirischen Konzepte sind jedoch zu unscharf, um das Konzept des Commitment hinreichend zu erklären. Das aktive Bemühen sagt ja nicht, wofür ich aktiv sein soll, ebenso die Überzeugungskraft, die ja nicht ausdrückt, für wessen Zwecke sie eingesetzt wird. Das Commitment-Konzept als Beziehungskonzept beschreibt eine bestimmte Verantwortlichkeit als Leistung für den Klienten. Der Leidende braucht jemanden, der für ihn zuständig und verantwortlich ist, ihm eine Antwort schuldig ist. Wittrahm, der aus der Pflegesituation heraus für die aktionale Komponente der Beziehung besonders erfahren und sensibilisiert ist, beschreibt dies so (in Behr, Esser, Petermann und Pfeiffer 1990, S. 167): »Commitment beinhaltet die Bindung des Therapeuten (Pflegers) an das Ziel, Bedingungen herzustellen, die für den Klienten (Pflegebedürftigen) konstruktiv sind; die Verpflichtung, eigendynamische Entwicklungsmöglichkeiten für den Klienten (pflegebedürftigen Menschen) zu akzeptieren und zu fördern; und das Engagement für die Person des Klienten (Pflegebedürftigen). *Commitment heißt Engagement, Bindung, Verpflichtung, Zuständigkeit, Nichtgleichgültigkeit gegenüber den herzustellenden Bedingungen*, das heißt der therapeutischen (pflegerischen) Aufgabe oder Leistung, dem therapeutischen (pflegerischen) Ziel und der (zu pflegenden) Person.« (Hervorhebung des Verf.)

Die innere Verpflichtung und Zuständigkeit, die der Berater dem Klienten zukommen lässt, ist nicht Selbstzweck, sondern wird erst die Voraussetzung dafür, dass der Klient neue Schritte geht und bisher unbekannte Ziele anstrebt. Man könnte es mit dem Verpflichtetsein der Eltern gegenüber dem Kinde vergleichen: Erst ein »sicher-gebundenes Kind« wagt, sich von den Eltern zu lösen und neue Wege zu erkunden. Das dem anderen Verpflichtet-Sein erhält eine neue Bedeutung durch die »Neuere frühe Kindheitsforschung« und der durch diese gewonnenen Einsicht in die Bedeutung eines angemessenen *Bindungsverhaltens* der Eltern. Grossmann/Grossmann (1994, S. 39) beschreiben die Bedeutung dieser Beziehungsqualität für den therapeutischen Prozess wie folgt: »Das Ziel einer therapeutischen Intervention besteht in einer Organisation der Gefühle, die offenes Bindungsverhalten zulässt und die emotionale Gemeinsamkeit mit anderen aufrechterhält, und zwar als Voraussetzung für eine offene Zuwendung gegenüber allen, besonders auch schwierigen Aspekten des eigenen Lebens. Das Gefühl, von anderen als liebenswert gehalten zu werden, spielt dabei die entscheidende Rolle.«

Klienten müssen gleich von Anfang an in einer Therapie oder Beratung das Gefühl erhalten, sie werden gestützt, für ihre Probleme ist jemand zuständig und fühlt sich verpflichtet. Erst dann können sie sich jemandem anvertrauen, um Schritte der inneren und äußeren Erkundung vorzunehmen, Probleme anzugehen, Lösungen zu finden, Entscheidungen zu treffen und sich weiterzuentwickeln.

Warum sind die Beziehungsmerkmale Anteilnahme und Commitment hier besonders herausgestellt?

Einmal, weil diese in der Supervision der Studierenden eine besondere Rolle spielten. Die Bedeutung der »Anteilnahme« ist oben beschrieben. Das »Verpflichtetsein«

spielte eine besondere Rolle darin, dass die Schwere der Klienten-Probleme, das Wissen, als »Unausgebildeter« in wenigen Stunden kaum Linderung und Besserung zu erreichen, manche Studentinnen und Studenten in besondere innere Konflikte gegenüber dieser Aufgabe, Leistung oder diesem »Dienst« gestürzt hatte. Fragen tauchten auf wie: Schaffe ich das überhaupt, wie weit soll ich mich überhaupt engagieren, sind die Probleme der Klienten nicht zu groß für mich, bin ich nicht noch zu jung, anderen Menschen wirklich eine Stütze zu geben usw. Die Antworten und Prozesse der Supervision können hier nicht beschrieben werden. Sie sind auch sehr unterschiedlich je nach Person. Wie immer auch die Lösung aussah – den Fall nicht annehmen, den Fall abgeben, professionelle Hilfe einschalten, die inneren Störungen für mangelndes Commitment zu erkunden, Bedingungen explorieren, die ein zu viel bzw. »falsches« Verpflichtetsein nach sich ziehen (s. Helferproblematik) – auf jeden Fall kann der Frage nie ausgewichen werden, wie ich mit der Commitment-Forderung umgehe. Dem Klienten ist darüber immer eine Antwort zu geben!

Der andere Grund, weshalb diese beiden Konzepte besonders herausgestellt werden, liegt in der berufsspezifischen Art der Beratungsaufgaben, die die Studentinnen und Studenten später einmal auf sich nehmen werden. Klienten der Sozialarbeit und Sozialpädagogik kommen oft weniger freiwillig als typische Mittelschicht-Klienten in die Beratung oder Therapie. Sie sind misstrauisch gegenüber Institutionen, nicht so leicht bereit, sich zu öffnen, machen täglich negative Erfahrungen mit sich, haben ein starres, negatives Selbstkonzept internalisiert und sind oft weitgehend handlungsunfähig (s. Terjung 1987). Nach Belardi (1996, S. 63) sind sie häufig »nicht so leicht zu motivieren, sie haben nicht nur psychische, sondern auch soziale und wirtschaftliche Probleme. Sie befinden sich in unterschiedlichen Einrichtungen, teilweise unter Druck und manchmal sogar durch Zwang …«

Die typische Beratungsklientel der Sozialarbeit sind eher »hound«- als *»yavis«-Klienten*. Nach der amerikanischen Therapieforschung heißt yavis: young, attractive, verbal, intelligent, successfull. Hound dagegen: home-backed, old, unattractive, nonverbal und dull. Untersuchungen haben ergeben, dass hounds öfter abbrechen, längere Wartezeiten bekommen, im Beratungsteam eher abgeschoben werden und eine geringere Erfolgsrate aufweisen. Viele Selektionsbarrieren sorgen dafür, dass yavis-Klienten auf vielen Ebenen bessere Bedingungen erhalten.

Die Merkmale »Anteilnahme« und »Commitment, Verpflichtet-Sein« erhalten dabei eine besondere Bedeutung. In der Ausbildung von Sozialpädagogen und Sozialarbeitern ist es besonders wichtig, darauf hinzuwirken, sich dieser Bedeutung bewusst zu sein. Die Verbindungsmerkmale Anteilnahme und Commitment können die innere Selektionsbarriere sein, die gerade schwierige Klienten benachteiligen, wenn Beraterinnen und Berater diese Beziehungsmerkmale nicht entwickelt haben und sich der Bedeutung dieser Bedingungen nicht klar sind.

Abschließend möchte ich noch einmal deutlich machen, dass die Verbindungsmerkmale Anteilnahme und Commitment im klassischen personzentrierten Beziehungskonzept zwar enthalten sind, aber nicht spezifisch genug! Beide sind Teile von Kongruenz und Akzeptanz, aber in diesen klassischen Begriffen wird die Aufeinanderbezogenheit der Partner nicht genügend deutlich. Tausch (1979, S. 68) hat das Konzept der Akzeptanz und Wertschätzung auf das Konzept »Achtung, Wärme, Sorge einer zu helfenden Person gegenüber« erweitert. Nach meiner Meinung gehen hier die emotionalen und aktionalen Komponenten zu sehr zusammen, wenn auch dies Konzept schon weit mehr dem Gehalt von Anteilnahme und Commitment entspricht. Das klassische Rogers-Konzept »Echtheit« ruht zu sehr in der Person (in der Darstellung und im Zeigen des eigenen Inneren), Empathie ebenfalls in der Betonung von Wahrnehmung des Inneren des Klienten und des verbalen Kommunizierens durch die *eine* Person. *Anteilnahme und Commitment drücken dagegen am meisten die einer anderen Person verpflichtete Beziehungssetzung des Beraters aus!*

Die folgenden drei Ausschnitte (das erste auf Grund einer Rollenkonzeption mit Schauspielern, das zweite authentisch im Rahmen von Erstgesprächen, die die Studentin abhielt, das dritte authentisch im Rahmen eines Praktikums der Studentin mit einer Gruppe allein erziehender Mütter) veranschaulichen den misslungenen Prozess der mangelnden Verwirklichung von Anteilnahme und das Fehlen einer beschützenden und Geborgenheit bietenden Beziehung.

4.2.1 Beispiel 1: Unproduktive Verwirklichung von Anteilnahme und Commitment

Frau, etwa 35 Jahre, in einer Beratungsstelle für Lebensfragen und psychosoziale Problemstellungen; männlicher Berater, etwa gleichaltrig:

B Womit kann ich Ihnen dienen?

K Ich hab Angst, ... ich hab Angst, dass ich Krebs bekomme, Krebs habe. Irgendwie krieg ich den Gedanken nicht raus. Das beunruhigt mich sehr. Es muss wohl so eine psychische Panik in mir sein.

B Wie kommen Sie darauf, dass Sie Krebs haben. Irgendwie muss doch was sein, waren Sie beim Arzt?

K Nein, das heißt, ich bin schon beim Arzt. Irgendwie kommt es daher: Mein Mann ist im Juni an Krebs gestorben. Seitdem merke ich, dass ich mich immer wieder so genau beobachte. Ich kann mich nicht dagegen wehren.

B Ach, das ist ja schon mal ganz positiv. Gehen Sie zur Vorsorgeuntersuchung? (K Ja) Und die haben auch nichts festgestellt?

K Einfach so. Ich hatte jetzt eine Erkältung und dachte, das geht einfach so wieder weg. Nach vier Wochen wars immer noch da. Da hat er mir ein Antibiotikum verschrieben. Aber etwas ist immer noch da.

B Das ist immer noch da? Sie könnten mal zum anderen Arzt gehen, zu einem Spezialisten. Vielleicht ins Krankenhaus. Vielleicht ists was Chronisches. Ich hab zum Beispiel auch immer chronischen Schnupfen, der geht auch nicht weg. Aber da brauchen Sie keine Angst vor zu haben.

K Mein Arzt sagt, es wäre nichts Schlimmes, sonst wäre ich schon tot.

B Aber die Symptome sind doch da.
K Na ja, ich hab Angst, dass es wirklich was Schlimmes ist. Ich habe zwei noch jugendliche Kinder. Was soll mit denen werden, wenn es schlimmer wird. Jetzt stehen wir alle allein da, seitdem mein Mann gestorben ist.
B Ja, deshalb würde ich doch sagen: Gehen Sie doch mal zu einem Spezialisten. Der kann Ihnen die Angst nehmen, weil er doch mal ein genaues Urteil fällt. Ich weiß ja nicht, was Ihr Hausarzt für ein Fachmann ist.
K Ich glaube, Internist.
B Ja, dann würde ich doch woanders hingehen …[1]

Es kommt hier kein exploratives Beratungsgespräch zu Stande, weil der Berater nicht den beschützenden Rahmen schafft, aus dem heraus sich Klienten neue Sichtweisen, neue Wege und andere Gefühle verschaffen können. Der Berater bleibt bei einer belanglosen Organisationsfrage und kommt auch nicht zu der Problemdefinition, dass die Frau nicht wegen der Adresse eines Arztes gekommen ist, sondern wegen existenzieller Probleme und Verunsicherungen im Hinblick auf die Zukunftsbewältigung seit dem Tode ihres Mannes: Organisation statt Trauerbewältigung.

Die fehlende Anteilnahme (die im Video-Beispiel noch sichtbarer und hörbarer wird) macht das Beratungsgespräch sehr technisch und kalt. In der Supervision wird auch deutlich, dass der Berater das Thema »Krankheit, Krebskrankheit« stark ausblendet, weil ein derartiges Ereignis aktuell in seiner Familie eingetreten ist. Die damit einhergehende mangelnde Öffnungsbereitschaft des Beraters erklärt zum Teil die Unfähigkeit, Anteilnahme zu entwickeln.

4.2.2 Beispiel 2: Unproduktive Entwicklung einer Commitment-Einstellung

Der folgende Ausschnitt stammt aus einer Beratungsstelle, in der die Studentin Erstgespräche mit den sich neu Anmeldenden geführt hat. Die Beraterin (etwa 30 Jahre) und der Mann (etwa 40 Jahre) führen das Gespräch wie folgt:

B Herr Clasen, können Sie mir sagen, weshalb Sie hierher kommen?
K (Zögert, spricht sehr gedrückt) Weil ich Probleme habe, Rat suche. Ich weiß nicht recht, an wen ich mich wenden soll, … sonst noch wenden kann. Und dann hat man mir hierfür den Termin gegeben. Ich weiß sonst nicht, an wen ich mich wenden soll … (Äh, seufzt)
Sie haben doch Beziehungen zu Ärzten oder Psychotherapeuten. Vielleicht arbeiten die auch hier mit, … vielleicht, aber ich könnte auch nicht bezahlen,

1 Auch wenn es sich hier um ein Rollenspiel handelt, bei dem eine echte Anteilnahme nicht wie in der Praxis herstellbar ist, kommt doch auch im »Spiel« die Wahrnehmungsabwehr zum Tragen und beeinflusst den Ablauf des Gespräches.

privat -… ich brauche, ich müsste vielleicht so eine Art Therapie machen. Ich weiß nicht, vielleicht …

Er erzählt, dass er früher einen Termin beim Psychotherapeuten hatte. Er habe ihn aber nicht wahrgenommen, er wolle niemandem zur Last fallen.

B Hm, hm.
K Es fällt mir auch schwer, darüber zu sprechen. Hierher kommen ja wohl alle möglichen Fälle, Drogen – und Suchtfälle und Familien usw.
B Hm, hm.
K Das bin ich nicht, ich bin nicht drogensüchtig. Aber Sie können sich sicher nicht die Zeit nehmen, bei all der Arbeit, dass Sie mich vielleicht … (seufzt) … hm. Deswegen meine ich auch, an wen kann ich mich da wenden, an welchen Arzt, welchen Therapeuten. Dass ich vielleicht irgendetwas angeboten bekomme. Vielleicht Gruppentherapie oder so was (Rauft sich in den Haaren).
B Ja, wir sind hier für vieles da.
K Eigentlich wollte ich keinen hier belasten. Aber ich denke ja doch, wie ich selber nicht damit fertig werde und dann doch andere belaste. Das könnte auch den anderen nützen, wenn ich sie nicht mehr mit meinem Problem belaste …
B Hm, hm

Die Beraterin unterstützt und schützt den Klienten dadurch nicht, dass sie schon ganz am Anfang nicht die Aufgaben klärt, die die Einrichtung ausführt und ihm das Gefühl der Zugehörigkeit schafft. Sie streckt nicht den Arm aus und sagt ihm, er sei hier prinzipiell erst einmal richtig, sondern verunsichert den Klienten durch ihr Schweigen. Auf das Gefühl des Klienten, andere zu sehr zu belasten, auf seine Scham, anderen zuzumuten, sich mit ihm zu beschäftigen, geht sie überhaupt nicht ein. Durch die Weigerung, ihn zunächst einmal als Klienten anzunehmen, kommt es auch nicht zu einer minimalen Selbstexploration des Klienten. Selbst sein Problem bzw. die Benennung, die er seinem Problem gibt, bleibt unbekannt.

4.2.3 Beispiel 3: Positive Entwicklung von Commitment

Die drei Gespräche, von denen aus dem ersten (abgebrochenen) Gespräch ein paar Ausschnitte vorgestellt werden sollen, fanden im Zusammenhang mit der Betreuung einer Gruppe allein erziehender Frauen statt. Die Studentin und die Klientin sind beide etwa Mitte bis Ende zwanzig. Es handelt sich um ein reales Beratungsgespräch.

B Guten Tag, Frau U. Wir haben uns am Telefon ja schon etwas bekannt gemacht. (K Ja, hm)
K Ja, ich hatte bei dir, … äh, Ihnen schon mal angerufen.

B Du kannst ruhig »du« sagen, wenn das einfacher fällt …
K Das wäre mir viel lieber.
B Die Gespräche sollen maximal 45 Minauten dauern. Wenn es dir zu viel wird, hast du aber auch jederzeit die Möglichkeit, die Gespräche wieder abzubrechen, wenn du meinst, dass du nicht mehr kannst. Die 45 Minuten sind der übliche Rahmen, darüber hinaus sollte es nicht gehen.
K Gut.
B. Ach ja, du hast eben gesehen, dass ich den Rekorder eingeschaltet habe. Wir hatten ja vorher darüber gesprochen, dass er für mich und meine Dokumentation mitläuft. Alle Einzelheiten, die dich betreffen, werden bei der Dokumentation geändert oder gelöscht. Nach meiner schriftlichen Ausführung kannst du das Band aber auch bekommen und alles selbst noch mal nachlesen, was wir besprochen haben.
K Okay. Gut.
B Wenn du keine Fragen mehr hast, können wir ja anfangen …
K Ja, … hm, äh … wir kennen uns ja nicht so ganz gut. Ich habe da so was … ich weiß nicht, wie ich das so sagen soll. (Bewegt sich unruhig hin und her – Pause)
B Ich sehe, du fühlst dich unsicher, … vielleicht auch bedrängt.
K Unsicher? Ich weiß gar nicht, wie ich jetzt anfangen soll mit meinen Problemen. (Pause)
B Du möchtest hier über ein Problem sprechen, das dich zurzeit sehr belastet?
K Ja, ich weiß nicht, wie ich anfangen soll … und wie ich es sagen soll.
B Vielleicht kannst du erst mal versuchen, ganz allgemein zu erzählen, was dich zurzeit beschäftigt. Vielleicht kommen wir dann gemeinsam zu dem Problem, von dem du erzählen wolltest.
K Ich kann es versuchen. Also, … es fing alles an, als ich …

Die Klientin erzählt nun sehr intensiv, wie es ihr ergangen ist, als sie im Alter von 17 Jahren schwanger wurde und nacheinander – zusammen mit ihrem Kind – von verschiedenen Pflegefamilien unter Vermittlung des Jugendamtes – betreut wurde. Besonders zu der letzten Pflegemutter, die ihren Sohn wochentags betreut, während sie am Wochenende den Kontakt zu ihm aufrechterhält – verbindet sie ein sehr stark problematisches Verhältnis. Sie fühle sich in allen Dingen dirigiert, die Pflegemutter sei misstrauisch, mische sich in alles ein, besonders in die Erziehung des inzwischen sieben Jahre alten Sohnes und in ihre Freizeit. Während sie über die Beziehung zur Pflegemutter ihres Sohnes spricht, wird sie immer unruhiger und erregter …

K Ja, wie soll ich jetzt weitererzählen? Es ist mir schwer gefallen, da immer nach ihrer Pfeife zu tanzen … äh, ja. Ich hatte auch eigentlich gar keine Lust, immer da zu sein, … äh … ich musste eben da sein. Ich wollte auch gar keine Freunde kennen lernen. Äh … jedes Mal hat sie versucht, dass ich da jemanden kennen lerne. Auch irgendwie Freundinnen, mit denen ich etwas machen konnte, … wo ich dann auch ab und zu was machen konnte, weil *sie* es so erlaubt hat, …

ich war dann hin- und hergerissen von wegen, … eigentlich war ich nur noch für mein Kind … da, … für mich war ich eigentlich sehr wenig da … äh … Ich wollte mich eigentlich nur um mein Kind kümmern, … an mich hab ich weniger gedacht …

B So wie du das erzählst, scheint mir dein Leben sehr verplant worden zu sein von deiner Pflegemutter.

K Ja, genau.

B Gar nicht auf deine Wünsche angelegt, sondern immer, wie **sie** das gerne gehabt hätte.

K Ja … genau. (Schaut immer wieder auf die Uhr, rutscht hin und her – Pause)

B Ich sehe, du wirst sehr unruhig.

K Ja, nein, … es kommt eben alles so voll wieder hoch … und äh … Irgendwie ist es komisch, mit jemanden zu reden, den man gar nicht so richtig kennt, … und dem dann aus seinem Leben zu erzählen, … ist gar nicht so einfach … (Die Klientin wird immer unruhiger, es scheint ihr auch unangenehm weiterzusprechen)

B Gut. Ich möchte dir freistellen, das Gespräch zu beenden, wenn es dir jetzt zu nahe geht …

K Gut, ich würde jetzt gern Schluss machen, das wäre mir lieber.

Das Gespräch wird vorzeitig beendet. Die Störung in der Phase der Beziehungsaufnahme und Beziehungsgestaltung ist – Gott sei Dank – nicht so gravierend gewesen, dass die Klientin nicht wiederkam. Dennoch ergibt sich für die Stelle, in der das Gespräch abgebrochen wurde, folgende Schlussfolgerung:

- Die Klientin wollte die gespürte Fremdheit zwischen sich und der Beraterin aufheben. Sie spricht dies als wichtiges Hindernis in der Vertrauensbildung an, ohne dass dies von der Beraterin thematisiert wurde. Für eine Frau, die in ihrem bisherigen Leben immer gelenkt, beeinflusst und gegängelt wurde, ist es offenbar besonders wichtig, wer ihr gegenübersitzt, wem sie sich ausliefert und – möglicherweise – was das zu bedeuten hat, wenn jemand ihr doch relativ offen und nicht lenkend, ratgebend und überlegen-gebend gegenübertritt.
- Warum die Studentin die Beziehungsklärung und eine Selbstöffnung hier vermeidet, ist nicht ganz klar. Möglicherweise erkennt sie die Schwere dieser kritischen Situation, die Verantwortlichkeit, die sie übernommen hat. Sie sagte ja bereits bei der Eröffnung des Gespräches, dass die Klientin jederzeit abbrechen könne.
- Die Einleitungssituation (außer dem Hinweis auf jederzeitigen Abbruch, der völlig unnötig der Klientin erst die Augen für eine solche Möglichkeit öffnet und auf Gefahren verweist) ist sonst gut und angemessen, auch der Hinweis auf die Kassetten-Aufnahme und Vertraulichkeit sowie den Zweck solcher Aufnahmen.
- Die Tatsache, dass diesem abgebrochenen Gespräch noch zwei weitere Gespräche folgten, die sehr produktiv und vertrauensvoll verliefen (die Klientin äußerte sich auch entsprechend in einer Nachbesprechung) macht deutlich, dass das Misslin-

gen einer beschützenden Vertrauensbeziehung in einer bestimmten kritischen Situation nicht unbedingt das Scheitern der gesamten Beratungsbeziehung ankündigt. Wenn auch die Klientin den Abbruch der Stunde vornimmt, so erfährt sie doch von der Beraterin, dass sie diesen Schritt verstehen und auch akzeptieren kann.

Zusammenfassung: Ein schützendes Beziehungsangebot, besonders auch schon zum Beginn einer Beratung, ist Voraussetzung für die Erkundung der inneren und äußeren Umwelt des Klienten. Wenn dieses Angebot nicht gemacht wird, kann es nach unseren Erfahrungen an folgenden Gründen liegen:

- Fehlende Empathie für die besondere Hilflosigkeit und Verletzbarkeit des Klienten besonders auch schon in der Situation des Erstgespräches.
- Fehlende Fähigkeit zur Anteilnahme. Dies kann begründet sein durch das Gefühl von Bedrohung, die das spezielle Problem des Klienten im Berater auslöst.
  Zum Beispiel berichtete der Berater der Klientin mit Krebsangst, dass dieses Thema auf Grund eines Krankheitsfalles in der Familie ihn derzeit erheblich belasten würde.
- Unfähigkeit, einen beschützenden Beziehungsrahmen herzustellen, weil Berater in ihrem Leben und ihrer Entwicklung einen solchen Rahmen selbst nie erfahren haben.
- Gefühl der Unterlegenheit und der Unfertigkeit, besonders, wenn der Berater vom Alter her wesentlich jünger als der Klient ist. Mit der Aufgabe, einen beschützenden Rahmen herzustellen, verbinden sich offenbar generationsspezifische Wahrnehmungen und Vorurteile, wie z. B. nur Eltern können Kinder stützen, nicht aber Kinder die Eltern.
- Die Angst des Beraters vor der Übernahme einer großen Verantwortung, der er eventuell nicht gewachsen ist. Indirekt: die Verweigerung, eine bestimmte Rolle und Aufgabe innerlich auch richtig anzunehmen.

Die oben genannten Punkte machen deutlich, dass es sich nicht um formale Fehler in der Gesprächsführung handelt, wenn man die geforderte stützende Beziehung nicht aufbauen kann, sondern um Erfahrungen und Prozesse, die mit der Person des Beraters zusammenhängen. In dem Vertiefungsangebot »Klientenzentrierte Gesprächsführung« der Studenten, einer Gruppe meist jüngerer Menschen, sind häufiger »Fehler« in dieser Richtung entstanden, offenbar auch zusammenhängend mit der geringeren Erfahrung, auch Erfahrung in »stützenden« Rollen (Elternteil, Verantwortung).

4.3 Mangelnde Förderung der Selbstexploration des Klienten

4.3.1 Beispiel 1: Interviewer-Verhalten des Beraters: Bezugnahme auf Personen und Fakten

Im folgenden Beispiel geht es um einen Ausschnitt eines authentischen Beratungsgespräches einer Studentin mit einem HIV-positiv belasteten jungen Mann. Die Studentin trifft sich im Zusammenhang mit einer Aids-Selbsthilfegruppe mit einem Aids-Infizierten, der über die Schwierigkeiten spricht, unter den derzeitigen Bedingungen seiner Infektion noch jemanden enger kennen lernen zu können.

K Es ist sehr schwierig, jemanden unter den gegebenen Umständen kennen zu lernen, mit dem man sich versteht, den man liebt. Das empfand ich immer als sehr schwierigen Prozess, den ich aber auch brauche. Ich bin niemand, der allein sein mag, ich mag schon Partnerschaft sehr gerne. Jetzt hab ich so im Moment das Problem, erst mal die Sache zu beenden. Jemandem sagen, dass ich HIV-positiv bin. Dann ist er vielleicht abgeschreckt und hat Angst, sich mit mir anzufreunden, und will keine Beziehung mit mir, weil ich zu gefährlich bin und giftig. Ich hab also Angst, jemanden anzustecken, bzw. ich hab Angst, dass jemand Angst hat, sich bei mir anzustecken, dass man mich als lebende Gefahr für sich ansieht.

B Und wie siehst du dich selber?

Klient spricht über Möglichkeiten der Verhinderung durch Safersex, über medizinische Dinge und die bei ihm festgestellte geringe Virenaktivität sowie über die bei ihm relativ geringe Gefahr der Ansteckung. Dennoch ist es für ihn wichtig zu wissen, wem er etwas sagt und wem nicht.

K Wenn ich mich dann offenbare, habe ich auch die Befürchtung, dass derjenige das eben weitererzählt, was nicht in meinem Sinne ist, denn ich möchte mir eben selber aussuchen, wem ich das sage und wem nicht. Ich werde aber nicht umhin können, es zu erzählen, wenn ich jemanden kennen lerne, wo ich mir vorstellen kann, den noch etwas näher kennen zu lernen.

B Willst du es ihm dann auf jeden Fall sagen?

K Ja, das würde ich schon tun. Alles andere wäre dann Mord. Also, wenn ich jemanden kennen lernen will, muss ich mir noch besser überlegen, ob ich denjenigen besser kennen lernen will, in welche Richtung es gehen soll. Ich muss richtig mein Auge schärfen und meine Fühler ausfahren und mich schon entscheiden, ob derjenige mit der Sache umgehen kann, oder, wenn er nicht umgehen kann, ob er zumindest still sein kann und nicht alles erzählt.
Ich möchte auch nicht, dass sich jemand über meine Gesundheit Gedanken macht oder über meine Ansteckungsgefahr oder darüber spekuliert, wie lange ich noch lebe. Ich kann mir auch vorstellen, so mit Leuten in Kontakt zu

kommen, ohne diese Hintergedanken, dass vielleicht eine Beziehung daraus wird? Ja, das könnte ich mir schon vorstellen. Manchmal geschieht es auch. Aber irgendwann kommt es dann, wenn ich mich entscheiden muss, jemandem näher zu kommen. Ich möchte aber auch die Möglichkeit behalten,wirklich eine tiefe Beziehung haben zu können. Daraus schöpfe ich auch viel Kraft, weil ich das brauche. Es ist ein ganz wichtiger Bestandteil in meinem Leben.

B War das jetzt deine erste längere Beziehung, die du mit dem Mann eingegangen bist?

K Nee, das war meine …

B Du hattest also schon vorher längerfristige Beziehungen gehabt?

K Ja, aber nicht länger als ein Jahr. So wie jetzt eben auch. Aber ich hatte schon Beziehungen gehabt.

B Gibt es denn unter denen jemanden, an den du dich vertrauensvoll wenden könntest, wenn du es wolltest?

K Nein, eigentlich nicht. Aber einer zählt noch zu meinen Freunden. Aber ich habe kein so großes Vertrauensverhältnis. Ich weiß auch nicht, wie er damit umgehen würde.
Ein anderer Freund, mit dem ich zusammen war und den ich sehr schätze, lebt jetzt in Irland, und da ist einfach die Distanz zu groß, um es ihm zu sagen. Und am Telefon, das ist zu technisch.

B Aber es gibt da Freunde, die es auch wissen?

K Ja, die gibt es. Ungefähr so eine Hand voll.

B Die auch für dich damit gut umgehen?

K Die habe ich mir halt entsprechend ausgesucht.

B Und das ist auch für dich so okay?

K Ich muss nicht mit allen so darüber sprechen, weil die sich auch stellenweise untereinander kennen. Ich möchte , dass die mich so nehmen, wie ich bin, und auch so akzeptieren. Meine jetzige Situation hat damit überhaupt nichts zu tun. Weil für die auch nicht die Gefahr besteht, dass ich sie anstecke, sehe ich auch keinen Grund darin, ihnen das alles zu erzählen, weil ich die entsprechenden Gesprächspartner schon habe.

B Der Mann, der mit dir die Beziehung hatte: Gibt es denn von deiner Seite Argwohn, dass er deine Geschichte herumerzählen könnte?

K Nein, da habe ich schon Vertrauen zu ihm.

B Du wärst dir ganz sicher, dass das alles bei ihm bleibt?

K Ja, da bin ich sicher.

B Was sicher beruhigend ist, weil, wenn Beziehungen auseinander gehen, dann immer doch schmutzige Wäsche gewaschen wird.

K Ja, das beruhigt mich. Ich sehe in ihm immer noch einen Pol, der mir zur Verfügung steht, wenn ich mein Herz ausschütten kann. Er wird da sein, egal was passiert.

B Was ja sicher viel ist, wenn halt die Beziehung auseinander geht, gerade auch in der Anfangsphase der Trennung. Aber du hast ja auch gesagt, dass du dich

mit ihm bald treffen willst und wirst dann auch sicher die Beziehung besprechen?
Was sagt er dazu? Ich habe so rausgehört, dass das für dich nicht so klar ist, ob es wegen deiner Krankheit letztendlich gewesen ist, dieses Nicht-Harmonieren in der Beziehung?

K Nein, das ist so nicht richtig …

Zusammenfassung: Es scheint fast so, dass der Klient *ohne* Intervention der Beraterin sich tiefer gehend exploriert als mit ihr. Am Anfang begleitet sie ihn mit kurzen verstehenden Äußerungen. Je länger sie spricht, eigene Gedanken ins Spiel bringt und das Gespräch auf die Freunde lenkt und von ihm weggeht, umso externaler entwickelt sich das Gespräch. Es ist mehr ein Interview, um das Sprechen in Gang zu halten, als ein einfühlend auf Selbstexploration gerichtetes Gespräch. Was kann hinter der Haltung des Interviewens liegen?

Die Beraterin erläutert abschließend in der Fallkommentierung: »… Da ich Anfänger bin, hatte ich zunächst die Befürchtung, mit dem Fall überfordert zu sein. Aus dem Gefühl heraus habe ich dann aber das Thema behandelt, ohne ihn einzuschränken.« Und: »Ich hatte zu keinem Zeitpunkt das Gefühl, dass der Redefluss abnahm und dass ich nicht mehr weiter wusste, was ich fragen sollte.« Hier wird deutlich, dass die Beraterin das »Interview« in Gang halten wollte. Selbstkritisch merkt sie an: »Ich habe beim erneuten Durchlesen des Interviews festgestellt, dass ich meist sehr direktiv mit dem Klienten umgegangen bin, was so wohl nicht im Sinne von Rogers sein kann. Außerdem habe ich relativ viele Fragen gestellt, die man bekanntlich vermeiden sollte.«

Auch wenn das Gespräch die Tiefe der Selbstexploration nicht erreicht hat, die hätte erreicht werden können, war das Aussprechen an sich für den Klienten doch befriedigend. Nach dem Bericht der Studentin habe er ihr eröffnet, dass die insgesamt drei Gespräche ihm einiges gebracht hätten und er sich auch sehr verstanden gefühlt habe.

Als Gesamtergebnis hebt die Studentin hervor, dass es ihr gelungen sei, gute Distanz zu dem Problem behalten zu haben. Sie habe ihn nicht »mit sorgenvoller, mütterlicher Angst überschüttet«, sondern ihm helfen wollen, seine Beziehungssituation zu klären.

Fazit von »Interviewer«-Angeboten:

- Interviewer-Fragen reißen den Klienten aus seiner selbstexplorativen Haltung heraus, da die inhaltlichen Angebote vom Berater bestimmt werden.
- Sie dienen mehr einer Situationsklärung als einer Personklärung (s. Typologie).
- Formen des Interviewens und Befragens treten auf, wenn Abstand und Distanz zu einem Problem oder Klienten gesucht werden.
- Interviewer-Fragen verschärfen den Problemausdruck und vermindern die Unmittelbarkeit eines Gesprächs.

4.3.2 Beispiel 2: »Selbstexplorations-Killer«: Mangel an Klarheit und Unmittelbarkeit

Umständliches Formulieren

Ausgangspunkt: Der Klient ist Mitarbeiter einer Einrichtung, die u.a. für die Hausaufgabenbetreuung von sozial benachteiligten Kindern zuständig ist. Der Berater ist Student höheren Semesters und macht in dieser Einrichtung zurzeit ein Praktikum. In dem Gespräch geht es um das Problem des Mitarbeiters, sich in dieser Einrichtung anderen Mitarbeitern und den Kindern gegenüber klarer abzugrenzen.

K Wo ich mir selber klar war, wo ich selber ne klare Position hatte, wusste was ich wollte, auch wusste, das ist mir wichtig, das will ich durchsetzen. Nur dat ... äh ... da ... dat ist wahrscheinlich diese Formulierung, dat will ich, und dat ist mir wichtig. Dat ist sozusagen im Alltagsgeschäft so nicht ne Selbverständlichkeit, so wenn es darum geht: Machen wir nun die Hausaufgabenbetreuung, welche Art von Freizeitbetreuung setzen wir an und so ...

B Da hast du keine Probleme, dich oder deine Meinung durchzusetzen, es ist ja ...

K Zumindest ... vielleicht Probleme schon, aber nicht so, dat ich dann nicht zum Ziel käme so einfach. Nur, das ist natürlich nicht der Alltag, ja, das ist, ... Alltag sind ...

B Mir ist der Unterschied jetzt noch nicht so ganz klar, wenigstens inhaltlich jetzt zwischen pädagogischen Belangen und anderen Belangen, als vielmehr die Qualität, der Unterschied zwischen den Bereichen, wo du dich jetzt eindeutig verhältst und auch durchsetzt, und den anderen Bereichen, wo du das nicht machst. Also mir ist da auch jetzt nicht klar, ähm, warum du da nicht dazu kommst, sagen wir das mal so, dich da vielleicht ... (K Ja, ich weiß auch nicht ...) dich eindeutig zu verhalten. (Pause)

K Äh, also zum Beispiel diese Fopperei, ... also jetzt mal insbesondere ... äh von dem Praktikanten, den kennst du ja auch. Die mach ich ja auch oft mit, find ich auch dann lustig, aber sie geht mir auch oft auf den Geist. Ich sag dann nicht, dass sie mir auf den Geist geht, sag dann nicht: Jetzt ist gut, jetzt hab ich keinen Bock, hört auf damit ... hab ich jetzt keinen Nerv drauf. Ich grenz mich da nicht so deutlich ab.

Der Klient berichtet weiter über seine Arbeitssituation. Er könne klar und deutlich sein, wenn es um die theoretische Diskussion pädagogischer Fragestellungen gehe, nicht aber, wenn es um Auseinandersetzungen mit Personen gehe.

B Also, du würdest dann, kann ich das so sagen, vor dem, ... vor der Beziehung zurückschrecken, vor den, vor dem »Mehr an Nähe«, vor diesem, dass du auch dann mehr investieren musst, mehr dich auch emotional beteiligen musst.

K Ja, dat is mehr …

B Dass das beide Bereiche betrifft, dass das beide Bereiche betrifft, denn genau so den Bereich der dienstlichen Obliegenheiten zwischen Kollegen und dir, und dann aber auch diesen eher … ja, son bisschen, ja, von Mensch zu Mensch, diesen Kontakt oder diesen persönlichen zwischenmenschlichen Kontakt äh. Im Sinne von Fopperei und wo also nicht der dienstliche Charakter da besteht.

K Mehr wenn das Persönliche im Vordergrund steht. Und da gibt es Konflikte, da könnte ich der Schwächere sein, könnte ohnmächtig oder hilflos sein, könnte unterliegen …

B Also, da muss es gar nicht vom Ergebnis her, muss es gar nicht jetzt … um das Ergebnis selbst muss es nicht gehen, als vielmehr um den inhaltlichen Bezug muss es nicht gehen, als vielmehr dann in dem Konfliktfalle sich äh … schwächer zu fühlen, ohnmächtiger zu reagieren, ohnmächtig zu sein, betroffen sich zu fühlen … (Pause)

Der Berater merkt offenbar die Verwirrung und die Tatsache, dass der Klient in seiner Selbstexploration unterbrochen wurde, und lenkt zu dem Thema: Auseinandersetzung mit einem Zivildienstleistenden im Team.

B Ich würde vielleicht gerne mal von der Rolle des Zivildienstleistenden und dessen Person absehen und auf dich zu sprechen kommen. Vielleicht lässt dieses, äh, Ernstnehmen, Ernstgenommen-Werden, äh … auch dein Gefühl entstehen, du hättest in diesem Konfliktfalle noch mal etwas näher heranzubringen, das ja auch ein positives war, wo du nicht davor zurückgescheut warst, einen Konflikt offensiv auszutragen, Eindeutigkeit in eine ein bisschen verschwommene Sache zu bringen …

K Äh, ich habe beim ersten Teil nicht zugehört. Wat soll ich machen?

B Ich hab jetzt einfach noch im Kopf dieses irgendwie geartete allgemeine, … irgendwie vielleicht, dass du, dass du dich nicht angenommen fühlst, das auch noch einmal bestätigt hast durch die Erfahrung bei dem, bei der Fortbildung, bei dem Fortbildungswochenende und dann auch erlebst, das ist einfach eine allgemeine Erfahrung, und dann aber auch erlebst, eine besondere Erfahrung, dass du in einem Konflikt, vor dem du ja auch ansonsten zurückschreckst (Klient atmet schwer), dass du in einem solchen Konflikt ein für dich befriedigendes Auftreten hast, ja, und ich habe das so verstanden, dass du das eigentlich, dass du das auch suchst, ja? So, ich verstehe das eben auch so, dass das ein Problem und es doch ne Möglichkeit ähm, … trotz dieses Problems einen Standpunkt zu haben.

K Ja, das ist richtig …

Zusammenfassung: Der Klient tut sich zunächst sehr schwer, Klarheit über sein Verhalten in seiner Berufsrolle zu bekommen. Der Berater verwirrt ihn noch mehr dadurch, dass er in langen Bandwurmsätzen spricht, die den Klienten immer wieder aus dem Strom seiner Selbstexploration herausreißen. Die verworrene Diktion des Beraters fördert nicht die Unmittelbarkeit in der Beziehung und in der Selbstexploration des Klienten, sondern führt zu einem künstlichen Gesprächswechsel. Was eigentlich eindeutig und klar ist, wird zerredet, wiederholt und vom Berater zusätzlich kommentiert, bis die Verwirrung immer größer wird. Der Berater scheint dies nachträglich erkannt zu haben.

Er kommentiert sein Gesprächsverhalten als »teilweise langatmig, sich im Kreise drehend«, als »wertend und kommentierend«. Durch die Aufforderung, sich wieder dem Problem mit dem Zivi zuzuwenden, kehre »das Gespräch wieder auf eine Informations- und Handlungsebene zurück, von der der Klient sich doch stellenweise gelöst hatte. So gleitet das Gespräch aus der geäußerten gefühlsmäßigen Unsicherheit des Klienten wieder heraus.« Der studentische Berater schreibt auch in seinem Selbstkommentar, dass er sehr angestrengt gewesen sei, dass genügend »Stoff« käme, auf den er sich gedanklich beziehen könne.

Obwohl die Beziehung zu dem Teammitarbeiter ansonsten ungetrübt gewesen sei, hätten die drei Gespräche über dessen berufliche Situation nicht zu wesentlich neuen Sichtweisen geführt.

Obwohl der Klient genügend Möglichkeiten anbot, auf die man hätte empathisch und gefühlsklärend eingehen können, geschah dies hier nicht. Welche Gründe können vorliegen, wenn Berater so wenig die Verhaltensmerkmale »Unmittelbarkeit« und »Konkretheit« verwirklichen?

- Angst, sich zu sehr in eine beraterische Beziehung einzulassen, fehlendes Commitment.
- Das Bedürfnis, das Gespräch in der Hand zu halten, nichts Unvorhergesehenes auftreten zu lassen.
- Formal »dabei zu sein« (auch durch ein hohes Quantum des Gesprächsanteils), ohne sich unmittelbar persönlich zu engagieren.
- Defizite der interpersonellen Wahrnehmung, die nicht aus dem beraterischen Prozess- und Beziehungsgeschehen erklärbar sind, sondern in der Persönlichkeit des Beraters liegen.

4.3.3 Beispiel 3: Selbstexplorations-Killer: Unproduktive Lösungsorientierung statt vertiefte Selbstexploration

Im folgenden Beispiel geht es um das Problem einer eventuellen Raucherentwöhnung. Klientin ist eine etwa 35-jährige, allein erziehende Mutter eines körperbehinderten Jungen. Sie hatte in der Zeit, als die Scheidung von ihrem Ehemann lief, zu trinken angefangen und dies einige Jahre beibehalten. Eine Entziehungskur hat sie anschließend erfolgreich absolviert und ist seitdem nicht mehr rückfällig geworden. Sie ist halbtags berufstätig und so weit zufrieden mit ihren Lebensbedingungen. Manchmal frage sie sich, ob der starke Zigarettenkonsum so richtig sei. Sie habe aber

– im Unterschied zu ihrer Alkoholproblematik – noch nicht den richtigen »Klick« (einen von außen kommenden Befehl) gespürt, um damit aufzuhören. Ihre Motivation, etwas gegen das Rauchen zu machen, ist unklar. Wichtige Entscheidungen im Leben habe sie allein getroffen. Im Alltag falle ihr jedoch auf, dass sie manchmal sehr von außen abhängig sei und sich vieles aufdrängen lasse.

Die Beraterin dieses authentischen Gesprächs ist eine etwa 40 Jahre alte Studentin, die früher in einem nicht sozialen Beruf tätig war. Ziel des Gespräches war es, über ihre Lebensbedingungen, Suchtneigungen und speziell das Rauchen zu sprechen.

K (Kommt rauchend in das Zimmer) Ja, rauchen tu ich noch fleißig weiter. Da hat sich nichts verändert. Sonst geht es mir ganz gut. Ja, wirklich!

B Hast du mal über das Rauchen nachgedacht? Oder ...

K Denken öfter, aber nützen tut es nichts, jedenfalls nicht im Moment. Jetzt ist es ja auch mit diesem Wetter und dem Ozon und so ...

B Das Sprühen und das Rauchen ist ja dann noch so ein Faktor obendrauf. Ja, nun sag mir doch mal was dazu.

K Was soll ich dir da erzählen. Dass das schädlich ist in allen Bereichen, das weiß ich. Was gibt es da zu sagen? Ich weiß das alles mit dem Krebsrisiko und so. Aber der berühmte »Klick« ist eben nicht da. Es muss also irgendwann der Punkt erst erreicht werden. Also, nicht, dass es mir schlecht geht ...

B Es ist wie damals mit dem Alkohol?

K Ja, da hat es einfach »Klick« gemacht, da ging es mir auch sehr schlecht. Es war einfach der Punkt erreicht da hieß es nur: »Vogel friss oder stirb.«

B Hast du irgendeine Vorstellung, wie das diesmal ausgelöst werden könnte, ne Richtung?

K Nö, hab ich nicht. Wenn ich wüsste, wie so was ausgelöst wird, würde ich eventuell, darauf hinarbeiten. Ich merk es ja selber. Ich will irgendwie anfangen, aber der Druck ist nicht da. Und wenn ich dann was mache, was so außen angeboten wird, so Raucherentwöhnung oder Akupunktur, das ist es eben nicht ... Alles was von außen ... Aber etwas ist es auch von innen. Dass ich sage, jetzt mache ich einen Kurs und so fort ...

B Du gehst dann mehr vom Verstand her dran oder?

K Ja, dann geh ich vom Verstand her dran, das ist ja die Sache. Oder das Gefühl: Bis es sagt, so schlimm ist es ja nicht.

B Versuch das mal zu unterscheiden. Was sagt dir denn nun, hör auf, und was sagt dir ...

K Ja, der Verstand sagt ganz klar, hör auf.

B Ja, aus gesundheitlichen Gründen.

K Ja gut, aus gesundheitlichen Gründen oder aus Geldgründen.

B Der Verstand funktioniert da noch ...

K Aber dann ist es das Gefühl, das da sagt, warum eigentlich?
Es geht jetzt zwar ab und zu schlecht, aber im Grunde genommen ... ja nicht. Es geht ja auch wieder besser, und warum sollst du da nicht wieder rauchen.

B Irgendwie hab ich das Gefühl, du redest im Kreise.
K Ja, hier jetzt: Das ist auch so ein Kreis ... So ein Kreis, der einfach noch nicht unterbrochen wird – bei mir.
B Ja, es ist auch sehr schwer, so für mich da einzuwirken. Alles ist ganz glatt so. Es ist keine Stelle, wo ich das Gefühl hab, hier ist was offen und jetzt können wir ... weiterkommen ... (Pause)
Also, ich könnte mir vorstellen, dass es bei dir nur funktioniert über diese Angst. Wenn du kurz vor dem Ende bist ...
K Das, das ... ich glaube, das muss wieder über diesen Faktor Angst gehen oder so.
Anders, wenn ich mir diese Angst zurückrufe, die ich so die vier Wochen nach dem Asthmaanfall gehabt habe ...
B Ja.
K Da hab ich gedacht, na gut, das wäre dann so. Nur das Problem war dann, dass die Angst wieder zurückging. Und je mehr die Angst zurückging, desto mehr und leichter habe ich dann wieder zu der Zigarette gegriffen. Und jetzt ist es wieder so, wo ich mir dann sag: Gut, du hast den Asthmaanfall gehabt, du weißt aber, der war nach einem Tag wieder vorbei. Also brauchst du gar nicht so viel Angst davor zu haben. Es ist schizophren!
Also ich mein, ich möchte ihn nicht noch mal haben. Aber irgendwie läuft da im Unterbewusstsein etwas ab: Ja gut, was solls.
B Man hört ja jetzt schon wieder an deiner Stimme, dass du mit Luft ...
K Nö, jetzt nicht!
B Na.
K Klingt vielleicht etwas belegt, aber ich habe keine Luftnot. Das hab ich nicht ...

Zusammenfassung: Die Klientin stimmt nur zögerlich zu, über ihre Raucherproblematik zu sprechen. Offensichtlich hat diese Alltagssucht für sie – nach Abklingen ihrer Alkoholprobleme – eine wichtige Funktion, die sie aber nicht richtig explorieren möchte. Die Beraterin insistiert auf ihrer Suche nach Lösungsmöglichkeiten im Hinblick auf das exzessive Rauchen. Da die Klientin vorher schon einmal gesagt hat, dass sie Süchte einstellen kann, wenn es ganz »von innen« kommt und wenn genügend Druck da ist, hätte sie verstehen müssen, dass von ihr ausgeübter Außendruck nicht viel bringt. Dabei arbeitet sie mit den Mitteln der Angst- und Panikerzeugung (»schwerer Atem, Asthmaanfall, Angst«), was zu keiner produktiveren Befassung der Klientin mit diesem Thema führt, sondern die Abwehr noch verstärkt.

Die Studentin selbst sagt in ihrem nachträglichen Kommentar: »Vielleicht war es nicht richtig, vorher die Einschränkung auf ein bestimmtes Thema wie das Rauchen zu machen. Ich hatte vorher um die Begrenzung auf ein Thema gebeten, da mir die Problematik der Klientin viel zu schwierig erschien. Sicher wäre es besser gewesen, keine Vorgaben im Hinblick auf ein Problem und dessen Lösung zu machen.«

Generell kann ein unproduktives *Lösungsorientiertes Verhalten* durch folgende Bedingungen hervorgerufen werden:

- Mangelhaftes Erfassen der Problemdefinition des Klienten durch wenig empathisches Verstehen.
- Eigene Erfolgsziele: Etwas erledigt haben, etwas Konkretes verändert und erreicht haben, ohne die Hintergrundbedingungen für bestehende Symptome bearbeitet zu haben.
- Fehlende Selbstexploration über die Symptom-aufrechthaltenden Bedingungen und Widerstände.
- Unzureichende Vermittlung eines Gefühls der Autonomie für den Klienten. Da Suchtstörungen Abhängigkeitsformen sind, ist es hier besonders wichtig, dem Klienten erst einmal die autonome Verfügung über sein Symptom erfahrbar zu machen. Erst wenn er – bei meist zunehmendem Leidensdruck – die Veränderung und die Besprechung der Hintergrundbedingungen und die damit verbundenen Gefühle und kognitiven Bewertungen zu erkunden wünscht, ist eine produktive Bearbeitung und Erfahrung möglich.

4.4 Abschlussdiskussion: Gibt es Regeln für richtiges oder falsches Beraterverhalten?

Im abgeschlossenen 4. Teil wurde die Bedeutung zweier für die Beziehung wichtiger Beratermerkmale vorgestellt, nämlich Anteilnahme und Commitment sowie drei konkrete *instrumentelle Bedingungen*, die hemmend für die Entwicklung von Selbstexploration sind.

- Interviewer-Verhalten in Form von Fragen nach Personen und Fakten
- Fehlen von Unmittelbarkeit und Klarheit beim Berater
- Lösungsorientierung statt Prozessorientierung

Selbverständlich sind diese drei »Selbstexplorations-Killer« nur auffällig für das hier vorliegende Projekt von Studierenden in der Beraterausbildung. Wichtig für die Förderung eines selbstexplorativen Klientenverhalten sind auf Grund der Praxiserfahrung und auf Grund vieler empirischer Untersuchungen natürlich in erster Linie ein empathisches, akzeptierendes und kongruentes Beraterverhalten und geeignete Merkmale des Verbalverhaltens, wie z. B. Flexibilität des Sprachverhaltens, Ansprechen von Gefühlen, Klarheit und Konkretheit, sowie differenziell-therapeutische Verhaltensweisen wie Stimulieren von Verhaltensweisen, Hinterfragen von Verhaltensweisen, Konfrontieren und Fragen-Stellen im Sinne von Interesse und Zuwendung-Verwirklichen (s. Weinberger 1988, S. 129f.).

Die Verwirklichung der Beziehungsbedingungen Anteilnahme und Commitment sind wichtig im Hinblick auf die ganz besondere Art der Klientel in der Sozialpädagogik und Sozialarbeit. Diese Klienten sprechen besonders auf Anteilnahme an und spüren sehr schnell, ob der Berater sich zu Verantwortlichkeit und Verpflichtung für den Klienten hinbewegt.

Die instrumentellen Bedingungen, die Berater setzen, um eine bessere Selbstexploration zu fördern, sind ebenfalls spezifisch für die Arbeit mit Klienten, die auf die schnelle Lösung von Problemen drängen (häufig in der Sozialarbeit, seltener in der Psychotherapie). Aus Unsicherheit oder: um schneller zu einem vorzeigbaren Ergebnis zu kommen, möchten Beraterinnen und Berater den Gesprächsprozess kontrollieren, möchten Resultate und Lösungen nachweisen und weichen damit von der unmittelbaren und konkreten Gesprächsgestaltung ab.

Kann man die Fehler auf der Ebene der Beziehungsgestaltung (fehlende Anteilnahme und Commitment) und die Fehler auf der instrumentellen Ebene (der Selbstexplorationsförderung) vermeiden?

Um die Frage zu klären, ob bedeutsame Beziehungs- und instrumentelle Variablen durch Training, Ausbildung, Rollenspiel, Supervision oder Verbalisierungsübungen änderbar sind, muss man erst einmal fragen, zu welchem zu Grunde liegenden Konzept derartige trainierbare Einzelmerkmale gehören. Man muss sich eine Hierarchie vorstellen, die vom konkreten Einzelmerkmal ausgeht und über die Zusammenfassung verschiedener Einzelmerkmale zu einem Konzept wird. Verschiedene Konzepte zusammengefasst, machen wiederum einen Beziehungsaspekt deutlich, der mit einem anderen Merkmal, z. B. dem Beratungserfolg des Klienten, in Zusammenhang gebracht wird. Eine zu stark auf das Training von Einzelmerkmalen angelegte Ausbildung (z.B. »konkrete Formulierungen« einüben) verfehlt vielleicht ihr Ziel, weil das in der Hierarchie darüber liegende Konzept »genaue Selbst- und Fremdwahrnehmung des Klienten« nur unzureichend erfasst wird.

Biermann-Ratjen u.a. weisen darauf hin (1995, S. 60ff.), dass in der Geschichte und Literatur der Gesprächspsychotherapie allzu oft die Ebene der konkreten Verwirklichung mit den anderen Aktionsebenen gleichgesetzt wird. Zum Beispiel wird »Verbalisierung von Erlebnisinhalten des Klienten durch den Therapeuten« gleichgesetzt mit Empathie. Da das konkrete Merkmal »Verbalisieren von Gefühlen« jedoch nur *ein* Teil der Empathie ausmacht und viele andere Bestimmungsmerkmale erst zusammenkommen müssen, um das abstrakte Konzept »Empathie« halbwegs zu erfassen, ist es vielleicht müßig, das Training von Einzelmerkmalen zu forcieren. Schlimmstenfalls kann sogar das »Verbalisieren von Gefühlen« durch den Berater unempathisch sein, wenn z. B. das »Schweigen«, eine körperliche Geste oder eine verbildlichende Darstellung diesem Konzept viel näher kommt! Ähnliche Einwände gegen eine vereinfachende konkretistische Auslegung der Beziehungsvariablen erhebt Höger (1989, S. 199f.), der die Mehrschichtigkeit (das hierarchische Verhältnis von Konzept und konkretem Einzelmerkmal) in einem taxonomischen Modell[1] darstellt.

1 Taxonomie ist eine hierarchische Ziel-Mittel-Anordnung, Klassifikationsbeschreibung.

In dem obigen 4. Teil wurde eine Reihe von Gesprächsbeispielen herausgestellt, die in ihrer konkreten Ausgestaltung unproduktive Beratungsprozesse im Sinne des personzentrierten Konzeptes auslösten. Nach dem Schema der Konkretisierungsebenen von Höger handelte es sich um Sprachbeispiele von Verhaltensmerkmalen, die wieder ein Merkmal (von mehreren) eines wichtigen Konzepts ausmachten: Commitment als wichtiges Merkmal von Echtheit, Anteilnahme als wichtiges Merkmal von Akzeptanz, Wertschätzung und Echtheit, Lösungszentrierung als wichtiges Merkmal von Selbstexploration (im umgekehrten Sinne, d.h. Prozessorientierung als wichtiges Verhaltensmerkmal selbstexplorativen Verhaltens). Dabei sollte deutlich geworden sein, dass die konkrete Ausformulierung in keiner Weise kausal mit dem zu erreichenden Veränderungszustand verbunden werden kann. Wirksam oder weniger wirksam sind nicht die Formulierungen, sondern die durch diese und andere Verhaltensmerkmale ausgedrückten Konzepte. Für den Rogers-Ansatz ist es kennzeichnend, dass die Realisierung von Beziehungskonzepten eine so große Rolle spielt. Die konkreten Verhaltensweisen und Vorgehensweisen (»Interventionen«) des Beraters führen zwar auch zu konkreten Veränderungen, diese sind jedoch kaum planbar und variieren in Abhängigkeit von Klient, Berater, Prozessstufe und Methode. Bei Supervisions-Sitzungen, so wie ich sie aus eigener Erfahrung kenne, wird nicht selten die »therapeutische Unbestimmbarkeits-Relation« (s. oben) ignoriert und so getan, als könne man wie ein Naturwissenschaftler oder Mediziner Mittel und Wirkung klar abschätzen. Die vielen Trainingsbücher, die es zum Beratungsgeschehen gibt, suggerieren, dass das Training von Einzelmerkmalen in der Lage ist, kausal grundlegende Konzepte zu verändern. Ich meine dagegen, dass kausale Abhängigkeiten, soweit sie auf der abstrakten Ebene der Konzepte bestehen mögen, immer mehr verschwinden, je mehr man sich der konkreten Ebene annähert. Ich plädiere daher – an Stelle eines behavioristischen Trainings der Realisierung von Einzelmerkmalen – für ein Training, das die Intuition für die Einzigartigkeit der Zusammenhänge und Regeln bei einem so und so gearteten Klienten in einer so und so gearteten Situation und Prozessstadium ausweitet! Fantasie- und Flexibilitätstraining statt Skalentraining und Training von Einzelmerkmalen! Dieses Trainingskonzept kommt der therapeutischen Unbestimmbarkeits-Relation am nächsten.

In kochbuchartig zusammengestellten Übungen versuchen jedoch viele Anleitungsbücher, wie man die scheinbar »richtigen« Maßnahmen in bestimmten Standardsituationen eintrainieren und die richtigen Vorgehensweisen wählen kann. Andere Autoren mit differenziell-therapeutischer Zielsetzung (bei welchen Klienten zu welchen Zeiten welche Anregungsprozesse zu setzen sind) gehen von der Planbarkeit unterschiedlicher Ansätze aus: Bei aktionsbetonten Menschen soll man anders intervenieren als bei selbstaufmerksam orientierten Menschen (Tscheulin 1992, S. 117ff.). Oder man sollte bei bestimmten Klienten die ausgegrenzte Seite des Erlebens mehr anregen und ansprechen als die vorhandene Seite: bei zwanghaft strukturierten Menschen mehr die gefühlsbetonte Seite, bei hysterisch agierenden Menschen mehr die Seite der Ordnung und Stabilität (Swildens 1992, S. 133f.). Bei Sachse (1992, S. 346ff.) geht es darum, Klienten je nach Stand des Prozesses und dessen Klärungsmotivation entweder mehr vertiefende, verflachende oder gleichhaltende Gesprächsangebote zu vermitteln. Dies klingt alles sehr plausibel, hilft aber den Beratern und Therapeuten wenig, wenn sie sich in einer einzigartigen Prozess- und Beziehungssituation mit ihren Klienten befinden. Ich bin mir auch nicht sicher, ob ein solches Vorgehen dem Rogers-Ansatz noch entspricht, da dies eine Diagnose des Persönlichkeitszustandes voraussetzt und ein geplantes, kausales Vorgehen nach sich zieht. Sachse (1992, S. 8) drückt dies dementsprechend so aus: »Man muss annehmen, dass Therapeuten planen. Es wäre unklug, auf diese vielfach bewährte Strategie zu verzichten, nur weil jemand der Ansicht war, dies sei zu direktiv. Therapeuten benutzen in ihrem Handeln ihr (übergreifendes) Verständnis der Inhalte des Klienten, ihr Verständnis davon, wie ein Klient arbeitet (wie selbstexplorativ ein Klient ist, ob er Widerstand zeigt usw.). Sie entwickeln Annahmen darüber, was Klienten an Unterstützung brauchen und was ungünstig ist.«

Die auch von mir vertretene entgegengesetzte Position (die von der Unbestimmbarkeits-Relation ausgeht) erachtet die Ergebnisse solcher geplanter Vorgehensweisen als so wenig übertragbar, verallgemeinerungsfähig und vorhersagbar, dass sie auf enge methodische Anleitungen verzichtet und der Intuition, Kreativität und dem »künstlerischen« Gespür vertraut. Das Axiom der *Subjektivität und Unvorhersagbarkeit* führt eher zu einer Skepsis gegenüber standardisierten Interventionen.

Was letzten Endes »fehlerhaft« oder »unproduktiv« war, stellt zwar ein gemeinsames Erfahrungsdatum dar: Berater der unterschiedlichsten Orientierungen würden sicher die oben als Gesprächsbeispiele angegebenen Verläufe übereinstimmend als solche identifizieren. Einigkeit wäre wahrscheinlich auch, dass diese Ergebnisse einer falschen Beziehungsentwicklung und falscher Prozesse der Selbstexplorationsentwicklung wären (Einigkeit auf der abstrakteren Ebene). Uneins wären sich alle in Bezug auf die konkrete Interventions- und Sprachebene. In der Praxis wäre meines Erachtens die intuitive Lösung einer Lösung vorzuziehen, die sich ausschließlich an den ungefähren (schwachen) Zusammenhängen eines »wissenschaftlichen« Basiswissens orientiert.

5. Wie erleben Beraterinnen und Berater ihre Gespräche?

5.1 Die Ausbildungssituation und ihre Auswirkungen

Während des Studiums werden die Studierenden überwiegend in ihren kognitiven Fähigkeiten gefordert. Es gilt, Wissensbestände anzusammeln, diese kognitiv einzuordnen und auf Problemsituationen überwiegend vom Verstand her zu reagieren. Insofern ist eine vertiefende Ausbildung mit der Betonung auf Lernprozesse, die sich ganz auf emotionale und interaktionelle Bereiche der Persönlichkeit richten, zunächst für jeden Studierenden und Auszubildenden eher ungewohnt. Üblicherweise sind Ausbildungsprogramme zum Beraterverhalten auch in der Phase der Praxistätigkeit angesiedelt und nicht in der Phase des mehr theorieorientierten Studiums. Andererseits ist die Ausbildung in klientenzentrierter Gesprächsführung und Gesprächspsychotherapie seit vielen Jahren auch an Universitäten und Fachhochschulen in die höheren Studienabschnitte integriert, wenn auch weniger vollständig als in Zusatzausbildungen von Praktikern, die schon umfassendere berufliche Erfahrungen aufweisen.

Für eine geeignete Grundhaltung des lernenden Beraters ist es wichtig, sich auf Klienten ganzheitlich – das heißt auch von den Gefühlen, der Intuition, den Ideen, den Wahrnehmungen und Körperempfindungen her – einzulassen. Wie weit hatten die Studierenden damit Schwierigkeiten?

Einengung durch Kopfarbeit

Ute beschreibt ihre Empfindungen bei den ersten Gesprächen wie folgt: »Zu Beginn der ersten Gespräche war ich immer ziemlich aufgeregt. Ich hatte alles im Kopf, was es bei der klientenzentrierten Gesprächsführung zu bedenken gibt. Teilweise war dieses Gefühl ›Kontrolle zu behalten‹ aber verschwunden, und ich wurde gelöster.« An anderer Stelle berichtet sie, dass sie immer die Tendenz hatte, die Aussagen der Klientin zu interpretieren, damit sie sich alles besser erklären kann. Dies habe manchmal den spontanen Kontakt zu ihr beeinträchtigt.

Sylvie schreibt ähnlich: »Ich hatte zu Beginn der Gespräche meine Theorien im Kopf und war dadurch etwas verkrampft. Auch bezüglich ihres Problems hatte ich andere Vorstellungen und war etwas überrascht, dass ihr Problem derartig umfangreich war. Im Verlauf der Gespräche wurde ich zunehmend lockerer, das heißt, ich konzentrierte mich voll auf den Prozess des Gesprächs und habe nicht mehr ständig überlegt, ob ich auch alles ›richtig‹ mache.«

Verzicht auf das Anbieten von Ratschlägen und Direktiven

Alltagsgespräche, auch wenn sie beratenden Charakter haben, sind meist durch ein hohes Maß an Lenkung und Aktivität auf Seiten des Beraters gekennzeichnet. Aktivität im Sinne von Vorschläge machen, Hinweise geben, Richtungen bestimmen und Lösungen anstreben, geben dem Berater das befriedigende Gefühl, etwas für die Klienten getan und ein Ergebnis erzielt zu haben. Die Erfahrung, wie wichtig es ist, sich ganz auf einen Prozess zu verlassen und dem Klienten genügend Raum zu geben, in diesem Prozess die für ihn wichtigen Erfahrungen zu suchen, machen viele Auszubildende erst, wenn sie selbst im Rahmen der Ausbildung die Position des Klienten innehatten. Wenn diese Erfahrung aber noch nicht vorliegt, ist es für Auszubildende zunächst überraschend, wie wirksam es sein kann, von der eigenen lenkenden Aktivität einmal abzulassen. So war Anja sehr überrascht, dass Klienten sich auch weiterentwickeln, ohne dass sie den Eindruck hatte, ihnen etwas Direktes zu vermitteln. Gaby sagt: »Keine Vorgaben zu machen, keine Vorschläge zu machen, zu warten, bis die Klientin das Gespräch weiterführt, dies alles war sehr ungewohnt für mich gewesen. Ich wusste zwar theoretisch, dass dies zur Gesprächstherapie dazugehört, aber meine Erfahrung war doch ganz anders. Ich habe eine Ahnung davon bekommen, welche Möglichkeiten des Freisprechens dadurch für den Klienten bestehen. Als Berater muss ich mir im Klaren darüber sein, welche Erwartungen ich an das Gespräch habe. Von diesen Erwartungen hängt es auch ab, ob ich zu einer nicht-direktiven Gesprächsführung in der Lage bin. Möchte ich immer wieder ein nennbares Ergebnis am Ende des Gespräches haben, so werde ich immer wieder versuchen, das Gespräch zu lenken. Besser ist es, auf den Inhalt des Gespräches zu achten: *Der Weg ist das Ziel.*«

Sylvie zeigt sich in höchstem Maße überrascht, dass eigene Zurückhaltung einen positiven Einfluss auf die Klientin haben kann. Sie habe die Klientin selten unterbrochen und ihr auch keine Hinweise und Direktiven gegeben. Umso überraschter erlebte sie, dass die Klientin in dem Nachbefragungsbogen diese Zurückhaltung als überaus positiv für sie und ihre Entwicklung ankreuzte.

Im Zusammenhang mit der Wahrung der Nicht-Direktivität als Grundhaltung geht Gaby auch auf die tieferen Gründe ein, aus denen heraus ein »unangemessenes Eindringen in den Schutzraum des Klienten« (Direktivität) geschieht: »Wichtig ist für mich, meine eigenen Erwartungen im Falle, ich wäre Klientin, zu kennen (Commitment, Schutzfunktion des Beraters). Ich muss wissen, wie viel Schutzraum ich dem Klienten geben kann und wo meine Grenzen sind. Nur dann kann ich sicher mit Emotionen und plötzlichen Gefühlswallungen, wie sie in solchen Gesprächen oft auftauchen, umgehen. Auch die Angst, den Klienten zu verletzen, hat ihren Ursprung in meiner eigenen Empfindlichkeit, die ich nicht einfach auf den Klienten übertragen sollte. In den Gesprächen ist mir noch einmal deutlich geworden, welche große Bedeutung es hat, wenn der Klient sich selbst an sein Problem heranwagt, es selbst äußert, es selbst spürt und es selbst erkennt. Der Berater hat seine beste Funktion als ›Gehilfe‹, nicht als Leitfigur.«

Identifizieren und unangemessene Solidarisierung

Die Studierenden waren überwiegend zwischen 25 und 35 Jahre alt und hatten im Rahmen ihrer Ausbildung nicht selten Klienten, die einer ähnlichen Lebenssituation mit ähnlichen Problemstellungen entstammten wie sie selbst. Die gleiche Studentin wie oben sagt auch, dass es ihr dadurch schwer gefallen sei, immer echt und kongruent zu sein, dass sie sich oft in der Welt der Klientin wieder gefunden habe. »Ihre Probleme sind teilweise von derselben Art und Weise wie meine Probleme, zum Beispiel bezüglich des Selbstwertgefühls und des Selbstbewusstseins. Dabei bestand die Gefahr, meine eigenen Gedanken und Gefühle auf den Gesprächspartner zu übertragen. Wenn ich wirklich Echtheit und Selbstkongruenz praktiziert hätte, hätte ich ihr manchmal sagen müssen, dass ich mich in ihren Schilderungen wieder finde, dass es mir dadurch schwer fällt, bei ihren Gedankengängen auf sie konzentriert zu bleiben.« Sie betont noch einmal, wie wichtig für sie in solchen Phasen die begleitende Supervision war.

Da die Klientinnen und Klienten einer ähnlichen Lebenssituation entstammten wie sie selbst, trat nicht selten eine »schwesterliche« Solidarisierung mit ihnen auf. Formen der Solidarität und Hilfe werden ja auch in den Wertvorstellungen sozialer Berufe sehr hoch angesiedelt. Umso schwerer fällt es dann, einen Verzicht auf Formen einer oberflächlich solidarischen Hilfe zu leisten, um dem Klienten ganz neue Entwicklungschancen zukommen zu lassen. Petra formuliert dies so: »Wie mir im Nachhinein auffiel, habe ich stellenweise versucht, mich mit dem Klienten gegen seine Eltern zu solidarisieren, das heißt, meine eigenen noch unverarbeiteten Geschichtsanteile spiegelten sich im Gesprächsverlauf immer wieder im Besonderen an den Stellen wider, wo ich das Gespräch in eine bestimmte Richtung zu lenken versuchte. Es ist trotzdem schön, dies im Nachhinein zu erkennen, denn wie oft werden wir im Alltag von solchen Dingen gelenkt? Wie oft zeigen sich solche unverarbeiteten Empfindungen in unseren Aussagen in Bezug auf andere Menschen mit anderen Geschichten?«

Die Erfahrung, überfordert zu sein

Obwohl bei der Auswahl der Gesprächspartner in der vorbereitenden Supervision darauf geachtet wurde, Menschen mit mehr oder weniger begrenzten Lebensproblemen, nicht aber mit schweren psychischen Störungen einzubeziehen, ließ es sich nicht vermeiden, dass die belastenden Lebensereignisse so gravierend waren, dass die noch lernenden und unerfahrenen Beraterinnen und Berater sich überfordert fühlten. Wenn sich dies in der Supervision herausstellte, wurden diese Klienten zum Teil und, soweit es möglich war, an andere professionelle Stellen überwiesen bzw. darauf hingewiesen, dass sich die Hilfestellung nur begrenzt auf lösbare Anliegen beziehen könne. In manchen Fällen wurde auch mit der Praxisinstitution und den dort vertretenen Supervisoren und Mentoren Kontakt aufgenommen.

Derartige Gefühle von Überforderung ergaben sich durch die Art des Problems der Klienten und durch das sozialarbeiterische Tätigkeitsfeld, in dem die Gespräche geführt wurden. Brigitte klagt: »Das zweite Gespräch, das ich hier wiedergegeben habe, sprengte in seiner Komplexität alles Bisherige, was ich an Gesprächen geführt hatte. Besonders in den Themenbereichen Suizid und Vergewaltigung fühlte ich mich sehr hilflos, da ich mich mit diesen Inhalten bisher nur peripher beschäftigt hatte. Während der Beratungsgespräche war mir daher die Supervision besonders wichtig, auch das Gespräch mit meiner früheren Praxisanleiterin. Ich habe zusätzlich nach Therapiemöglichkeiten im Kölner Raum gesucht. Insgesamt fühlte ich mich bei dieser Frau nicht genügend ausgebildet, um auf derartige Problemstellungen reagieren zu können. Dies teilte ich der Klientin mit, die dies mit Verständnis aufnahm.«

Renate fühlte sich mit diesem Ansatz in ihrer speziellen Arbeitssituation (Allgemeiner Sozialer Dienst) überfordert, da sie dort vor konkrete Aufgaben gestellt werde, die ein sofortiges, oft direktives Eingreifen erforderten. Dennoch hebt sie hervor: »Ich habe viel dazugelernt, muss aber immer wieder feststellen, wie schwierig es ist, diesen Ansatz anzuwenden. Viele Grundvoraussetzungen fehlen. Ich hoffe, dass ich noch einmal in Arbeitsfelder kommen werde, wo ich diesen Ansatz Erfolg versprechender anwenden kann.«

Auch Brigitte äußert Unzufriedenheit mit dem Ergebnis ihrer Beratungsgespräche. Als besonders unzulänglich erlebt sie das Fehlen von Klarheit und Konkretheit, das Fehlen von Lösungsversuchen und die von ihr deutlich gespürte mangelnde Kompetenz, mit biografisch bedingten umfassenden Störungen umgehen zu können. »Ich hätte ihr vielleicht sagen können, dass ich ihr bei der Bearbeitung von zukünftigen Lösungsmöglichkeiten helfen kann, nicht aber die entsprechende Kompetenz besitze, ihr bei der Aufarbeitung ihrer Kindheit zu helfen.« Außerdem: »Mit der Beendigung beider Gespräche bin ich sehr unzufrieden. Ich hätte immer gern noch einmal am Ende das jeweilige Gespräch zusammengefasst und wäre noch einmal auf Lösungsversuche zurückgekommen. Ich bin auch unzufrieden, weil wir nicht immer ein konkretes Gesprächsthema hatten.«

5.2 Beratungserfahrungen der Klientinnen und Klienten

Im Mittelpunkt stehen als positive Erfahrungen: Bei der Nachbefragung und in den Fragebögen äußern sich die Klientinnen und Klienten überwiegend positiv über die gemachten Erfahrungen. Ute hat ein Nachgespräch mit ihrer Klientin nach Abschluss der drei Beratungsgespräche geführt. Sie schreibt: »Sie fand mich sympathisch, und dadurch sei ihr auch das Sprechen über ihre Probleme leicht gefallen. Sie habe zunehmend gemerkt, dass hinter ihrem Problem (Kaufsucht) mehr stünde. Sie empfand mich als gute Zuhörerin und in gewisser Weise durch mein Verhalten veranlasst, tiefer in sich einzudringen. Das habe Zeit gebraucht und auch Überwindung gekostet, von sich zu erzählen und ihrem Mangel an Selbstvertrauen. Im Gespräch sei ihr deutlich geworden, dass sie Fortschritte gemacht habe und dass vieles möglich sei, sie dafür aber einiges tun müsse. Sie hätte sich gewünscht, dass ich manchmal noch tiefer in sie eingedrungen wäre, mich fordernder verhalten hätte. Abschließend bemerkt sie, dass sie diese drei Gespräche als positiv empfunden habe. Sie sei ein Mensch, der sich viele Gedanken mache, und habe es als hilfreich empfunden, über ihr Problem sprechen zu können. Sie schaue optimistisch in die Zukunft.«

Ähnlich positive Erfahrungen berichtet Angelika: »Nach Abschluss haben wir über die Gespräche reflektiert. Die Klientin sprach davon, dass es ihr sehr gut tat, einmal als ›Hauptperson‹ im Gespräch zu sein und nicht mit Ratschlägen zugeschüttet zu werden. Auch gut war, sich nicht immer mit den Äußerungen und Erfahrungen des Gesprächspartners auseinander zu setzen, sondern wirklich im Mittelpunkt zu stehen.«

Der Klient von Gaby drückte es in einem Nachbefragungsbogen so aus: »Es war schön, dass sie einfach nur zuhörte, ohne mich zu unterbrechen, und dass sie mir, als es dann ernster wurde, mir meine langen Pausen zugestand. Sehr angenehm für mich war, dass sie nur zuhörte, aber keine furchtbar schlauen Ratschläge von sich gab. Dadurch habe ich wieder mehr Mut, meine ›schlechten‹ Gedanken und mein quälendes Gewissen zuzulassen und mir darüber klarer zu werden. In einigen Punkten kann ich jetzt besser ›in mich hineinsehen‹. Insgesamt war es sehr schön. Ich hätte nie gedacht, dass meine Verwirrtheit was mit einem ganz anderen Problem zu tun hat. Es ist erstaunlich, wie ungewöhnlich und angenehm es ist, wenn eine Person richtig zuhört.

Das Beratungsgespräch konnte professionelle Hilfe ersetzen

Sylvie berichtet: »Die Klientin äußerte mir gegenüber, dass diese Gespräche ihr sehr gut getan hätten. Die Abstände zwischen den drei Gesprächen waren etwas ungewöhnlich. Besonders zwischen dem ersten und dem zweiten Gespräch sind fast zwei Monate gewesen. Wir hatten nach dem ersten Gespräch nicht sofort den nächsten Termin vereinbart. Ich habe die Klientin auch nicht zu einem weiteren Termin gedrängt, weil ich das Gefühl hatte, dass durch unser erstes Gespräch viel in ihr hochgekommen war, vielleicht mehr als ihr eigentlich lieb war. Ich wollte ihr Zeit geben, diese Erfahrungen zu verarbeiten, und war mir nicht sicher, ob sie weitere Gespräche führen wollte oder ob ihr das Ganze zu nahe gegangen war, um es mit mir zu besprechen. Deshalb habe ich gewartet, bis die Klientin von sich aus den Wunsch äußerte, weitere Gespräche zu führen. Wir haben uns dann noch ein paar Mal getroffen, und die Gespräche sind ähnlich verlaufen. Sie hat mir erzählt, dass sie früher schon professionelle Hilfe in Form eines Therapeuten in Anspruch genommen hat, diese Therapien aber aus verschiedenen Gründen abgebrochen hat. … Nach ihren eigenen Angaben geht es ihr jetzt besser, das heißt, sie kann mit der Situation besser umgehen. Sie fühlt sich auch ausgeglichener und ist mit ihrem Leben zufriedener.«

Mehr Offenheit und Vertrauen

Petra hebt hervor, dass die in den Beratungsgesprächen erfahrene Offenheit den Klienten unmittelbar dahingehend beeinflusst habe, sich seinen engeren Bezugspersonen gegenüber zu öffnen: »Er äußerte mir gegenüber, dass es ihm gut getan hätte, mit einer neutralen Person über seine intimsten Probleme zu sprechen. Er hätte sich von mir verstanden und akzeptiert gefühlt. Durch das Aussprechen und Benennen seiner Gefühle hätte er nun neuen Mut gefasst, einen neuen Anlauf zu starten, mit seiner Freundin über seine Gefühle und Erwartungen zu sprechen. Er hoffe, dass er nun bald auch mit seinen Freunden offen sprechen könne« (berufliche Probleme, Konkurrenz).

5.3 Ausbildungserfahrungen unter den Gesichtspunkten »richtige Passungsverhältnisse«, »Entwicklung von Anteilnahme und Commitment« und »Selbstexplorationsförderung«

Richtige Passungsverhältnisse von Berater und Klient: Im vierten Teil sowie auch in anderen Teilen meiner Ausführungen habe ich auf die Bedeutung dieser Aspekte hingewiesen. Berater sollen den Klienten bei der Sicht und der Wahrnehmung seines Problems zunächst einmal dort abholen, wo er steht. Durch das Einlassen auf dessen Sicht nähern sich beide Seiten dann dem eigentlichen Kern des Problems. Wenn ein Klient sein Problem als materiell, institutionell oder sozial bedingt auffasst, ist ihm zunächst dort entgegenzukommen, bis sich vielleicht andere Problemaspekte für ihn einstellen. In Kapitel 4 war gezeigt worden, wie sehr sich Problemwahrnehmung des Klienten und Bearbeitungsangebot des Beraters unterscheiden und zu einem unproduktiven Beratungsgespräch führen können. In gewisser Weise muss erwartet werden, dass sich Berater über die Empathie in Bezug auf das augenblickliche Erleben hinaus *»transempathischer Verstehensprozesse«* bedienen: Sie müssen lernen, den Klienten auch aus seinem sozialen Bezugsfeld, aus seinen sozialspezifischen Erklärungsmustern und seinen sozial vermittelten Lösungsmustern zu verstehen. Die Fähigkeit zu derartigen »transempathischen Verstehensprozessen« erhöht dann auch die Wahrscheinlichkeit, auf Klienten in ihrem unmittelbaren Erleben empathischer einzugehen.

Die Ausbildungssituation war überwiegend auf die Beratungstypologien 5 und 6 ausgerichtet (s. Kapitel 1). Die von den Auszubildenden bearbeiteten Probleme bestanden überwiegend in Problemen des Selbst und der Beziehung zu wichtigen Mitmenschen. Die hier verwendete Methodik des Ausbildungsprogramms war hierfür angelegt und nicht etwa für Beratungsanlässe, in denen in personzentrierter Weise zum Beispiel Informationsvermittlung oder Handlungs- und Planungsprozesse eine Rolle spielen. So ist erklärbar, dass einige Beraterinnen und Berater sich methodisch nicht ausreichend für die Bearbeitung einiger Problemstellungen vorbereitet fühlten, ja sich überfordert und ›unfertig‹ empfanden. Personzentrierte Ausbildungsprogramme müssten noch stärker die Vielfalt der Beratungsanliegen berücksichtigen und die lernenden Beraterinnen und Berater flexibler machen, diesen Anliegen und Problemstellungen entgegenzukommen. Nicht selten hielten die lernenden Beraterinnen und Berater an einem so genannten personzentrierten Basiskonzept fest aus Angst, die Grundlagen des Ansatzes zu verraten. Dabei ist gerade das Einlassen auf klientspezifische Problem-, Handlungs- und Lösungsansätze personzentriert!

Entwicklung von Anteilnahme und Commitment

Durch Nachgespräche und durch Auswerten des Klienten-Erfahrungsbogens von Biermann-Ratjen u.a. (1995, S. 162) erhielten wir zahlreiche Hinweise, welche Erfahrungen die Klienten in diesem Ausbildungsprogramm gemacht haben. Sie fühlten sich »in keiner Weise gehemmt, den Beratern alles zu sagen, was sie beschäftigt«, sie fühlten sich auch nicht »durch die Zurückhaltung des Beraters verunsichert«, ebenso nicht durch »auftretende Pausen«. Als direkte Effekte geben sie an: »Das innerliche Ruhiger-Werden«, »körperliche Entspannung«, »mehr Zuversicht im Hinblick auf die kommenden Tage«, »das Gefühl, weitergekommen zu sein«, »weniger Vorkommen von Belastungen« sowie eine Tendenz zu »mehr Optimismus im Hinblick auf die Lösung künftiger Probleme« und ein »größeres Vertrauen zur eigenen Person«. Die meisten Klienten erlebten die Beraterinnen und Berater als echt Anteil nehmend und engagiert trotz ihrer relativen Zurückhaltung. Dem steht jedoch eine relativ zurückhaltende, vorsichtige Selbstbeurteilung der Auszubildenden entgegen. Einige Beraterinnen und Berater gaben an, sich eher schlecht darin zu fühlen, zu wenig gesprochen zu haben, keine Ziele vorgegeben zu haben, zu wenig getan zu haben! Gerade dies haben die Klienten als besonders nützlich und als Möglichkeit einer eigenständigen Erkundung ihrer Prob- leme und Lösungsmöglichkeiten empfunden. Helfen durch Anteilnehmen und Engagement für den Klienten wird von Auszubildenden teilweise als unvollkommen wahrgenommen!

Zu erklären ist diese »Wahrnehmungslücke« zwischen Klienten und Beratern zum Teil in hohen Zielen und Idealen der auszubildenden Beraterinnen und Berater. Eine Möglichkeit, die Auswirkungen von Bemühen und Anteilnehmen auf Klienten besser einschätzen zu können, läge in Formen der Selbsterfahrung und Eigentherapien der Auszubildenden.

Selbstexplorationsförderung

In Kapitel 4 war ausgeführt worden, dass bestimmte Vorgehensweisen des Beraters den Prozess des inneren Erkundens unterbrechen oder hemmen, wenn der Klient deutlich sein Problem als ein inneres, zu seinem Selbst gehöriges Problem wahrnimmt. Derartige »Selbstexplorationskiller« sind unter anderem Bezug auf äußere Fakten, Mangel an Klarheit und Unmittelbarkeit, zu starkes Angehen und Forcieren von Lösungen usw. Die von der Person ausgehende Erkundung des Selbst bleibt eine wichtige Vorgehensweise in der personzentrierten Beratung. Da es sich bei der Beratung aber – anders als in der Psychotherapie – auch um eine Verunsicherung im Bereich der Beziehungerfahrungen und der Lebenswelterfahrung handelt, muss das klassische Konzept der personzentrierten Auffassung der »Selbstexploration« modifiziert betrachtet werden! Neben der von der Person ausgehenden Erkundung des *Selbst* steht auch die von der Person ausgehende Erkundung wichtiger *Beziehungen* und wichtiger Aspekte der *Lebenswelt.*

Während der personzentrierte Ansatz eine bewährte und ausgefeilte Methodik der Erkundung des Selbst entwickelt hat, steht diese noch für die Erkundung zwischenmenschlicher Beziehungserfahrungen und sozialer Interaktionsprozesse aus. Ebenso: eine personzentrierte Methodik der Erkundung störender oder verunsichernder Teile der Lebenswelt, die für den Klienten wichtig ist.

Literaturverzeichnis

Ainsworth, M.D./Blehar, M.C./Waters, E./Wall, S.: Patterns of attachment. A psychological study of the strange situation. Hillsdale 1978

Alterhoff, G.: Grundlagen klientenzentrierter Beratung. Stuttgart 1983

Bang, R.: Das gezielte Gespräch – Gespräche als Lehr- und Heilmittel. Reinhard, München 1977

Baumgartner, K.: Pastoralpsychologie – Einführung in die Praxis heilender Seelsorge. Freiburg 1990

Behr, M./Esser, U./Petermann, F./Pfeiffer, W./Tausch, R.: Personzentrierte Psychologie und Psychotherapie, Jahrbuch 1992. Köln 1992

Belardi, N.: Beratung – eine sozialpädagogische Einführung. Weinheim 1996, 2. Auflage 1999

Bierhoff, H.W.: Hilfreiches Verhalten. Darmstadt 1980

Biermann-Ratjen, E.: Die Psychogenese der Neurosen. In: Eckert/Höger/Linster (Hrsg.): Die Entwicklung der Person und ihre Störung. Köln 1993, S. 99–109

Biermann-Ratjen, E./Eckert, J. /Schwartz, H.J.: Gesprächspsychotherapie – Verändern durch Verstehen. Stuttgart 7 1995

Binder, U./Binder, J.: Die klientenzentrierte Psychotherapie bei schweren psychischen Störungen. Frankfurt 1981

Boeck-Singelmann, C./Ehlers, B./Hensel, T./Kemper, F./Monden-Engelhard, C.: Personzentrierte Psychotherapie mit Kindern und Jugendlichen. Göttingen 1996

Bommert, H.: Grundlagen der Gesprächspsychotherapie – Theorie – Praxis – Forschung. Stuttgart 1987

Bommert, H./Plessen, U.: Psychologische Erziehungsberatung. Stuttgart 1978

Bourne, L./Ekstrand, B.: Einführung in die Psychologie. Eschborn 1992

Bowlby, J.: Trennung – Psychische Schäden als Folge der Trennung von Mutter und Kind. München 1976

Bronfenbrenner, U.: Die Ökologie der menschlichen Entwicklung. Stuttgart 1981

Brenner, A.: Helping children cope with stress. New York 1984

Breuer, F.: Psychologische Beratung und Therapie in der Praxis. Heidelberg 1979

Burton, A. (Hrsg.): Operational theories of personality. New York 1974

Claus, G. (Hrsg.): Wörterbuch Psychologie. Köln 1986

Corsini, R.: Handbuch der Psychotherapie. München-Weinheim 1987

Davison, G./Neale, J.: Klinische Psychologie. Weinheim 1996

Dollard, J./Miller, N.E.: Personality and Psychotherapy. New York 1950

Deter, D./Sander, K./Terjung, B. (Hrsg.): Die Kraft des personzentrierten Ansatzes – Praxis und Anwendungsgebiete. Köln 1997

Der Große Brockhaus: Wörterbuch, Band 2. Mannheim 1978

Dietrich, G.: Allgemeine Beratungspsychologie. Göttingen 1983

Duden: Wörterbuch, Band I. Mannheim 1976

Eckert, J./Höger, D./Linster, H. (Hrsg.): Die Entwicklung der Person und ihre Störung. Köln 1993

Esser, U.: Versuch einer Abgrenzung von Beratung und Therapie. In: GwG-Info, Köln 1986, No. 64, S. 3–19

Esser, U.: Das Erstinterview in der Erziehungsberatung. In: Zeitschr. f. Personzentr. Psychologie u. Psychotherapie, Köln 1985, No. 1

Esser, U./Sander, K. (Hrsg.): Personzentrierte Gruppentherapie – Therapeutischer Umgang mit der Person und der Gruppe. Heidelberg 1988
Faltermaier, T.: Belastende Lebensereignisse und ihre Bewältigung. In: Keupp, H./Rerrich, D. (Hrsg.): Psychosoziale Praxis – ein Handbuch in Schlüsselbegriffen. München 1982
Filipp, S.H.: Kritische Lebensereignisse. München 1981
Franke, A.: Klientenzentrierte Gruppenpsychotherapie. Stuttgart 1978
Freud, A.: Das Ich und die Abwehrmechanismen. München 1964
Fröhlich, W.(Hrsg.): Wörterbuch zur Psychologie. München 1987
Gendlin, E.T.: Focusing. Salzburg 1981
Gendlin, E.T.: Dein Körper – dein Traumdeuter. Salzburg 1987
Gerbis, E.: Das klientenzentrierte Konzept und seine Integration in die Soziale Einzelhilfe. In: Hoffmann, N.: Therapeutische Methoden in der Sozialarbeit. Salzburg 1977
Götze, H.: Personzentrierte Spieltherapie. Göttingen 1981
Götze, H./Jäde, W.: Die nicht-direktive Spieltherapie. München 1974
Goldbrunner, K.: Arbeit mit Problemfamilien. Mainz 1992
Gordon, T.: Familienkonferenz. Hamburg 1970
Gordon, T.: Familienkonferenz in der Praxis. Reinbek 1978
Grossmann, K.: Entfremdung. Abhängigkeit und Anhänglichkeit im Lichte der Bindungstheorie. In: Praxis der Psychotherapie und Psychosomatik 1990, No. 35, S. 231–238
Grossmann, K.E/Grossmann, K.: Bindungstheoretische Grundlagen psychologisch sicherer und unsicherer Entwicklung. In: GwG-Zeitschrift, Köln 1994, 96, S. 26–41
Happel, H.V.: Krisenintervention im Sucht- und Drogenbereich. In: Straumann (Hrsg.): Beratung und Krisenintervention. Köln 1992, S. 192–209
Herriger, N.: Empowerment und das Modell der Menschenstärken – Bausteine für ein verändertes Menschenbild der Sozialen Arbeit. Soziale Arbeit, No. 5, 1995
Herriger, N.: Empowerment in der Sozialen Arbeit. Stuttgart 1997
Heydthausen, C.: Fallkommentierung – Abschluss-Seminararbeit im Vertiefungsgebiet Klientenzentrierte Gesprächsführung. Unveröff. Seminararbeit am Fachbereich Sozialpädagogik der FH Düsseldorf 1995
Höger, D.: Organismus, Aktualisierungstendenz, Beziehung – die zentralen Grundbegriffe der klientenzentrierten Gesprächspsychotherapie. In: Eckert/Höger/Linster: Die Entwicklung der Person und ihre Störung. Köln 1993
Hoffmann, N.: Therapeutische Methoden in der Sozialarbeit. Salzburg 1977
Hoffmann, N./Frese, M.: Verhaltenstherapie in der Sozialarbeit. Salzburg 1979
Hornstein, W.: Beratung in der Erziehung – Ansatzpunkte – Voraussetzungen, Möglichkeiten – eine Einführung. Funkkolleg »Beratung in der Erziehung«, Bd. 1. Frankfurt 1977
Jaede, W.: Der entwicklungsökologische Ansatz in der personzentrierten Kinder- und Jugendtherapie. In: Boeck-Singelmann u.a. (Hrsg.): Personzentrierte Psychotherapie mit Kindern und Jugendlichen, S. 69–97. Göttingen 1996
Jaeggi, E.: Andere Verstehen. Weinheim 1983
Jaeggi, E./Hollstein, W.: Wenn Ehen älter werden – Liebe, Krise, Neubeginn. Piper, München 1985
Junker, H.: Das Beratungsgespräch. München 1973
Keupp, H./Rerrich, D.: Psychosoziale Praxis – ein Handbuch in Schlüsselbegriffen. München 1982
Köllner, E.: Beratung in der sozialen Arbeit – Übungsbuch zur klientenzentrierten Gesprächsführung. Stuttgart 1996
Künkel, A.: Stressbewältigung im Kindergarten. Freiburg 1996
Langer, I.: Überlebenskampf im Klassenzimmer – Was Schüler und Eltern gegen Gewalt tun können. Freiburg 1994
Lazarus, R./Folkman, S.: Stress, Appraisal and Coping.New York 1984

Lietaer, G.: Bedingungsloses Akzeptieren: eine umstrittene Grundhaltung in der klientenzentrierten Psychotherapie. In: GwG-Zeitschrift, Köln 1988, 73, S. 53–60

Lewin, K.: Field theory in social science. New York 1951

Martin, D.G.: Gesprächs-Psychotherapie als Lernprozess. Salzburg 1975

Meyers: Enzyklopädisches Wörterbuch, Band III. Mannheim 1971

Minsel, W.R.: Praxis der Gesprächspsychotherapie. Graz 1974

Mente, A./Spittler, H.D.: Erlebnisorientierte Gruppenpsychotherapie. Paderborn 1980

Paulus, P.: Selbstverwirklichung und psychische Gesundheit. Göttingen 1994

Pavel, F.G.: Die klientenzentrierte Psychotherapie – Entwicklung – gegenwärtiger Stand – Fallbeispiele. München 1978

Pavel, F.G./Sander, K.: Erste Ergebnisse zur Langzeitwirkung von psychotherapeutischen klientenzentrierten Selbsterfahrungsgruppen. GwG-Info, Köln 1974, No. 17

Perlman, H.: Soziale Einzelhilfe als problemlösender Prozeß. Freiburg 1969

Perls, F.: Gestalt – Wachstum – Integration. Paderborn 1980

Pervin, R.: Klientenzentrierte Psychotherapie, Carl R. Rogers. In: Corsini, R.(Hrsg.): Handbuch der Psychotherapie, S. 471–512. München 1987

Petermann, F./Noeker, M./Bode, U.: Psychologie chronischer Krankheiten im Kindes- und Jugendalter. München 1987

Pfeiffer, W.: Erlebnisaktivierendes Vorgehen in der Gesprächspsychotherapie und seine Erfassung durch die Erlebnis-Intensitätsskala. In: Jankowski/Tscheulin/Fietkau/Mann (Hrsg.): Klientzentrierte Psychotherapie heute. Göttingen 1977

Pfeiffer, W.: Widerstand in der klientenzentrierten Therapie. GwG-Info 1987, Köln, No. 66, S. 47–60

Pfeiffer, W.: Carl Rogers im Gespräch mit Martin Buber – einführende Bemerkungen. In: Behr u.a. (Hrsg.): Personzentrierte Psychologie und Psychotherapie. Jahrbuch 1992, Bd. III. Köln 1992

Portele, G.: Humanistische Psychologie und die Entfremdung des Menschen. In: Völker (Hrsg.): Humanistische Psychologie, S. 53–77. Weinheim 1980

Portera, A.: Klientenzentrierte Psychotherapie im interkulturellen Kontext. In: Jahrbuch für Personzentrierte Psychologie und Psychotherapie, Bd. 2. Salzburg 1990, S. 180–197

Pörtner, M./Monstein, D.: Personzentrierte Beratung – Überlegungen zu einem Konzept. In: GwG-Info, Köln 1985, No. 60, S. 68–70

Richter, H.E.: Engagierte Analysen. Reinbek 1978

Rogers, C.: Eine Theorie der Psychotherapie, der Persönlichkeit und der zwischenmenschlichen Beziehung. In: Journal of Consulting Psychology, 21, 2, New York 1957 (deutsch: Köln 1991)

Rogers, C.: Some learnings from a study of psychotherapy with schizophrenics. Psychiatric Institute Bulletin 1962, Vol. 2, S. 5

Rogers, C.: Die nicht-direktive Beratung. München 1972

Rogers, C.: Die klientbezogene Gesprächspsychotherapie. München 1973 (amerik. Erstaufl. 1951)

Rogers, C.: Lernen in Freiheit. München 1974

Rogers, C.: Über Encounter-Gruppen. München 1974

Rogers, C.: Die Kraft des Guten – ein Appell zur Selbstverwirklichung. München 1977

Rogers, C.: Therapeut und Klient – Grundlagen der Gesprächspsychotherapie. Frankfurt 1990 (Dt. Erstausgabe 1977)

Rogers, C.: Entwicklung der Persönlichkeit. Stuttgart ^{8}1991 (amerik. Erstauflage 1961)

Rogers, C./Rosenberg, R.: Die Person als Mittelpunkt der Wirklichkeit. Klett, Stuttgart 1980

Sachse, R.: Zielorientierte Gesprächspsychotherapie. Göttingen 1992

Sander, K.: Alternierende Gesprächspsychotherapie – Durchführungsmöglichkeiten, psychotherapeutische Effekte und deren Bedingungen. Diss. Phil. Fak. Universität Hamburg 1971

Sander, K.: Der Einfluß von Persönlichkeits-Ausgangsvariablen des Klienten auf dessen selbstexploratives Verhalten in der Gesprächspsychotherapie. In: Zeitschr. f. Klin. Psychologie u. Psychotherapie 1973, No. 1

Sander, K.: Einige Ergebnisse zur unterschiedlichen Wirksamkeit von Einzelbehandlungen und GT-Gruppenbehandlung. GwG-Info, Köln 1973, No. 11

Sander, K.: Der Einfluß von Ausgangspersönlichkeitsmerkmalen des Klienten auf den Behandlungserfolg in klientenzentrierter Gesprächspsychotherapie. In: Zeitschr. f. Klinische Psychologie 1974, No. 2, S. 4

Sander, K.: Psychische Konflikte bei Studenten – eine empirische Erhebung an der Psychologischen Beratungsstelle der Universität zu Köln. Asta, Universität Köln, Sonderdruck 1974

Sander, K.: Einige Gesichtspunkte zur Abgrenzung des klientenzentrierten Konzepts zu anderen psychotherapeutischen Konzepten und zur Beratungssituation. In: GwG (Hrsg.): Die klientenzentrierte Gesprächstherapie. München 1975

Sander, K.: Einige Anmerkungen zum Problem der Determination von Therapieeffekten durch Ausgangspersönlichkeitsbedingungen des Klienten. In: Jankowsky/Tscheulin/Fietkau/Mann (Hrsg.): Klientenzentrierte Gesprächspsychotherapie heute. Göttingen 1976, S. 239–247

Sander, K.: Klientenzentrierte Beratung. In: Gruppendynamik 1982, No. 6, S. 13

Sander, K.: Studentenberatung. In: Bastine/Fiedler/Grawe/Schmidtchen/Sommer (Hrsg.): Grundbegriffe der Psychotherapie. Weinheim 1982

Sander, K.: Ergebnisse eines studentischen Übungsprogramms in klientzentrierter Beratung – Darstellung eines Video-Trainingsprogramms mit instruierten Schauspieler-Klienten. Forschungsbericht d. Senatsausschusses f. Forschung u. Entwicklung der FH Düsseldorf 1983

Sander, K.: Zum Verhältnis von Psychologie und Sozialpädagogik-Sozialarbeit. In: Lück/Rechtien (Hrsg.): Geschichte der Psychologie in Schlüsselbegriffen. München 1985

Sander, K.: Im Wandel gesellschaftlicher Rahmenbedingungen – Wege und Irrwege bei der Suche nach neuen sozialen Orientierungen. In: Deter/Sander/Terjung (Hrsg.): Die Kraft des personzentrierten Ansatzes 150 Praxis und Anwendungsgebiete. Köln 1997, S. 209–214

Sander, K.: Personzentrierte Krisenintervention und Konfliktberatung. Vortrag zum 2. Verbandspolitischen Forum der GwG am 4.3.1998, Köln

Sander, K.: Personzentrierte Krisenintervention und Konfliktberatung – Modell eines integrativen Beratungskonzeptes. Gesprächspsychotherapie und Personzentrierte Beratung, Köln, 1, 1998

Sander, K./Tausch, R./Bastine, R./Nagel, K.: Experimentelle Änderungen des Psychotherapeuten-Verhaltens in psychotherapeutischen Gesprächen und Auswirkungen auf Klienten. In: Zeitschrift f. exp. u. angew. Psychol., No. 2, 1969

Sander, K./Lück, H.E.: Skala zur Messung studentischer Probleme (SSP). In: Zeitschr. f. exp. u. angew. Psychol. 1973, No. 11, S. 2

Sander, K./Pavel, F.G./Palm, C./Lück, H.E.: Ergebnisse und Änderungsbedingungen bei psychotherapeutischen klientenzentrierten Selbsterfahrungsgruppen. In: Gruppenpsychotherapie und Gruppendynamik 1974, No. 8, S. 1

Sander, K./Pavel, F.G.: Psychotherapeutische klientenzentrierte Selbsterfahrungsgruppen. In: Gruppendynamik 1975, No. 6

Sander, K./Scheiner, P.: Erziehung zu prosozialen Einstellungen und Verhaltensweisen – ein Übungsprogramm mit Kindergeschichten und Rollenspielen bei lernbehinderten Kindern. In: Transfer 6, FH Düsseldorf 1983

Sander, K./Esser, U. (Hrsg.): Personzentrierte Gruppenarbeit – Förderung und Entwicklung der Person und der Gruppe in Ausbildung und Beratung. Heidelberg 1988

Schilling, J.: Didaktik und Methodik der Sozialpädagogik. Neuwied 1993

Schmidt, P.F.: Personzentrierte Gruppenpsychotherapie in der Praxis – ein Handbuch. Paderborn 1996

Schmidbauer, W.: Die hilflosen Helfer. Reinbek 1977

Schmidtchen, S.: Klientenzentrierte Spieltherapie. Weinheim 1974

Schmidtchen, S.: Kinderpsychotherapie. Stuttgart 1989

Schmidtchen, S.: Klientenzentrierte Spiel- und Familientherapie. Weinheim 1996

Schuller, K./Stöver, H.: Akzeptierende Drogenarbeit – ein Gegenentwurf zur traditionellen Drogenhilfe. Freiburg 1991
Schulz von Thun, F.: Miteinander Reden 1 – Störungen und Klärungen. Reinbek 1981
Schulz von Thun, F.: Miteinander reden. Stile, Werte, Persönlichkeitsentwicklung. Reinbek 1989
Schwartz, H.J.: Psychotherapie versus Sozialarbeit. In: Tscheulin (Hrsg.): Beziehung und Technik in der klientenzentrierten Therapie. Weinheim 1983, S. 89–103
Seidenstücker, G.: In: Schwendke, A. (Hrsg.): Wörterbuch der Sozialarbeit und Sozialpädagogik. Heidelberg 1977
Speierer, G.-W.: Das differenzielle Inkongruenzmodell (DIM). Heidelberg 1994
Staub, E.: Entwicklung prosozialen Verhaltens – Zur Psychologie der Mitmenschlichkeit. München 1982
Stefflre, B./Grant, H.: Theories of Counseling. New York 1972
Straumann, U. (Hrsg.): Beratung und Krisenintervention. Köln 1992
Swildens, H.: Prozessorientierte Gesprächspsychotherapie. Köln 1991
Tausch, A.M.: Gespräche gegen die Angst. Reinbek 1981
Tausch, R.: Hilfen bei Stress und Belastung. Reinbek 1993
Tausch, R.: Hilfreiche Gespräche im Alltag. Positionsreferat auf dem Kongreß der Deutschen Gesellschaft für Psychologie, München 1996
Tausch, R.: Gesprächspsychotherapie und Streß-Verminderung. Gesprächspsychotherapie und Personzentrierte Beratung, Köln 1997, No. 4, S. 238–245
Tausch, R./Tausch, A.M.: Gesprächspsychotherapie. Göttingen 1979
Tausch, R./Tausch, A.M.: Sanftes Sterben – Was der Tod für das Leben bedeutet. Reinbek 1985
Tausch, R./Tausch, A.M.: Wege zu uns. Reinbek 1983
Tausch, R./Tausch, A.M.: Erziehungspsychologie. Göttingen 1991 (10. Auflage)
Terjung, B./Kempf, T.: Personzentrierter Ansatz für Organisationen im Wandel. In: Deter, D./Sander, K./Terjung, B. (Hrsg.): Die Kraft des personzentrierten Ansatzes – Praxis und Anwendungsgebiete. Köln 1997, S. 125–195.
Truax, Ch./Carkhuff, R.B.: Toward effective counseling and psychotherapy. Aldine, Chicago 1967
Tscheulin, D. (Hrsg.): Beziehung und Technik in der klientenzentrierten Therapie. Weinheim 1983
Tscheulin, D.: Wirkfaktoren psychotherapeutischer Intervention. Göttingen 1992
Völker, U.: Humanistische Psychologie. Weinheim 1980
Volpert, A./Brunck, C.: Beratung und Begleitung von Drogenabhängigen im Rahmen klientenzentrierter Vorgehensweisen. Unveröff. Dipl.-Arbeit, FH Düsseldorf, FB SP 1997
Vossen, T.: Klientenzentrierte Traumtherapie. GwG-Zeitschrift, Köln 1988, No. 72, S. 30–43
Wagner, H./Sander, K.: Zur kommunikativen Wirkung von Singstimmen. In: Jahrbuch der Dt. Gesellsch. f. Musikpsychologie, Noetzel-Verlag, Bd. 7, 1990
Watzlawick, P./Beavin, J.H./Jackson, D.: Menschliche Kommunikation – Formen – Störungen – Paradoxien. Bern 1969
Watzlawick, P./Kreuzer, F.: Die Unsicherheit unserer Wirklichkeit – ein Gespräch über den Konstruktivismus. München 1982
Wechsler, D./Rice, L.: Innovations in client-centered Therapy. New York 1974
Weinberger, S.: Klientenzentrierte Gesprächsführung – Eine Lern- und Praxisanleitung für helfende Berufe. Weinheim [3]1988, 8. Auflage 1998
Wittrahm, A.: Lebensqualität durch Beziehungsqualität – Personzentrierte Perspektiven für die Diskussion um eine menschengerechte Altenpflege. In: Behr/Esser/Petermann/Pfeiffer (Hrsg.): Jahrbuch f. Personzentrierte Psychologie und Psychotherapie, Bd. 2. Salzburg 1990
World Health Organization (Hrsg.): The first fifty years of the WHO. Genf 1958
Zundel, E.: Leitfiguren der Psychotherapie. Leben und Werk. München 1987